고대문명연구소 번역총서 ❶

문화적 기억과 초기 문명

고대문명연구소 번역총서 ❶

문자, 기억하기, 정치적 상상력

문화적 기억과 초기 문명

얀 아스만 지음―김구원·심재훈 옮김

푸른역사

Cultural Memory and Early Civilization: Writing, Remembrance, and Political Imagination by Jan Assmann

Copyright@2011, Cambridge University Press. All rights reseved.

Korean translation copyrights@ 2025 Prunyoksa

Korean translation rights arranged with Cambridge University Press through EYA(Eric Yang Agency)

이 책의 한국어판 저작권은 EYA(Eric Yang Agency)를 통해 Cambridge University Press와 독점 계약한 푸른역사에 있습니다. 저작권법에 의해 한국 내에서 보호를 받는 저작물이므로 무단전재와 복제를 금합니다.

일러두기

- 이 책의 원서는 Jan Assmann, *Das kulturelle Gedächtnis: Schrift, Erinnerung und politische Identität in frühen Hochkulturen* (Verlag C. H. Beck, 1992)으로 영역본인 Jan Assmann, *Cultural Memory and Early Civilization: Writing, Remembrance, and Political Imagination* (Cambridge University Press, 2011)을 번역하였습니다.

- 이 역서는 2023년 대한민국 교육부와 한국연구재단의 지원을 받아 수행된 연구임. (NRF-2023SIA5C2A02095273)

| 옮긴이 서문 |

독일의 이집트 학자이자 문화사학자, 종교학자인 얀 아스만Jan Assmann 교수가 2024년 2월 19일 85세로 별세했다. 1980년대부터 현재까지 아스만 교수처럼 인문학 전반에 걸쳐 지성적 자극을 준 학자는 드물 것이다.

특히 부인 알라이다 아스만Aleida Assmann 교수와 함께 구축한 문화적 기억 이론은 내가 종사하는 역사학으로만 한정해도 실증적 연구에 균열을 내면서 다채롭게 그 외연을 넓히는 데 기여하고 있다. 고대문명 연구자로서, 문화 이론가로서 얀 아스만의 전방위적 통찰에 감동하는 나는 그의 영전에나마 《문화적 기억과 초기 문명: 문자, 기억하기, 정치적 상상력》의 한국어 번역본을 바칠 수 있어서 영광이다.

이 번역은 내가 40년 가까이 해온 중국 고대사 연구에 대한 회의에서 비롯되었다. 중국 고대 문헌의 신빙성에 대한 의고疑古와 신고信古

논쟁을 오랫동안 살펴보면서, 고대사 연구에서 추구할 수 있는 실증의 한계가 어디까지일지, 나아가 과연 내가 지금까지 실증이라는 이름으로 도출해온 연구 결과를 얼마나 확신할 수 있을지 고민하게 되었다.

결국 문제의 핵심인 고대 자료의 신빙성 여부가 불가해한 것이라면, 그 신빙성 자체와 무관하거나 그것을 넘어선 해석을 시도하면 될 일이다. 2018년부터 내 나름대로 고대 자료의 진위에 얽매이지 않는 연구를 추구해보았지만, 역부족을 느낄 뿐이었다. 그때 컬럼비아대학 박사과정에 재학 중이던 김용하 선생이 얀 아스만의 《문화적 기억과 초기 문명》을 소개해주었다.

그 책을 읽으며 이미 1990년대 후반 이래 국내에서도 기억 연구가 상당히 유행하고 있음을 알게 되었다. 특히 2000년대 초반 나온 전진성, 최호근, 김학이 등 독일에서 유학한 서양사학자들의 아스만을 비롯한 기억 이론 소개에 큰 도움을 받았다. 그런데 한 가지 중요한 문제도 발견했다.

얀 아스만의 학문은 이집트학을 배경으로 한다. 그의 《문화적 기억과 초기 문명》이 실상 고대문명의 문화적 기억 문제를 다루고 있음에도 한국에서는 그 소개나 이를 바탕으로 한 연구도 대부분 근현대에 치우치고 있다. 특히 내가 보기에 아스만 이론의 핵심인 고대의 문자와 글쓰기 문화를 다룬 제2장 '문자 문화' 부분은 국내에 소개된 적이 없다. 이를 토대로 한 고대 이집트, 이스라엘, 메소포타미아, 그리스의 문화적 기억과 정체성 문제를 다룬 2부의 사례 연구도 마찬가지다. 어떤 면에서 아스만의 진정한 통찰은 자신의 이론을 적용한 사례 연구에 담겨 있는데도 말이다.

2020년 가을부터 번역에 착수했다. 초벌 번역을 마치고야 고대 근동과 서양 고대사에 문외한인 내가 참으로 무모한 일을 시도했다는 사실을 알게 되었다. 한데 때론 무모함이 새로운 길을 열어주기도 하니 아이러니하다. 이미 아스만의 팬이 된 나는 고대 중국의 상황을 더 잘 알기 위해서 그보다 앞선 문명인 이집트와 메소포타미아의 이해가 필요함을 깨닫게 되었다. 중국의 청동기나 문자 시대의 개시는 이들보다 1,500년 이상 늦다.

2020년 8월 국내의 핵심 고대문명(근동, 인도, 중국 등) 연구자들을 모아서 단국대 고대문명연구소를 발족했다. 마침 구미의 유수 대학에서 박사학위를 취득하고도 국내의 척박한 현실에 대학에서 시간강사 자리마저 얻기 힘든 인재들을 위한 구심점이 필요하던 시점이었다. 이들과 팀을 꾸려 공부하며 《문화적 기억과 초기 문명》의 번역에도 많은 도움을 받았다.

그 와중에 한국연구재단의 일반공동연구사업 '문명의 시원, 그 연구의 여정과 실제'(2022~2024), 인문사회연구소지원사업 '고대 근동과 중국, 문헌 전통의 물줄기'(2023~2029)를 수행하게 되었다. 순항 중인 고대문명연구소의 기반이 아스만 책에서 나왔다고 해도 과언이 아니다.

장시간 동안 이 책과 씨름하며 지적 희열과 내적 성장을 동시에 느낄 수 있었다. 그 과정에서 지대한 도움을 준 두 사람은 꼭 언급하고 싶다. 그 첫 번째가 몇 년 전 고려대 사학과에서 정년퇴직하신 김경현 선생님이다. 선생님은 많은 문제를 담고 있던 내 초벌 번역의 첫 번째 두 장을 독일어 원본과 대조하며 꼼꼼하게 수정해주셨다. 제1장의 수정본을 받고 쥐구멍에라도 들어가고 싶었지만, 덕분에 제2장의 초벌 원고는 조금 나아진 상태로 드릴 수 있었다. 선생님의 절대적인 도움과 격려가 없었다면 이 번역은 불가능했음이 분명하다. 선생님께 존경을 담아 진심으로 감사드린다.

내 개인적으로 2부의 사례 연구를 아주 재미있게 읽어서 그 부분의 초벌 번역은 1부의 '이론적 기반'보다 상대적으로 나을 것으로 착각하고 있었다. 그 착각에서 깨어나게 해준 사람이 고대 근동 전문가 김구원 교수다. 많은 오역을 바로 잡아준 그에게 공역자로 함께하자고 권하지 않을 수 없었다(김경현 선생님께도 그렇게 부탁드렸지만 사양하셨다). 고대 근동 연구에서 독보적 위상을 지니는 시카고대학 근동언어문명학과에서 수학한 김 교수는 한국 인문학계의 숨은 보석이다. 국내 고대 근동 연구자들의 어려운 처지를 대변하듯, 그를 역량에 걸맞지 않게 고대문명연구소의 연구교수로 모신 것은 신의 한 수라고 믿는다. 아스만 책 번역의 완결뿐만 아니라 고대문명연구소나 나의 학문적 성장에서도 그렇다는 얘기다(김구원 교수는 2024년 9월 전주대학에 전임으로 임용되었다).

두 사람 외에도 임지현(기억사), 유성환, 이선우(이집트), 강후구(이스라엘), 김아리(메소포타미아), 반기현, 장시은(그리스·로마), 김석진, 빈동철, 성시훈(고대 중국) 등 여러 선생님이 번역 원고를 검토하고 유익한 수정 제안을 해주었다. 진심으로 감사드린다.

얀 아스만이 《문화적 기억과 초기 문명》을 출간한 지 이미 30년이 넘었다. 해묵은 독일발 이론을 국내에 재차 소개한다는 우려가 있을 수 있지만, 이미 고전 반열에 오른 듯한 이 책의 많은 내용은 아직도 유용해 보인다. 나는 특히 서양 중심주의나 오리엔탈리즘 타파의 기치를 내세우는 국내의 연구 경향에서 시대착오와 내실의 결여라는, 오히려 더 큰 문제를 발견하곤 한다. 인류의 문화 인식 전반에 "문화적 기억"이라는 새로운 패러다임을 제시한 이 책을 통해 내가 얻은 통찰을 인문학의 새로운 활로를 고민하는 연구자들과 공유하고 싶다. 내 전문 분야인 고대사로만 한정하면 그 통찰의 핵심은 문화적 기억으로서 고대의 문헌들이 창출되는 메커니즘과 그것을 기반으로 하는 고대문명들의 상이한 성쇠 과정이다.

번역을 마감하여 책으로 내려는 시점에 혹시 오역은 없는지, 더 쉬운 설명이 필요한 부분은 없는지 우려가 많은 것도 사실이다. 워낙 난해한 책이라는 사실이 변명의 여지가 될 수는 없을 것이다. 혹시 미흡한 부분이 있다면 전적으로 두 역자의 무지에서 비롯된 것이다. 그래도 얀 아스만 교수가 자신의 영전에 바쳐진 이 번역본을 반기리라 기대하며 그의 명복을 빈다.[1][※]

한국어 번역은 2011년 출간된 영문본을 기본으로 하고 필요한 경우 독문본을 참조했다. 영문판의 서평자들은 영문 번역을 극찬한 바 있다. 특히 뉴질랜드 오클랜드대학의 이집트학자인 앤서니 스팔링거Anthony Spalinger는 영문 번역자인 데이비드 헨리 윌슨David Henry Wilson의 이름이 표지에 나오지 않음을 영문판의 심각한 오류로 지적할 정도다(AHB Online Reviews 2, 2012, p.100). 2024년 10월 초 시카고대학의 한 학회에서 만난 프린스턴대학의 독일계 학자 마틴 컨Martin Kern 교수는 영문판 번역도 실상 아스만 교수가 손을 봤다는 후일담을 전해주었다. 중국 고대 문헌의 최고권위자인 컨 교수는 미국학계에서 문화적 기억 이론의 전도사라고 할 수 있다.

이 책을 집어든 독자들은 뒷부분의 해제를 먼저 읽거나, 혹은 완독

후 해제를 읽어도, 이해도를 제고할 수 있을 것이다. 이 책이 어렵게 느껴지는 가장 큰 이유 중 하나는 이론상의 난해함 못지않게 역사적 시공간의 방대함 때문이라고 본다. 그래도 무수히 나타나는 생소한 용어나 시대명, 인명 등에 일일이 역자 주를 달 필요성을 느끼지는 않았다. 이 책을 읽을 독자들이 구글이나 네이버 등의 검색 기능을 잘 활용하리라 믿기 때문이다. 여기에 감히 '한 번 읽어서 쉽게 이해되는 책에서 희열을 느끼기는 힘들다'는 내 평소 지론도 추가하고 싶다.

 마지막으로 이 책의 편집과 관련하여 한 가지 덧붙이고 싶은 점이 있다. 이 책의 원서에는 많은 각주가 달려 있고, 그 상당수는 인용 논저의 서지사항이다. 한국어본은 편집의 편의상 그 각주들을 모두 미주로 처리했지만, 적지 않은 주해에 이 책의 이해를 돕거나 더 깊은 통찰을 제시하는 유익한 내용이 담겨 있다. 따라서 역자들이 생각하기에 그냥 지나치기 아까운 것들은 미주 번호 옆에 ※ 표시를 해두었다. 아울러 미주 부분 모든 페이지의 쪽수 바로 밑에 해당 본문의 쪽수를 추가했다. 이 책을 더 제대로 읽고 싶은 독자들은 미주 부분을 들락거리는 번거로움을 감수하길 바란다.

 어려운 출판계 상황에서도 이 번역본을 기꺼이 떠맡아준 푸른역사의 박혜숙 대표께 감사드린다.

2024년 12월 7일
역자를 대표하여 심재훈 씀

| 저자 서문•1992 |

요 몇 년 동안 기억이라는 주제는 동양인에게나 서양인에게나 점점 더 중요한 초점이 되고 있다. 나는 이를 우연한 문제로 간주하지 않는다. 오히려 그와 반대로 우리는 지금 이 주제가 전면에 부각되는 과도기를 지나고 있다고 본다. 거기에는 최소한 세 가지 요인이 맞물려 있다.

그 첫 번째로 외부의 저장소(일종의 인공적 기억)를 위한 새로운 전자 매체를 들 수 있는데, 이러한 매체들은 인쇄술 및 그보다 훨씬 전에 일어난 문자의 발명만큼 의미심장한 문화 혁명을 초래하고 있다. 이와 연관된 두 번째 요인은, 현재 우리 문화 전체에 조지 스타이너George Steiner가 '포스트 문화'라고 명명한 현상이 만연하고 있다는 점이다. 말하자면 이제 니클라스 루만Niklas Luhmann(1927~1977)이 "구유럽"이라 불렀던 것이 종식되고, 다만 기억과 해설의 주제로 그 명맥을 유지하고 있는 것이다. 필시 가장 중요한 세 번째 요인은 개인으로서 우리의 삶

자체에 영향을 미치는 다른 무엇 역시 종말을 고하고 있다는 점이다.

인류 역사 전체를 통틀어 가장 끔찍한 범죄와 재앙을 겪은 한 세대의 목격자들이 지금 숨을 거두고 있다. 통상 40년의 기간은 집단기억이 사라지기 시작하는 한계로 여겨진다. 살아있는 이들의 기억이 점차 줄어들면서 다양한 형태의 문화적 기억이 문제를 불러일으키는 것이다. 비록 역사, 기억, 기억술mnemotechnics을 둘러싼 논쟁이 때론 추상적이고 학술적으로 보일지라도, 나한테 그것은 이 시대 담론의 최고 심장부에 자리한다.

기억 개념이 예술과 문학, 정치와 사회, 종교와 법 같은 모든 상호 연관된 분야를 재조명하는 문화 연구라는 새로운 틀의 기반이라는 사실은 모든 점에서 확인된다. 다시 말해서 모든 것이 유동적이며, 이 책도 나름대로 그 유동성의 일환이다. 이 책은 어떤 결론을 내세우기보다 논의의 방향과 연관성을 제시할 것이다.

1984년과 1985년에 베를린 고등연구원Wissenschaft-skolleg in Berlin에서 알라이다 아스만과 함께 행한 연구가 이 책의 출발점이 되었다. 연구원에 특히 감사드린다. 연구원에서 광범위한 주제를 다루는 강연, 수업, 토론에 참여할 기회가 없었다면, 지금까지도 감히 내 전문 분야인 이집트학의 한계를 넘어서려 하지 않았을 것이다. 크리스티안 마이어Christian Meier, 피터 마시니스트Peter Machinist, 마이클 스트릭만Michael Strickman 교수께 특히 감사드린다. 그들은 모두 비교문화 연구의 전반적 문제를 본격적으로 논한 긴밀한 모임의 구성원이었다.

'문화적 기억Caltual memory'이라는 주제는 '문헌 소통의 고고학'을 다룬 스터디 그룹에서 시작되었다. 그 성과들은 《문자와 기억Schrift und

Gedächtnis》(1983), 《경전과 검열Kanon und Zensur》(1987), 《지혜Weisheit》(1991)에 수록되었고, 후일 다양한 학술 발표와 강연을 통해 더 발전했다.[2] 이 책은 그 학술대회들, 특히 1985년 1월 베를린 고등연구원에서 개최한 두 번째 학술대회에서 발표하여 평가받은 연구의 직접적 결과물이다. 베를린에서 알라이다 아스만과 함께 집필했던 서론 초고는 150쪽까지 쓰다가 폐기되고 말았다. 서론이라는 좁은 틀 속에서 이 주제를 깊이 있게 다루기는 불가능했기 때문이다. 몇 년 더 간헐적으로 공동 연구를 한 뒤에 기억이라는 공통의 기반에도 불구하고 우리의 연구가 각각 다른 방향으로 흘러가며 독자적으로 연구를 지속하는 게 이치에 맞을 것 같다는 생각에 이르렀다. 알라이다 아스만은 자신이 발견한 내용을 《기억의 공간: 문화적 기억의 기능과 변천》이라는 제목으로 출간했다.[3] 그 책은 고대에서 (탈)근대 시기까지 문화적 기억의 형태와 기능에 초점을 맞춘 것으로, 어느 정도는 중동과 지중해의 초기 문자 문화를 주로 다룬 이 책의 속편이라 할 수 있다.

1987년과 1988년에 얻은 안식년이 이 책 제2부에서 논한 사례 연구 작업을 가능케 해주었다. 제1부에서 전개된 보다 이론적인 첫 부분은 토니오 횔셔Tonio Hölscher와 함께 다음과 같은 일련의 강연 시리즈를 준비하여 구체화되었다. 디트리히 하르트Dietrich Harth와 협력한 '문화와 기억'(1986년과 1988년), '문화와 갈등'(1988년과 1990년), '혁명과 신화'(1990년). 알라이다 아스만 및 디트리히 하르트와 함께 협력한 '생활세계와 기념비로서 문화'(1987년과 1991년)와 '(기억의 여신) 므네모시네Mnemosyne'(1989년과 1991년).

나는 끊임없이 새로운 생각으로 영감을 준 이 모든 동료에게 큰 빚을 지고 있다. 중심 주제를 논한 가장 환영할 만한 기회가 아래의 다른 강연에서도 주어졌다. 프라이부르크대학의 협력연구센터 Sonderforschungsbereiche[SFB]에서 주관한 '구술성과 문자성', 슈투트가르트대학의 문화이론센터와 프라이부르크대학 대학원 학술원에서 주관한 '고전고대의 과거 연관 짓기', 에센의 문화연구소 강연. 이들 강연 대부분은 알라이다 아스만과 함께했다. 마지막 감사는 비켄베르크E. P. Wieckenberg에게로 향해야 한다. 그의 끊임없는 격려가 없었다면 이 잠정적인 탐구가 책으로 완성될 수 없었을 것이다.

| 저자 서문 • 2010 |

25년 전 알라이다 아스만과 내가 '문화적 기억'을 공동저서의 주제로 떠올렸을 때, 그것은 담론의 한 작은 물줄기에 불과했다. 오늘날 그 강은 바다로 성장했다. 문화적 기억은 우리가 연구를 시작한 맥락을 제공한 두 분야인 고고학과 비교문학뿐만 아니라 문화 연구 전반이나 역사, 예술, 정치학에서도 중심 주제가 되었다. 그렇지만 이 분야의 토대가 아직 자리 잡지 못한 초보 단계에서 우리의 연구에 착수한 만큼, 이 책들이 한철 유행처럼 이내 구식이 되지는 않을 것이다. 이 영어판에서 참고문헌을 보완한 것을 제외하고는 수정이 필요한 부분을 거의 발견하지 못했다. 이 분야가 다양한 방향으로 진화해왔어도, 그 이론적 기반은 그 사례 연구에서 다룬 고대 세계가 그러했듯이 견실함이 입증되었다.

이집트학자에게 문화적 기억은 특히 두 가지 이유에서 연구할 만한 개념이다. 첫째, 이집트는 고대에 이미, 그 기념물들과 연대기들이 태고로까지 소급되는 가장 오랜 기억을 지닌 문명으로 유명했다. 과거는 이집트가 본받을 가시적이고 변함없는 모델이었고, 이집트인들은 자신들 과거의 기념비가 파멸과 망각의 나락으로 떨어지지 않도록 대단한 노력을 기울였다. 이는 특별한 사례인가? 아니면 한 문화와 사회가 자신의 과거를 다루는 전형적인 형태인가? 둘째, 고대 이집트를 우리 자신의 과거의 일부로서 간주할 것인지, 아니면 낯설고 이질적인 세계로 볼 것인지의 문제다. 그것은 기억의 문제인가 아니면 (재)발견의 문제인가? 그리고 그 차이는 무엇일까? 예컨대 호메로스의 서사시나 구약의 〈시편〉을 피라미드 문서와 구분하는 것처럼, 기억된 과거와 발견된 과거를 구별 짓는 이 신비한 음영선의 본질은 무엇인가?

이러한 의문들은 우리가 공동 프로젝트 작업에 착수한 1985년에서 1990년까지 수년 동안 독일에서 공개토론의 장을 점거한 과거사 논란과는 완전히 다른 것이었다. 그것들은 가까운 과거와 관련된 것으로, 그 과거는 통일 독일과 더 밀접한 정치적 통합을 열망하는 유럽 모두에게 정치적 (재)발명의 측면에서 중대한 것이었다.

우리는 '과거'와 '정체성'이라는 두 가지 초점 위주로 문화적 기억 개념을 구축하려 했다. 알라이다가 근대성과 탈근대주의의 주제까지 추구했다면, 내 임무는 고대 세계에 관계된 것이었다. 그러나 외재적 이유로 인해 원래 공동으로 기획된 그 작업은 7년의 시차를 두고 별도로 출간되었다. 이제야 케임브리지대학 출판부라는 새로운 집에서 영어판으로 우리의 원래 구상이 실현되어 두 부분이 재결합되었다. 두 개의 표지 사이가 아니라 함께 속하며 서로를 보완하는 짝으로 말이다.

우리는 무엇보다 이 결합을 가능케 해준 미국 라이스대학Rice

University의 워너 켈버Werner Kelber 교수께 감사드린다. 그는 영문판 작업을 강력 주장하며 출판사를 찾을 때까지 포기하지 않았다. 이 프로젝트를 케임브리지대학 출판부의 프로그램에 아주 효율적으로 안착시킨 베아트리체 렐Beatrice Rehl과 여러 차례의 단계 단계마다 신중하게 원고를 검토해준 에밀리 스프랭글러Emily Sprangler, 브리짓 콜튼Brigitte Coulton, 진저 보이스Ginger Boyce에게도 감사드린다. 데이비드 헨리 윌슨David Henry Wilson은 필자의 상당히 난해한 독일어 텍스트를 유창하고 우아한 영문으로 번역하는 경탄할 만한 작업을 완수했다. 윤문을 맡은 린다 쇼트Linda Shortt는 대단한 집중력으로 많은 인용문을 검증하고 상응하는 용어들을 정확히 검토했다. '우수연구자 군집Cluster of Excellence'의 일환으로 콘스탄츠대학이 추진하는 연구 프로젝트 '통합의 문화적 기반'과 디트리히 괴체가 설립한 아테나이움재단이 이 책의 출간을 재정적으로 지원했다.

2010년 8월 콘스탄츠에서

얀 아스만

[차례] 문화적 기억과 초기 문명

005　● 옮긴이 서문
011　● 저자 서문(1992)
015　● 저자 서문(2010)
020　● 서론

1부 이론적 기반

제1장 | 기억 문화: 예비적 고찰

1. 기억술과 기억문화　_039
2. 과거에 대해 언급하기　_041
3. 과거의 사회적 구성: 모리스 알박스　_045
4. 집단기억의 형태　_060
5. 문화적 기억의 선택지들: '뜨거운' 기억과 '차가운' 기억　_079

제2장 | 문자 문화

1. 의례적 연속성에서 문헌적 연속성으로　_105
2. 경전canon-개념 명확히 하기　_125

제3장 | 문화적 정체성과 정치적 상상력

1. 정체성, 의식, 성찰　_157
2. 집단 정체성의 기본 구조의 고양으로서 민족 형성　_173

2부 사례 연구: 예비적 고찰

제4장 | 이집트
1. 이집트 문자 문화의 기본 특징 _ 201
2. '카논'으로서 후기왕조 시대의 신전 _ 213

제5장 | 이스라엘과 종교의 발명
1. 저항의 수단으로서 종교 _ 237
2. 기억으로서 종교: 문화적 기억의 틀로서 〈신명기〉 _ 255

제6장 | 법의 정신으로부터 역사의 탄생
1. 징벌과 구원 표지하에서 역사의 기호화 _ 275
2. 의지의 신학 표지하에서 역사의 신학화 _ 298
   —'카리스마적 사건'에서 '카리스마적 역사'로

제7장 | 그리스와 규율적 사고
1. 그리스와 문식성의 결과 _ 311
2. 호메로스와 그리스 민족 형성 _ 325
3. 휘폴렙시스Hypolepsis: 글쓰기 문화와 그리스에서 관념의 진화 _ 335

350 ● 결론—문화적 기억 요약
364 ● 해제:《문화적 기억과 초기 문명》그리고 고대 중국과 한국
392 ● 주
457 ● 참고문헌
490 ● 찾아보기

| 서론 |

〈모세오경〉에 어린이들이 의례와 율법의 의미에 대해 배워야 한다고 다음과 같이 네 차례 언급되어 있다.

나중에 당신들의 자녀가 "주 우리의 하나님이 당신들에게 명하신 훈령과 규례와 법도가 무엇이냐"고 당신들에게 묻거든, 당신들은 자녀에게 이렇게 일러주십시오. "옛적에 우리는 이집트에서 바로의 노예로 있었으나, 주님께서 강한 손으로 우리를 이집트에서 이끌어내셨다……"(《신명기》 6:20-21).

여러분의 아들딸이 여러분에게 "이 예식이 그대들에게 무엇을 뜻합니까?" 하고 물을 것입니다. 그러면 여러분은 그들에게 "이것은 주님께 드리는 유월절 제사다. 주님께서 이집트 사람을 치실 때에, 이집트에 있던 이스라엘 자손의 집만은 그냥 지나가셔서……"(《출애굽기》 12:26).

뒷날 당신들의 아들딸이 당신들에게 "이것이 무슨 일입니까?" 하고 묻거든, 당신들은 아들딸에게 이렇게 일러주십시오. "주님께서 강한 손으로 이집트 곧 종살이하던 집에서 우리를 이끌어내셨다……"(《출애굽기》 13:14).

그날에 당신들은 당신들 아들딸들에게, "이 예식은, 내가 이집트에서 나올 때, 주님께서 나에게 해주신 일을 기억하고 지키는 것이다……" 《출애굽기》 13:8).

여기 우리 앞에 펼쳐져 있는 것은 대화로 구성된, 기억된 역사의 단적인 예다. 자녀들은 '당신'과 '우리'('주 우리의 하나님')라는 대명사를 사용해 질문하고, 아버지는 '우리' 혹은 '나'를 사용해 대답한다. 이 구절들은 하가다Haggadah의 일부인 '네 자녀의 미드라시Midrash of the Four Children'에 포함되어 있다. 하가다는 유대인의 유월절 만찬 의례인 세데르Seder에서 낭송하는 기도문으로, 아이들에게 출애굽에 대해 가르쳐주기 위한 교훈집이다. 앞에 인용된 구절들에서 네 가지 질문—〈출애굽기〉 13:8의 무[無]질문도 일종의 질문으로 간주하여 네 가지—은 각각 영리한 자녀, 나쁜 자녀, 단순한 자녀, 아직 질문하는 법을 모르는 자녀에 의해 제기된다. "우리의 하나님이 당신들에게 명하신 훈령과 규례와 법도가 무엇입니까?"(《신명기》 6:20)라고 질문한 아이의 영특함은 (훈령, 규례, 법도 같은) 개념들을 구별한다는 점, 그리고 그가 질문에서 2인칭 "당신"을 1인칭 "우리"로 확장한 사실에서 잘 예시된다. 이에, 아버지는 '우리'—여기에는 질문한 자녀도 포함됨—라는 대명사를 사용하여 출애굽 역사를 들려준다. 한편, 나쁜 아이의 불량함은 그가 '그대들'이라는 대명사만을 사용한 사실에서 잘 드러난다(앞에 인용된 〈출애굽기〉 12장 26절을 참조할 것).

나쁜 어린이는 어떻게 질문할까요? 그는 "이 예식이 그대들에게 무엇을 뜻합니까?"라고 묻습니다. 하지만 '그대들'에 자신을 포함시키지 않습니다! 그가 자신을 공동체에서 뺀 것처럼, 여러분도 "이 예식은, 내가 이집트에서 나올 때, 주님께서 나에게 해주신 일을 기억하고 지키는 것이다"라고 대답하며 그를 배제해야 합니다(유월절 하가다).

이 유월절 미드라시(성경 주석의 설교 방식)는 이 책의 세 가지 주제, 즉 정체성('우리', '당신', '나'), 기억('우리'의 토대와 실체를 제공하는 출애굽 이야기), 기억의 재생산 및 지속성(아버지와 자녀 사이의 관계) 모두를 다루고 있다. 유월절 만찬 의례 중에 어린이는 '우리'를 이야기하도록 배운다. 그럼으로써 일인칭 복수 개념을 형성하고 그것을 채워주는 이야기와 기억에 참여하게 된다.[1] 사실 이는 모든 문화의 기저에 깔린 문제이자 과정이지만, 유월절 의례에서처럼 겉으로 명확히 드러난 경우는 매우 드물다.

이 책은 기억(혹은 과거 연관[reference]), 정체성(혹은 정치적 상상력), 문화적 지속성(혹은 전통의 형성)이라는 세 가지 주제 사이의 상호연관성을 다룬다. 모든 문화는 '연결구조connective structure'라고 부를 수 있는 무언가를 만들어낸다. 그것의 결속 효과는 사회와 시간이라는 두 측면에서 작동한다. 첫째, 그것은 '상징적 세계'(Berger and Luckmann), 즉 경험과 기대와 행위의 공동 영역을 만들어냄으로써 사람들을 결속시킨다. 그 연결력이 사람들에게 신뢰와 방향성을 제공한다.

초기 사회의 문서들은 문화의 이러한 양상을 '정의justice'라 일컫는다. 하지만 둘째, 연결구조는 과거의 중요한 경험들과 기억들에 형식과 현존성을 부여함으로써 어제와 오늘을 연결하는 시간적 차원도 갖는다. 다른 시기의 기억 형상과 이야기들을 앞을 향해 움직이는 현재의 배경에 편입시켜 현재에 희망과 연속성을 제공하는 것이다. 이러한 연결구조는 신화와 역사의 기저를 이루는 문화 양상이다. 교훈을 스토리텔링과 뒤섞은 이러한 규범적·이야기적 요소가 귀속감과 정체성의 토대를 창출하여, 개인이 '우리'를 운위할 수 있게 된 것이다. 그(개인)를 이러한 복수형(집단)과 결속시켜주는 것이 공통지共通知와 공통성의 연결구조로, 이는 첫째, 동일한 법과 가치를 고수함으로써, 둘째, 과거의 기억을 공유함으로써 발생한다.

모든 연결구조 뒤에 자리한 기본 원칙은 반복이다. 이것은 일련의 행동들이 무한한 변이로 확장되지 않도록 예방하고, 그 행동들이 가시적 패턴으로 확립되어 공유 문화의 요소들로 즉시 인정될 수 있도록 보장해준다. 유월절 축제가 다시 한번 이에 대한 명확한 설명을 제공한다. 이 히브리어 단어는 실상 '순서'를 의미하며 그 축제에서 따라야 하는, 엄격하게 규정된 절차를 나타낸다. '규정하다'와 '따르다'라는 용어조차도 '세데르'*개념의 핵심인 시간과 연관되어 있다. 그 의례의 내적·시간적 구조는 고정되어 있는 한편('규정하다'), 의례의 실행은 그 선례

---

* 순서를 뜻하는 것으로 음식을 순서대로 먹는다는 것.

와 연결되어 있다('따르다'). 이러한 모든 축제가 같은 '순서'를 따르기 때문에, 그것들은 끝없이 동일한 형태를 취하는 벽지의 문양처럼 반복을 수반한다. 나는 이 원칙을 '의례적 일관성'이라고 부른다.

그렇지만 유월절 축제의 첫날밤에 그 전해와 같은 의례를 반복할 뿐만 아니라, 아주 먼 과거의 출애굽 사건을 재현, 즉 '현재화'[2]하기도 한다. 반복과 현재화는 하나의 준거가 갖는 두 가지 상이한 형식이다. '세데르'라는 용어가 단지 반복을 의미하지만, 그 경험의 현재화 혹은 구현의 측면은 이때 낭송되는 기도집의 이름인 '하가다Haggadah'('설명하다'의 의미)에 의해 표현된다. 그 기도집은 모두 출애굽과 연관된 축복, 노래, 일화, 설교 모음집으로 풍부한 설명을 담고 있다. 그것들은 성경 전통에 대한 해석으로 간주할 수 있고, 무엇보다 어린이들에게 출애굽 사건의 의미를 설명하기 위한 목적을 가진다. 하가다는 텍스트에 대한 해석이기 때문에 '기록script'에 방점이 찍힌 규정prescription('기록된 규정')이다. 과거의 기억이 전통에 대한 설명을 통해 현재의 삶에 소환되는 것이다. 모든 의례는 반복과 재현(현재화)이라는 두 요소를 결합한다. 의례에서 하나의 확고한 순서를 엄격하게 고수하면 할수록 반복의 양상이 더욱 현저해진다. 개별적인 표현에 자유를 부여할수록 재현 양상이 큰 힘을 부여받는다. 이 두 축 사이에서 역동적인 과정이 펼쳐지며, 이때 문자가 (과거와 현재의) 두 문화의 연결구조에서 아주 중요한 역할을 한다. 반복의 우세가 재현의 우세로 대체되는 것, 즉 의례적 일관성이 문헌적 일관성으로 대체되는 것은 전통의 문자화된 요소를 통해서다. 여기서 새로운 연결구조가 나타나는데, 그것은 모방과 보존이 아닌 해석과 기억으로 구성된다. 이제 전례典禮 대신 해석학을 갖게 되는 것이다.

이러한 문화적 개념으로부터 문헌적 일관성에 대한 유형학적 분석을 도출하기 위해 나는 이 책에서 다양한 연구를 검토하려고 한다. 나는 위에서 언급한 연결구조를 나타내는 특성과 변화들을 비교하고, 그들의 변이에 초점을 맞추면서, 문화적 연결구조가 확립, 강화, 이완, 와해 되는 모든 과정을 살펴볼 것이다. '카논'(경전)이라는 용어를 통해, 한 문화의 연결구조를 고양시켜 시간이나 변화에 더 이상 영향받지 않는 수준에 이르게 하는 원리를 밝히려 한다.

나는 카논을 사회의 '의식적 기억mémoire volontaire'으로 부르기 원하는데, 이는 그것을 초기 문명의 훨씬 유동적인 '전통의 물줄기' 및 '탈경전' 문화—문헌 전승이 구속력을 상실한 시대—의 자율적 기억과 대조하기 위해서다. 사회는 자아상을 가지고, 기억으로부터 문화를 빚어냄으로써 자기 정체성을 대대로 유지한다. 많은 사회가 완전히 다른 방식으로 그렇게 하는데, 이것이 바로 이 책의 중요한 초점이다. 나는 사회들이 어떻게 기억하고 그 기억의 과정에서 **어떻게 스스로를 시각화하는지** 살펴볼 것이다.

비록 현재 진행 중인 탈역사와 탈근대에 대한 논의가 연구를 위한 충분한 자료를 제공하더라도, 이 책은 고대 세계만 다룰 것이다. 이는 부분적으로 내 전문 분야와 관련이 있지만 알라이다 아스만이 《기억의 공간》에서 근대의 문화적 기억에 초점을 맞추었기 때문이기도 하다.

하지만 이러한 한계 이외에, 이 책은 이집트학이라는 내 전공의 범위도 초월한다. 어떤 사람들은 용납하기 어려울 정도로 내가 전공의 범위를 넘어섰다고 생각할지 몰라 확실한 설명이 필요하다. 1부에서 전개

될 주장과 개념들이 2부에서 이집트뿐만 아니라 메소포타미아, 히타이트, 이스라엘, 그리스의 사례 연구로도 예증될 것이다. 변명일 수 있지만, 이 책에서 나의 관심은 연구 자료를 제공하는 것이 아니다. 만약 그랬다면, 당연히 나의 전공의 범주 안에 머물러야 할 것이다. 하지만 나의 목적은 문화적 연결구조를 재구성하는 것이다. 좀 더 정확히 말해, (집단적) 기억과 문자 문화, 그리고 민족 형성 사이의 연관성을 밝혀 문화 이론 일반에 기여하는 것이라는 점을 강조하고 싶다.

다양한 분야의 학자들이 이 방면에서 공헌해왔다. 요한 고트프리트 헤르더(1744~1803), 카를 마르크스(1818~1883), 야코프 부르크하르트(1818~1897), 프리드리히 니체(1844~1900), 아비 바르부르크(1866~1929), 막스 베버(1864~1920), 에른스트 카시러(1874~1945), 요한 하위징가(1872~1945), T. S. 엘리엇(1888~1965), 아르놀트 겔렌(1904~1976), 앨프리드 크로버(1876~1960), 클리포드 기어츠(1926~2006), 잭 구디(1929~2015), 메리 더글라스(1921~2007), 지그문트 프로이트(1856~1939), 르네 지라드(1923~2015) 등을 들 수 있지만, 그 명단은 계속 이어질 것이다. 이들은 시인, 소설가, 사회학자, 경제학자, 역사가, 철학자, 민족학자로, 고고학자만이 기이하게도 이 주제에 대체로 침묵을 지켜왔다. 그러나 고대문명에 관한 연구가 문화의 본질, 기능, 기원, 소통, 변형에 대한 이해에 중대한 실마리를 제공할 것임은 의심의 여지가 없다. 그것이 바로 내 연구의 출발점이다.

이러한 연구는 통상 정의를 제시하며 시작하는 게 일반적이다. 독자는 '문화적 기억'이 무슨 의미인지, 왜 그것이 타당하고 중요한지, 그것이 다른 용어보다 더욱 효과적으로 조명하는 데 도움을 주는 현상이 무엇인지, 그것이 어떻게 훨씬 확고히 정립된 전통이라는 개념을 뛰어넘을 수 있는지에 대해 이해할 모든 권리를 지니고 있다. 문화적 기억은 인간 기억의 외면적 차원 중 하나다. 우리는 애초에 문화적 기억을 그 것의 내용인 역사적·문화적 연구의 주제가 아닌 개인의 두뇌에 자리한 대뇌학과 신경학, 심리학의 주제, 즉 순수하게 내면적인 것으로 간주하는 경향이 있었다. 그러나 이러한 기억의 내용들, 그것들이 조직되는 방식, 그리고 그것들이 지속하는 기간은 대부분 내면적 저장이나 제어의 문제가 아닌 사회와 문화적 맥락이 부과하는 외재적 조건의 문제다. 모리스 알박스Maurice Halbwachs(1877~1945)가 최초로 이 현상에 본격적으로 주목했고, 그의 주장이 이 책 제1장의 주제를 구성한다. 나는 기억의 외재적 차원을 네 영역으로 구분하는데, 문화적 기억은 그중 하나다.

1. **'모방 기억'**: 이것은 행위를 가리킨다. 우리는 모방을 통해 다양한 행동 양식을 배운다. 기계, 요리, 건축 등에 관한 설명서의 사용은 비교적 최근에 발생한 일로 결코 포괄적인 것은 아니다. 행위는 결코 완전하게 성문화할 수 없다. 일상의 예절이나 습관, 윤리 같은 다른 영역은 아직도 모방 전통에 의존한다. 르네 지라드는 이러한 모방적 측면을 그의 수많은 저서에서 중심 플랫폼으로 삼았으며, 이러한 '일방성'에서 많은 영향을 받은 문화 이론을 발전시켰다.
2. **'사물에 대한 기억'**: 인류는 태곳적부터 침대, 의자, 그릇, 옷, 도구와 같은 사적인 일상 용품에서 집, 도로, 마을, 소도시, 자동차, 배에 이르기까지 "사물"에 에워싸여 있었다.[3] 그것들은 모두 실용성, 안

락함, 미 개념뿐만 아니라 어느 정도는 우리의 정체성까지도 대변한다. 물건은 우리 자신을 반영한다. 즉, 우리가 누구인지, 우리의 과거는 어떠했을지, 우리의 선조는 어떤 사람인지 등을 상기시킨다. 우리가 살고 있는 사물의 세계에는 현재뿐만 아니라 과거의 다양한 단계와 수준을 동시에 나타내는 시간 지수time index가 있다.

3. **'소통적 기억'** : 언어와 소통 능력은 자신의 내면으로부터가 아니라 다른 사람들과의 교환, 즉 내부와 외부 사이의 순환적 혹은 피드백식 상호작용을 통해 다시 발전한다. 의식과 기억의 개별적 생리와 심리는 설명 불가능하다. 따라서 그것들은 다른 개인들과의 상호작용을 포괄하는 체계적 설명을 요한다. 한 사람의 의식과 기억은 이러한 상호작용에 참여하는 방식으로 형성될 수 있을 뿐이다. 그렇지만 여기서 이 문제에 대해 더 상세히 들어갈 필요는 없다. 이러한 양상은 알박스의 기억 이론에 대한 논의에서 다룰 것이다.

4. **'문화적 기억'** : 이는 의미를 전수하는 것으로, 위의 다른 세 가지 양상이 매끄럽게 합쳐진 영역이다. 모방적 일상이 의례의 지위로 올라설 때, 예컨대 그것이 실용적 기능을 넘어 의미와 중요성을 지닐 때, 모방적 행위 기억의 경계를 초월한다. 의례는 문화적 의미를 전수하고 그 의미에 생명력까지 부여하는 형식이기 때문에, 문화적 기억의 일부다. 이는 사물이 그 실용적 목적을 넘어 의미를 나타낼 때도 마찬가지로 적용된다. 즉, 상징들, 형상들 그리고 기념비, 분묘, 신전, 우상과 같은 재현물들, 이 모든 것들은 시간과 정체성의 내포적 지수를 명확하게 보여주기 때문에 물질-기억의 경계를 초월한다. 이러한 양상이 아비 바르부르크가 제시한 '사회적 기억'의

핵심이다. 동일한 방식이 언어와 소통이라는 위의 세 번째 영역에 어느 정도 적용될 수 있을지, 그리고 거기서 문자가 담당하는 역할이 이 책의 실제 주제다.

여기서 나는 이 질문의 역사를 되돌아보고 싶다. 1970년대 말 일군의 문화 연구 전문가들이 문헌의, 혹은 더 정확히는 문학적 문헌의 '고고학'을 연구하기 위해 함께했다. 그들은 구약성서, 이집트학, 아시리아학, 고전문헌학, 문학, 언어학 전문가였다. 당시 이러한 질문들은 아주 추상적이고 이론적 수준에서 논의되었다. 이러한 새로운 스터디 그룹의 목적은 이론에서 벗어나 시간적 깊이와 문화적 거리라는 두 가지 다른 차원으로 진입하는 것이었다. 이 프로젝트의 결과로 '문헌 소통의 고고학'이라는 공통 주제하에 몇 권의 책이 출간되었다. '구전과 문자'라는 주제의 첫 번째 학술모임에서 '문화적 기억'이라는 용어가 문학 텍스트의 맥락에서 제시되었다. 콘라트 엘리히Konrard Ehlich는 이를 '연장된 상황zerdehnte Situation'의 틀 안에서 '후에 재개되는 메시지wiederaufgenommene Mitteilung'라 규정했다. 그 문헌의 원초적 배경setting은 메신저 제도다.[4]

알라이다와 내가 (문헌학자 유리 로트만Jurij Lotman(1922~1993)이나 다른 문화 이론가들의 연구를 이어가면서) 우리의 저작에서 문화적 기억이라 명명한 것이 바로 이 연장된 상황이라는 개념으로부터 나왔다.[5] 이것의 정확한 의미는 전문적인 용어들을 통해 가장 잘 설명된다. 소통적 상황이 연장된다는 것은 필연적으로 외부적 중간 저장의 가능성들을 전제한다. 따라서 소통 체계는 문화적으로 중요한 메시지와 정보가 기호화, 저장, 회수의 형식을 통해 처리될 수 있는 외부 영역을 개발해야만 한다.[6]* 이는 제도적 틀 및 전문화, 표기 체계—예를 들어 매듭 있는 끈, 추링가(오스트레일리아 중부 원주민이 나무나 돌로 만든 신성한 조각물—역자주), 결석結石, 최종적으로는 문자—를 필요로 한다. 어디서나 문자는 그러한 표기 체계로부터 발생했다. 그 표기 체계는 연장된 소통의 기능적 맥락으로부터, 그리고 중간 저장소라는 필수적 양식 속에서 발전한 것이다. 재현적 상징 체계를 위한 세 가지 전형적 분야 혹은 기능적 맥락이 존재한다. 즉, 그것은 경제(예컨대 근동 국가), 정치 권력(이집트), 정체성을 부여하는 신화*다.

문자의 발명은 이러한 소통의 외재적 영역에 전면적이고 혁명적 변형의 길을 열어주었고, 거의 모든 경우 이러한 변형이 실제로 일어났다. 그 이전의 순수한 구술 단계나 구술과 기호 체계를 병용하던 단계에서는 소통 내용을 중개하는 외부의 저장 양식들이 실제 소통 체계와 밀접하게 연계되어 있었다. 이 경우 문화적 기억은 어떤 의미든 집단 내에서 유포된 것과 거의 완벽하게 일치한다. 소통의 외재적 영역이 그 자체의 독자적이고 점점 복잡한 존재를 나타낼 수 있게 된 것은 오직 문자를 통해서였다. 이제야 기억이 그 원초적 시간 한계와 소통 양식을 넘어서 메시지와 의미를 연장하도록 형성될 수 있었다. 이는 개인의 기억이 현재의 의식 범위를 넘어서 연장될 수 있는 것과 마찬가지다. 문화적 기억이 전통과 소통에 양식을 제공하지만, 그것만이 유일한 기능은 아니다. 문화적 기억이 없다면 침해나 갈등, 혁신, 복원, 혁

---

* 예컨대 오스트레일리아의 추링가와 노랫길.

명도 있을 수 없다. 이것들은 모두 현재의 의미를 넘어선 세계로부터 분출되는 것으로, 잊힌 것의 재소환이나 전통의 부활, 억압되었던 것의 재부상을 통해 일어난다. 그것들은 클로드 레비스트로스Claude Lévi-Strauss(1908~2009)로 하여금 '뜨거운 사회'라는 범주를 설정하도록 이끌었던 문자 문화의 전형적 역동성을 대변한다.

모든 도구가 더욱 복잡해질 때 그렇듯이, 문자는 훨씬 더 독특한 방식으로 팽창과 소멸의 변증법을 불러일으킨다. 자연적 이동의 외재화의 산물인 자동차는 인간의 이동 범위에 있어서 이제껏 꿈꿀 수 없었던 확장을 가능케 해주었지만, 과도하게 사용된다면 우리의 자연스러운 자발적 이동성을 감소시키기도 한다. 문자도 마찬가지다. 외재화된 기억으로서 문자 역시 정보와 다른 소통의 형태들을 저장하고 회수하는 우리의 역량을 상상할 수 없을 정도로 끌어올렸지만, 동시에 우리의 자연적 기억 은행에 위축을 가져오기도 했다. 플라톤이 이미 주목한 이 문제는 아직도 심리학자들의 관심을 사로잡고 있다.[7] 이러한 외부 저장소의 가능성으로 인해 개인만 영향을 받는 것이 아니다. 더욱 중요한 것은 사회 전체와 그 사회를 구성하는 데 도움을 준 소통 양식들도 영향을 받는다는 점이다. 의미의 이런 외재화가 아주 다른 또 하나의 변증법을 이끌어내기도 한다. 수천 년에 걸친 보전과 실현이라는 새로운 긍정의 형식들이 망각과 억압—이것은 조작, 검열, 파괴, 제한, 대체 등에 의해 발생함—을 통한 상실이라는 부정적 형식으로 상쇄되고 있다.

우리에게는 그런 과정들을 묘사할 뿐 아니라 그것들을 저장 체계 기술, 관련 집단의 사회학, 미디어, 그리고 문화적 의미의 저장, 전승, 순환구조에서 일어난 역사적 변화들과도 연관시켜주는 하나의 용어가 필요하다. 전통 형성, 과거 원용, 정치적 정체성과 상상력 같은 모든 기능적 개념들을 포괄하는 하나의 용어 말이다. 그러한 용어가 바로 '문화적 기억'이다. 그것은 제도적으로, 인공적으로만 실현될 수 있기에 '문화적'이다. 또한 사회적 소통과 관련하여 그것은 개인 기억이 의식과 관련하여 기능하는 방식과 똑같이 기능하기 때문에 '기억'이다.

허버트 칸치크Hubert Cancik와 허버트 모어Hubert Mohr(1990)는 집단 기억이라는 메타포 대신 전통이라는 관례적 개념을 사용해야 한다고 제안한다. 하지만 그것은 개인적 기억 개념을 의식의 개념으로 환원하는 것처럼, 문화 현상학과 그것의 역동성을 축소시키는 효과로 이어진다. 그러나 용어를 둘러싼 논쟁으로 길을 잃는 우를 범해서는 안 될 것이다. 사회적 전통과 소통의 이러한 외재화에 어떤 명칭을 부여하든, 그건 그 자체로 하나의 현상이다. 즉, 그것은 전통, 역사의식, 신화적 세계관, 자기 인식을 모두 결합한 문화 영역이다. 그리고 그것은 미디어 기술의 진화가 초래한 변화를 비롯하여, 역사적으로 조건지어진 광범위한 변화들에 영향을 받는다.

경계선상의 사례들에서, 소통되거나 전수된 의미를 훨씬 넘은 기억의 포괄적인 영역은 상당히 견고한 일관성을 띠어서, 현재의 사회 정치적 현실마저 부정할 수 있다. 나는 이러한 사례들을 '반反현재 기억'(G. Theissen)과 '시대착오적 구조'(M. Erdheim)라는 명칭으로 부른다.

이 경계적 사례들은 문화적 기억의 향상된 인공 형식들로, 문화적 기억술을 이용하여 '비동시성'을 만들고 유지한다.

그러므로 문화적 기억을 다루는 이 연구는 주어진 한 사회의 연결구조 속에서 결정적 변화를 검토하면서 그 혁신과 고양高揚의 과정들에 초점을 맞출 것이다. 나는 특히 이러한 변화들을 강조하는 두 가지 접근법을 숙고하고 분석하려고 한다. 비록 그 두 접근법이 그 변화들을 설명하는 데까지 나아가지는 못하지만 말이다. 18세기까지 거슬러 올라가는 첫 번째 접근법은 알프레드 베버Alfred Weber(1868~1958)의 포괄적 문화 이론의 핵심인 동시에, 카를 야스퍼스Karl Jaspers(1883~1969)가 '축의 시대'라는 단순한 표제 속에 포괄시킨 것이다. 한편, 그 사회학적 결과는 쉬무엘 아이젠스타트Shmuel N. Eisenstadt(1923~2010)에 의해 설명되었다.

그 접근법은 사회 변화들의 원인을 사상의 역사와 연관된 혁신들에서 찾는다. 다시 말해, 공자와 노자, 석가모니와 조로아스터, 모세와 다른 선지자들, 호메로스와 비극 작가들, 소크라테스, 피타고라스, 파르메니데스, 예수와 마호메트 같은 개인들이 제안한 인생 비전, 삶에 대한 이해들이다. 초월에 기반한 이 사상들은 새로운 세대의 지성적 엘리트에 의해 수용되고 그들이 살았던 현실을 급진적으로 변형시키는 데 활용되었다.

훨씬 더 최근의 산물인 두 번째 접근은 주로 그리스 연구자인 에릭 해블록Eric A. Havelock(1903~1988)과 인류학자 잭 구디로 대표되는데, 그들과 함께 하는 사회진화론자들(니클라스 루만Niklas Luhmann)과 미디어 이론가(마셜 맥루한Marshall McLuhan)들의 수도 늘고 있다. 그들은 여러 변화를 주로 문자와 인쇄기의 발명과 같은 기술 개발의 효과로 간주한다.

이러한 두 가지 접근법의 큰 장점은 변화에 주목하여 많은 중요한 연관성을 밝혀낸 점이다. 그러나 양측 모두가 상대방이 제기한 연관성에 대해 충분한 주의를 기울이지 않은 점은 약점으로 남는다. 미디어에 기반을 둔 설명은 이러한 모든 과정을 하나의 기술적 원인으로 축소시킬 위험성이 있는 반면에, 사상에 기반을 둔 해석은 문화 전통과 사회제도에 큰 영향을 미친 문자의 근본적인 중요성에 놀랄 정도로 무관심하다.

문화적 기억을 다루는 이 책에서, 나는 '문화적 시간의 구조'(알라이다 아스만의 용어)의 보다 광범위한 문맥 안에, 그리고 집단 정체성 형성 혹은 정치적 상상력이라는 보다 광범위한 맥락에 문자 문화를 위치 지움으로써, 이러한 문제를 극복하길 희망한다. 이상의 논의를 배경으로 나는 문화적 기억에서 변화로 묘사될 수 있는 것을 고대의 네 사례를 들어 예증할 것이다. 그것들이 체계적이지 않고 완전한 대표성을 띠지도 못하지만, 앞으로 무한한 연구를 이끌 수 있는 출발점을 제공하는 의미는 있다고 본다. 나는 이집트, 이스라엘, 그리스, (간략하게) 쐐기문자 문화까지 선별하여, 문화적 기억을 변형시키는 전형적인 과정의 광범위한 다양성에 최대한 초점을 맞출 것이다.

[1부]

이론적
기반

| 제1장 |

기억 문화: 예비적 고찰

1. 기억술과 기억 문화

기억술*ars memoriae* (혹은 *ars memorativa*)이란 개념은 서구 전통에 확고한 뿌리를 두고 있다. 서기전 6세기에 살았던 그리스의 시인 시모니데스 Simonides가 그 창시자로 간주된다. 로마인이 이 기술을 수사학의 다섯 범주 중 하나로 분류하였고 그것은 중세와 르네상스 시대까지 전수되었다. 그 저변에 깔린 원칙은 다음과 같다. "이 분야의 역량을 발휘하고 싶은 사람들은 먼저 장소들을 상상해야 한다. 그 이후에 자신의 기억 속에 저장하길 원하는 사물에 대한 심상을 형성하여 그 공간에 그것을 자리하게 한다. 이렇게 하면 공간들의 순서가 사물들의 순서를 보전하고 심상들은 사물 자체를 제시해줄 것이다"(Cicero, *De Oratore* II 86, 351~354).[1]

기억술에 대한 가장 중요한 고전 텍스트인 《헤렌니우스를 위한 수사학*Rhetorica ad Herennium*》의 저자(서기전 1세기)는 '자연적' 기억과 '인위적' 기억을 구분했다. 기억술은 인위적 기억의 바탕이다. 그것은 개인에게 이례적인 분량의 지식을 습득하고 보전하여 수사에 활용하도록 도움을 준다. 이러한 전통은 17세기 들어서까지도 효율적으로 유지되어 영국의 역사가인 프랜시스 예이츠Frances Yates(1899~1981)에 의해 정리되었다. 그의 책은 무수한 새로운 연구에 길을 열어 현재 고전 반열에 올라 있다.[2]

그렇지만 그 기억술은 이 책에서 '기억 문화'라는 개념 아래 포함된 것과 공통점이 거의 없다. 개인과 관련 있는 기억술은 개인적 기억 형성에 도움을 주는 기술을 나타낸다. 이와 대조적으로 사회적 의무와 연관된 기억 문화는 집단과 확고하게 연결되어 있다. 여기서 중요한 질문은 "무엇을 잊어버리지 말아야 하는가?"이다. 이 질문은 통상 어떤 집단에게나 꽤 명백하고 비교적 중심이 되는 요소다. 기억 문화가 어떤 집단의 정체성과 자아상에 필수적인 경우, 우리는 그 집단을 '기억 공동체'라고 말할 수 있다(Pierre Nora)[3]. 다시 말해, 기억 문화는 "공동체를 구성하는 기억"과 연결되어 있다(K. Schmidt, 주 63 참조).

비록 서양의 전유물은 아닐지라도 그리스의 발명인 기억술과 달리, 기억 문화는 보편성을 지닌다. 아무리 작은 형태라도 기억 문화가 발견되지 않는 사회 집단을 상상하기란 사실상 불가능하다. 기억 문화의 역사가 프랜시스 예이츠가 기억술에 대해 정리한 방식으로 서술될 수 없는 이유가 바로 여기에 있다. 단지 임의로 고른 일부 사례로 예증 가능한 몇몇 일반적 특성을 강조할 수 있을 뿐이다.

그렇지만, 그리스인들이 고전적 기억술의 영역에서 특별한 위치를 차지하듯이, 보편적 기억 문화의 역사에서 돋보이는 민족이 있다. 바로 이스라엘 사람들이다. 그들은 기억 문화에 새로운 형식을 부여했으며, 그들의 기억 문화 형식은 서양사에서 고전적 기억술과 같은 영향을 미쳤다.

이스라엘은 반드시 "지키고 기억하라"[4]는 명령에 따라 자신을 형성하고 보존했다. 그래서 이스라엘인들은 새롭고 진정한 의미에서 민족이 되었다. 즉, 민족 개념의 전형이 된 것이다. 막스 베버는 동시대의 시대 정신을 거슬러, 민족 개념의 해석적 성격, 혹은 요즘 식 표현을 빌리자면, 민족 개념의 상상적 성격을 명료하게 꿰뚫어 보며 다음과 같이 서술했다. "그리고 모든 민족적 다양성의 이면에 어떤 식으로든 '선민'의 개념이 자연스럽게 존재한다."[5] 이러한 통찰력은 민족적 차이라는 원칙이 어떻게 이스라엘로 하여금 기억 문화의 이상적 모델로 기능할 형식을 개발하도록 했는지 보여준다.

자신들을 다른 사람들과 다른 개체로 간주하는 사람들은 어떻게든 스스로를 선택받은 사람들로 상상한다. 베버는 민족주의가 최고조에 달했을 때 그렇게 기술했고, 우리는 현재에 이르러서야 이 생각이 얼마나 보편타당한 것인지 알 수 있게 되었다. 기억의 원칙은 '선택되었음'이라는 원칙의 논리적 귀결이다. 선택됨은 어떤 상황에서도 기억의 소멸을 허용하지 않는 엄격한 의무들의 복잡한 연결망에 지나지 않는다. 따라서 이스라엘은 《헤렌니우스를 위한 수사학》에 묘사된 인위적 유형과 정확히 상응하는 기억 문화의 증강된 형식을 발전시켰다.

2. 과거에 대해 언급하기

기억술에 공간이 있다면 기억 문화에는 시간이 있다. 그렇지만 나는 이보다 한 단계 더 나가야만 할 것 같다. 기억술이 학습과 관련되어 있다면, 기억 문화는 계획 및 희망과 관련이 있다. 즉, 기억 문화는 의미와 시간의 사회적 구성을 포함한 정체성 형성과 연관되어 있다는 말이다.

기억 문화는 언제나 그렇지는 않지만 주로 과거와의 다양한 연결고리에 의존한다. 이것은 우리가 언급해서 연관지을 때만 과거가 생성된다는 논지의 기초가 된다. 그 말이 처음에는 기이하게 들릴 수 있지만, 과거의 형성보다 더 자연스러운 개념은 없다. 과거는 시간의 흐름을 통해 존재하게 되기 때문이다. 내일에는 오늘이 어제의 형태로 역사가 될 것이다. 그러나 사회마다 이 자연스러운 과정에 완전히 다른 방식으로 반응할 수 있다. 키케로가 "야만인들"에 대해 주장했던 것처럼, 사람들은 "하루하루를 살 뿐" 기꺼이 오늘을 과거의 망각 속에 빠지게 할 수 있다. 아니면 오늘이 무한하게 지속되게 하려고 전력을 다할 수도 있다. 예컨대 "항구적인 것을 겨냥해 계획을 수립한" 키케로 시대의 로마인이나(*De Oratore* II 40, 169),[6] "눈앞에 내일을 두고……영겁이 요구하는 바를 심장 안에 담으려 한" 이집트의 파라오처럼 말이다.

오늘을 사는 동안 내일에 자신의 눈을 고정시키려는 사람은 누구나 의식적 기억을 통해 어제를 포착함으로써 어제를 망각으로부터 보존해야만 한다. 이것이 과거가 재구성되는 방식이고, 과거는 우리가 그것을 언급할 때 생성된다는 말의 의미다. '기억 문화'와 '과거에 대한 언급'이라는 두 가지 개념이 이 연구의 범위를 표시하며, 고전적 기억술로 분류될 수 있는 기억의 요소들로부터 '과거'를 구별해준다.

과거를 언급하기 위해서 과거가 우리의 의식 속에 소환되어야 함은 말할 나위가 없다. 이는 다음의 두 가지를 전제한다. ① 과거가 완전히 사라졌을 리 없다. 즉 모종의 문헌 기록이 있음에 틀림없다. ② 이러한 문헌 기록은 오늘날과 구분되는 모종의 특징을 내포한다. 첫 번째 조건은 자명하다. 두 번째는 언어 변화 현상을 통해 가장 잘 설명될 수 있다. 변화는 불가피하다. 살아있는 자연어치고 영원히 변치 않는 것은 없다. 언어 변화는 보통 더디고 드러나지 않아서, 그 언어 사용자가 느끼지 못하는 게 정상이다. 그 변화에 대한 자각은 (종교적 제의에서 사용되는 특별 형식구나 여러 세대에 걸쳐 축자적으로 전승된 성서와 같은 문서의 예처럼) 언어의 옛 단계들이 특정 조건하에서 보존되어 있을 때만 온다. 즉 보존된 언어와 현재 통용되는 언어 사이의 차이가 현저해져서 전자가 친숙한 말의 변형이 아니라 그 자체로 별개의 언어처럼 보일 때, 언어 변화에 대한 자각이 생긴다. 이러한 언어적 거리감은 종종 구술 전통에서도 감지되지만, 대체로 문자 문화에서 두드러진다. 예를 들어 우리는 학교에서 종교 문헌이나 고전 문헌을 따로 공부해야만 그것을 이해할 수 있다.[7]

그렇지만, 옛것과 새것의 차이를 의식하게 해주는 많은 다른 요인들—이 중 상당수가 비언어적 요인들임—이 있다. 전통(연속성)의 모든 중요한 단절은 그것이 새로운 시작의 창출을 의미할 때마다 과거를 만들어낼 수 있다. 르네상스나 종교개혁 같은 현상은 언제나 과거에 호소하여 그 모습을 갖추게 된다. 문명들은 과거를 재발견하면서 미래를 개발하고, 산출하여, 구축해나간다. 이는 인류사에 기록된 최초의 르네상스에 의해 예증될 수 있다.

즉 아카드 사르곤 왕조의 공백기 이후 우르 제3왕조 시기(서기전 제3천년기 말)에 수메르 전통이 새롭게 부흥했다. 이집트학자들에게 더 자명한 사례는 그보다 약간 뒤의 중왕국 시대(서기전 제2천년기 초)에 나타난다. 중왕국 시대의 왕은 그의 시대를 르네상스(부흥)의 시대로 간주했다. 제12왕조의 창시자인 아멘엠하트Amenemhat 1세가 취한 보좌명은 웨헴 메수트whm mswt였는데, 그것의 의미 '중생자重生者Repeater of Births'—보다 간단한 번역은 르네상스임—는 아멘엠하트의 일종의 통치 강령을 나타낸다.[8] 제12왕조의 왕들은 제5왕조와 제6왕조의 정책과 제도들을 부활시켰다.[9]※ 그들은 왕실 선조들을 위한 제의를 확립했고,[10] 과거의 문학적 전통들을 정리했으며,[11] 제4왕조의 초기 왕인 스네페루Snefru를 자신들의 통치 모델로 삼았다.[12] 이렇게 그들은 '고왕국', 즉 과거를 창조했다. 그들은 연속성, 정통성, 권위, 자신감을 확립하기 위해 과거의 기억을 활용했다. 그 왕들이 남긴 비문들에 앞서 언급한 영겁에 대한 바로 그 정서―'자신들의 눈앞에 내일을 둠'―가 나타난다.

어제와 오늘 사이의 단절―기억을 지울지 보존할지 숙고해야만 하는 시간―은 죽음을 통하여 가장 기본적이고, 어떤 의미에서 원초적인 형태로 경험된다. 삶은 그 종말을 통해서, 다시 말해 돌이킬 수 없는 단절을 통해서만 기억 문화의 기반이 될 과거의 형태를 취한다. 그것을 기억 문화의 태곳적 현장이라 해도 좋을 것이다. 한 개인이 인생의 어느 시점에 삶을 되돌아보는 자전적 기억과 그가 죽은 후 후손들이 그를 기념하는 기억은 다른 것이며, 바로 이 차이야말로 집단기억의 특별한 문화적 요소를 자아낸다. 우리는 마치 망자의 생명이 자연적으로 연장되기라도 할 듯 그가 다른 사람들의 기억 속에 살아있을 것이라 말한다. 하지만 이는 사실상 망자가 사라지지 않도록 하려는 집단의 욕망이 수행한 소생의 행위로, 기억의 도움으로 망자를 그들 공동체의 일원으로 유지해 진행 중인 현재에 함께 참여시키는 것이다.

기억 문화의 이러한 형태를 가장 생생하게 재현한 것이 조상들을 초상화나 가면으로(여기서 '가면'에 해당하는 라틴어 *persona*는 망자를 '사람'으로 지칭하는 것임) 가족 행진에 함께하도록 한 로마의 상류층 관습이다.[13]※ 후손이 생과 사의 차이를 의도적으로 메우며 망자를 위해 통상적으로 시행한 이 기억 문화가 이집트의 관습에서는 사실상 생시에 당사자에 의해 주도되었으니, 맥락상 아주 기이해 보인다.

이집트의 관리는 자신의 묘를 마련하고 거기에 회고록이 아닌 미리 쓴 추도사의 의미로 자신의 전기를 새기도록 했다.[14] 최초로 가장 널리 보급되었던 기억 문화의 형태로서 망자에 대한 이런 기억은 그저 종래의 '전통' 개념으로는 다룰 수 없는 현상이 존재함을 분명히 보여준다. 전통이라는 개념은 연속성에 관심을 집중케 하여, 과거의 탄생을 인도하는 단절의 측면을 가려버린다. 물론 '기억 문화'나 '문화적 기억'이라는 용어로 묘사된 요소들의 일부도 전통으로 불릴 수 있다. 그러나 전통만으로 기억의 수용적 측면과 간극 메우기, 망각과 억제라는 부정적인 요인까지 다 담을 수는 없다. 두 가지 양상을 모두 포용하는 개념이 필요한 이유가 여기에 있다. 망자와 망자에 대한 기억은 단순히 전수되는 것이 아니다. 기억은 감정의 유대와 문화적 형태 만들기의 문제고, 삶과 죽음 사이의 파열을 극복하는 과거에 대한 의식적 언급(연관 짓기)이다. 이러한 것들이 문화적 기억을 특징짓고 그것이 전통의 한계를 넘어서도록 이끄는 요소들이다.

3. '과거'의 사회적 구성: 모리스 알박스

1920년대 프랑스의 사회학자 모리스 알박스는 '집단기억Collective Memory' 개념을 발전시켜 그 대강을 다음의 책 세 권에 기술했다. 《기억의 사회적 틀*Les cadres sociaux de la mémoire*》(1925),[15] 《복음서 전승 속의

성지 지형학: 집단기억 연구*La topographie légendaire des évangiles en terre sainte. Étude de mémoire collective*》(1941),[16] 《집단기억*La mémoire collective*》(대부분 1930년대 이루어진 연구를 토대로 사후인 1950년 출간).[17]

알박스는 앙리 4세 고등학교에서 베르그송에게 배웠다. 베르그송의 철학에서는 기억이라는 전제가 핵심 역할을 담당한다. 알박스는 또한 에밀 뒤르켐David Émile Durkheim(1858~1917)의 제자이기도 했는데, 뒤르켐의 집단의식 개념이 베르그송의 주관주의를 극복하려는 그의 의문에 견고한 토대를 제공하여 기억을 사회적 현상으로 해석하도록 이끌었다. 알박스는 스트라스부르대학에 뒤이어 소르본대학에서 사회학을 가르쳤다. 1944년 콜레주 드 프랑스에서 석좌 직을 제안받은 바로 그해에 독일이 그를 강제 추방했고, 1945년 3월 16일 부헨발트 강제수용소에서 살해당했다.[18]

개인과 집단기억

알박스가 자신의 저작을 통해 천착했던 중심 주제는 기억의 사회적 제약이다. 그는 물리적 측면, 즉 기억의 신경적, 대뇌학적 기반에는 조금도 관심이 없었다.[19] 그 대신 개인이 기억을 형성하고 유지하는 데 필수불가결한 사회적 준거 틀을 확립했다. "사회 속에서 살아가는 사람들이 자신의 회상을 결정하고 되찾아오기 위하여 사용하는 그 준거 틀 밖에서는 어떤 기억도 불가능하다."[20] 이는 완전히 고립된 상태에서 성장한 사람은 어떤 기억도 가질 수 없을 거라는 의미인데(물론 알박스는 이렇게 직설적으로 논의를 전개하지는 않았다), 기억은 사회화의 과정 동안에만 형성될 수 있기 때문이다.

기억을 "가지는" 사람은 언제나 개인이라는 사실에도 불구하고, 기억은 집단적으로 창출된다. 집단기억이라는 용어가 메타포로 읽히면 안 되는 이유가 바로 이것인데, 집단 자체는 기억을 "가지지" 않지만, 집단이 그 구성원들의 기억을 결정하기 때문이다. 가장 개인적인 회상조차도 소통과 사회적 상호작용을 통해서만 발생한다. 우리는 다른 사람들로부터 배우고 들은 것뿐만 아니라 우리가 중요하다고 생각하는 것에 대한 타인들의 반응도 상기한다. 이러한 모든 경험은 기존의 사회적 준거 틀과 가치 맥락 내에서의 소통에 의존한다. 관심과 해석을 규제하는 사회적 준거 틀에 의해 제약받지 않은 의식적 기억이란 존재하지 않는다.[21]

알박스에 의해 도입된 사회적 틀 개념은 일상 경험의 사회적 선先 구조 혹은 조직을 파헤친 어빙 고프먼Erving Goffman(1922~1982)의 '틀 분석' 이론과 놀랄 만큼 연구 방향이 비슷하다.[22] 알박스가 시도한 것은 고프먼의 경험 분석과 유사한 기억에 대한 틀 분석으로, 용어까지 동일하다. 그는 심지어 집단을 기억의 주체로 간주하여, 메타포의 지위를 갖는 '집단기억'과 '민족의 기억' 같은 표현까지 만들어냈다.[23] 그의 주장을 거기까지 따를 필요는 없다. 기억을 조직하기 위해 집단기억이라는 '틀'에 의존함에도 불구하고 그 기억의 주체는 과거에도 현재도 항상 개인이다. 이 이론의 이점은 그것이 기억과 망각 모두를 동시에 설명한다는 사실에 있다. 개인들이—사회도 마찬가지다—그들 자신의 현재라는 준거 틀 내에서 과거로서 재구성할 수 있는 것만 기억할 수 있다면, 그런 준거 틀에 포착되지 않는 것들은 망각해버릴 것이다.[24]

다른 식으로 표현해보자. 한 사람의 기억은 소통 과정에 참여함으로써 형성된다. 그것은 그가 가족, 종교 단체, 국가 등 다양한 사회 집단들에 참여한 결과다. 기억은 소통을 통해 살아 생존하는데, 만약 이것이 중단되거나, 혹은 소통된 현실의 준거 틀이 사라지거나 변화한다면, 그 결과는 망각이다.[25]※ 우리는 우리가 소통한 것과 집단기억의 틀 속에서 찾을 수 있는 것만을 기억하는 것이다.[26] 개인의 관점에서 기억은, 상이한 집단기억들에 참여하여 발생하는 것들의 복합체다. 집단의 관점에서 기억은, 구성원 사이에 퍼져 내면화된 지식의 문제다. 모든 기억은 하나의 독립적 체계를 구축해가는데, 개인적으로든 집단적으로든, 그 체계를 구성하는 요소들이 서로를 규정하고 지탱해준다. 개인은 항상 집단의 일부지만, 알박스가 그토록 개인과 집단의 구분을 중시한 것은 바로 그 때문이다. (다양한 집단 경험에 대한) 집단기억과 거기에 연루된 개인의 특수한 경험 사이의 유일한 연결고리라는 의미에서 기억은 개인적이다. 엄격하게 말하면, 개인적인 것은 기억이라기보다 감정이다. 기억이 필연적으로 우리가 속한 다양한 집단들의 사상에서 기인하는 반면, 감정은 개인의 신체와 밀접하게 연결되기 때문이다.

기억의 형상들

생각이 추상적이라면 기억은 구체적이다. 관념은 기억 속에 대상으로 자리 잡기 전에 감각 가능한 형태를 갖추어야만 한다. 그리하여 관념과 형상이 서로 분리할 수 없게 융합되는 것이다. "그러나 하나의 진실이 집단기억으로 자리 잡으려면, 그것은 하나의 사건이나 인물, 장소라는 구체적 형태로 제시될 필요가 있다"(*On Collective Memory*, p. 200).²⁷ 반면에, 하나의 사건이 집단의 기억 속에 계속 살아있으려면, 중요한 진실의 의미들로 풍부해져야 한다. "인물 하나하나, 역사적 사실 하나하나가 이 기억에 스며드는 순간, 그것은 교훈이나 상념, 상징으로 위상이 변한다"(*On Collective Memory*, p. 188). 소위 '기억 형상들memory figures'이라는 것은 개념과 경험의 그런 상호작용을 통해 생겨난다.²⁸* 그 특징은 세 가지다. 시간 및 장소와의 구체적 관계, 집단과의 구체적 관계, 독자적인 재구성력이 그것이다.

1—시공간적 연관

기억 형상들은 특정 공간에서 실체화되고 특정 시간에 실현될 필요가 있다. 다시 말해 그것들은 언제나 구체적 시공간—이것이 반드시 역사적 혹은 지리적 의미일 필요는 없지만—과 연결된다. 집단기억의 이러한 구체적인 시공간 의존성이 결정점들points of crystallization(즉 기억의 형상들)을 창조해낸다. 기억의 실체는 시원적 사건 혹은 현저한 사건에 결부되어, 기억과 연관된 주기적 리듬을 통해서 시간과 연결된다. 예를 들어, 축제의 달력은 그 집단의 성격에 따라 세속적이거나 종교적일 수 있고, 농업 혹은 전쟁과 관련될 수 있지만, 결국 집단적으로 '경험된 시간'을 반영한다.

거주 공간도 비슷한 정박점anchorage을 제공한다. 즉, 가족에게 집처럼, 농부에게 마을과 토지가 그러하다. 도시민에게 도시처럼, 시골 공동체에 전원 지역도 마찬가지다. 이것들은 모두 기억의 공간적 틀이고, 심지어—아니 특히—거기에 머물지 않을 때도 '본향本鄉'으로 기억된다.

또 다른 공간적 요소는 개인에 속하거나 그를 에워싼 사물들의 세계로, 개인의 정체성을 떠받치고 구현하는 '배경 물질entourage matériel'이 된다. 이러한 사물의 세계—즉 "우리에게 영속성과 안정의 이미지를 제공하는"(Halbwachs, M. 1985b, p. 130)[29] 연장, 가구, 방, 그것들의 특이한 배치—는 사회적 차원도 지닌다. 사물들의 가치와 그것이 상징하는 지위는 모두 사회적 요인들이다.[30] 이러한 장소 연관 경향은 모든 형태의 공동체에 적용된다. 공고해지기를 원하는 모든 집단은 근거지를 찾아 확립하려고 노력할 것이다. 그 장소가 구성원들의 상호작용을 위한 무대일 뿐만 아니라 정체성의 상징이자 기억의 거점이기도 하기 때문이다.

기억은 장소를 필요로 하여 공간화 경향을 띤다.[31] 알박스는 이 점을 '복음서의 설화적 성지 지형학The Legendary Topograpy of the Gospels in the Holy Land'의 사례로 설명한다. 이 문제는 다른 맥락에서 더 깊이 검토할 것이다. 집단이 자신의 공간과 분리될 때 그 공간을 고수하려고 성지들을 상징적으로 만들어냄으로써 집단과 공간이 상징적으로 하나의 결속체가 된다.

2—집단과의 연관

집단기억은 그 전달자에 달려있고, 임의적으로 전승될 수 없다. 그 기억을 공유하는 누구나 그로 인해 집단 내에서 성원의 자격을 입증함으로써, 기억은 시공간뿐만 아니라 구체적인 정체성과도 결속된다. 기억이 현존하는 공동체의 세계관과 배타적으로 연결된다는 말이다. 시공간적 요소들은 특정 집단 내의 다른 소통의 형식과 더불어, 관념, 감정, 가치들로도 충만한 실존적 맥락에서 작동한다. 이러한 모든 요인이 결합하여 집단의 이미지와 목표에 의미 있고 중요한 것들로 가득한 본향적 삶Home and Life의 역사를 창출한다. 기억의 형상들은 또한 "교육의 모델이자 사례이며, 기법이다. 그것은 집단의 보편적 태도를 표출하고, 나아가 집단의 과거를 재현할 뿐만 아니라 집단의 속성과 특징, 약점까지도 규정한다"(*On Collective Memory*, p. 59).

알박스는 집단기억과 한 집단이 자신과 자신의 사회적 기능에 대해 가진 이미지 사이의 관계를 설명하기 위해서 중세 봉건 체제의 위계를 이용한다. 다양한 문장紋章과 칭호가 사람들의 권리와 특권에 대한 주장을 상징적으로 보여준다. 한 가문의 서열은 대개 "가문의 과거에 대해 그들 자신이나 다른 가문들이 알고 있는 바에 의해 분명히 정의되었다"(*On Collective Memory*, p. 128). 그들은 또한 "충성을 얻어내기 위하여 사회의 기억에 호소해야만 했다. 후대였다면 수행된 직무의 유용성과 정무관 혹은 관리의 역량을 강조함으로써 충성을 정당하게 주장할 수 있었을 것이지만……"(*On Collective Memory*, pp. 121~122).

기억 공동체를 형성한 사회 집단은 독특함과 내구성이라는 두 가지 요인을 통해 자신들의 과거를 보존한다. 스스로 창출한 기억 형상을 통해 자신들이 내적으로는 그다지 중시하지 않는 차이를 외적으로 강조한다. 또한 시간을 두고 정체성 의식을 형성하여 기억된 사실들이 일치와 유사성, 연속성에 따라 항상 선별되고 균형을 이루도록 한다. 한 집단이 급진적 변화를 인지하는 순간 그 집단은 종말을 고하며 또 다른 집단에 자리를 내주게 된다. 그렇지만 모든 집단이 내구성에 전력을 다하기 때문에, 최대한 변화를 막고 역사를 불변의 연속으로 인지하려는 경향이 있다.

3—재구성주의

집단과 밀접하게 연관된 집단기억의 또 다른 요소로 그 재구성적 특성을 들 수 있다. 기억은 과거를 그대로 보존할 수 없고, "모든 시기의 사회에서 그때의 준거 틀 속에서 재구성할 수 있는 것들만 기억으로 보존된다"(*On Collective Memory*, p. 189). 이와 관련하여 철학자 한스 블루멘베르크Hans Blumenberg(1920~1996)에 따르면 "기억 중 순수한 사실은 없다."

비록 철학자요 사회학자였지만, 자신의 논제를 예시하기 위하여 팔레스타인의 기독교 성지 역사라는 주변적 자료를 선택한 것만큼, 알박스 사상의 독창성과 박식함을 인상적으로 보여주는 것은 없다. 기독교의 지형학은 순수한 허구다. 성지들은 당대의 목격자들이 증언한 사실들을 기억하는 것이 아니라 "나중에" 그곳에 뿌리내린 믿음을 기억한다(Halbwachs, *Topographie légendaire*, p. 157). '정서 공동체communauté affective'로서 실제 경험에 근거한 제자 공동체의 참된 집단기억—오늘날 그것을 예수 운동이라 부를 수 있을지도 모른다—은 예수의 말씀, 우화, 설교로 제한되며, 정서적 개입을 토대로 선택된 전형이다.

이러한 기억들이 전기로 다듬어진 것은 훗날 종말에 대한 기대가 흐릿해지고 나서였다. 이때 기억된 말씀들을 시공간에 따라 배치된 전기적 일화들 속에 끼워넣는 것이 중요해졌다. 애초에 그러한 기억들에 담겨있던 장소들이 없었기에, 그 기억들은 나중에야(서기 100년경) 갈릴리의 지리를 잘 아는 사람들에 의해 장소들과 결합되었다. 하지만 바울이 등장하면서 기억의 초점이 갈릴리에서 예루살렘으로 이동했다. 그곳에는 특히 '참된 기억'이라는 것이 있을 리 없다. 예수가 예루살렘에서 재판받고 처형당하는 동안 제자들은 거기 없었기 때문이다. 그런데 신학적 관심이 예루살렘으로 집중됨에 따라, 예수의 수난과 부활이 중심 주제가 되어 결정적인 사건으로 재구성될 수밖에 없었다. 따라서 예수가 갈릴리에서 행한 모든 사역은 예비적 전사前史로 간주되어 뒷전으로 밀려나게 되었다.

니케아 공회의(325)에 의해 구속력을 지니게 된 새로운 관념이 바로 하나님의 아들 예수가 인류의 죄를 대속하기 위해 죽었다는 것이다. 이것은 기억의 지위를 가지게 되었고, '예수의 수난 이야기'로서 기억 형상이 되었다. 예수 기억은 십자가와 부활의 방식으로 재구성되었고, 예루살렘이 그 기념 장소가 되었다. 이러한 새로운 교리와 새로운 예수 기억은 교회, 예배당, 성지, 기념 명판, 골고다 언덕 등을 통해 공간적 연결고리를 부여받은 '장소 연관 체계système de localisation'를 통해 구체적인 형태를 갖추었다. 더 후대의 장소 연관 체계가, 기독교 교리의 다양한 변화를 입증하는 팔림프세스트palimpsests* 사본처럼, 이러한 공간적 고리들을 지속적으로 확장하거나 구축했다.

이처럼 기억은 재구성을 통해 작동한다. 과거는 그 자체로 보존될 수 없어서, 각각 계승된 현재의 준거 틀 내에서 발생하는 변화에 따라 지속적으로 재조직 과정의 지배를 받는다. 새로운 것조차도 재구성된 과거의 형태로 나타날 수 있을 뿐이고, 이러한 의미에서 전통은 전통으로만, 과거 역시 과거로만 교환될 수 있을 뿐이다(*On Collective Memory*, p. 185). 사회는 새로운 관념을 채택하지 않고, 과거로 그것을 대체한다.

---

* 기존의 본문을 지우고 그 위에 새 본문을 적은 양피지 문서.

대신 집단의 과거 중, 그때까지 주도적이 아니었던 것을 취한다. "이러한 의미에서, 그 사회에 대한 회상이 아닌 사회적 관념은 없다"(*On Collective Memory*, p. 188). 따라서 집단기억은 후진과 전진 두 방향으로 동시에 작동한다. 과거를 재구성할 뿐만 아니라 현재와 미래의 경험을 체계화하기도 한다. 그러므로 '기억의 원칙'과 '희망의 원칙'을 대조하는 것은 불합리할 수 있다. 하나가 다른 하나에 영향을 미쳐 각각이 별도로 존재하는 것을 상상할 수 없기 때문이다.[32]※

기억 대 역사

알박스는 집단이 자신의 과거를 어떤 종류의 변화도 배제하는 형식으로 포섭한다고 믿는다. 이는 레비스트로스가 '차가운' 것으로 명명한 사회의 성격을 상기시킨다.[33]※ 사실상 알박스의 집단기억에서 변화의 배제가 아주 결정적인 역할을 담당하는 까닭에, 그가 집단기억과 정반대로 작동하는 '역사'를 집단기억의 반대 개념이라고 말할 수 있는 것이다.

역사가 오직 차이와 단절만 인지하는 반면, 집단기억은 유사성과 지속성에 초점을 맞춘다. 집단기억은 집단을 내부로부터 바라본다. 그래서 모든 단계에서 스스로를 식별할 수 있는 과거의 이미지를 갖추려고 애쓰며, 어떤 주요 변화도 배제한다. 반면에 역사는 그처럼 변화 없는 시기를 '공허한' 막간으로 여겨 서사에서 빼버린다. 그리하여 과정으로나 사건으로나 무언가 새로운 결과를 초래하는 것만이 가치 있는 역사적 사실이 된다. 그래서 집단기억은 모든 다른 집단의 기억들과 구분되는 그 독특함을 중시하고, 역사는 이러한 모든 차이를 제거하고 균일한 역사적 맥락 내에서 그 사실들을 재조합한다.

그러한 역사적 맥락에서는 그 어떤 것도 독특할 수 없고, 모든 것이 다른 것들과 비교되고, 각각의 개별 에피소드가 다른 에피소드들과 연결되며, 무엇보다 모든 것이 동등한 의미와 중요성을 지닌다.[34] 많은 다른 집단기억들이 존재하지만, 역사는 하나뿐으로, 각 집단, 정체성, 준거점들과의 모든 연관성을 차단하며, 정체성 없는 서사로 과거를 재구성한다. 거기서는, 랑케의 말을 빌리자면 "모든 것이 신에 직접 맞닿아 있다." 역사는 자연스럽게 집단마다의 고유한 성향에 따르게 마련인 집단의 판단으로부터 벗어나 있기 때문이다. (이상적인) 역사가는 모든 이러한 영향과 의무에서 벗어나서 "객관성과 공정성을 지향하는 경향이 있다."[35]*

따라서 알박스에게 역사는 기억이 아니다. 보편적 기억 같은 것은 존재하지 않고, 집단적이고 집단에 특화되며, 고정된 정체성의 기억만이 존재하기 때문이다. "모든 집단기억은 시공간적 제약을 받는 집단에 의해 전달된다. 모든 사건은 다음과 같은 조건하에서만 하나의 서사로 종합될 수 있다. 각 집단의 기억에 구애받지 않고, 집단이 처한 사회 환경에서 조성된 정신생활의 제약을 소거한 채, 여러 집단이 공유하는 시공간적 틀만을 감안하는 것이다"(*Das kollektive Gedächtnis*, p. 73).

한편으로 다양한 집단들이 자신들의 기억과 이미지를 기록하는 다수의 역사가 있고, 다른 한편으로 역사가들이 이러한 다수의 역사에서 추출한 사실들을 기록하는 하나의 단일한 역사도 있다. 하지만 이러한 사실들 자체는 누구에게나 무의미한 추상적 개념에 불과할 뿐이다. 그것들은 누구도 기억하지 않는 것이고, 정체성 및 기억과의 모든 연관이 제거된 것이다. 역사가 그 자료를 배치하는 시간은 특히 추상적이다. 역사적 시간은 어느 집단에 의해서도 '지속'으로 경험되거나 기억되지 않은 인공적인 지속이다. 그래서 알박스에게 그것은 현실 밖에 서 있다. 그것은 삶, 즉 특정 시공간 속의 사회적 삶에 의해 부과된 유대나 의무로부터 고립된 기능 없는 인공물이다.

알박스에 따르면, 기억과 역사 사이의 관계는 순서의 문제다. 과거가 더 이상 기억되지 않는, 즉, 생동하지 않는 곳에서 역사가 시작된다. 역사는 대체로 전통이 중단되고 사회적 기억이 해체되는 지점에서 시작한다. 다시 말해, 집단기억이 중단되는 지점에서 역사가 인계받는다는 얘기다. "역사에서 참된 과거는 더 이상 실존 집단들의 상념들에 포함되지 않는 것이다. 역사는 기존 집단들이 그들의 상념 및 기억들과 함께 사라질 때까지 기다려야 하는 것 같다. 그래야 역사만이 보존할 수 있는 사실들의 이미지와 순서를 확정하는 일에 착수할 수 있다."[36] (*Das kollektive Gedächtnis*, p. 100).

알박스는 집단기억을 역사뿐만 아니라 전통 개념에 포함된 모든 조직화된 객관적 기억의 형태와도 구분한다. 그에게 전통은 기억의 한 형태가 아니라 오히려 기억의 왜곡이다. 이 지점이 내가 알박스와 함께 할 수 없는 부분이다. 기억과 전통 사이의 경계는 아주 유동적일 수 있어서 엄격한 개념적 구분을 시도하는 것은 무의미해 보인다. 이 때문에 나는 상위 개념으로서 집단기억이라는 용어를 선호하며, 그 아래서 '소통적' 기억과 '문화적' 기억 사이를 구분하고자 한다. 이러한 구분은 이 장의 두 번째 부분에서 설명할 것이고, 거기서 다시 알박스의 전통 개념으로 돌아올 것이다.

요약

사회적 기억의 이론가 알박스가 지금은 대체로 잊힌 사실은 확실히 아이러니입니다.[37] 최근 그의 이름이 더 친숙해지기는 했지만, 그의 저작에 대해서도 결코 그런 것은 아닙니다. 내가 비록 이처럼 그의 생각에 많은 지면을 할애하긴 했지만, 돌이켜보면 이제는 아주 자명한 약점들도 많다는 점을 모르는 바 아닙니다. 예를 들어, 그의 용어는 자신의 생각을 정확히 전달할 만큼 명료하지 않다.[38] 오늘날 또 한 가지 놀랄 만한 사실은 그가 집단기억의 수합에 필수적 역할을 담당한 문자에 대해 결코 체계적이거나 일관된 관심을 기울이지 않았다는 점이다. 대신 그는 '삶'과 '현실' 같은 베르그송의 용어들에 홀렸던 것 같다. 알박스 및 동시대 많은 사람을 매료시킨 것은 ('추상적 시간temps conçu' 및 '인공적인 지속durée artificielle'과 대조적인) '경험적 시간temps vécu'과의 현재적 연관의 비밀을 탐구하는 사회학이었다.

 물론 이러한 모든 점은 니체를 가리킨다. 따라서 (*On Collective Memory*, p. 120에서 전혀 다른 맥락에서 거론된 것을 제외하고) 그의 이름이 좀처럼 언급된 적이 없다는 사실은 더욱 놀랍다. 니체와 달리, 알박스는 문화비평가가 아니었다. 그는 유기적 정합성의 형식을 넘어서는 것은 무엇이든 기능성 없고 심지어 위험하기까지 한 인공물이라고 비난하지 않았다. 알박스의 관심은 분석적인 것에 머물러 있었고, 집단기억의 기본 구조와 관련된 그의 접근 방식도 주로 사회심리학자들과 유사했다. 집단기억에 대한 그의 선구적 저작은 기억과 집단을 공조共調시키는 데 집중되었고, 그는 집단기억과 집단 정체성이 어떻게 불가분하게 결속되어 있는지 설명하기 위해 다양한 사례를 이용했다(그는 '정체성'이라는 용어를 거의 사용하지 않았고, 1930년대와 1940년대에 파리에서 가까운 동료였던 조르주 귀르비치Geroges Gurvitch(1894~1965)가 개발한 '우리' 정체성 역시 그의 저작에서 전혀 나타나지 않는다. 하지만 그 관념 자체는 그의 저작 속에 편재해 있다).

사회심리학자로서 알박스는 집단을 넘어서지 않았고, 결코 그의 기억 이론을 문화 이론의 영역으로 확장하려 하지 않았다. 그의 시야에 문화 진화의 관점도 들어오지 않았다. 그럼에도, 그가 개발한 기본 구조는 문화 분석에 필수적이고, 그가 발견한 많은 것들이 문화 진화의 메커니즘에 적용될 때 여전히 유효하다. 물론 살아있는 소통적 기억으로부터 제도화된 기념으로의 전환은 훨씬 더 상세한 연구를 요하고, 무엇보다 문자라는 혁명적 성과에 대한 명확한 분석이 필수적이다.

당연히 알박스 자신은 복수의 집단과 기억으로 이루어진 고도로 복잡한 문화 체계로의 이행을 메타포 영역에 들어가는 것이라 하여 용납하지 않았음 직하다. 그렇지만 그가 추후의 작업에서 자신의 사회심리학적 발견을 문화 연구나 이론 분야로 확장하려 했을 가능성도 있다. 우리는 그의 저작이 단편적으로 남아있었고, 그가 남겨놓은 논문들에서 대표작을 편집한 사람이 그의 딸 잔 알렉상드르Jeanne Alexandre(1890~1980)였다는 점을 잊어서는 안 된다.[39] 이러한 확장의 시도인 성지 전승의 지형학을 다룬 책은 그의 생전 최후의 저작임이 분명하지만, 더 오래 살았다면 썼을 마지막은 아니었을 것이다.

알박스는 종종 기억 개념을 사회심리학적 현상에 적용했다고 해서 신랄하게 비판을 받곤 한다. 개인 기억에서 집단기억 차원으로의 부당한 메타포적 전환이 비난받는 것이다. 그것은 "과거가 인간의 문화와 소통 속에 나타나는 독특한 방식"⁴⁰을 모호하게 한다고 지적받는다. 그렇지만 알박스는 개인적 기억조차도 사회 현상이라고 밝히길 원했으므로, 그에게 집단기억은 결코 메타포가 아니었다. 개인만이 자신의 신경 기관으로 인해 기억을 가질 수 있다는 사실은 그러한 기억이 사회적 틀에 의존한다는 점과 상충하지 않는다.

집단이라는 개념을 알박스의 이론과 정반대인 카를 융 계열의 집단 무의식 이론과 혼동해서는 안 된다. 융에게 집단기억은 1) 생물학적 유전과 2) 비자발적 기억으로, 예컨대 2)는 꿈을 통해 표현된다. 알박스는 유전 가능한 것이 아닌 소통 가능한 것과 자발적 기억[41]*에 관심이 있었다. 나는 과거가 소통적이고 문화적 존재로 주어지는 방식을 모호하게 하는 것은 '사회구성주의적' 확산이 아니라 오히려 그와는 반대로 기억 개념을 개인적이고 심리적인 것으로 축소하는 데 있다고 본다. 개인이 그런 것처럼 집단도 그 과거에 "살고", 이로부터 그 자아상을 만들어낸다. 트로피와 증서, 메달은 클럽하우스의 보관함을 장식할 뿐만 아니라 선수 개인의 선반을 장식하기도 하는데, 굳이 전자를 전통으로, 후자를 기억으로 구별하는 것은 큰 의미가 없다.

내가 알박스로부터 취한 과거의 개념은 사회구성주의라고 불릴 수 있는 것이다. 피터 버거Peter L. Berger(1929~2017)와 토마스 루크만Thomas Luckmann(1927~2016)이 《실재의 사회적 구성Social construction of Reality》(1966)에서 실재 전체에 대해 제시했던 가설을 알박스는 40년 전에 과거에 적용했다. 즉, 과거는 그 본성이 각각의 특수한 현재의 필요와 준거 틀에서 생겨나는 사회적 구성물이라는 것이다. 과거는 자연적으로 생장하는 것이 아니라 문화적으로 생산되는 것이다.

4. 집단기억의 형태

소통적 기억과 문화적 기억

1—'유동적 간격': 두 가지 기억법

민족학자인 얀 반시나Jan Vansina(1929~2017)는 자신의 저서 《역사로서 구전 전통*Oral Tradition as History*》(1985)[42]에서 문자로 기록되지 않은, 기이한 만큼 전형적인 역사적 기억 현상에 대해 다음과 같이 묘사한다.

> 기원 이야기, 집단 이야기, 개인 이야기 모두 동일한 과정이 여러 단계에서 다르게 표현된 것들이다. 이 이야기들이 모두 합쳐지면 세 가지 층위를 지니는 하나의 전체가 나타난다. 현재와 가까울수록 정보가 많으며, 시간을 거슬러 오르면서 그 양이 점점 줄어든다. 그 이전 시기에는 이야기에 단절이 있거나 이름도 간신히 한두 개가 나타날 뿐이다. 이 이야기의 단절을 가리켜 나는 '유동적 간격floating gap'이라 부르려 한다. 시기를 더 거슬러 오르면 다시 풍부한 정보가 나타나고 여기서 기원 전승들과 마주치게 된다. '유동적 간격'은 연구자들에게는 자명하지만 종종 해당 공동체의 사람들에게는 그리 분명하지 않다. 특히 족보들의 경우에는 가까운 과거와 기원이 종종 연속적인 세대들로 나타나곤 한다.……(그러니까) 역사의식은 기원의 시기와 가까운 과거

이 두 개의 층위에서만 작동하는 것이다. 시간 계산의 한계가 세대의 흐름과 함께 변하기 때문에, 나는 그 간격을 '유동적 간격'이라 불러왔다. 1880년경 콩고 티오Tio 왕국의 경우, 그 한계가 1800년이었다면, 1960년에는 1880년으로 그 한계가 이동했다.[43]

반시나의 '유동적 간격'은 구전 전통을 다루는 모든 역사가에게 익숙하다.[44] 이는 고대 그리스에서 특히 유명한 '암흑시대'의 현상이다. 그리스 신화는 고고학자들이 '후기 헬라스Late Helladic'로 분류하는 미케네 문화의 영웅시대에 대하여 (엄격하게 역사적인 것은 아니라도) 명확한 실마리를 제시한다. 고전 시대 그리스의 역사서술은 반시나가 "가까운 과거"라 명명한 80~100년의 세월을 거슬러 오른다. 그것은 전형적으로 역사가가 경험과 전언傳言 같은 당대의 기억에 의존해서만 파악할 수 있는 것이다. 헤로도토스(대략 서기전 484~425)는 "내가 확실히 알기로 그리스에 최초로 적대 행위를 한" 크로이소스 왕(서기전 595~547?)에서부터 역사를 쓰기 시작한다. 이렇게 그는 동시대 증인들이 확인해주는 기억의 영역을 정확히 구획한다. 고고학자들이 '암흑시대'라 명명하는 시기, 즉 출토 유물로 미루어 서기전 1100~800년 사이의 수세기가 바로 유동적 간격으로, 미케네의 영웅시대와 "가까운 과거" 사이에 위치한다. 그러나 '암흑시대'라는 용어는 연구자의 전망에서 나온 것이고, 우리는 기억 개념하에서 해당 사회의 내부적 전망에 더 초점을 맞추어야 한다. 반시나에게는 이런 전망의 구분이 그다지 중요하지 않지만 말이다.

해당 사회의 내부 전망 속에서는 유동적이든 고정적이든 간격을 말할 수 없음은 자명하다. 집단의 문화적 기억에서는 과거의 두 단계가 모두 서로 매끄럽게 합쳐진다. 이는 반시나도 언급한 바 있는 문화적 기억술의 가장 전형적 최초 형태인 계보에서 아주 분명하다. 고전 역사가인 프리츠 샤커마이어Fritz Schachermeyr(1885~1987)는 자신의 마지막 저작인 《그리스의 기억 전승Die griechische Rückerinnerung》(1984)에서 그리스 귀족의 족보를 연구하다가 반시나가 아프리카와 기타 부족사회에서 주목한 것과 동일한 구조[45]※에 맞닥뜨렸다. 키스 토마스Keith Thomas도 근대 초기 영국에 대해 같은 견해를 제시했다. "무수한 족보들이 신화적 조상에서 근대로 곧바로 비약한다. 한 호고가의 말처럼 그것들은 몸통 없는 팔다리 같고, 중간이 없는 양 끝 같다."[46] 계보는 시초부터 중단 없는 연결고리를 제공하여 현재의 질서와 열망을 정당화하면서 현재와 태초 사이의 틈을 메워주는 형태다. 그렇지만 이것이 연결된 두 시기 사이에 어떤 차이도 없었음을 의미하는 것은 아니다. 중간 없는 양 끝, 즉 과거에 대한 두 기록은 특정 근본 영역에서 상이한 두 가지 기억 틀에 상응한다. 나는 이것들을 '소통적' 기억과 '문화적' 기억이라 부른다.[47]

소통적 기억은 그 양 끝 중 가까운 과거와 관련된 기억으로 구성된다. 이는 개인이 자신의 동시대인들과 공유한 것이다. 하나의 전형적인 사례는 집단 내에서 누적된 세대 간 기억일 텐데, 이는 시간과 함께 혹은 보다 정확하게는 그 전달자들과 함께 생겨나고 사라진다. 그것을 구현한 사람이 죽으면 새로운 기억으로 길을 내어준다. 이 역시 개인적 경험의 방식으로만 형성되고, 보증되어, 소통되고, (구약성서에서) 채무의 의무가 지속되는 서너 세대에 걸쳐 발생한다. 로마인들은 이 기간을 사이쿨룸saeculum이라 불렀는데, 그것은 한 세대의 마지막 생존자

(특정 기억의 전달자)가 사망한 (기억의) 종점을 의미했다. 로마의 역사가 타키투스(56~117)는 자신의《연대기》22년의 기사에서, 공화정기를 겪은 동세대 마지막 증인의 죽음에 대해 언급한다.[48] 80년이라는 세대 경계의 절반, 즉 40년이 그 중요한 분수령을 이루는 것으로 보인다. 제5장에서 〈신명기〉와 관련하여 이 문제로 돌아올 것이다.

성인으로서 한 중요한 사건을 목격한 사람들이 40년 후에는 미래 지향적인 자신들의 전문 직업을 떠나 노령 집단으로 진입하게 될 것이다. 그때 그들의 기억이 늘어나는 만큼, 그 기억을 고정시켜 전승하려는 욕구도 커진다. 지난 10년 동안(1992년 독일어 원본 출간 기준), 히틀러의 유대인 학살이라는 충격적인 공포를 경험한 세대가 이러한 상황에 직면해왔다. 오늘의 생생한 기억이 내일은 단지 미디어를 통해서만 전달될 수 있다. 이러한 전환은 생존자들의 증언이 넘쳐나고 증거 자료들이 집중적으로 수집되었던 1980년대에도 뚜렷했다. 그렇다면 〈신명기〉에 언급된 40년도 마찬가지로 적용될 수 있을 것이다. 사실 1985년 5월 8일, 독일 대통령 리하르트 폰 바이츠제커Richard von Weizsäcker(1920~2015)가 의회에서 한 기념 연설이 1년 후 유명한 '역사가 논쟁'이라는 위기로 이어진 기억 과정을 촉발하게 된 것도 정확히 2차 세계대전 종전 40년이 되던 해였다.

경험의 직접성은 일반 기록이 아니라 사람들을 통해 구전된 기억에만 의존하는 역사 연구의 한 갈래인 구술사의 주제다. 이러한 회상과 일화로부터 떠오르는 역사적 그림은 '일상사'나 '아래로부터의 역사'다. 이러한 모든 연구는 문식성이 있는 사회에서조차도 살아있는 기억이 80년 이상 연장되지 않음을 확인해준다(L. Niethammer, 1985). 그다음에 등장하는 것이 '유동적 간격'이다. 유동적 간격 다음에는 교과서와 기념물이 등장하는데 그것은 기원에 대한 신화라기보다는 공식 버전이다.

여기서 우리는 과거의 두 가지 활용, 즉 기억의 두 가지 양식과 마주한다. 그것들은 실제 역사 문화에서 대체로 연관됨에도 불구하고 신중하게 구분할 필요가 있다. 집단기억은 두 가지 방식으로 기능한다. 하나는 기원과 관련된 '창건적foundational 기억'의 양식이다. 다른 하나는 개인적 경험과 그 틀과 연관된 '전기적biographical 기억'의 양식, 즉 가까운 과거의 양식이다. 창건적 양식은 언제나 언어적이든 비언어적이든 객관화된 고정물들을 통해 (심지어 문자가 없는 사회에서도) 기능한다. 의례, 춤, 신화, 문양, 의상, 보석, 문신, 그림, 풍경 등 온갖 표지 체계가 그것으로, (기억과 정체성을 뒷받침하는) 기억술적 기능 때문에 그것들은 '기억'이라는 일반 개념하에 포함된다. 반면에 전기적 양식은 문식성이 있는 사회에서조차 항상 사회적 상호작용에 의존한다. 창건 기억이 늘 자연적 성장보다 구성의 문제인 반면 (그러니까 고정된 형식에 근거하여 인위적으로 실현된다), 전기 기억은 그 반대 방식으로 작동한다. 소통적 기억과 달리 문화적 기억은 제도화된 기억술의 문제인 것이다.

그래서 문화적 기억은 과거의 고정된 점들에 초점을 맞추지만, 그 과거를 원래 있던 그대로 보존하는 것도 불가능하다. 오히려 과거는 기억과 결부된 상징적 예화들로 응결되는데, 예컨대 족장들 이야기, 출애굽, 광야에서의 방랑, 약속된 땅의 정복, 유배가 그렇다. 그것들은 축제에서 기념되며 현재 상황을 설명하기 위해 활용된다. 신화 역시 기억의 예화고, 여기서는 신화와 역사 사이의 어떠한 구별도 배제된다. 문화적 기억이 의존하는 것은 사실적 역사가 아니라 기억된 역사다. 혹자는 심지어 문화적 기억이 사실적 역사를 기억된 역사로 변형시킴으로써, 신화로 전환한다고 말할 것이다. 신화는 현재를 그 기원의 관점에서 조명하기 위해 기술한 창건적 역사다. 예를 들어, 출애굽은 그 역사적 정확성에 상관없이 이스라엘의 건국 뒤에 있는 신화여서, 유월절에 기념되는 이스라엘인들의 문화적 기억의 일부다. 기억을 통해서 역사가 신화가 되는 것이다. 이는 그 역사를 비현실적으로 만드는 것이 아니라, 오히려 그것이 규범적이고 형성적인 힘으로 작동한다는 측면에서 현실적으로 만드는 것이다.

이러한 사례들은 문화적 기억이 신성한 요소를 포함하고 있음을 보여준다. 그 기억의 예화들에 종교적 의미가 부여되고, 그것들을 현재화하는 기억 행위는 보통 축제의 성격을 지닌다. 축제는 다양한 다른 기능들과 함께 창건의 과거를 상기시킨다. 그것을 기억하는 집단의 정체성이 과거와의 연관을 토대로 구축되는 것이다. 집단은 자신들의 역사를 기억하고 그 창건의 기억 예화를 현재화함으로써 끊임없이 정체성을 재확인한다. 이는 일상적 정체성은 아니다. 집단 정체성에는 근엄하고 비범한 무언가가 있다. 일상생활의 범위를 넘어선 그것은 말하자면 삶보다 크고, 일상의 소통이 아닌 의식儀式의 주제를 형성한다. 이러한 의식적 소통은 텍스트, 춤, 이미지, 의례 등과 결합하여 문화적 기억을 형성하며, 그 자체로 영향력을 발휘한다. 따라서 소통적 기억과 문화적 기억 사이의 양극성을 일상생활과 축제 사이의 양극성과 비교할 수 있고, 심지어 일상의 기억과 축제의 기억으로 부를 수도 있을 것이다.[49] 나는 물론 이 정도까지 문제를 확대할 생각은 없다. 뒤에서 문화적 기억과 신성한 기억 사이의 연결고리로 되돌아올 것이다.

소통적 기억과 문화적 기억 사이의 양극성은 내가 기억의 '참여 구조'라고 부른 것을 통해 사회학적 성격을 지니기도 한다. 시간 구조의 차이만큼, 참여 구조도 집단기억의 두 형태에 따라 차이가 난다. 소통적 기억에 집단의 참여는 상당히 다양할 수 있다. 그들 중 일부는 다른 사람들보다 박식하고, 연장자의 기억이 젊은 사람보다 훨씬 멀리 소급된다. 하지만 일부가 다른 사람들보다 지식이 많다고 해도, 그와 같은 비공식적 전통에서 전문가란 있을 수 없다. 그 연관 지식은 언어를 익히고 일상적으로 소통하면서 동시에 획득된다. 모든 사람이 동등한 역량을 지니는 것이다.

  이와 대조적으로 문화적 기억에의 참여는 항상 고도로 차별화된다. 이는 심지어 무문자와 평등주의 사회에서도 마찬가지다. 시인의 원래 임무는 집단기억을 보존하는 것이었고, 오늘날의 구술 사회에서도 이는 여전히 그리오griot*의 일이다. 그리오 중 한 명인 세네갈의 라미네 콘테Lamine Konte(1945~2007)는 그리오의 역할을 다음과 같이 설명한다.[50] "사실상 아프리카를 통틀어 기록이 없었을 때, 역사를 기억하고 이야기하는 임무는 특별한 사회 집단에 맡겨져야 했다. 성공적인 역사의 소통은 음악적 배경이 필요한 것으로 여겨져, 그 구전 전통이 음악가의 지위를 부여받은 그리오나 즉흥적 가수에게 위임되었다. 그래서 그들이 아프리카인들의 공통 기억 보존자가 되었다. 그리오는 또한 시인이자 연기자, 댄서, 무언극 공연자며, 자신들의 공연에서 이러한 예술을 활용한다"(Unesco-Courier 8, 1985, p. 7).

*서아프리카에서 특히 과거에 민족의 구비 설화를 이야기나 노래로 들려주던 사람.

문화적 기억은 항상 그 특별한 전달자를 지닌다. 샤먼, 시인, 그리오, 사제, 교사, 예술가, 서기, 학자, 고위 관리 등이 거기에 포함된다. 이러한 문화적 기억의 (일상과는 반대되는) 비범한 성격은 그 전문 전달자들이 일상의 생활과 의무에서 분리되어 있다는 사실에 반영되어 있다. 무문자 사회에서 그러한 전문화의 형태는 그 기억들에 필수적인 것이 무엇인지에 달려있었다. 거기서 가장 중요한 요건은 말 그대로의 정확한 전수였을 것이다. 이러한 측면에서 인간의 기억이 데이터 저장소나 문자화된 기록의 선구격으로 활용되었다.

그 전형적 사례가 바로 의례 문제다. 의례는 성문화된 형식으로 고정되어 있지 않을 때조차 반드시 엄격한 '지침'을 따라야 한다. 리그베다는 의례 지식의 기억이 성문화된 것이다. 이러한 임무의 중요성과 지식의 본질적 성격은 기억 전문가들의 높은 사회적 신분에 반영되어 있다. 인도의 카스트제도에서 브라만은 지배계층을 구성하는 크샤트리아보다 위에 자리한다. 르완다에서도 열여덟 가지 왕실 의례의 토대를 형성한 텍스트가 그 땅의 최고위 관리직을 차지한 전문가들에 의해 토씨 하나까지 암기된다. 하지만 실수하면 죽음으로 징벌받을 수 있다. 이러한 고위직 세 명이 열여덟 가지 의례 텍스트 모두를 완벽하게 암기하여, 통치자가 지니는 신성성을 공유한다(P. Borgeaud 1988, p. 13).

문화적 기억에의 참여 범위는 다른 측면에서도 제한적이다. 소통적 기억과 대조적으로 문화적 기억은 즉흥적으로 퍼지는 것이 아니라 철저하게 준비되고 점검되어야만 한다. 그 보급도 통제되어, 참여를 의무화하면서도 참여권을 허용하지 않기도 한다. 엄격한 제약에 얽매여 있는 것이다. 어떤 경우 자신의 역량(혹은 구성원 자격)을 입증해야만 했는데, 공식적인 시험—전근대 중국처럼—이나 관련된 소통 형식—예컨대, 고전고대의 그리스어에서 18세기 유럽의 프랑스어, 집에 있는 그랜드 피아노로 연주하는 바그너의 오페라에 이르기까지—의 숙련도가 그 수단이었다. 그 나머지 사람들은 이러한 지식에서 배제되었다. 유대교와 고대 그리스 문화에서 예컨대 여성은 "나머지 사람들"에 속했다. 말하자면 교양 있는 중산층의 황금기에 사회의 하류층은 문화적 기억에서 배제되었다.[51]

시간적 차원에서 집단기억의 양극성은 축제와 일상생활 사이의 양극성에 상응한다. 사회적 차원에서 특정 분야의 전문가인 지식인 엘리트와 집단의 평범한 구성원 사이도 마찬가지다. 그렇다면 이러한 기억의 양극성을 어떻게 시각화할 수 있을까? 비록 그것들이 서로 구분되어 있다고 해도 구어와 문어처럼 공존하는 두 개의 독자적 체제일까? 아니면 볼프강 라이블레Wolfgang Raible가 제시한 대로, 그 전이가 유동적인 눈금자의 극단일까?[52] 당연히 각 경우는 사례별로 결정되어야 할 것이다. 문화적 기억이 소통적 기억과 선명하게 구분되는 문화가 확실히 존재하고, 그러한 문화를 "이중 문화"라고 할 수 있다. 고대 이집트가 이러한 범주에 들어올 것이다.[53]

그러나 우리 사회를 비롯한 다른 사회들은 저울추가 유동적으로 미끄러지는 눈금자 모델이 더 적합하다. 구어와 문어의 사례조차도 결코 이미 확정된 한 사회 상하위 계층의 양층언어diglossia로 명확히 규정될 수는 없고, 많은 경우 미끄러지는 눈금자의 양극단으로 더 적절히 묘사될 수 있다. 하지만 두 유형의 기억 사이에 축제성 및 신성성과의 연관성에 따른 어느 정도의 내면적 경계도 존재하며, 이 구별은 미끄러지는 눈금자의 이미지로 규정될 수 없다. 이러한 조건을 염두에 두면서, 나는 여기서 구술 사회의 이상적 유형에 관한 눈금자 모델을 공식화하고 아래 표와 같은 양단의 성격을 제시하고자 한다.

문화적 기억을 구성하는 주요 형태로서 의례와 축제

문자화된 저장소가 불가능한 상태에서, 집단 정체성을 공고화하는 지식을 보존하는 유일한 수단은 인간의 기억이다. 여기서 통합을 창출하고 행위를 규제하는 필수 과업을 이루기 위해 수행되어야만 하는 세 가지 기능이 있다. 바로 저장, 회수retrieval, 소통으로, 이들 각각은 문학 형식, 의례 거행, 집단적 참여에 상응한다.

문학 형식은 통합적 지식을 수집하고 보존하는 기억술적 목표를 가진다.[54] 이러한 지식은 관습적으로 다중매체적 공연을 통해 구현되는데, 그 공연에서 언어적 텍스트(시)는 목소리, 신체, 무언 행위, 몸짓, 춤, 리듬, 의례 행위 등의 매체와 불가분의 관계에 있다.[55] 여기서 나는

	소통적 기억	문화적 기억
내용	개인적 전기 틀 속의 역사적 경험	절대적 과거의 사건들로, 기원에 대한 신화적 역사
형태	비공식적, 다소 비형식적, 일상의 상호작용을 통해 일어나는 자연적 성장	조직화, 극도로 형식적, 의식적儀式的 소통, 축제
매체	생활, 유기적 기억, 경험, 전언	객관화된 고정물들, 전통적인 상징적 분류, 말과 그림, 춤 등을 통한 공연
시간 구조	3~4세대에 걸친 현재진행형의 80~100년	신화적 태고의 절대적 과거
전달자	기억 공동체 내의 불특정 동시대 증인	전문화된 전통 전수자

그러한 참여 양식에 초점을 맞추려고 한다. 이 단계에서 집단이 어떻게 이미 전문가들(음악가, 시인, 샤먼, 그리오 등)의 영역인 문화적 기억에 접근할 수 있을까? 그 답은 집회와 개인적 참여에 있다. 무문자 사회에서 문화적 기억에 동참하는 다른 방법은 없다. 결국 이러한 집회, 즉 축제의 계기가 마련되어야만 한다.

축제와 의례는 정기적인 반복을 통해 집단에 정체성을 부여하는 지식의 소통과 지속을 보장한다. 의례적 반복은 또한 시공간적으로 집단의 일관성을 공고히 해준다. 기억 구성의 일차적 형태로서 축제는 무문자 사회의 시간 구조를 일상적인 것과 의례적인 것으로 나눈다. 주요 집회의 제의적 시간 혹은 '꿈의 시간'에 무대는 우주적 영역으로 확장되어, 창조의 시간, 모든 기원의 시간, 그리고 세계의 초창기에 발생한 모든 대격변의 시간을 아우른다. 의례와 신화가 현실에 포섭되고, 그것들에 대한 면밀한 관찰과 보존, 전승을 통해—집단 정체성과 함께—그 세계가 계속 기능하는 것이다.

문화적 기억은 일상 세계를 부정negations과 가능성의 심화된 차원으로 확장하고, 이를 통해 평범한 삶의 결함을 보상한다. 그것은 삶에 일종의 이중 시간을 부여한다. 그 시간은 모든 문화 진화 단계를 통틀어 유지되며, 일상의 시간과 축제의 시간 사이의 구별을 통해 무문자 사회에서 가장 보편적으로 나타난다. 고대에는 축제와 무사 여신들Muses이 치유력을 지니는 것으로 간주되었다. 플라톤은 《법률》에서 어떻게 청소년기에 받은 교육이 훗날 일상의 고단함으로 인해 낭비되는지를 다음과 같이 묘사한다. "그래서 신들은 인간 고유의 이 고통을 불쌍히 여겨, 노동으로부터의 휴식 시간인 축제들을 번갈아 개최할 것을 명했습니다. 무사 여신들과 그들의 합창지휘자 아폴론, 그리고 디오니소스를 축제의 하객이 되게 했습니다. 그 신들이 인간의 옛 습속을 재정비하게 말이죠."[56]

축제는 일상의 삶에 의해 밀려난 우리 존재의 배경에 다시 초점을 맞추며, 신들은 당연시되었거나 잊힌 질서를 부활시킨다. 그러나 위의 플라톤의 구절은 축제적 질서와 일상적 질서, 혹은 신성한 질서와 세속적 질서라는 두 가지 별개의 질서가 존재하지 않았음을 분명히 보여준다. 원래는 오히려 축제적이고 신성하여 일상생활에 계도적 영향을 미치는 하나의 질서만이 존재했다. 축제의 본래 기능은 단순히 시간을 구조화하는 것일 뿐, 일상을 신성한 것으로부터 분리하는 데 있지 않았다. 이러한 구조나 리듬이 일상에 적절한 위치를 부여하는 보편적 시간 틀을 창출했다. 성스러움과 세속 사이의 이러한 원초적 비구분nondistinction을 가장 잘 보여주는 사례가 호주인들의 조상 영혼 개념으로, 그들의 이 세상 여정과 행위가 의례에서 신발 끈 졸라매기까지 인간의 모든 규범적 행위의 모델을 제공한다. 일상의 일들이 구별되어 다른 세계의 일부가 될 때, 축제는 보다 발전된 문화적 수준에서 다른 질서, 시간, 기억을 위한 무대가 된다.[57]

앞에서 살펴본 것처럼 소통적 기억과 문화적 기억의 구분은 일상과 축제, 세속과 신성, 일시적인 것과 지속적인 것, 특수와 보편 사이의 차이와 연결되어 있다. 그것은 필시 고정된 것으로서가 아니라 유동성의 측면에서 가장 잘 파악될 수 있겠지만,[58] 이러한 대조를 구술과 문자 사이의 차이와 동일시하는 데는 신중을 기해야 한다. 구전 전통은 문자 전통과 정확히 같은 방식—즉 소통적인 것과 문화적인 것, 일상과 축제 사이의 그 틀림없는 구분—으로 구조화된다. 하지만 당연히 무문자 사회에서 구전의 구조화는 더 어렵다. 먼저 일상에 속하는 것으로부터 문화적 기억에 속하는 요소들을 분리하는 것을 익혀야 하기 때문이다. 이러한 구별은 문자 문화에서 더욱 분명하게 이루어진다. 그 고정된 문헌이 한 집단에 정체성을 부여하는 의식 절차상의 활동들보다 훨씬 덜 유동적이어서, 문화적 기억은 문자 친화적일 수밖에 없다.[59]※

기억 경관: 팔레스타인의 '기억의 장소mnemotope'

모든 기억술에서 원초적 요소는 공간이다.[60] 이는 프랜시스 예이츠의 《기억술》(1966)에서 보듯이 서구뿐만 아니라 고전고대[61]와 이슬람[62] 기억술의 근간이기도 하다. 공간은 집단적·문화적 기억술, 즉 기억 문화에서도 중추적 역할을 담당하여 의미심장하다.

'기억의 공간'이라는 용어는 프랑스에서 상당히 흔하고, 피에르 노라Pierre Nora가 자신의 프로젝트에서 제목으로 사용했다(*Les lieux de mémoire*). 기억술은 상상의 공간들과 함께, 기억 문화는 자연에 기반을 둔 표지들과 함께 작동한다. 심지어 혹은 특히, 전체 경관이 문화적 기억의 매체로 작용할 수 있다. 이러한 경관들은 표지의 위상으로 올라선 만큼, 즉 **기호화**된 만큼, 별도의 표지('기념비')들로 강조되지는 않는다. 이러한 가장 인상적인 사례는 오스트레일리아 원주민의 '토템 경관' 혹은 '노래 길'이다. 주요 축제들에서 그들은 조상에 대한 기억과 연관된 특별 장소들을 순례함으로써 집단 정체성을 강화한다(T. G. H. Strehlow, 1970).

고대 근동의 도시들은 축제의 거리로 구조화되어 있었고, 주요 축제 기간에 주된 신들이 그 길을 따라 행진한다고 여겨졌다(J. Assmann, 1991b). 특히 고대 로마는 신성한 경관을 형성했으니, 그것은 바로 문화적 기억의 지형적 텍스트요 기억의 장소mnemotope였다(H. Cancik, 1985~1986). 이러한 측면에서 모리스 알박스는 마지막 저술에서 집단 기억의 표현 형태로서 앞에서도 언급한 '성지 전승의 지형학'을 기술했다. 알박스가 팔레스타인의 기념 경관을 통해 보여주려고 한 것은 모든 시대뿐만 아니라 모든 집단과 신앙까지도 그 독특한 기억을 위한 공간과 기념비를 자신만의 방식으로 창출한다는 점이다. 그의 연구는 은유에 대한 해설이라 할 수 있겠는데, 공간의 은유가 기억의 기능에 대한 알박스의 설명에서 매우 지배적이라는 점은 주목할 만하다. 예컨대 틀, 공간, 장소들, 터 잡기 같은 키워드들이 반복적으로 구사된다. 따라서 팔레스타인처럼 기억과 의미가 아주 풍부한 경관 속에서 기억의 구체적 장소, 즉 므네모토프Mnemotope로서의 성지를 탐구하는 것이 적절해 보인다.

전이transition

1—망자의 기억, 기념

이 연구의 시작 부분에서 적절하게, 망자라는 주제에 대해서 간략히 다루었다. 내가 의미하는 기억 문화에서 죽음이 그 기원이자 중심이므로, "적절하게"라는 말이 타당하다. 이는 다른 무엇보다 과거와 연관된다. 어제와 오늘 사이의 차이를 인식한다면, 죽음이 그러한 구별의 원초적 경험임이 분명하다. 반면에 망자에 대한 기억은 문화적 기억의 원초적 형태다. 그러나 소통적인 것과 문화적인 것 사이의 차별화 맥락에서, 그것을 다른 각도에서 살펴보기 위하여 이 주제는 반드시 짚고 넘어가야 한다. 망자에 대한 기억은 사회적 기억의 두 가지 형태 사이에서 중간적 위치를 점하고 있음이 분명하다. 그것이 인간의 보편적 모습이라는 점에서 소통적이고, 특정한 전달자와 의례, 제도들을 산출한다는 점에서는 문화적이다.

망자에 대한 기억은 '회고적retrospective'인 것과 '전망적prospective'인 것으로 나눌 수 있다. 전자가 더 보편적이고 원초적이며 자연적 형태다.[63] 집단은 망자에 대한 회고적 기억을 통하여 계속 그들과 함께 살아간다. 그들을 지속적으로 현시함으로써 집단의 통합과 전체 이미지를 구축하며, 망자가 자연스럽게 그 일부를 구성하는 것이다(O. G. Oexle 1983, p. 48 이하). 집단의 역사가 과거로 더 멀리 소급될수록, 조상에 대한 회고적 연결고리는 더 우세해진다(K. E. Müller, 1987). 후자인 전망적 요소는 '위업'과 '명성'으로 구성된다. 이것들을 통해 망자는 스스로를 불망不忘의 존재로 만든다.

한 개인을 특별하게 만드는 것은 당연히 문화마다 다양하다. 이집트에서 위업은 사회적 규범의 완수로 가늠되었다. 그리스에서는 위업이 경쟁에서 승리, 즉 사회적 범상함norms(규범)을 초월하는 것과 관계있다. 인간의 잠재력을 실현하거나 그것을 초월하는 행위는 기억의 자격을 얻는다. 즉, 핀다로스Pindar(서기전 438년 사망)는 시로써 그리스 제전의 승리자들을 불멸하게 했고, 식민지의 창설자들은 영웅 숭배를 통해 살아남았다. 반면에 회고적 차원은 "로마적 의미의 피에타스pietas(즉 망자에 대한 존경)"를 토대로 하는데, 이를 통해 생자가 망자의 불망不忘적 위상에 공헌한다.

고대 이집트는 전망적 요소와 회고적 요소가 결합된 특별한 사례를 제시한다. 이러한 연결고리는 한 개인이 고위 관직을 획득하자마자 스스로 기념비를 마련하여 자신에 대한 기억을 전망적으로 보장할 수 있게 된다는 사실만으로는 확립되지 않는다.[64] 이 과정의 저변에는 또한 호혜성이라는 독특한 관념이 자리했다. 즉, 한 사람은 자신의 선조들에게 보여준 존경의 크기만큼만 후세의 존경을 기대할 수 있었다. 따라서 상호의존성이라는 사회적 연결망이 영속화된 형태를 취했다. 고대 이집트는 거대한 무덤들을 가진 광대한 매장 단지에 국한되지 않는 극단적 사례로서, 그 기념비들은 윤리 규범에 따른 삶이라는 불망의 업적에 대한 외적 표지에 불과하다.

이러한 측면에서 이집트 속담에 따르면 "인간의 (진정한) 기념비는 그의 덕이다." 호혜성의 덕, 예컨대 감사, 가족 및 시민의식, 연대, 충성, 존경 같은 것이 이 윤리 코드의 중심이었다. 그것들이 죽기 전 삶의 모습을 결정했고, 망자의 덕이 포함되어 사후세계까지 연장되었다.[65] 이집트의 윤리적 책무는 사회 연결망을 훼손시키지 않도록 다른 사람에 대한 배려를 수반했고, "기억하라!"라는 호소로 보완되었다. 이집트의 기념비들에 이 호소가 무수히 언급되어 있다. 그러나 이러한 기념비들이 반드시 물질적일 필요는 없다. "그의 이름이 운위될 때 그 사람은 살아있다"는 이집트 속담처럼, 이름은 호명하는 소리를 통해서 살아있을 수 있는 것이다.

두 차원의 기억 원칙(전망적 위업과 회고적 존경)은 정도 차이는 있어도 모든 사회에서 발견된다. 집단기억 속에 살아있고자 하는 희망과 망자가 진행 중인 현재에 동반할 수 있다는 관념은 인간 삶의 기본적, 보편적 구조에 속한다(M. Fortes, 1978a). 망자에 대한 기억은 사실 '공동체 확립'의 전형적 방식이다(K. Schmidt, 1985). 그들과의 연결고리가 정체성을 강화해주기 때문이다. 특정 이름들과의 이러한 유대는 항상 일종의 사회정치적 통합을 수반하여, 라인하르트 코젤렉Reinhart Koselleck(1923~2006)은 기념비를 "생존자를 위한 정체성 제공자"라고 했다(R. Koselleck, 1979). 그 기념비가 수천 명의 이름이 담긴 전쟁 기념비든 무명전사의 무덤이든, 집단 정체성이라는 주제는 오해의 소지가 없다. 베네딕트 앤더슨도 "이들 무덤처럼 비어있는 것들이 인식 가능한 유한한 유물이든 불멸의 영혼이든, 그것들은 유령 같은 민족적 상상의 세례를 받는다"라고 했다(1983, p. 17).

성물 숭배the cult of relics는 사회적으로 결속되어 안정화된 상장喪葬 기념의 또 다른 사례고, 유럽 중세의 대성당들이 성인—가급적 유명한 인물이거나 특히 열두 제자 중 한 명—의 유물을 소장하는 도시의 중심 상징으로 지어졌음을 기억해야 한다. 종종 당국이 그들을 유치하기 위해서 힘든 싸움을 벌일 정도였다(B. Kötting, 1965). 마오쩌둥기념관도 유사한 사례다. 그의 후계자가 그 전임자의 묘에서 숭배함으로써 자신의 통치를 정당화했다. 마오쩌둥의 시신도 혹시 일어날지도 모르는 혁명에서의 도난과 훼손에 대비하여 각종의 복잡한 기술로 보호되고 있다. 이 역시 유적 숭배의 정체성 기능을 예시한다. 중요한 유적을 소유할 수 있는 누군가가 정당성의 주요 수단을 획득하는 것이다.

2 ─ 기억과 전통

소통적 기억은 그 성격상 제한된 시간 동안 존속할 수 있을 뿐이다. 알박스만큼 이를 명확하게 보여준 사람은 없는데, 그의 기억 이론은 망각 이론으로도 큰 장점을 지닌다. 위험에 빠진 소통적 기억과 문화적으로 고착된 기억의 문제는 〈신명기〉의 예를 활용한 특별 사례 연구를 통해 다루어질 것이다(제5장). 하지만 잠시 알박스의 이론적 원칙으로 돌아갈 필요가 있다.

알박스는 기억과 전통 사이를 앞에서 전기적 기억과 창건적 기억 사이, 혹은 소통적 기억과 문화적 기억 사이를 구분한 방식과 비슷하게 구별했다. 그의 관심을 끈 것은 '겪은 기억mémoire vécue'이 그가 '역사'와 '전통'이라 부른 두 가지 다른 형식의 문자화된 기록으로 전이되는 것이다. 역사는 기억으로 저장된 사건들에 대한 비판적 개관과 공정한 기록 보관으로 이루어진다. 전통은 회한 없이 물러나는 과거에 의해 만들어진 생생한 인상을 모든 가능한 방법으로 포착하고 지키려는 상존 과정으로 이루어진다. 이 경우 끊임없이 사건들을 새로 재구성하는 대신 고정된 전통들이 존재한다. 이러한 전통들은 소통적인 일상의 준거 틀로부터 분리되어, 경전적canonical·기념적 실체를 지니게 된다.

알박스는 초기 기독교 역사 사례를 활용하여, 겪었거나 소통된 기억으로부터 신중하게 보존된 기억까지, 전통의 단계들을 설명했다. 첫 번째 단계인 '형성기' 동안 과거와 현재는 집단의 의식 속에서 하나였다. "이 시기에 기독교는 사실상 여전히 그 시원과 아주 가까이 있어서, 무엇이 기억이고 무엇이 현재의 의식인지 구별하기 쉽지 않았다. 복음의 드라마가 아직 끝나지 않은 듯, 과거와 현재가 뒤섞여 있었다"(*On*

Collective Memory, p. 94).

집단기억의 자연 상태, 즉 실질적·정서적 참여 단계의 원시 기독교는, 기억에 의존하기보다 목표를 위해 사는, 그러면서도 역사적 일체성을 의식하면서 사는 소통적 집단의 전형적 사례를 제공한다. 이 시기의 기독교는 "현재에 대응하여 과거를 더 우선시하지 않았다." 훗날 초기 교회가 취한 것과 같은 명확한 방침은 없었다. 이 단계에서는 어떤 상황도 "기독교와 양립할 수 없는 것으로 간주되지 않았다"(*On Collective Memory*, p. 97). 현재에 사로잡혀 있던 기독교는 당대의 경향과 하나가 되어 있었지, 아직 그것에 교리적으로 맞서지 않았다. 원시 기독교의 위치는, 모든 관념과 기억들이 "사회 환경에 완전히 통합되어 있다"(p. 112)는 명제로 요약할 수 있다. 사회와 기억 사이의 통합이 여전히 존재했고, 성직자와 평신도 사이의 구분도 없었다. "그러나 이 순간까지 종교적 기억이 전체 신도 집단 내에서 살아서 기능했다. 그것은 율법 안에서 전 사회의 집단기억과 융합되었다"(p. 98).

두 번째 단계에서 모든 것이 변한다. 알박스에 따르면, 이는 서기 3~4세기에 시작되었다. 이제야 "종교적 사회가 물러나면서 종교적 전통을 확립시켰다. 또한 교리를 확정하여 성직자의 위계적 권위를 평신도에게 강요하게 되었다. 성직자들은 더 이상 기독교 사회의 단순한 사무원이나 관리자가 아니라 세속으로부터 유리되고 그들이 기념하는 과거에 완전히 매몰된 밀폐 집단을 형성한다."(*On Collective Memory*, p. 98).

불가피한 사회적 환경의 변화와 함께 내장된 기억이 희미해지기 시작했다. 동시에 문헌들이 애초의 명확한 의미를 잃기 시작하여 해석이 필요하게 되었다. 이때부터 체계적 기억 작업이 소통적 기억을 대체한다. 성직자가 그 문헌들을 해석하는 임무를 맡았다. 그것들은 더 이상 그들의 시대를 이야기하지 않지만, 그 시대와 갈등을 일으키게 되었다. 여기서 도그마가 작용하여 당시의 주도적인 교리에 맞게 기억을 개작하지 않고는 불가능한 해석의 준거 틀을 고정시켰다. 참여자들의 집단기억이 사라질 때야 역사가들이 앞으로 나설 수 있듯이, 주석가들도 텍스트에 대한 직접적 이해가 더 이상 불가능해질 때만 역할을 부여받는다. 이와 관련하여 알박스는 "장르와 숙어의 의미가 부분적으로 잊힐 때, 그것들은 해석되어야만 했다"(*On Collective Memory*, p.117)고 썼다. 이러한 방식으로 그는 프로테스탄트 신학자인 프란츠 오버백Franz Overbeck(1837~1905)과 상당히 비슷한 궤를 밟는다. 오버백은 "후대는 그것들에 대한 이해를 포기하는 대신 해석의 권한을 보유하게 된다"[66]고 예리하게 지적했다.

5. 문화적 기억의 선택지들: '뜨거운' 기억과 '차가운' 기억

"역사의식"이라는 신화

약 40년 전, 문자가 없는 사람들은 역사의식이 없어서 그들에게 역사가 존재하지 않는다는 진부한 통념이 종말을 고했다. 뤼디거 쇼트 Rüdiger Schott(1927~2012)는 이제 유명해진 《문자 없는 민족들의 역사의식*The Historical Consciousness of Illiterate Peoples*》(1968)에 대한 뮌스터대학의 첫 강연에서 훨씬 차별화된 관점을 명확히 하는 데 일조했다.

오늘날 구술사 개념은 역사가 문자에 의존한다는 관념을 완전히 타파하고 있다. "역사의식"은 인류학의 보편 현상이 되었다. 물론 이러한 인식은 이미 1931년에 문화인류학자 에리히 로트하커Erich Rothacker(1881~1965)에 의해서도 제기되었는데, 그는 역사의식을 "과거의 사건과 형식을 보존하고, 기억하며, 이야기하고자 하는"[67] 기본 본능으로 간주했다. 쇼트는 역사의식을 "자신들의 문화적 역량과 직결되는 인간의 기본 특질"로 규정했다. 그는 "역사의 구술 소통과 운명 집단 사이의 결속이 문자 기록과 그 운명 집단 사이의 기록보다 훨씬 견고함"을 보여주면서, 이러한 '기본 본능' 기능을 명확히 정의했다. 구술 소통은 이러한 집단들에 결속되어 있을 뿐만 아니라 그 자체로서 구속력을 발휘하기도 한다. 그것은 집단이 "자신의 통합성과 특이성 의식에 기반을 둔" 사건들을 기록하기 때문에, 유대를 창출한다. 쇼트가 '역사의식'으로 확인한 것을 미국의 사회학자로 전통의 사회학에 대한 선구적 업적을 남긴 에드워드 쉴즈Edward Shils(1910~1995)는 '과거의식'[68]으로 명명한 바 있다. 이러한 지적 기관intellectual organ이 결여된 상태에서 과거에 대한 지식, 존경, 애착, 모방뿐만 아니라 과거에 대한 거부도 존재할 수 없을 것이다.

역사의식 혹은 과거의식의 수용은 의문의 여지가 없어서 오늘날 이는 실제로 당연하게 여겨진다. 이제 우리는 사실 왜 이러한 인간의 기본 본능이 일부 사회나 문화에서 다른 곳보다 훨씬 발전했는지에 더 큰 관심을 기울인다.[69]※ 하지만 이러한 의식이나 본능이 존재한다는 전제 하에 그것이 덜 발전했을 뿐만 아니라 의식적으로 거부되기까지 하는 듯한 몇몇 사회들이 있다. 이러한 이유로 인해 나는 역사의식 같은 것이 정말 존재하는지에 대해 의문을 품고 있고, 오히려 '문화적 기억'이라는 용어가 더욱 신중하고 적합한 것으로 보고 있다.

우연하게도 니체와 상당히 궤를 같이하는 이 문제에 대한 내 출발점은 인간의 기본적·자연적 성향이 기억보다는 망각 친화적일 수 있다는 사실이다. 따라서 정말 제기되어야 하는 의문은 도대체 왜 인간이 과거를 조사하고, 기록하며, 소생시키는 데 관심을 가지게 되었을까 하는 점이다. 이와 관련하여 나는 특정 의식이나 본능을 언급하는 대신, 사람들에게 자신들의 과거와 관련된 어떤 일을 하게 만든 것이 무엇인지 개별 사례별로 질문을 던지는 것이 더욱 의미를 지닌다고 생각한다.

여기서 특히 눈에 띄는 점은 상당히 후대까지도 과거에 대한 이러한 관심은 구체적으로 '역사적'인 것이 아닌, 합법화, 정당성, 조화, 변화 등에 대한 보다 보편적이고 집중적인 관심이었다는 사실이다. 그것들은 또한 기억, 전통, 정체성이라는 개념으로 규정해온 기능적인 틀에 속한다. 이러한 측면에서 어떤 것을 멈추거나 유발하는 요인으로 역사적 기억이라는 진정제나 자극제에 대한 의문을 품을 수 있다. 고대 이집트 문화는 이러한 고찰에 각별하게 매력적인 사례다. 고대 이집트 사회는 연대기와 왕명록으로 보완된 압도적인 장대한 방식으로 그 과거와 마주했지만, 실제로 그것들로 아무것도 하지 않았다.

'차가운' 선택과 '뜨거운' 선택

이러한 접근의 시발점은 뤼디거 쇼트도 언급한 레비스트로스의 '차가운' 사회와 '뜨거운' 사회라는 유명한 구별이다. 레비스트로스에 따르면, 차가운 사회는 "스스로 만든 제도들을 통해 역사적 요인들이 사회의 균형과 연속성에 영향을 미치지 못하도록"(1966, pp. 233~234)[70] 노력하는 사회다. 반면에 "변화를 위한 열렬한 갈망"으로 특징지어지는 뜨거운 사회는 역사를 발전의 동력으로 삼기 위해 자신들의 역사를 내면화한다.

그러나 '차가운'이라는 말이 단순히 역사나 역사의식의 결여를 나타내는 용어나 메타포로까지 여겨져서는 안 된다. 레비스트로스가 의미하는 바는 어떤 것의 결여가 아니라 특정한 종류의 지혜와 제도에서 유래하는 긍정적 성취다. 차갑다는 말은 문화의 제로 설정이 아니라 창출되어야만 하는 상태를 의미한다. 그래서 사회들이 어느 정도 그리고 어떤 형태로 역사의식을 창출하는지 뿐만 아니라, 한 사회가 변화를 동결하기 위해 어떻게 그리고 무슨 제도와 사회적 메커니즘으로 운영되는지도 관건이다. 차가운 사회들은 뜨거운 사회들이 기억하는 것을 잊음으로써 살아가는 것이 아니라 단순히 다른 종류의 기억을 가지고 사는 것이고, 그것을 위해서 역사를 차단해야 한다. 이 때문에 차가운 사회들은 차가운 기억술이 필요한 것이다.

레비스트로스에게 그 구분은 "'역사가 없는 사람들'과 기타 사람들 사이의 투박한 구별"(1962, p. 233)을 위한 간편 용어다. 원시와 문명, 문식성의 유무, 우두머리 없는 사회와 국가 사회의 구별 역시 그에게는 동일한 의미다. 그 두 용어는 불가피하게 차가움에서 뜨거움으로 진행하는 문명화 과정의 양 극단을 대표하고, 바로 여기에 그의 통찰의 전부가 담겨있다. 내가 보기에 레비스트로스는 그 통찰로 다른 것은 거의

하지 않았다. 하지만 나는 그것을 더욱 발전시키길 원하고, 내 해석은 아래의 두 가지 관찰에 의존한다.

1. 문명화되고 문식성 있는 사회지만 역사의 침투에 필사적으로 저항한다는 측면에서 아직 차가운 사회들이 있다. 나는 고대 이집트와 중세 유대교의 두 고전적 사례만 언급하려고 한다. 두 경우 모두에서 역사에 대한 저항이 또 다른 기억에 기여했음이 아주 명확하다. 이집트의 경우, 나는 그것을 "기념비적 기억"으로 설명한 바 있고,[71] 중세 유대교의 경우, 요세프 하임 예루살미Yosef Hayim Yerushalmi(1932~2009)는 그의 인상적인 연구(1982)의 제목으로 단순히 명령어 "자코르Zakhor(기억하라)!"를 사용했다. 내가 보기에 진화적 구도를 유지하면서, 원시 사회와 문명사회를 그저 차가운 것과 뜨거운 것으로 바꿔 부르는 것보다 더 생산적인 것은, 그 구도로부터 벗어나 차가움과 뜨거움을 문화적 선택지로, 다시 말해 문자, 역법, 기술, 권력과 상관없이, 모든 시대에 나타나는 기억 정치의 전략으로 이해하는 것이다. 차가운 선택하에서 문자와 통치기구도 역사를 동결하는 수단이 될 수 있는 것이다.

2. 사회들이나 문화들이 완벽하게 차갑거나 뜨거울 필요는 없다. 그것들은 민족심리학자인 마리오 에르트하임M. Erdheim이 고안한 용어인 쿨링 시스템과 히팅 시스템으로 구별되는 두 가지 요소 모두를 포함할 수 있다. 쿨링 시스템은 차가운 문화가 역사적 변화를 동결시키는 데 도움을 주는 제도—에르트하임은 성년식 사례를 활용한다[72]—일 수 있지만 다른 한편 뜨거운 사회 내의 독립적 제도—예

를 들어 군대[73]나 교회—이기도 하다.

역사와 관련된 차가운 것과 뜨거운 것 사이의 구분에 비추어 역사의 식의 중지와 개시에 대한 우리의 의문이 조금 더 명확해진다. 진정제 요소는 차가운 선택에 공헌하여 거기서 변화가 동결된다. 여기서 기억되는 의미는 독특함과 기이함이 아닌 반복과 규칙에 있고, 변화와 격변이 아닌 연속성에 있다. 자극제는 뜨거운 선택에 기여하는데, 거기서 의미, 중요성, 기억 가능성은 반전 및 변화, 성장, 발전에 공헌하지만, 역으로 악화와 부패, 쇠퇴에 기여하기도 한다.

권력과 기억의 연합

기억을 위한 하나의 강력한 인센티브는 권력이다. 우두머리가 없는 사회에서 "역사적 지식은……흐릿한 '신화적' 과거로 속히 사라지기 전에 몇 세대를 넘어서 좀처럼 연장되지 않는다. 그러한 과거에서 모든 사건은 동일한 시간 차원으로 인식된다"(Schott, 1968, p. 172). 이것이 반시나(1985)가 언급한 '유동적 간격'으로, 대략 80년에 걸치는 당대의 생생한 기억—구술사 연구에서 집단기억의 세계에 해당하는 것으로 확정한—과 기원에 관한 신성 전통 사이의 간격이다. 집단적 역사의식이 자연 상태에 있는 곳이 있다면 바로 이곳이다. 이와 대조적으로 "더욱 뚜렷이 구분된 시간 관점은 수장首長이나 다른 중앙 정치제도가 있는 사람들 사이에서만 (생겨난다)." 그 고전적 사례로 22대에 걸친 수장의 족보를 지닌 폴리네시아의 왕조들이나, 마찬가지로 장구한 계보가 정치 체계 전반에서 각 개인의 역할과 권한을 규정하는 아프리카의 탈렌시Tallensi를 들 수 있다(M. Fortes, 1945). 이러한 권력과 기억의 연합 사례는 수메르와 이집트의 왕명록에서도 나타난다. 권력이 시원을 필요로 함은 의심의 여지가 없고, 이는 권력과 기억의 연합의 회고적 측면이라 할 수 있다.

권력과 기억의 연합은 전망적 측면도 지닌다. 통치자들은 과거만이 아니라 미래도 강탈한다. 기억되길 원하기 때문이다. 그들은 자신들의 영광이 이야기되고 노래로 불리며 불멸로 남거나, 혹은 최소한 기록물 보관소에 기록되도록 강구하면서, 자신들의 행위가 기념비를 통해 기억되길 원한다. 권력은 "그 자체를 회고적으로 정당화하고 전망적으로 영속화한다." 고대 근동의 사료로 우리에게 전해진 모든 것은 실제로 이러한 공식적 정치 이데올로기 기능에 속한다. 혼란 시기 뒤 축복의 시간을 예견한 중왕국 시기(서기전 1900년경) 이집트의 한 문헌에서 회복된 질서 표지 중의 하나는 "(태생이 고귀한) 한 사람의 아들이 영원무궁할 이름을 얻게 되리라"[74]이다. 중왕국의 문학은 사회 질서가 파라오의 국가를 통해서만 가능하다는 확신을 널리 알리고자 했다(G. Posener, 1956; J. Assmann, 1990). 이러한 질서의 가장 중요한 요소는 집단의 기억에 의존한 개인의 불멸이었다. 국가 없이는 사회적 기억의 틀을 구성하는 요건도 와해될 것이어서, 불멸을 향한 길이 봉쇄되어버린다.

권력과 망각의 연합

권력과 기억 사이의 연합을 이해하는 제3의 방식이 있다. 이를 위해,

권력이 정치적으로 조직된 불평등이라는 점에서 뜨거움을 산출한다는 레비스트로스의 이론으로 돌아가야 한다. 그의 비유에 따르면, 뜨거운 문화는 증기기관처럼 기능하는데, 계급 차별로 인한 에너지 손실이 변화를 추동한다(Erdheim, 1988, p. 298). 에르트하임은 국가와 뜨거운 선택 사이의 관계를 선형적 역사에 대한 선호와 연결한다. "뜨거운 문화는 국가를 지향하고, 국가는 중앙집권화된 권력을 지향한다. 역사의 선형화linearlization가 권력 구성의 시간적 양상이라면, 권력의 중앙집권화는 동일한 과정의 공간적 양상이다"(Erdheim, 1988, p. 327).

분명히 에르트하임은 여기서 전 과정을 뒤집어놓고 있다. 뜨거운 문화가 국가를 지향하는 것이 아니라, 국가가 조직한 문화들이 문화적 뜨거움을 지향하는 것이다. 그런데 그 열기는 지배층이 발산하는 것이 아니다. 특권 없이 억압받는 피지배층이 자연스럽게 변화를 위해 노력한다. 역사의 선형화는 최하층 계급 증후군으로, 이는 구세계―신세계도 가능―를 통틀어 혁명적 저항운동 이데올로기를 대변하는 가장 극단적인 형태인 계시 신앙에서 잘 드러난다(Hellholm, 1983 참조). 억압은 선형적 역사의식, 즉 변화, 반전, 혁명이 유의미하게 보이도록 하는 사고 틀을 형성하기 위한 자극제다(Lanternari, 1960). 그렇다면 여기서 권력과 망각 사이의 연합에 대해서도 이야기해야 한다.

실제로, 레비스트로스의 차가운 사회에서처럼 역사의 침투에 필사적으로 저항하기 위하여 모든 이용 가능한 소통과 기술을 이용하는 권력의 형태가 존재했고, 지금도 존재한다. 타키투스는 로마 제정기, '강제된 망각prescribed oblivion'의 방식들에 대해 기술했다(H. Cancik-Lindemaier/H. Cancik, 1987). 현대에도 조지 오웰이 그의 소설 《1984》에서 이러한 전략을 그대로 제시한다. "역사는 멈추었다. 당이 언제나 옳다는 영원한 현재만이 존재할 뿐이다."[75]

알라이다 아스만은 이러한 방법의 다양한 세부 사항들이 구전 전통의 '구조적 기억 상실'에 상응하고, 비록 여기서는 근대적 조건하이지만, 차가운 문화가 기능하는 방식과 정확히 등치될 수 있음을 보여주었다. "사건과 우연의 침범을 배제할 수는 없지만, 그것들이 역사로 편입되는 것은 막을 수 있다."[76] 기억은 억압하에서 저항의 형태가 될 수 있다. 문화적 기억의 이러한 양상은 알라이다와 얀 아스만의 논의(A. and J. Assmann, 1988)에서 더욱 면밀하게 다루어졌다.

문서화—역사의 통제인가 아니면 의미 부여인가?

수메르인들에 못지않게 수천 년 이상 중단 없는 가장 긴 기억과 전통을 지닌 이집트인들이 아주 독특한 역사의식을 발전시켰으리라는 추정은 매우 그럴듯하다. 과거에 대한 깊은 관심이 있었다면 바로 그 두 지역일 것이라고 예상하게 마련이다. 이를테면 기념비들을 통해 우리 앞에 서 있는 위대한 선왕들에 대한 풍부한 일화뿐만 아니라 건국 영웅들의 위대한 행적을 기리는 서사시, 그리고 전쟁과 정복, 토목사업 등의 이야기들은 이를 시사하는 듯하다. 하지만 자료들 속에 역사의식이나 과거에 대한 관심은 전혀 없다. 이집트의 후기왕조 시대(서기전 525~332)에 대한 구전 역사를 기록한 헤로도토스에서 과거 서사의 일부 흔적을 발견할 수 있지만, 이집트와 메소포타미아의 공식적인 자료들은 과거를 아주 다른 각도로 접근한다. 내 주장을 미리 말해두자면, 수메르와 이집트의 왕명록과 연대기는 역사서술에 관한 한 자극제가 아닌 진정제였다. 이것들을 '차가운 기억'으로 부를 수 있을 것이다.

가장 긴 기억을 가진 나라로서 이집트를 화제로 삼은 것은 헤로도토스까지 소급된다. 그는 그 길이를 341세대, 11,340년으로 추산했다. 그것은 이집트의 기록된 역사가 얼마나 먼 과거까지 소급되는 것으로 여겨졌는지를 보여준다. 헤로도토스는 "그렇지만 태양은 이 시기 동안 네 차례 평소의 주기에서 멀어져 두 번 지는 곳에서 뜨고, 두 번 뜨는 곳에서 진다. 그러나 이집트는 이러한 변화에 어떤 영향도 받지 않는다. 그 땅과 강의 소출이 그대로고, 질병과 죽음에 어떤 특이점도 없다"고 기술했다.[77]

나는 헤로도토스가 명백히 일부 문제를 혼동한 난해한 천문학을 숙고하지는 않을 것이다. 그러나 그의 결론은 매우 흥미롭다.[78]※ 이집트인들이 자신들의 잘 기록된 수천 년을 돌이켜보고 배울 수 있었던 것은 무엇일까? 단순히 아무것도 변하지 않았다는 점이다. 왕명록과 연대기들 및 다른 문서들의 용도는 바로 그것으로, 곧 역사란 중요한 것이 아니라 대수롭지 않다는 점을 보여준다는 점이다.[79] 왕명록들은 과거를 열어주지만, 더 이상의 무언가를 볼 수 있도록 인도하지는 않는다. 그것들은 오히려 우리에게 이야기해줄 만한 무엇이 전혀 일어나지 않았음을 보여주기 때문에, 사실을 기록함으로써 상상력을 억압해버린다.

역시 헤로도토스의 관점이지만, 이집트인들에게 역사의 시시함은 그것이 인간이 만든 것이라는 사실에서 기인한다. "따라서 전체 햇수는 11,340년이다. 그(사제)들은 그 기간 내내 그 어떤 신도 인간의 형태로 나타나지 않았다고 말한다.……그렇지만 그 이전에는 그렇지 않았다. 그때 이집트는 신들이 왕들이었으며, 인간들과 함께 이 땅에서 살았다. 그들을 지배한 것은 언제나 그 신들 중 하나였다. 이러한 신의 마지막이 오시리스의 아들인 호루스로, 훗날 그리스인들은 그를 아폴론이라 불렀다. 그는 티폰을 몰아내고 마지막 신왕神王으로 이집트를 통치했다."[80]

역사는 신과 관련될 때야 흥미를 동반하기 시작한다. 그러나 그것은 우리에게 역사로서 종말을 고하고 신화로 전환되는 바로 그 시점이다. 신들의 시간은 우리가 알고 있는 (지난 12,000년 동안의) 세계를 만들어낸 위대한 사건, 변화, 격변의 시간이다. 누군가 그 시간에 대한 이야기를 만들어낼 수 있고, 그렇게 만들어진 이야기들을 오늘날 우리가 신화라고 부른다. 신화는 세계가 어떻게 존재하게 되었는지와 함께, 그 메커니즘, 의례, 제도에 대해서도 알려준다. 그 임무는 그 시간이 결코 희미해져 사라지지 않도록, 그리고 더 이상의 변화와 단절이 발생하지 않도록 보증하는 것이다.

이러한 일들은 메소포타미아에서도 마찬가지였다. 클라우스 빌케 Claus Wilcke는 실제로 수메르 왕명록에 대한 분석을 다음과 같은 일반화로 시작한다. "과거는 고대 근동인들에게 매우 중요했다. 그들의 현재와 오늘은 과거 사건들에 기반을 두고 있었다"(Wilcke, 1988, p. 113). 하지만 그들은 과거를 이집트인과 유사하게 활용했다. 즉, 현재를 확인하기 위해 과거를 이용했고, 모든 것이 신들의 '개창 시대founding age'로 소급되지 않는 한, 항상 현재 그대로였다. 왕명록들은 의미와 중요성을 창출하는 수단이 아닌 제어와 통제의 수단이었다. 따라서 고대 근동의 역법, 연대기, 왕명록에서 실행된 바와 같은 과거에 대한 이러한 극심한 집착이 역사를 중단시키고, 거기에 어떤 기호학적 가치도 남지 않도록 공헌했다고 결론지을 수 있을 것이다.

절대적 과거와 상대적 과거

레비스트로스에 따르면 '뜨거운' 사회들은 "단호하게 역사적 과정을 내면화하여 그것을 그 발전의 동력으로 삼는다."[81] 우리는 이제 이집트와 메소포타미아의 기록 방법에 대하여, 그것이 내면화된 역사가 아니라고 확언할 수 있을 정도로 알게 되었다. '내면화된 과거'의 측면에서 기억은 역사적 시간이 아닌 신화적 시간을 의미한다. 역사적 시간이 이미 '일어난 것has become'의 지속일 뿐이라면, 신화적 시대는 '일어날 becoming' 것의 시대이기 때문이다. 마찬가지로 이러한 시나리오는 오웰이 묘사한 전체주의 통치의 '영원한 현재'와 정확히 일치한다(이 점은 알라이다 아스만에게서 시사받았다). 내면화된—더 정확히는 기억된—과거는 서사를 통해 형상화되며, 이 서사는 기능을 가진다. 그것은 발전의 동력이 되거나 연속성의 토대가 되기도 한다. 그렇지만 어떤 경우도 순수하게 그 자체를 위해 기억되는 과거는 아니다.

창건의 이야기들이 '신화'라 불리고, 그 용어는 통상 역사와 대조적으로 사용된다. 이와 연관된 두 쌍의 반의어가 있다. 현실(역사)과 상반된 허구(신화), 그리고 순수한 목적(과거 그 자체를 위한 과거 연구, 즉 역사)과 상반된 목적 지향적 평가(주장을 위한 과거 활용, 즉 신화)가 그것이다. 하지만 이러한 개념 쌍들은 폐기된 지 오래다. 설사 모든 재현적 상상력과 주관적 가치에서 자유로운 오염되지 않은 과거를 나타내는 문헌 같은 것들이 존재한다고 해도, 그것들이 고대의 것으로 발견되리라 기대할 수는 없고 이 연구의 목적과도 무관할 것이다.[82] 기억된 과거의 형태는 역사와 신화 모두를 구분 없이 포괄한다. 창건 역사로서 고정되고 내면화된 과거는 그것이 사실이든 허구든 상관없이 신화다.

역사가 신화로 변형되고 경험이 기억으로 만들어진 고전적 사례는 출애굽이다(M. Walzer, 1988). 비록 〈출애굽기〉에 기술된 사건들의 역사성이 고고학이나 명문으로 입증될 수 없지만, 의심의 여지 없이 역사적 신빙성을 지니는 사례도 있다. 바로 마사다Masada 요새 함락이다(Pierre Vidal-Naquet, 1981과 1989).[83] 이는 현대 이스라엘에서 창건 역사의 하나가 되었다. 마사다 유적은 모두 고고학 규정에 따라 그 모습 그대로 남겨져 있을 뿐만 아니라 이스라엘 군대의 신병들이 충성 선서식을 거행하는 성지로도 만들어졌다.

마사다 함락 이야기는 플라비우스 요세푸스Flavius Josephus(서기 37년 출생)의 《유대 전쟁사》 제7권에 나온다. 그 이야기에 대한 관심은 서술의 객관성이나, 고고학적 검증이 아니라[84]※ 그것의 창건적 의의에 있다. 그 이야기가 중요한 이유는 종교적·정치적 순교를 통해 젊은 이스라엘 병사들이 헌신해야 하는 그 덕목들을 예증하기 때문이다. 신화는 자신과 세계에 방향을 제시하기 위해 누군가 말하는 이야기다. 진실의 종을 울릴 뿐만 아니라, 규범적 기준을 설정하고 형성적formative 힘까지 지닌 고등 질서의 실제다.

예컨대, 유럽 유대인들의 전멸은 역사적 사실이고 그 자체로서 많은 역사 연구의 주제지만, 현대 이스라엘에서 그것은 '홀로코스트'라는 표지하에, 국가가 정당성과 지향성의 일부를 끌어내는, 창건 역사이자 신화가 되었다. 그것은 공공 기념비나 국가의 제도에 의해 엄숙하게 기념되고, 학교에서 교육되어서, 이스라엘의 공식적 '신화 동력mythomotor'의 중심 요소를 구성한다.[85] 중요한 과거만 기억되고 기억된 과거만이 중요성을 지닐 수 있게 되는 것이다.

기억하기는 항상 무언가에 의미를 부여하는 기호화의 행위였고, 오늘날에도 그대로 적용된다. 비록 그 개념이 역사와 관련하여 다소 평판이 나빠졌다고 해도 말이다. 우리는 기억이 역사 연구와 아무런 관계가 없다고 단순하게 명심할 필요가 있다. 역사학 교수에게 "기억을 채우고, 그 용어를 만들어내며, 과거를 해석하라"[86]※고 기대할 수는 없는 일이다. 이 지적으로 인해 그러한 과정이 계속 이어지고 있다는 사실이 바뀌지는 않겠지만, 그 과정은 역사가의 과업을 나타내는 것이 아니다. 즉, 그것은 사회적 기억의 기능이요,[87]※ 역사가의 작업과 다른 인류학적 기본 특징이다. 비록 '기억하기'가 과거를 창건 이야기들(신화)로 변형시키기는 하지만, 그렇다고 사건들의 실제를 논박하는 것은 아니라 어떤 상황에서든 망각해서는 안 될, 미래 구속성을 강조한다.

그렇지만 이러한 통찰력으로 인해 일부 중요한 차이를 간과해서는 안 된다. '창건 이야기'라는 용어는 기능적인 어떤 것을 나타내기 때문에, 이러한 기능이 무엇인지에 대한 의문이 제기된다. 그것은 다음의 조건에 따라 완전히 달라진다. 즉, 창건 이야기가 (진행 중인 현재로부터 절대 멀어지지 않는) 신화적 시간을 배경으로 하여 의례와 축제를 통해 항상 재현될 수 있는지, 아니면 그 이야기가 역사적 시간을 배경으로 하여 (즉 현재로부터 점점 멀어지지만 여전히 측정 가능한 거리에 있는 시간을 배경으로 하여) 의례적 재현이 아니라 기억을 통해서만 삶에 소환될 수 있는지에 따라 완전히 달라진다.[88] 출애굽과 가나안 정복이 이스라엘 창건사의 일부를 형성한다는 사실이 이러한 사건들을 엘리아데(Eliade, 1953과 1966)가 설명한 것과 같은 신의 세계에서 반복되는 사건의 의미에서 신화로 만들지는 않는다. 이스라엘의 경우 창건 이야기의 기능이 변했다. 비록 주변 문화들이 우주적 신화에 기반을 두고 있어도, 이스라엘은 역사적 신화를 취하여 이를 통해 자신들의 '만들어진 역사 devenir historique [historical becoming]'*를 내면화했던 것이다.[89]* 레비스트로스의 표현은 이에 더할 나위 없이 적절하다. 그것은 바로 '발전의 원동력'이다.

신화는 창건 서사로 응축된 과거다. 이와 관련하여 내가 고려하는 차이는 '절대적' 과거와 '역사적' 과거 사이에 있다. 전자에서(E. Cassirer 1923, p. 130)—즉, 진행 중인 현재가 그 다른 시간으로부터 항상 일정한 거리를 유지하여 일종의 영겁(오스트레일리아 사람들은 이를 꿈의 시간이라 부른다)을 구성하는—신화는 차가운 사회의 세계관을 위한 기반을 제공한다. 이 과거는 주기적 반복으로 현시된다. 반면에 역사적 과거에서, 신화는 뜨거운 사회가 '만들어진 역사'를 내면화할 때 가지게 되는 자화상의 기저를 이룬다. 엘리아데는 그 차이에 대해 기호화된 우주가 기호화된 역사로 대체되는 것으로 최대한 간명하게 구별했다.

---

*프랑스의 철학자 폴 리쾨르Paul Ricoer가 만든 용어로 집단적 상상력의 산물인 신화적 사건, 인물 등이 역사적 사건과 인물로 전이되는 것을 지칭한다.

기억의 신화 동력 mythomotor

1—창건 기억과 반현재 기억

뜨거운 기억은 연대기적 제어와 통제 도구로서의 과거를 측량할 뿐만 아니라, 자아상을 창출하고 희망과 목적을 지원하기 위하여 과거를 참조한다. 이를 신화라 부른다. 그 가장 선호하는 형태가 서사고, 이러한 과거의 영광이 현재에 광채를 발함으로써, 사실상 상이하고 상반된 두 가지 기능을 완수한다. 그 첫 번째가 창건적 기능으로, 그것은 현재를 유의미하고 신성하며 필연적이고 불변하는 무언가로 만든다. 이집트 왕들에게 오시리스 신화가 이러한 목적에 부응했고, 출애굽 이야기가 이스라엘에 마찬가지로 작용했다. 제7장에서 호메로스의 《일리아스》가 어떻게 동일한 역할을 담당했는지와 함께, 범그리스 의식의 기반에 대해 다룰 것이다.

두 번째는 내가 '반反현재 contrapresent'라고 부르는 기능이다(G. Theissen, 1988). 이것은 현재의 결핍 경험에서 출발하여, 영웅시대의 형태를 취하는 과거의 기억들을 만들어낸다. 이러한 이야기들은 무엇이 잘못되었고, 무엇이 사라지고, 상실 혹은 소외되었는지 강조함으로써, 현재에 대한 아주 다른 설명을 제시한다. 따라서 그때와 지금 사이에 고의적인 단절이 존재하게 된다. 그 기억을 통해 견고한 토대를 부여받는 것이 아니라, 현재가 이제 궤도에서 이탈했거나 최소한 위대하고 영광스러운 과거로부터 유리되고 있음을 발견하는 것이다. 호메로스의 서사시는 이러한 좋은 사례이기도 하다. 이 분석이 정확하다면, 그 서사시들은 그리스 세계가 변화하는 과도기에 작성되었다. 즉 말을 사육하던 귀족의 자유분방한 생활 방식이 보다 협소하고 보다 공동체적인 폴리스의 생활 방식으로 전환하던 시기에 말이다. 그처럼 결핍을 겪고 있던 그리스인은 그 쇠락의 시대 저 너머에 영웅시대를 상상하게 된 것이다.

그런데 이 두 기능은 여전히 개념상의 구분이 요망되는 듯해도, 결코 상호 배타적이지는 않다. 명백히 반현재적 기억들이 존재한다. 그것들은 바로 로마 제정기 초의 공화정에 대한 기억처럼(H. Cancik-Lindemaier and H. Cancik, 1987) 현재를 상대화하여 바람직하지 않은 특정 상황에 자리하게 한다. 그러나 명백하게 그저 창건적인 것들도 있다. 초기 기독교의 골고다 언덕이나 현대 이스라엘의 마사다 의식이 바로 거기에 속한다. 또한 동시에 둘 다에 해당하는 신화적 형태의 기억도 있다. 원칙적으로 어떤 창건 신화도 반현재적으로 바뀔 수 있다. 따라서 그 두 가지 속성은 이처럼 신화에 필수 불가결한 것이 아니라 특정 상황에서 특정 집단을 위한 특정한 현실에 요구되는 이미지와 행위의 맥락에 따라 생겨난다. 하지만 그것들 각각은 내가 신화 동력이라고 부르는 지향(指向)적 자극제를 제공한다.[90]

반현재 신화 동력은 외국의 통치나 억압 사례 같은 극심한 결핍의 경우 전복적일 수 있다. 그때 전통적인 기억들은 더 이상 기존의 상황을 지원하지 않고, 오히려 그에 대해 의문을 던져 전면적인 변화를 요구한다. 그 기억들이 연관 짓는 과거는 변경할 수 없이 상실된 영웅적 시대로서가 아니라 사람들이 자신의 삶과 일의 향방을 위해 따르는 사회적 정치적 유토피아로서 나타난다. 따라서 기억이 기대로 바뀌고 "신화로 추동된" 시간은 다른 성격을 띤다. 영원한 반복의 원은 이제 멀리 떨어진 목표로 인도하는 직선이 된다. (지구가 태양의 주위를 돌 듯) 순회하던 혁명은 전복의 의미를 지닌 정치적 혁명으로 변하는데, 이러한 운동은 전 세계적으로 목격된다. 민족학자들은 곧 이러한 운동을 '메시아 신앙'이나 '천년왕국설', '천년지복설'로 포괄하며, 유대인의 메시아에 대한 열망과 연관시킨다. 비록 동일한 범주로 단정하지는 않더라도 말이다.

정말, 구조적으로 유사한 조건 아래서, 그리고 기독교와 다소 무관한 조건 아래서도, 메시아 신앙이나 천년왕국설과 주요 특성을 공유하는 이러한 운동은 전 세계적으로 상당히 자발적으로 일어나는 듯하다. 그것은 억압과 고통의 상황에서 가장 전형적으로 발생한다.[91] 따라서 유대인들의 계시록Apocalypse은 이러한 역사적 현상의 원천이라기보다는 단순히 최초로 알려진 문화적·인류학적 보편의 증거로서 간주되어야 할 것이다.[92]

천년왕국적 형태를 띠는 반현재 신화 동력의 가장 오래된 사례인 〈다니엘서〉는 바로 이러한 상황에서 쓰였다. 오늘날 그 책은 통상 안티오코스 4세 에피파네스Antiochus IV Epiphanes(서기전 175~164 재위) 시대에 나온 것으로 간주되는데, 바로 마카베오 전쟁이라는 역사상 최초의 종교적 저항운동으로 알려진 시기다.[93]

이집트에서도 창건적 신화 동력에서 반현재적 신화 동력으로의 변화를 분명히 살펴볼 수 있다(J. Assmann, 1983). 혁명적 신화 동력으로 이전이 실제로 일어났는지, 그것이 언제인지는 의문의 여지가 있다. 명백한 혁명적 문헌들은 이집트 문화의 후기 단계의 것으로, 〈다니엘서〉보다 빠르지 않다. 그러한 문헌들은 《도공의 신탁the Potter's Oracle》(그리스어로 전래) 및 민중문자Demotic로 작성된 《어린 양의 예언*Prophecies of the Lamb*》과 관련되어 있는데, 장기간의 억압적 외국 통치 뒤에 파라오 왕조를 회복하여 새로운 영광의 시대를 세울 메시아적 왕의 부활을 예언한다. 이는 의심의 여지 없이 희망과 기대의 신화 동력이다.[94]

그렇지만 《도공의 신탁》은 2,000년이나 오래된 《네페르티의 예언*the Prophecies of Neferti*》이라는 문헌과 세부적으로 유사성을 보여주어, 이 텍스트 역시 반현재적·혁명적 신화 동력을 가진 메시아 운동을 입증하는 것은 아닌가 하는 질문이 발생한다. 다만 《네페르티의 예언》은 결핍에서 나온 것이 아니라 오히려 현재 상황을 이전의 문제들에 대한 해결 표지로 나타낸 예언이다. 이 문헌은 제12왕조의 창시자인 아멘엠하트 1세(서기전 1962 사망)가 메시아적 인물일 것임을 예언한다. 파라오의 통치가 없던 재앙의 시기를 묘사하는 그 긴 시의 결론은 다음과 같다.

> 한 왕이 남쪽으로부터 올 것이네, 아메니Ameni라는 이름으로,
> 타-세티Ta-Seti 출신 여인의 아들, 상이집트 출신 아이……
> 마아트가 그 정당한 장소로 돌아올 것이네,
> 이스펫Isfet(거짓, 부당, 혼란)을 몰아내면서.

그러나 이 왕이 '천년 제국'을 세우지는 않을 것이다. 그는 정상 상태를 회복할 뿐이다. 이집트어 '마아트'는 유토피아의 일종이 아니라 질서를 뜻하며, 그것이 없다면 세상은 평화공존하며 살 수 없는 곳이다. 마아트의 개념은 후기왕조 시대에서야 반현재적으로 될 뿐이다. 그 시

대에는 마아트가 모든 왕이 지켜줄 현상의 정상 상태가 아니라 '황금시대'를 의미했다.

> 그 시절 마아트는 하늘로부터 내려와
> 지상의 것들과 하나가 되었네.
> 땅이 물로 적셔졌고, 사람들은 배불리 먹어,
> (이집트 땅의) 위아래 어디서나 굶주린 해가 없었네.
> (지금처럼) 성벽이 무너진 땅에 가시나무가 무성하지도 않았네.
> 우리 조상들이 신들이던 그 시대에는.[95]

창건적인 것이 반현재적으로 전환한 이 단계에 이르러서야 혁명적 신화 동력으로의 추가적 발전을 감지할 수 있다. 다만 《네페르티의 예언》은 아직 창건적 범주에 포함된다. 이 문헌에서 의미하는 마아트의 회복은 질서의 귀환에 불과할 뿐, 기존 질서의 전복을 수반하지 않기 때문이다. 따라서 이 문헌을 희망과 기대의 표현으로 해석할 수는 없다. 반면에 바로 이러한 측면에서 《도공의 신탁》은 혁명적이다. 그것은 희망과 기대를 불러일으키는 왕실 구세주의 도래를 예언하는데, 기존의 정치적 질서 전복을 통해서만 실현 가능한 일이다.

이 문헌이 〈다니엘서〉와 같은 시기에 나왔다는 사실이 많은 생각거리를 제공한다. 두 문헌이 아주 달라서, 직접 영향을 주고받았을 가능성은 매우 낮다.[96] 그것들의 유사성은 혁명적 신화 동력이라는 구조에 있을 뿐이다. 따라서 가장 그럴듯한 설명은 두 문헌이 동일한 역사적 상황, 즉 유대와 이집트에서 일어난 민족적 저항운동의 시기에 쓰였으리라는 것이다.

물론 훨씬 최근에도 이러한 형태의 신화 동력 사례가 있다. 모든 민족주의 운동은 현재와 엄연하게 대조적인 과거를 상기시키기 위해 과거를 동원한다. 그 현재는 외국 통치의 굴레를 벗어나야만 회복될 수 있는 자유와 자기 결정의 시간이다. 우리가 민속 이야기라고 부르며 오래된 전통으로 간주하는 것들도 대체로 18세기와 19세기에 이러한 민족 저항운동을 지원하기 위해 일어났거나 최소한 그 고정된 형태를 부여받았다(E. Hobsbawm and T. Ranger, 1983). 스코틀랜드의 타탄tartan 문장紋章은 이러한 "발명된 전통"의 적합한 사례를 제공한다.[97] 이는 제3장에서 다시 검토할 주제다.

2—저항으로서 기억

〈다니엘서〉뿐만 아니라《구약성서》의 〈에스더〉도 반현재 혹은 반사실적 기억의 전형적 사례다. 그 문헌에 묘사된 것은, 학살 대상이 유대인이 아니라 그들의 박해자라는 점에서, 반유대 학살의 정확한 반전이다. 에스더의 남편인 아하수에로Ahasveros 왕은 악랄한 하만의 선동으로 내린 자신의 명을 철회할 수 없었지만, 유대인들에게 경고를 내려 자신들을 방어하라고 격려할 수 있었다. 그래서 그날은 박해자들에 대한 학살로 끝난다. 이는 디아스포라 경험의 반전이다. 그렇지만 내가 보기에 혁명적 신화 동력으로까지 가지는 않았다. 대신 〈에스더〉 두루마리 텍스트는 유토피아를 뒤죽박죽 세계로 만든 카니발 같은 부림절을 위한 전례典禮가 되었다. 이는 반역사의 전형적인 사례로, 거기서 과거는, 오늘의 억압자가 측은하게 보이고, 오늘의 패배자가 지난날의 진정한 정복자가 된 듯한 방식으로, 희생자의 관점을 대변한다. 이집트에서도 유사한 이야기가 동시에 동일한 조건하에서 생겨났다(A. B. Lloyd, 1982).

일반적으로 종교는 창건 기능과 함께 가는 경향이 있다. 유대교와 관련하여, 반사실적·반현재적 기억과의 연결고리가 다른 종교보다 더 두드러지는지 의문이 제기되지만, 어쨌든 "종교의 일반적 기능은 기억, 시각화, 반복을 통해 비동시성nonsimultareity을 전달하는 데 있다"(Cancik and Mohr, 1990, pp. 311~313, 인용은 p. 311)는 주장이 확실히 가능해 보인다. 특정한 맥락에서 이러한 비동시성이 대안적 시간의 성격을 취하게 해줄 수 있어서 기억이 저항의 행위가 되는 것이다.

일상생활의 요건은 조화 및 소통과 함께 '동시성 확립'을 목표로 한다.[98] 살고, 개척되며, 계측되고, 통제된 시간은 문명의 위대한 성취 중 하나로, 그 속에서 모든 행위가 서로 어울려 효과적이고, 소통적으로 조직된다. 하지만 이는 흔히 설명되어 있어서 여기서 고려 대상으로 삼을 필요는 없다. 더욱 중요한 초점은 시간을 이종화하고heterogenizing 비동시성을 확립하는 방향으로 작동시키는 제도들에 맞춰질 필요가 있다. 현재까지 이 문제는 별 관심을 끌지 못했다. 그러한 제도들의 뿌리는 축제와 의례에 있고, 문식성 있는 문화가 진화하는 와중에 다양한 변이 형태를 취해왔다. 그럼에도, 비동시성의 확립과 소통은 종교의 본질을 구성하는 듯하고, 확실히 서구 세계에서 종교의 쇠퇴에 '일차원성'을 향한 확실한 경향이 연관되어 있음은 의심할 여지가 없다. 인간의 삶은 문화적 기억을 통해서 양차원성 혹은 이중 시간을 획득하는데, 이는 문화 진화의 모든 단계를 통해 유지된다. 시간의 이종화와 비동시성의 산출, 즉 두 시간대에서 살 가능성은 문화적 기억의, 더 정확히는 기억으로서 문화의 보편적 기능 중 하나다.

테오도어 아도르노T. W. Adorno(1903~1969)는 다음과 같이 기술했다. "기억 없는 인간성이라는 악몽 같은 비전은……한낱 시효가 지난 생산물이 아니라……부르주아 원칙의 진전과 불가분하게 얽혀있다. 베르너 좀바르트Werner Sombart(1863~1941)와 막스 베버 같은 경제학자와 사회학자들은 전통주의의 원칙을 봉건 사회의 속성으로, 합리성의 원칙을 중산층 사회 형태의 속성으로 간주했다. 하지만 이는 성장하는 도상 부르주아 사회 자체의 기억, 시간, 추모가 일종의 비합리적 유물로 제거된다는 사실을 의미하는 것에 다름 아니다."[99] 헤르베르트 마르쿠제H. Marcuse(1898~1979)에 따르면, 이러한 청산이 근대 세계를 '일차원성'으로 인도하는데, 기억이 제거된 근대 세계는 현실의 다른 차원에 의해 축소되는 것이다.[100] 이 비평은 문화적 기억의 반현재적 기능을 강하게 지적한다. 그것은 바로 기억을 통한 자유라는 기능이다.

일차원성은 근대 세계의 특징만은 아니다. 그것은 일상생활을 통하여 보편적으로 나타난다. 우리는 일상 활동의 필요성 때문에 세계를 (눈에 잘 띄는) 전경前景과 (그렇지 않은) 배경으로 구조화한다. 그 결과 대부분 시간에 큰 문제들이 흐릿해진다. 더욱 근본적인 결정과 성찰을 제쳐놓은 채 일상적인 문제에 몰두하는데, 그렇지 않으면 지향과 행동 모두 불가능해질 것이다. 하지만 일상으로부터 배제된 그 관점들이 단순히 망각되거나 억압되는 것은 아니다. 그것들은 문화적 기억이 제공하는 배경을 형성한다. 따라서 문화적 기억과 그 객관화된 형태는 일상적인 관심사에서는 설 자리를 찾을 수 없다. 이를테면 마르쿠제가 부엌에서 트랜지스터라디오로 듣는 바흐 음악이나 백화점에서 팔리는 고전에 반대하는 것은 바로 이 때문이다. 이러한 현상이 일상에 대립하는 고전의 '적대적 힘'을 강탈한다고 보는 것이다(앞의 책, p. 64). 그에게 문화란 일상 세계의 '배경'이 아니라 대조contrast가 되어야 한다. 즉 문화는 "다른 행성에서 불어오는 공기"다(H. Marcuse 1964, p. 85). 문화적 기억은 "일상생활이라는 현실" 세계에서 조여있는 우리에게 자신을 위한 공간을 창출하도록 해준다. 이는 과거의 기억에도 특히 적용된다. "과거의 기억은 위험한 통찰력을 낳을 수 있어서, 잘 확립된 사회에서는 그 기억의 전복적 내용을 우려하는 듯하다. 기억하기는 주어진 사실로부터 분리하는 양식, 즉 주어진 사실의 전능한 힘에서 순간적으로 벗어나게 해주는 '매개'의 양식이다. 기억은 과거의 공포뿐만 아니라 희망도 상기한다"(앞의 책, p. 98).

타키투스는 전체주의적인 황제들 치세에 일어난 기억의 파괴에 대해 불평했다. "침묵하는 것만큼이나 쉽게 망각할 수 있었다면, 우리는 목소리뿐 아니라 기억도 잃어버렸을 것이다."[101] 이 구절에 대해 힐데가르트 칸치크 린데마이어H. Cancik-Lindemaier와 허버트 칸치크H. Cancik는 "독재가 언론, 기억, 역사를 파괴한다"고 주해했다.[102] 기억은 다른 한편으로 억압에 대항한 무기가 될 수도 있다. 이를 가장 분명히 보여준 텍스트가 조지 오웰의 《1984》다.[103] 문화적 기억에 보편적으로 내재한 자유화 역량은 전체주의적 억압이 극단적인 사례에서 뚜렷해진다.

전체주의화된 획일적 세계에서 기억은 다른 경험을 가능케 해주어 현재 '주어진 실제'의 절대성으로부터 이탈할 수 있게 해준다. 이는 또한, 보다 일반적이고 덜 정치적인 의미에서, 일상사와 사회적 속박에 의해 행사된 압박—우리를 항상 획일성과 단순화, 일차원성으로 인도하는—에도 적용된다.

| 제2장 |

문자 문화

1. 의례적 연속성에서 문헌적 연속성으로

고대 이집트 문화는 세상이 계속 작동하려면 어떤 노력이 필요한지에 대해 확고한 개념을 갖고 있었다. 그 노력들은 무엇보다 의례적·종교적인 것으로, 책보다는 의례에 자리 잡은 지식 체계를 전수하는 것이었다. 만약 의식이 정확하게 거행되지 않았다면, 세상은 무너졌을 것이다. 정확성이 의례적 지식의 핵심으로, '기억의 책무*officium memoriae*'와 연관되어 있었다. 모든 것이 의례와 그 정확한 수행자들에 달려있던 중국에서도 유사한 관념이 발견된다. 그들은 자신들의 세계에 유념하며, 그 어떤 것도 망각하지 않음으로써, 그 업무를 담당했다. 유대교는 달랐다. 유대인들은 오히려 문헌에 대한 해석에 집중하며 자신들을 이러한 의례로부터 분리했다. 피터 셰퍼Peter Schafer에 따르면, 유대인들에게는 해석이 '하늘과 땅의 조화'를 보장했다.[1]

이 점을 감안하면 우리는 문헌 자료의 언어와 각 문화의 독특한 개념들에서 '연속성'[2]※이라 부를 수 있는 것을 확인하게 된다. 초기 중국과 이집트에서는 연속성이 의례로 이해되고 실현되었던 반면, 랍비의 유대교에서는 서기 70년 성전의 파괴로 인해 의례적 연속 가능성을 모두 잃은 뒤 문서 해석의 일관성으로 전환이 일어났다. 그때부터 신성한 행위와 주문은 기반 문헌foundational texts에 대한 학문적 해석에 지식의 주인 자리를 내주어야 했다. 문화사적 맥락에서 상당히 전형적인 이러한 전환을 "의례적 연속성에서 문헌적 연속성으로"라고 명명할 수 있을 것이다. 프리드리히 횔덜린Friedrich Hölderlin(1770~1843)의 시 〈파트모스*Patmos*〉는 우주적 의례에서 문헌 해석으로의 전환을 다음과 같이 기발하면서도 간명하게 요약한다.

> 부지불식간에 우리는 숭배했네
> 우리의 어머니인 그 땅을, 그리고 태양의 그 빛까지도
> 하지만 모든 것을 주관하는 우리 아버지께서
> 가장 원하는 것은
> 확립된 말씀을 조심스럽게 보살펴
> 영원한 것을 잘 해석하는 일.[3]

여기서 나는 횔덜린이 의례에서 문헌으로의 전환을 의도했으리라 보지는 않는다. 다만 그가 역사적이고 우주적인 현상에서 성서와 그에 대한 해석으로의 변화를 언급했음은 의심의 여지가 없을 것이다. 비록 문화적·역사적 전환점의 의미가 아니라, 이어지는 행의 "독일의 노래가 이를 따라야 하네"처럼, 시적 고백의 차원이라고 해도 말이다. 그럼에도, 횔덜린의 시구는 내 논지와 관련하여 상당히 놀랄 만한 실마리를 제공한다. "확립된 말씀을 보살피는 일"이라는 횔덜린의 시구보다 문서 관리의 원리를 더 적절하게 표현할 수 없을 것이다. 마찬가지로 "영원한 것을 잘 해석하는 일"이라는 시구는 문자의 보살핌과 긴밀히 연관된 '의미 보살핌'의 원리를 잘 표현한다.

반복과 해석

과거는 저절로 그대로 드러나지 않고, 구성과 재현이라는 문화적 과정의 결과로 나타난다. 이 과정은 항상 특별한 동기, 기대, 희망, 목표에 따라 인도되는데, 현재의 준거 틀로부터 그 형태를 취한다. 여기서 알박스가 제시한 통찰이 중요한 판단 기준이 된다. 그는 과거에 대한 사회적 재구성들이 집단과 관련한 연속성의 허구를 대표한다는 점을 보여주었다. 이 장에서는 다음과 같은 문제를 논하려 한다. 그 연속성은 기억 형상들뿐만 아니라 문화적 절차들을 통해서도 구현된다. 문화적 재생산이 발생하는 실제 과정은 어떠한가? 다음의 명제는 이 질문에 대한 좋은 출발점이 된다. "반복과 해석은 문화적 연속성을 만들어내는 데에 있어서 동일한 기능을 한다."

문화적 기억은 생물학적으로 전승되는 것이 아니어서 세대를 거듭하는 동안 문화적으로 유지되어야만 한다. 이는 문화적 기억술의 문제로, 의미의 저장, 재활성화, 소통이 바로 거기에 포함된다. 이러한 기억술이 연속성과 정체성을 보장하여, 정체성이 확실히 기억의 문제임을 알 수 있다. 한 개인이 기억을 통해서 개인적 정체성을 형성하고 시간의 경과에도 불구하고 이를 유지하듯이, 집단 정체성 역시 공유된 기억의 재생산에 의존한다. 다만 개인의 기억과 달리 집단기억에는 신경학적 기반이 없으며, 문화가 그것을 대신한다.

문화는 정체성을 형성하는 지식의 복합체로, 신화, 노래, 춤, 격언, 법, 신성한 문헌, 선형 회화, 장식, 채색 회화, 참배로, 혹은—오스트레일리아의 경우처럼—전체 경관과 같은 상징물도 대상화된다. 문화적 기억은 애초에 의례 및 축제와 결합된 기념의 형태로 유포되었다. 의식儀式이 집단 내에서의 정체성을 확보하는 지식 보급을 주도하는 한, 그 전수 과정은 반복의 형태를 취할 수밖에 없다. 이것이 주어진 불변의 질서를 따르는 모든 의례 자체의 본질이다. 따라서 각 의식의 실행은 그 이전의 것과 일치하며, 그리하여 무문자 사회에 전형적인, 순환하는 시간이라는 관념이 생겨난다. 따라서 의례에 의거한 이 문화적 의미의 순환을 "반복의 강제"라고 말해도 좋을 것이다. 이 강제야말로 의례적 연속성을 보장하는 것이며, 사회들은 문헌적 연속성의 단계로 넘어갈 때 비로소 거기서 해방된다.[4]

의례를 통한 반복과 해석을 통한 현재화[5]

서론에서 이미 지적했듯이 의례는 고정된 절차의 반복만으로 한정되지 않는다. 그것은 같은 문양이 반복적으로 나타나는 벽지처럼 시간을 장식적으로 구성하는 것과는 다르다. 의례는 일정 패턴을 보존하기 위해 일련의 행위를 단순히 재구성하는 것을 훨씬 뛰어넘는다. 의례는 의미를 현시하는 기능도 지닌다.

이는 유대인의 유월절 축제로 뚜렷이 예증된다. 그 전례는 고정된 순서—'세데르seder'는 실제로 '순서'를 의미한다—에 따라 매년 동일한 방식으로 반복된다. 하지만 동시에 유월절의 밤은 노래와 설교, 일화, 대화를 통하여 출애굽을 현재화한다. 그 의례 순서의 모든 요소는 기억(히브리어 '지카론')의 형식을 통해서만 포착될 수 있는 그 하나의 사건과 맞물려 있다. 모든 사람이 속박된 땅에서의 고통을 상기하도록 쓴 나물을 먹는다. 유월절 음식인 '하로셋'은 진흙을 상기하도록 의도되었다. 그 진흙은 고대 이스라엘 백성들이 이집트 성 건축을 위해 만든 벽돌의 재료였다. 모든 음식 하나하나가 사실상 기억 기능을 지닌다.

유대인의 유월절에서 유래한 것이 분명한 '최후의 만찬'도 이러한 기념적 준거 형태를 정확히 보존한 것이다. 빵과 포도주는 십자형에 대한 '지카론(기억)'으로, 유대인의 출애굽처럼 십자가형은 기독교인들에게 구원과 자유를 상기시킨다. 더욱 놀랄 만한 사실은 고대 이집트의 의례에도 정확히 같은 구조가 나타난다는 점이다. 여기서도 각 요소는 고정된 질서 속에서 의미와 연관된다. 이스라엘과 다른 것은 그 의미가 민족의 특정 역사인 **상대적 과거**가 아니라 신들의 이야기인 **절대적 과거**에서 유래한다는 점이다. 그럼에도, 기독교 성찬례에서처럼 고대 이집트 의례에도 "이것은 오시리스다"라거나 그와 비슷한 문구가 사용된다. 이집트의 의식 전체는 의례의 반복과 성례 해석을 통한 신화의 현재화, 이 두 가지 차원에 기초한다.[6] 의례적 반복은 보존되고 재현될 의미를 포함하는 한 형식에 불과하다. 이러한 의미 연관과 재현의 차원이 없다면, 그것은 의례 그 자체가 아니라, 의례화된 일상, 즉 순전히 합리적이고 실제적 목적으로 규정된 행위들에 불과하다.

의례적 연속성이 문헌적 연속성으로 변함에 따라, 반복의 요소는 뒤로 물러난다. 이제 의미를 담을 다른 용기를 갖게 되었기 때문이다. 하지만 이때 생기는 의문은 집단의 연결구조에 토대를 제공하는 이러한 의미가 실제로 문헌을 통해서보다 의례를 통해서 훨씬 더 굳건하고 안전한 기반을 얻는 것은 아닐까 하는 점이다. 의미는 순환을 통해서 그 생명을 유지할 수 있을 뿐이고, 그것은 의례적 소통을 공유함으로써 부여된다. 그러나 문헌은 유포되어야만 하는 것으로,[7*] 그 자체가 자동적으로 순환되지는 않는다. 만약 그 순환이 멈추어버린다면, 그것은 의미를 담는 그릇이 아닌 의미의 무덤이 되어버릴 것이다. 해석학의 모든 기술과 소통의 기법을 지닌 해석자만이 주석을 매개로 그 의미를 부활시킬 수 있다. 물론 의례의 의미 역시 잊힐 수 있지만, 그러한 경우에도 다른 의미를 사용하여 그것을 대체한다. 의미 전수에 관한 한, 문헌은 훨씬 위태로운 형식일 뿐이다. 문헌들이 순환과 소통의 과정에서 제외될 위험성이 상존하기 때문이다. 의례에서 그것은 불가능한 일이다.

의례적 연속성에서 문헌적 연속성으로의 전환은 문화적 기억의 시간 구조를 근본적으로 바꾼다. 의례적 순환의 모든 형태는 시간과 공간, 시간적 반복, 그리고/혹은 공간적 이동에 의존한다. 즉, 의미와 다시 연결되려면, 돌아올 축제와 실행될 의식을 기다려야 하며, 특정 신상과 기념비, 성소로 가야만 한다.[8*] 하지만 문자 문화에서는 문헌의 의미와 다시 연결하기 위해서 다음 행사를 기다릴 필요가 없다. 단순히 그 문헌들을 읽으면 된다. 의례적 반복과 문헌적 반복의 차이는 유대인과 이방인의 문화적 참여 형태를 대조한 플라비우스 요세푸스(서기 37년 경~100년 경)의 서술을 통해 설명할 수 있다(18세기 윌리엄 워버튼의 번역을 인용한다).

이방인들이 신비 의식의 몇 안 되는 절기들을 준수하면서 어렵사리 지켜가는 저 지고지엄한 지식을, 유대인은 늘 익혀 관습으로 삼고 있습니다.……율법의 관리를 맡은 제사장들이 각별히 부지런하여 온 백성이 참된 신심의 원칙들을 제대로 배운 곳이 이곳 (유대인들) 말고 또 어디에 있단 말입니까? 이곳의 체제는, 말하자면 신비 의식들을 치르기 위해 항상 모여있는 하나의 큰 집회와도 같습니다. 이방인들이 '비의'니 '가입식'이니 하는 거룩한 예식들에 즈음해, 고작 며칠 동안만 지키는 일들을, 우리 유대인은 충분히 숙지하고 큰 기쁨 속에서 온전히 즐기고 있거니와, 평생토록 끊임없이 성찰하고 있습니다.[9]

이방인들이 자신들의 신비 의식을 기리는 다음 기념일까지 기다려야 하는 반면, 유대인들은 "공공 교육"에 의해 "관습적으로 배우기" 때문에 끊임없이 지속적으로 자신들의 문화적 문헌들을 소유한다. 그들의 신비 의식은 영구적이다. 그들 공동체 혹은 '국가' 형태는 의례의 방식이 아닌 가르침과 배움이라는 수단으로 그 자체를 일관성 있게 재생산한다. 요세푸스가 말하는 '가르침'은 어떻게 읽고 쓰는지에만 해당하는 것이 아니라 해석 혹은 '주해'까지 포괄한다. 문자화된 문화적 문헌들이 언어 사용과 역사적 실제에 변화를 초래할 정도로 장기간에 걸쳐 지속적으로 가독성을 확보하기 위해서, 그 문헌들의 의미는 변화하는 상황에 끊임없이 적응함으로써 생명력을 유지해야만 한다. 그렇지 않으면 그 의미는 3~4세대의 소통적 기억 속에서 길을 잃어버릴 것이다. 요세푸스가 묘사한 유대인 사회같이 문식성이 있는 문화에서는 계속되는 주해가 문화적 지속성을 제도화하는 기능을 수행했다. 이방인 세계에서 그것은 의례적 반복을 통해 완수되었다.

초기의 문자 문화: 전통의 물줄기

메소포타미아에서 문자는 의식儀式적 소통이 아닌 일상생활 맥락의 초기 형태에서 발전했다. 문자는 상당 시간이 지난 후에야 문화적 기억의 기능적 부분에서 역할을 담당하기 시작한다. 그때까지 소통의 의식적 형태들이 문화적 연속성에 중추를 제공했는데, 그 이유는 다중 매체적 복잡성을 가진 의례들이 기록될 수 없었기 때문이다. 하지만 일상적 소통의 실용적 문서들과 함께, 점차 일군의 가치 규범과 가치 형성 문서들이 출현했다. 이들은 구전이 문자화된 결과이거나 처음부터 문자로 창작된 것이었다. 이러한 문학은 아시리아학자 레오 오펜하임Leo Oppenheim(1904~1974)의 절묘한 표현을 빌리면 "전통의 물줄기the stream of tradition"를 이루었으며, 그 가운데는 후세에 전승될 운명의 문서들도 있었다.[10]※ 이 물줄기는 자신의 길을 트고 그 길로 때로는 많고 때로는 적은 자료들을 실어 나르는 유기적 흐름이다. 일부 문헌들이 사라짐에 따라 다른 것들이 쇄도해 들어와 늘어나기도 하고 줄어들기도 하면서 변화무쌍한 조합으로 개정되거나 선집을 이루기도 한다.[11]※

점차 중심이나 주변으로부터 다양한 구조들이 형성된다. 그중 일부는 다른 것보다 더 많이 전사되고 인용되어서 중추적인 중요성을 띠게 된다. 그리고 나중에는 규범적이고 형성적인formative 가치를 구현하는 고전이 된다. 여기서 서기書記 학교the school of writing가 필수적인 역할을 담당했다. 그것은 문헌의 전사와 유포, 보관을 위한 제도적 틀을 창출함으로써, 문헌과 그 가치를 지속적으로 제시하여 쉽게 이해되도록 보장했다. 이러한 방식으로 지식의 보고와 함께, 더욱 중요하게는 수백 년, 수천 년을 거슬러 올라가는 교육의 보고를 창출하는 "위대한 전통"[12]이 생겨났다. 메소포타미아의 '토판의 집house of tablets'과 이집트의 '생명의 집house of life'이 가장 방대한 문헌을 기반으로 한 문화적 기억 형식의 전수자였다.

고전의 출현이 문화의 시간 체제를 바꾸었다. 태초와 현재 사이의 '축제적' 구분 이외에 과거와 현재, 고대와 현대 사이라는 또 다른 구분이 생겨났다. 과거(고대)는 '고전'의 시간이었다. 그것은 진행 중인 현재로부터 항상 시간적 차원이 아니라 존재론적 차원에서 등거리를 유지해온 태고의 시대가 아니었다. 현재로부터의 거리가 관찰될 수 있고 측정도 가능한 역사적 과거였다. 메소포타미아에서는 서기전 제1천년기 동안 과거와 연관된 역사서술의 초기 형태가 이미 출현했다(J. v. Seters, 1983). 동시에 이집트에서도 과거의 기념물들과 문헌을 보호하고 보존하려는 관심, 그리고 의고擬古주의와 고대 전통에 대한 인식이 활발하게 일어났다.[13] 도서관과 책 문화가 신전의 기록실 및 궁전과 학교의 환경에서 성장하고 번성했다. 하지만 이전과 마찬가지로 축제와 의례가 여전히 문화적 연속성의 기본 원칙을 구성하고 있었다.

경전화와 해석

의례적 연속성에서 문헌적 연속성으로의 결정적 변화는 문자를 통해서만이 아니라 전통의 물줄기를 댐으로 막으면서도 일어났다. 흐르는 강이 경전적 호수가 되었다. 본래, 해석을 요하는 것은 '신성한' 텍스트가 아닌 '경전적' 문헌이었다. 이것이 지금부터 설명하려고 하는 해석학 전통의 출발점이다.

카르스텐 콜페Carsten Colpe(1929~2009)는 인류 역사에서 독자적 경전은 두 가지만 존재했다고 주장한다. 히브리 성경 《타나크Tanakh》와 불교의 《삼장三藏》이다(C. Colpe, 1987). 다른 모든 형태도—알렉산드리아에서 경전화된 그리스 고전(필자는 히브리 성경과 그리스 고전 중 어느 것이 우선인지는 열려있는 문제라고 생각함에도 불구하고), 신약성서, 쿠란 등이 그 예라면, 동양의 사례로는 자이나교의 경전, 유가 및 도가의 경전을 들 수 있음—최초의 발화점은 바로 그 두 가지 경전이었다. 이러한 모든 경전화 과정에서 풍부한 해석적 문헌들이 즉각 생겨났고, 이들 역시 곧 경전화되었다. 이처럼 문화적 기억은 일급(일차 문학/문헌), 이급(이차 문학/문헌), 심지어 삼급(주해서) '경전들'을 중심으로 조직된다.

경전화에서 가장 중요한 일보는 '마감하기'였다. 이것이 경(전)과 외경 및 일차와 이차 문헌 사이의 확고한 경계를 그어준다. 경전 문헌들은 바뀔 수 없어서, 이것이 그것들과 '전통의 물줄기' 단계의 문서들 사이의 결정적 차이를 만들어낸다. 신성불가침인 경전 문헌들은 글자 하나하나 정확히 그대로 전수되어야 한다. "내가 당신들에게 명령한 말에 한 마디도 더하거나 빼서는 안 됩니다. 당신들은 내가 당신들에게 알려준 주 당신들의 하나님의 명령을 지켜야 합니다"(《신명기》 4:2). 이 구절을 통해서 히브리 경전은 하나님이 스스로 선택한 사람들과 맺은 약속, 즉 계약의 정신에서 나온 것임이 명확해진다.[14] 그 경전 문헌은 강한 구속력을 지닌다.

신성한 문서와 경전 사이의 차이를 면밀히 살펴보면, 전자는 경전화된 전통 바깥에서도 존재함을 알 수 있다. 그것은 문자화된 형태—예컨대, 이집트의 《사자의 서Book of the Dead》—뿐만 아니라 구전(가장 인상적인 사례는 베다)으로도 존재한다. 신성한 문서는 또한 축어적인 재현을 요한다. 이것이 베다가 문자화되지 않은 이유인데, 브라만은 문자를 기억만큼 신뢰하지 않았다. 신성한 문서는 일종의 말의 신전으로, 목소리를 매개로 성스러움을 현시한다.[15] 그것은 어떤 해석도 요구하지 않은 대신, 시간과 장소, 정확성과 관계된 규정을 꼼꼼히 준수하는 의례적으로 보호된 암송을 요구했다. 반면에 경전은 공동체의 규범적, 형성적 가치인 '진리'를 구현한다. 그 문헌은 주목과 복종의 대상이며, 현실의 삶으로 번역되어 들어와야만 한다. 이것이 암송이 아닌 해석이 필요한 까닭이다. 그것은 입이나 귀가 아닌 가슴에 호소한다. 그러나 가슴에 직접 얘기하지는 않는다. 그 경전을 들은 귀나 읽은 눈에서 이해에 도달하는 심장까지의 경로는 그래픽이나 음성의 표면 구조로부터 형성적이고 규범적인 의미에 다다르는 거리만큼이나 길다. 따라서 경전 문헌은 그 문헌과 독자/청자 사이를 매개하고 단어 속에 감춰진 의미를 명확하게 해주는 제3자, 즉 해석자를 필요로 한다. 그 의미는 문헌과 해석자, 청자 사이의 삼자 간 관계를 통해서 드러날 수 있을 뿐이다.[16]※

이러한 방식으로 경전화 전통이 진행된 어디서나 해석 기관들과 함께 새로운 계층의 지성적 엘리트들이 생겨났다. 이스라엘의 소페르 *sofer*, 유대의 랍비, 그리스의 필로로고*philologos*, 이슬람의 세이크*sheikh* 혹은 물라*mullah*, 인도의 브라만, 불교와 유교, 도교의 모든 현자와 학자들이 여기에 포함된다. 이러한 문화적 기억의 새로운 전달자들은 별도의 계층을 형성했다. 그들은 영적 지도자들로, 정치·경제·권력으로부터 상대적으로 독립되어 있었다(Chr. Meier, 1987). 이러한 독자적 위치를 유지하는 한에서만, 경전이 만들어낸 다양한 요구들을 대변할 수 있었다. 이는 그들의 임무가 경전의 권위와 그 계시 진리를 유포하고 구현하는 데 있었기 때문이다.

초기 글쓰기 문화에서 '전통의 물줄기'를 전수하고 수호하는 이들은 관리자, 치유자, 해몽가, 점술가, 예언가이기도 했다. 이들은 모든 경우 기존의 정치 조직 내에서 명을 받거나 내리는 사람들이었다. 그 전통 내에서 규범적·형성적 변화를 주장한 그들에게 전통 조직을 뒤집을 수 있는 아르키메데스 점*은 없었다. 따라서 경전화 과정은 동시에 사회 분화 과정이기도 했다. 그것은 정치적·행정적·경제적·법률적 심지어 종교적 권위로부터도 독립적인 어떤 지위를 만들어냈다. 그 대변자들의 과업은 (횔더린의 표현을 빌리면) "확립된 말씀을 조심스럽게 보살펴" 보장하는 것이다. 다시 말해 그것을 해석하고 그 의미를 지키는 일이었다. 고정된 문헌과 변화하는 현실 사이에는 항상 틈이 존재했다. 글자 한 자도 바뀔 수 없어서가 아니라 인간 세상이 끊임없이 변화를 겪기 때문이다. 그 틈은 해석이라는 수단을 통해서만 메워질 수 있었다. 이러한 방식으로 해석은 문화적 연속성과 정체성의 중심 원칙이 되었고, 문화적 기억의 규범들도 그 기반 문헌에 대한 새로운 연구를 통해 추론될 수 있었다. 해석이 기억의 표현이 되었고, 해석자는 잊힌 진리를 상기시키는 사람이 되었다.

그렇지만, 문헌 생산이 점점 더 늘어남에 따라, 알라이다 아스만이 문화적 기억의 전면과 배경, 즉 "작동 중인 기억과 저장 기억"—혹은

---

* 관찰자가 탐구 주제를 총체적 관점에서 객관적으로 지각할 수 있는 유리한 가설적 지점.

"경전과 기록보관소"—으로의 분리라고 묘사한 상황이 급속히 생겨났다(A. Assmann, 1999·2006). 대량의 일차와 이차, 삼차 문헌들—경전과 반#경전, 외경에 해당하는—이 특정 시대의 어떤 사회가 기억하여 내면화할 수 있는 용량을 훨씬 초과해버렸다. 기록보관소라는 배경으로 물러나는 문헌들이 늘어날수록, 더욱 많은 문헌이 망각의 형태가 되었다. 한때의 생생한 해석과 소통으로부터 의미들의 무덤으로 이전된 것이다. 이렇게 문화 전통 내에 버려진, 폐기된, 잊힌 지식의 영역들이 점차 늘어남에 따라, '우리'와 '그들', 혹은 '자아'와 '타자' 사이의 경계도 흐릿해졌다.

'연결구조'의 역사에서 가장 심오한 단절을 초래한 것이 문자의 발명임은 두말할 나위가 없다. 문자는 이 역사를 의례적 반복과 문헌적 해석의 두 단계로 나누었다. 이 분수령은 유명하며 잘 논증되었는데, '축의 시대'라는 야스퍼스의 유명한 개념이 이러한 혁명을 완벽하게 설명해준다.[17]※ 비록 그가 이상하게도 문자의 역할을 간과하여, 곧바로 다른 학자에 의해 그 누락이 정정되기는 했지만 말이다.[18]

반복과 변이

문헌적 연속성과 의례적 연속성 사이의 주요 차이는 후자가 반복을 기반으로 하는 점이다. 의례적 연속성에서 변이가 배제되는 반면에, 문헌적 연속성에서는 변이를 허용할 뿐만 아니라 장려하기까지 한다. 이는 선뜻 이해되기 어려울 수 있는 문제다. 혹자는 변이로 가득한 것이 구전 전통과 의례 및 신화의 세계라고 생각할지도 모른다. 단어가 고정되어 있지 않고, 그 모든 실행이 사물을 그 자체의 방식으로 구현하기 때문이다. 반면에 문자 문화에서 문헌은 항상 고정되어 있어서 각각의 사본과 독해에서 문헌이 반복될 뿐이다. 그런데 내가 여기서 다루고자 하는 것은 문서 자체가 아니라 그 문서가 언어로 표현하는 것, 즉 전달 매체가 아니라 (전달하려는) 정보다. 구술 전승의 세계에서는 혁신과 새로운 정보에 대한 잠재력이 크지 않다. 거기서 새로운 혁신은 친숙한 어떤 것을 표현하는 경우에만 문화적 기억 속에 남게 된다. 중왕국 시기 이집트 서기관 카케페르레-세넵Khakheperre-sonb(서기전 1900년경 생존)의 유명한 애가를 통해 알 수 있듯이, 문서 전승의 세계에서는 그 정반대가 참이다.

> 내게 세상이 모르는 문구,
> 본 적도 없고 반복되지 않은 새로운 말,
> 전해오는 조상의 말씀이 아닌 표현이 있다면 좋으련만.
> 나는 내 몸과 그 안의 것을 쥐어짜고,
> 내가 아는 모든 단어로부터 벗어나려 하지만
> 내가 말한 것은 모두 반복이라네.
> 지금 나온 말도 이미 이야기된 것이네.
> 조상의 말을 자신이 처음 만든 것으로 할 수는 없네,
> 후손들이 그 진위를 발견할 것이니.
> 지금 듣는 말은 이미 말해진 것이 아니라,
> 장차 처음 말해질 것이며,
> 또 다른 누군가는 말할 것을 찾게 되리니.

> 내가 한 말은 모두 내가 본 것을 기반으로 한 것,
> 나는 대대로 말한 것으로 견문을 넓혔네,
> 그것들은 모두 각자의 선배를 모방한 것일 뿐.
> 다만 나는 남들이 모르는 말을 알았으면,
> 다른 사람이 이미 한 말을 반복하지 않았으면.[19]

 이는 문자 문화에 내재하는 다양성과 혁신의 중압감에 대한 통렬한 탄식, 곧 작가만이 갖는 문제의식이다. 대중은 음유시인이 친숙한 것을 전해주리라 기대하고, 작가에게는 어떤 새로운 것을 기대한다. 구술 전승의 세계에서 가수의 서열은—이를테면 그가 7개나 20개, 300개의 이야기를 암송할 수 있는지와 같은—지식의 범위에 따라 결정될 뿐이다. 많이 알수록 서열이 높아진다(일부 기억 문화에서는 군주의 서열까지 올라가기도 한다). 가수의 기억이 지식을 저장하는 유일한 수단이다. 가수의 공연이라는 규정된 형태 이외에 그러한 지식에 접근할 수 있는 다른 형태는 없다. 따라서 반복은 문제가 아니라 구조적으로 꼭 필요한 것이다. 반복이 없다면 전통은 와해될 것이다. 혁신은 망각을 의미할 것이다.
 반복이 문제로 대두되는 경우는 그것이 전승 과정에서 더 이상 어떤 구조적 중요성도 지닐 수 없을 때, 혹은 지식의 보존과 그에 대한 접근이 가수와 그의 의례화된 공연으로부터 독립성을 띠게 될 때뿐이다. 문자가 바로 그러한 사례다. 놀랍게도 이러한 문제는 아주 일찍이 나타났다. 이집트에서는 문자 문화의 초기에 이러한 양상이 이미 뚜렷했다. 그러나 문자가 전승 구조의 형성에 영향을 끼치기 시작한 것은 그리스

에서였다. 바로 그리스인들이 다양성과 혁신의 원칙에 기반한 문자 문학을 발전시켜 그것을 사상의 진화와 지식 혁명의 매체로 만들었기 때문이다.

결국 카케페르레-세넵의 애가에서 가장 놀라운 점은 전승을 외부의 낯설고 위협적인 무엇으로 여긴 작가의 목소리를 듣게 되는 것이다. 그는 또한 이러한 물려받은 권위에 직면하여 자신의 언어를 개인적인 새로운 어떤 것으로 세우고 정당화하려는 과업에 대해 절망을 느낀다. 구전 시인의 경우 전승은 외부적이지 않았다. 그것은 그가 말한 모든 것에 스며들었고, 자신의 내부에서부터 채워졌다. 반면에 문자로 쓰는 시인은 전승을 외부의 것으로 간주하여, 그에게 전승된 것과 대조적으로 자신을 표현하려는 내면적 욕구를 느꼈다. 카케페르레-세넵은 자신의 문헌에 "단어 모음집, 속담 선집, 마음을 떠보는 노래를 위한 탐색"이라는 제목을 붙이며, 청중에게 자신의 탄식을 전한다.

자, 내 심장이여 내가 너에게 얘기하노라,
내 말에 답해보라!
그 땅에서 벌어진 일을 내게 풀어다오.

카케페르레-세넵은 문학사에서 알려진 최초의 "창작의 고뇌에 빠진 작가*scrittore tormentato*"일 것이다. 그의 고통은 글쓰기에 동반하는 고립에 있다. 작가는 자기 마음을 다해 독창적이며 새로운 어떤 것으로 전승에 맞서기 위해 "자신의 내면적 자아를 쥐어짜야" 한다. 앞에서 주목했듯이 과거는 시간 흐름 속의 단절로부터, 그리고 그 틈을 메우려는 시도로부터 생겨난다. 여기서 우리는 과거를 낳는 가장 흔하고 전형적인 조건 중 하나를 마주한다. 바로 전승의 문자화다. 전승이 객관화된 문헌의 형태, 즉 기록 언어의 형태를 취할 때, 그리고 그 전달자가 더 이상 내면의 정신적 흐름에 충만하지 않을 때 단절이 발생하고, 그것은 옛것과 새것, 그때와 지금, 과거와 현재의 차이라는 형태로 언제나 의식意識 속으로 들어올 수 있다. 물론 문자를 통해 객관화된 이러한 전승으로부터의 분리가 반드시 카케페르레-세넵이 느꼈던 고통과 소외, 고립일 필요는 없다. 그것은 자유로 간주될 수도 있어서, 그런 경우 이야기가 아주 달라진다. 전승은 문자의 형태로만 그 전달자가 비판적 접근을 취할 수 있는 구체적인 모습을 띤다.[20] 결국, 전달자가 옛날 익숙하던 전승에서 전례 없는 새로운 무언가를 만들어 공헌하는 데 필요한 자유를 얻는 것은 문자를 통해서만 가능하다는 얘기다.

> 내게 세상이 모르는 문구,
> 본 적도 없고 반복되지 않은 새로운 말,
> 조상의 말씀이 아닌 표현이 있다면 좋으련만.

전승의 과정에서 문자가 초래하는 단절은 신구 간의 대조로 표현된다. 이는 극적인 속성을 지니는데, 새로운 문헌 각각이 예전 것에 반하여 그 자체를 확고히 해야 해서, 옛 문헌이 구식이 될 위험성에 처하기 때문이다. 하지만 문자 전승에서 이 경우가 반드시 필수적인 것은 아니다. 문헌은 와인과 같아서, 대부분 저장에 적합하고 오히려 세월이 흐를수록 그 맛과 가치가 커질 수 있다. 문자 전승에서 '오래된 것'은 고귀함을 함의한다. 구전 전승은 저장될 수 없어서 그 햇수가 생소한 개념이었다. 메소포타미아와 이집트의 문자 전승에서는 '오래된 글'이 지닌 특별한 권위와 가치가 상당히 일찍부터 인식되었다. 지식으로의 접근은 책들, 특히 **오래된** 책들을 통하여 가능했다.

> 정의는 증류되어[21] 그에게 온다,
> 조상들의 격언 형태로.
> 당신의 부친과 당신의 조상들을 본받아,
> ……보시오, 책들에 살아남은 그들의 말씀을,
> 그것들을 펴서 읽으시오, 그들의 지식을 본받으시오,
> 가르침을 받은 그가 숙련되리니.[22]

이렇듯 오래된 문헌의 가치와 설득력이 점점 커졌지만, 당연히 그것들은 저장될 수 있는 한에서 생존할 수 있을 뿐이었다. 이제 그 과정은 가장 적합한 것이 살아남는 자연스러운 과정이 되었다. 하지만 항상 최고만이 생존하는 것은 아니었고, 실제로 질과 무관하게 결정이 내려졌다. 이집트 문학에서 의심의 여지 없이 가장 중요한 두 권의 문헌인 《한 사람과 그의 바 사이의 대화 The Dispute between a Man and his Ba》[23]와 《아켄아텐의 태양 찬가 The Sun Hymn of Akhenaten》[24]는 단일한 사본이나 명문으로 입증될 뿐이고, '전통의 물줄기'로 접어든 증거를 결코 찾을 수 없다. 《태양 찬가》에서 그 이유가 분명하다. 그것은 바로 아르마나 시기(서기전 14세기)와 연관된 모든 기억의 무자비한 제거로 인해 희생된 것이다. 하지만 《대화》가 도외시된 이유는 그다지 명확하지 않다.

《난파당한 선원The Shipwrecked Sailor》과 웨스트카 파피루스the papyrus Westcar의 《이푸웨르의 교훈서The Admonitions of Ipuwer》[25]를 포함한 공인된 고전만큼이나 중요한 놀랄 만큼 많은 문헌이 유일 사본으로만 입증된다.[26]* 전통의 형성은 분명히 선택의 과정과 결부되어 있었고, 가치와 권위 증진을 동반한 문헌의 숙성은 선택 과정에 내재하는 준거들에 의존하였다. 여기서 내가 결정적으로 중시하는 지점은 문헌이 저절로 연속성을 제공하지 않는다는 점이다. 오히려 그것은 망각되어 시간의 먼지 아래에서 사라질 위험성을 가진다. 따라서 문헌이 구전 전통에서 핵심적인 연속성을 쉽게 깨뜨릴 수도 있다.

문헌의 연속성은 글쓰기에 내재한 단절을 상쇄하는 준거 틀을 수반한다. 그 틀 속에서 문헌들이 수천 년 동안 존재감과 영향력을 유지하며 이어질 수 있을 것이다. 이러한 문헌 간 연관성과 관련하여, 주석, 모방/경쟁, 비평의 세 가지 형태를 구분할 수 있다. 주석은 일반적으로 경전 문헌에 적용된다. 경전 문헌들은 변화, 확장, 모방, 비판이 불가하면서도 자구가 영원히 고정되어 있어야 해서, 그것들이 온전하게 유지될 다른 단계에서야 변이가 발생할 수 있을 뿐이다. 이것이 주석의 단계다. 한편, 모방될 수 있는 것은 고전 문헌이다. 물론 이러한 문헌들은 알렉산드리아의 문헌학자들이 지적할지도 모르듯이, 해석되거나 '다루어질' 수 있다. 하지만 하나의 문헌은 새로운 문헌의 모델이 될 때만―예컨대 호메로스가 베르길리우스의 모델이 되고, 또 베르길리우스가 존 밀턴의 모델이 되었듯이―고전이 된다. 기반 문헌들에 대한 비평은 학술적 담론의 틀 내에서 발생한다. 이는 아리스토텔레스가 플라톤을 어떻게 대했는지, 맹자는 공자를 어떻게 대했는지와 관련된 것으로, 내가 '휘폴렙시스hypolepsis*'라고 부르고자 하는 문헌 간 상호연관의 또 다른 형태를 나타낸다. 이 문제는 그리스에 관한 장에서 상세히 다루어질 것이다. 문헌 간 상호연관의 세 가지 형태에서 공통점은 그것들 모두 기반 문헌들을 다루는 데 있다. 문자 문화와 문헌적 연속성의 맥락에서 문화적 기억은 이러한 문헌들을 해석하고, 모방하며, 배우고, 비평하면서 형성된다. 하지만 신성한 텍스트는 어떤 종류의 문헌과도 연관될 수 없고, 상호 간 변이에 폐쇄적이기 때문에, 다른 문헌들과 달리 기반적이지 않다는 점을 다시 한번 강조할 필요가 있다. 그것들은 의례적 연속성과 반복의 영

* 일부 철학자들이 삼단논법식 '연역 추론'이라고도 번역하는 그리스어 휘폴렙시스는 아스만 식으로는 과거의 텍스트를 이어받아 비판적으로 원용하는 방식이다. 이 문제는 제7장에서 구체적으로 논한다.

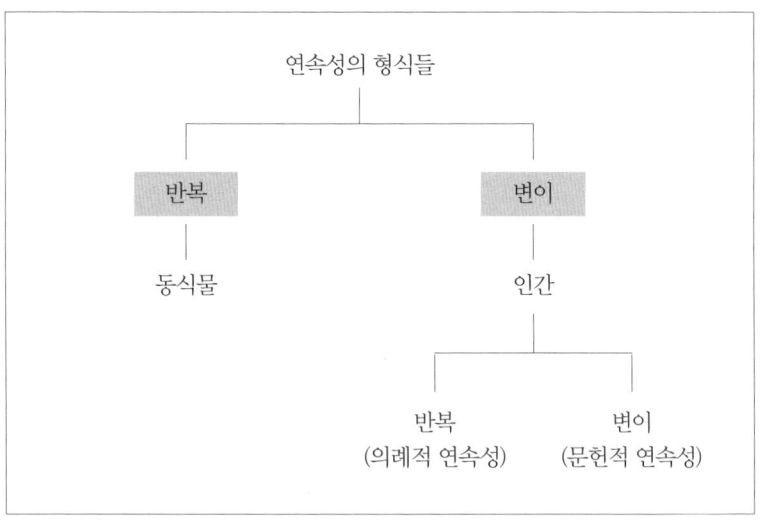

역에 속한다.

의례는 자연 지향적인 일관성과 지속성의 형태에 도달하는 데 도움이 된다. 18세기 영국의 시인 에드워드 영Edward Young(1683~1765)은 〈밤의 생각〉에서 "자연은 순환하지만, 인간은 진보한다"라고 했다. 여기서 표현된 자연과 역사 사이의 근본적 차이는 의례적 연속성의 원칙을 통해서 제거된다. 인간은 의례의 기저에 깔린 엄격한 반복 원칙을 통해 자연의 재생 과정의 순환적 구조에 적응하고, 그리하여 그들이 영원히 경배하는 신성한 우주적 삶에 참여한다.[27] 아리스토텔레스는 《영혼론》에서 반복과 변이라는 이 차이에 의거해 동·식물계와 대비하여 인간을 정의했는데,[28] 우리는 이 차이를 다시 변이와 인간계 쪽에도 적용해, 앞의 도식에서 보듯 의례적 연속성과 문헌적 연속성을 구별할 수 있다.

2. 경전canon : 개념 명확히 하기

의미의 고전적 역사

'경전'이라는 용어는 그 내용과 형태가 최대한 고정되고 구속력을 지니는 전승의 형태를 일컫는다. 어떤 것도 추가되거나 제거될 수 없고, 고쳐질 수도 없다. 이러한 '경전 규약'[29]※의 역사는 다음과 같은 다양한 사회적 행위의 다양한 영역들로 거슬러 올라간다. 실제에 충실한 사건의 재생('증인 규칙'), 단어의 의미에 충실한 메시지의 재생('메시지 규칙', Quecke, 1977), 문헌의 축자逐字적 재생('전사자傳寫者 규칙'),[30] 법이나 계약의 문자적 준수('계약 규칙').³¹ 하지만 마지막 두 영역을 명확히 구별할 필요는 없다. 고대 근동에서 전승의 과정은 명백히 법과 계약의 측면으로 여겨졌기 때문이다. 텍스트를 축자적으로 전사하는 것과 그 내용을 문자 그대로 준수하는 것 사이에 중요한 차이는 없다. 바빌로니아인들은 기록 문서에 대한 각별한 보호의식을 가지게 되었고, 그리하여 파손이나 변형을 막기 위해 축복이나 저주를 담은 간기刊記(colophon)들이 성행하기도 했다(Offner, 1950). 계약서들의 날인도 바로 동일한 규칙에 따랐다. 축복과 저주가 날인자들에게 약정을 지키도록 의무감을 부여했듯이, 전사자들의 직업 윤리는 강제력 있는 계약법의 윤리와 동일한 범주 안에 있다. 그들의 '전수' 임무는 텍스트에 충실하겠다는 계약적 성격의 의무감을 수반한다. 그 텍스트가 계약 문서가 아닌, 예를 들어 서사 문학이라 해도 마찬가지였다.³²

바빌로니아에서 시작된, 문서 전승의 이러한 율법주의적 개념은 서양으로 확산되어 고대 후기Late Antiquity까지 이어졌다. 예를 들어,《아리스테아스의 편지*Letter of Aristeas*》에서는 히브리 성경이 성공적으로 그리스어 성경(즉 70인 역 성서Septuaginta)으로 완역된 데 대해 다음과 같이 언급한다. "그리스어 성경이 낭독되고 나자 성직자들과 번역자 장로들, 유대 공동체와 그들의 지도자들이 나서서 이렇게 말했다. 번역이 아주 훌륭하고 신성하며 정확하므로, 그리스어 성경에 아무런 수정도 가하지 말고 그대로 유지해야 한다고 말이다. 전 회중이 그에 찬동을 표시하자 그들은 관습에 따라 그 성경의 문구에 더하거나 바꾸거나 빼거나 하는 자에 대한 저주를 선포했다. 이는 그 책이 영원히 변함없이 보존될 수 있도록 보장하는 아주 현명한 예방책이었다."³³

계약적 의무감을 통한 이러한 문서의 경전화는 문서의 독해와 해석에까지 연장되었다. 영지주의 복음서인 《오그도아드와 엔네아드 *The Ogdoad and the Ennead*》(Nag Hammadi Codex VI No. 6)는 그 문헌의 서술과 보호에 대한 긴 설명으로 끝난다. 여기서도 계약법의 저주 구문이 등장하는데, 다만 전사자가 아니라 독자를 향한 것이다. "그 책들에 저주를 씁시다. 그래서 신의 이름이 그 책을 읽는 사람들에 의해 사악한 목적으로 남용되지 않고, 그들이 운명의 일에 반대하지 않도록!"(Mahé, 1978, pp. 84~85).

경전 규칙의 다양한 응용 방식들에서 '신의(信義)'와 '복제'의 결합이 공통 요소로 나타난다. 이전에 지나간 것을 완고하고 단호하게 고수해야만 하는 후속자의 태도가 반복적으로 묘사된다. 이러한 접근 방식은 음악 경전에도 적용된다. 즉, 목소리들이 서로를 '따라야' 하고 이전 사람이 노래한 것 그대로 모방해야 한다. 따라서 경전은 복제된 것들 사이에 일탈이 없는 이상을 가리킨다. 내가 의례적 연속성으로 묘사한 것과의 유사성이 뚜렷하다. 따라서 경전은 "문자 전통의 매개를 통한 의례적 연속성"으로 규정될 수도 있다.

그렇지만, 경전 규칙의 역사는 의례가 아닌 법의 영역으로 거슬러 올라간다. 지금까지 가장 오래된 증거는 법과 계약적 의무 준수에 최대한의 신의를 요구하는 문서들이다. 이러한 요구가 〈신명기〉에서 발견되고,[34] 더 이른 시기의 함무라비 법전과 히타이트 문헌에서도 나타난다.[35] 따라서 경전은 "구속력 있는 의무와 충실한 실천의 이상을 법의 영역에서 문서 전승의 중심 영역으로 이전"한 것으로도 정의할 수 있을 것이다.

의례와 법은 인간의 행위를 규정된 규칙으로 속박한다는 사실을 공유한다. 거기서 영향받는 사람들은 그것을 따라야 할 의무를 지니는 후속자의 역할을 부여받는다. 유대 경전의 핵심 문헌들을 일별하면 그것들이 의례와 법 모두를 포괄하고 있음을 알게 될 것이다. 이와 동일한 연결고리는 유대교의 경전화 역사를 통해서도 살펴볼 수 있다. 바빌론 유수와 제2성전의 파괴라는 결정적인 두 단계가 법적 주권과 정치적 정체성뿐만 아니라 의례적 연속성의 상실까지 의미하기 때문이다. 이러한 상실은 그 두 파열에서 살아남은 경전의 형태를 통해 구제되어야만 했다. 일종의 "몸에 지니는 조국"(Heine)으로서 초기 경전과 초기 〈신명기〉는, 국토와 성전의 상실에도 불구하고, 50년의 망명 기간 동안 정체성의 연결구조로 역할하며 이스라엘을 구해냈다(Crüsemann, 1987).[36] 서기 70년 제2성전의 파괴 이후, 세 부분 혹은 24권의 책으로 구성된 《타나크 경전》(히브리 성경, 구약)[37]—헬레니즘 시기에 이미 나타났다—이 마침내 확정되었다(Leiman, 1976). 결국 그 경전이 경전 전승들의 틀과 토대가 된 기관들인 성전과 산헤드린 의회를 대체했다.[38]

경전 개념은 문화적 지속성의 메커니즘과 매체의 이해에 매우 중요해서, 그 역사를 세심히 살펴볼 필요가 있다. 여기서 우리는 분명하게 특정 그리스어 어휘와 히브리인의 실제 사이의 불가분한 연관성을 마주한다. 하지만 주목해야 할 첫 번째 문제는 경전에 해당하는 그리스어 자체가 셈어의 차용어[39]에서 유래한 점이다. 그 용어는 그것이 지칭하는 사물과 함께 그리스 세계로 수입되었다. 카논Kanôn은 갈대와 줄기를 의미하는 kanna와 연결되고, 이는 또한 히브리어의 qaneh와 아람어의 qanja, 바빌로니아/아시리아어의 qanû, 최종적으로 수메르어의 GI

으로 소급된다. 즉, (대나무와 비슷하게) 곧은 막대와 장대를 만드는 데 사용된 갈대 속屬인 아룬도 도낙스*arundo donax*다. 이것이 카논의 기본적 의미로, 사실상 '직선 장대, 막대, 수준기水準器, 자'(측정용 눈금과 함께)를 의미하는 건축용 도구다.

그 단어는 이러한 구체적인 출발점으로부터 네 가지 주요 범주로 묶어질 수 있는 다양한 비유적 의미를 취했다. 나는 그 네 가지를 (a), (b), (c), (d)로 표시하며 아래에서 논하려고 한다:

- 척도, 기준선, 기준(a)
- 표준, 모델(b)
- 규칙, 규범(c)
- 표, 목록(d)

1—척도, 기준선, 기준(a)

서기전 5세기 중엽쯤 그리스의 조각가 폴리클레이토스는 인체의 이상적인 비율을 제시한 논문을 쓰고 〈카논Kanon〉이라는 제목을 붙였다.[40]※ 후대의 기술에 따르면, 그는 또한 자신의 수치를 적용하여 조각상을 만들어 모델—개념 범주 (b)—로 제시하고, 마찬가지로 '카논'이라고 명명하였다. 이러한 카논의 개념은 오늘날 미술사에서도 계속 사용되는데, "한 부분의 치수로부터 전체 치수를 추론하고, 전체로부터 가장 작은 부분의 치수를 추론케해주는 측정 체계"[41]를 나타낸다. 이러한 예측 가능성의 측면에서 철저하게 합리화된 예술의 고전적 사례가 고대 이집트 미술이다.[42] 하지만 폴리클레이토스는 다른 생각도 품고 있었다.

부분들이 전체와 비례를 이루어 최대한 세밀하게 계산될 수 있을 뿐만 아니라,[43] 그것들은 또한 기능적 혹은 생동적 전체, 바로 '체계'를 형성하기도 한다. 폴리클레이토스가 묘사한 신체는 마치 내부로부터 생동감을 얻는 것처럼 보였을 것임이 분명하다. 폴리클레이토스는 콘트라포스토contrapposto*를 발명하여 이러한 목적에 부응하는데, 이는 정지 상태를 잠재적 움직임으로 가시화해준다.

우리가 여기서 마주하는 구조는 상당히 전형적이다. 즉, 엄격한 형식에 실용성을 결합시킨 새 규칙에 따라 구성된 어떤 것은 특별한 연결 가능성 혹은 모방 가능성을 가진다. 이는 각 장르의 모델이 되어 고전으로 불린 모든 예술작품에 적용된다. 코렐리Arcangelo Corelli (1653~1713)의 3중주 소나타와 하이든(1732~1809)의 Op.33 현악 사중주가 그 좋은 사례다(L. Finscher, 1988). 경전의 원리는 미메시스mimesis, 아이물라티오aemulatio, 이미타티오imitatio 등의 수사적 형식으로 신고전주의의 모방적 회기를 통해 비로소 문화적 기억의 형식으로 기능하게 된다(E. A. Schmidt, 1987, p. 252 이하). 다시 말해 그것은 준거를 위한 회고적 탐색의 초점이 된다. 폴리클레이토스는 카논을 창출했기 때문에 경전화되었다. 경전화는 임의적인 수용의 문제가 아니라, 엄격한 형식과 구속력 있는 일련의 규칙을 적용하는 것으로, 작품 자체에 내재된 잠재력의 해방과 실현이다.[44]*

철학자 데모크리토스Democritus(서기전 460년경~380년경)는 폴리클레이토스와 동시기에 같은 제목의 책을 썼고, 에피쿠로스Epicurus(서기전

---

* 무게를 한쪽 발에 실어 어깨와 골반이 대각선을 이루게 하는 포즈.

341~270)도 뒤에 동일한 제목의 책을 썼다(Oppel, 1937, pp. 33~39). 이 책은 참과 거짓 사이, 현실과 환상 사이를 구분하는 기준인 신뢰할 만한 지식의 측량에 대한 것이다. 에우리피데스Euripides(서기전 480~406)는 '카논'이라는 용어를 도덕적 측면에서 '곧은' 것과 '굽은' 것, 즉 도덕적으로 정당하고 비난받을 만한 것을 구별하는 데 사용했다.[45] 여기서 원래 '척도'의 구체적인 함의가 명확해진다. 더 기술적인 용례 중 하나가 '이소콜리아isokolia', 즉 정확히 같은 길이의 문장을 사용하는, 신중하게 계산된 소피스트들의 산문체에서도 발견된다.[46*] '카논학파'로도 알려진 피타고라스학파의 음악학에서 '화음의 카논'은 현의 길이에 따른 음조의 간격을 측정하는 데 사용된 일현금—絃琴을 의미한다(Oppel, 1937, pp. 17~20).

　절대적 엄밀성(아크리베이아akribĕia)—지식의 정확한 표준뿐만 아니라 예술작품, 성음, 문장, 행동의 산출을 위한 정확한 표준까지 제공할 수 있는 도구의 개념—에 대한 추구가 카논의 기술적·지성적 활용을 위한 공통분모로 작용한다. 이러한 엄밀성 개념의 기원은 건축학이다. 이것은 카논이라는 도구의 본래 맥락이었고, 그 모든 비유적 의미들에 공통분모를 제공한다. '아크리베이아'는 숫자, 방위점, 완벽한 직선 혹은 완벽한 곡선을 포함하여, 모양과 수치를 통한 가장 엄밀한 계획과 계산, 그리고 실현을 수반한다. 모든 것이 질서, 순수성, 조화와 맞물려 있어, 우연성이 제거되며, 제어되지 않은 엉성함이나 편법, 표준으로부터의 일탈이 없다.

　"어디서나 자, 추, 계량기, 숫자가 사용되어서, 무작위와 무계획은 생산에서 어떤 자리도 찾지 못할 것이다."[47]

2—모델(b)

카논 개념을 올바른 행위의 모델, 즉 척도로서 한 사람 혹은 인간형에 적용한 예는 아리스토텔레스의 윤리학과 관련하여 처음 나타난다. "실천적 지혜를 가진 사람phronimos"은 '행위의 카논'으로 묘사되었다(*Protreptikos* fr 52 Rose; Oppel, 1937, p. 40). 아우구스투스 황제 치세의 고전주의적인 모방론에서 카논을 그런 뜻으로 사용한 예야말로 그 단어의 근대적 용례와 일치한다. 예컨대 리시아스Lysias(서기전 450~373)는 아티카 방언으로 된 가장 순수한 "디에게시스dihegesis", 즉 법정 진술의 카논으로 간주되었다. 투키디데스는 역사서술의 카논으로 여겨졌다(Oppel, 1937, pp. 44~47). 이러한 카논의 의미와 관련된 용어가 호로스 *horos*(경계)와 파라디그마*paradeigma*(모범)다. 모델이 특정 장르와 윤리적 규범의 경계를 정하고, 고전 저작들은 그 가장 순수한 형태로 이러한 변함없는 규범을 구현한다. 고전이 심미적 판단과 예술적 생산의 척도이자 표준인 이유가 여기에 있다.

(a)와 (b)의 공통분모는 측정의 개념으로, (a)는 엄밀성을, (b)는 규범성을 더 고려한다. 권위 있는 저자의 권위적인 저작이라는 관념은 카논에 대한 현대적 이해이기도 하다. 그리고 판단 미학은 위대한 작품을 완벽함의 화신으로 여긴다. 퀸틸리아누스Quintilianus는 수사학 교본에서 인덱스index(집게손가락이란 뜻)를 카논이란 의미로 사용했으며, 그 밖에 ordo(순서, 질서)와 numerus(숫자)도 비슷한 용례다[아래의 (d)를 참조].

3—규칙, 규범(c)

이 의미는 (b)에서 한걸음 더 추상화된 것이다. 모델이 규범을 예시하지만, 규범은 규칙들에 의해서만 확립될 수 있다. 따라서 법 자체가 카논으로, 다시 말해 공동체적 생활과 행위의 규범적 근거가 된다. 이것은 군주제와 과두제에서 통치자의 자의적인 의지와 반대된다.[48] 이러한 의미에서 필론Philon(서기전 30~서기 45)과 다른 유대 저술가들은 십계명도 카논이라 불렀다.[49] 파나이티오스Panaitios(서기전 168~110)는 중용의 척도kanón tes mesótetos=regula mediocritatis를 논하며 카논을 윤리와 연관하여 사용했다(Oppel, 1937, p. 88).

초대 교회의 용례들도 그와 연관이 있다. 예컨대 진리의 척도kanon tes aletheias=regula veritas라든가 신조regula fidei라는 표현은 신앙을 변별하는 최후 수단이자, 모든 것을 측정하는 규범을 뜻했다.[50] 그래서 모든 노회老會의 결정―예컨대 속죄와 관련된 고정된 규칙 같은―이 교회법canon law의 일부를 형성했다(Oppel ,1937, pp. 71~72). 이러한 모든 맥락에서 그 용어는 삶의 다양한 측면을 다스리는 규칙 및 규범과 연관된다. 그리하여 그 이전 아우구스투스 제정기에, 문법 규칙*을 가리켰던 카논의 용법이 점점 사라지기 시작했다(Oppel, 1937, pp. 64~66).

4—표, 목록(d)

로마 제정기에 시간 계산에 활용된 천문학자의 표와 역사서술 의도가 담긴 연대기 표를 카논으로 불렀다. 2세기에 수학자 클라우디오스 프톨레마이오스는 연대 계산표를 '휴대용 카논prócheiros kanon'이라 불렀다. '왕의 카논kanon basileion'도 그런 편람들 중 하나였는데, 그것은 바빌로

---

* 윤리적 삶과 무관한 규범을 가리킴.

니아의 왕 나보나사르Nabonassar(서기전 734년 사망)에서 시작되는 왕명록이다. 영어와 불어에서 그 용례가 아직 살아있어, 이집트와 메소포타미아의 왕명록을 '왕의 카논'이라고 부른다. 반면에 독일어에서 이 용례는 대체로 구속력 있는 규범적 맥락에 한정되는 경향이 있고, 규범성이 빠진 표현으로는 '목록', '범주', '명세inventory' 등이 선호되고 있다.

알렉산드리아와 로마 제정기의 문법학자들이 각 장르의 모델로 확정한 고전적 시인들, 웅변가들, 역사가들, 극작가들, 철학자들 등의 저술은 그 당대에는 카논으로 불리지 않았다. 초기 교회에서 예배 용도의 적합성을 둘러싸고 격론을 벌인 신성한 문헌들의 목록[51] 역시 마찬가지였다(E. A. Schmidt, 1987).[5]※ 이 사실만으로도 고대 이래로 그 개념의 의미가 어떻게 변했는지 충분히 강조된다.

'카논'이라는 단어의 원래 용례들은 모두 구체적 의미와 연관되어 있었으므로, 공통된 특성을 찾으려면 그것들의 실제 기능을 고려해야만 한다. 건축학 용어—여기서 결정적인 요인은 벽을 이루는 돌들이 적절히 수직으로 배치되게 하는 수준기로 쓰이는 장대다—가 카논의 모두 은유적인 용례들의 기저에 있다. 이 카논에 측정의 눈금이 제공되면, 그것은 치수를 재는 자의 역할을 한다.[53] 다시 말해, 카논은 애초에 건축학적 일직선 정렬과 측정의 특별한 목적을 위해 사용된 도구로, 그 의미가 규범적 행위로 확장될 수 있는 용어였다. 이러한 도구는 일직선과 정확한 거리의 측면에서 사물을 있는 그대로 기록할 뿐 아니라 그것이 어떻게 되어야 하는지까지 규정한다.

카논의 고대 용례는 옆의 도식과 같이 항상 일종의 측정과 연관되어 있었다.

카논의 은유적 함의 때문에 고대에서는 그것의 도구적 측면이 지배적이었다. 하지만 문자적으로 카논은 따라야 할 '바른 선'을 가리켰기 때문에, 시간이 흐르면서 자연스럽게 표나 목록을 의미하게 된다. 애초에 별 연관성은 없었지만, 교회에서 이 개념을 성서들의 목록과 결부시켜 사용함으로써, 그 근대적 의미의 중심 요소가 만들어졌다. 앞에서 살펴보았듯이, 천문학자와 연대학자의 표가 시간을 계산하는 도구로 사용되었고, 이는 건축학적·음악적 도구로 표시된 간격의 치수와 비슷한 맥락이었다. 카논으로서 그 표들은 천체의 주기 같은 자연 현상이나 경기, 축제, 치세, 정권 같은 역사적 사건을 토대로 연대기적 '눈금'을 제공했다. 역으로 이런 도구적 문맥이 부재한 상황에서, 카논은 오

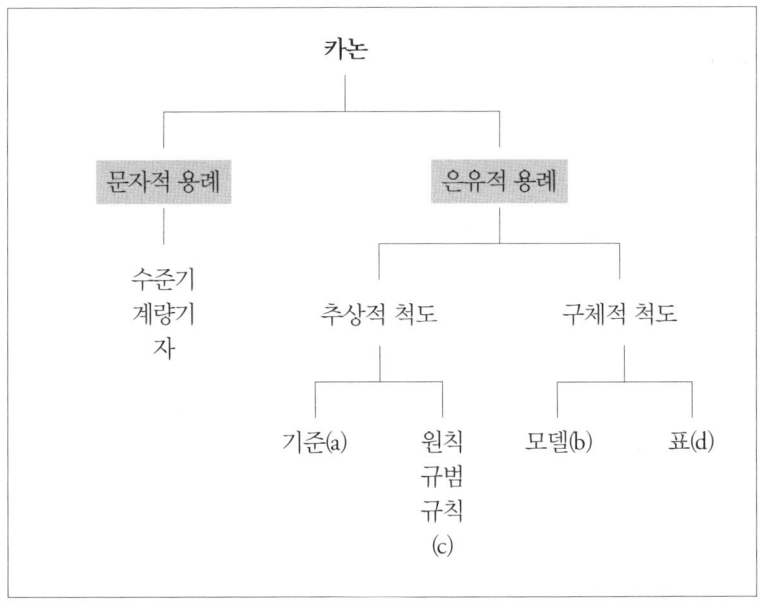

제2장 문자 문화   135

늘날 우리가 카논이라 부르는 그런 목록들—알렉산드리아의 문법학자들이 시인, 저자, 웅변가, 철학자 등의 저술을 고전의 반열로 명명하기 위해 작성한 목록들—에는 적용되지 않았다. 그 목록들은 준거적 형태나 수치를 제공하지 않았기 때문에, 고전적 의미에서의 카논에 해당하지 않는다. 집단이 아닌 개인만 카논의 자격을 부여받을 수 있었다. 누군가가 연설을 하기 원한다면, 그는 상위 열 명의 웅변가들 목록이 아니라 리시아스나 이소크라테스Isocrates(서기전 436~338)를 자신의 모델로 택할 것이다. 그 목록은 카논이 아닌 그리스어의 코로스choros(집단), 라틴어의 오르도*ordo*(계층)나 누메루스*numerus*(단체), 인덱스*index*(목록)에 해당한다. 따라서 고대에 그러한 집단들은 배타성 관념과는 무관하여, 그 목록에 없는 것들을 일종의 '외경'으로 폄하되지도 않았다.[54] 오늘날 그 용어는 역전되어 결코 개별 저작이나 작가가 아니라 집단에 적용된다. 따라서 리시아스나 투키디데스가 아닌 그 목록을 카논으로 부를 수 있는 것이다.

근현대의 용례

만약 고대에 이미 특화되어 오늘날까지 변함없이 전수되는 카논의 의미들—예컨대, 경전적 법, 폴리클레이토스의 이상적 비율, 왕명록—을 무시한다면, 우리는 그 용어가 그 은유적 의미로부터 비롯된 완전한 변형을 거쳤음을 명확히 알 수 있을 것이다. 어떻게 이런 일이 발생했을까?

그 반전의 주요 이유는 그 단어를 초기 교회에서 사용한 데 있었다.[55]

비록 '카논'이라는 단어는 쓰지 않았어도, 200년 넘게 어떤 성서들이 권위 있는 것으로 인정받아야 하는지에 대한 논쟁이 지속되었다. 당시 논쟁의 대상은 주로 앞에서 언급한 (c)로 제한되어 있었는데, 즉 모세의 율법이나 개별 노회의 결정, 삶과 신앙의 기본 원칙 등의 문제였다. 하지만 그 논쟁이 서기 4세기에 종결됨으로써, 신성하고 권위 있는 문헌들이 확정되었다. 그때 그 목록을 '카논'으로 불렀다. 그것은 (d)의 의미에서 표가 아니었다. (c)에서처럼, 모든 법적 효력을 가진 구속력 있는 노회의 결정을 의미했다. (d)의 목록과 (c)의 의무적이고 기반적이며 형성적 원칙 사이의 특이한 결합의 산물이었다. 따라서 여기서 **문헌적 경전**the textual canon 관념이 태동했고, 이는 아래의 도식처럼 오늘날 그 단어에 대한 가장 구체적이고, 그래서 어느 정도는, 가장 문자 그대로의 의미를 구성한다.

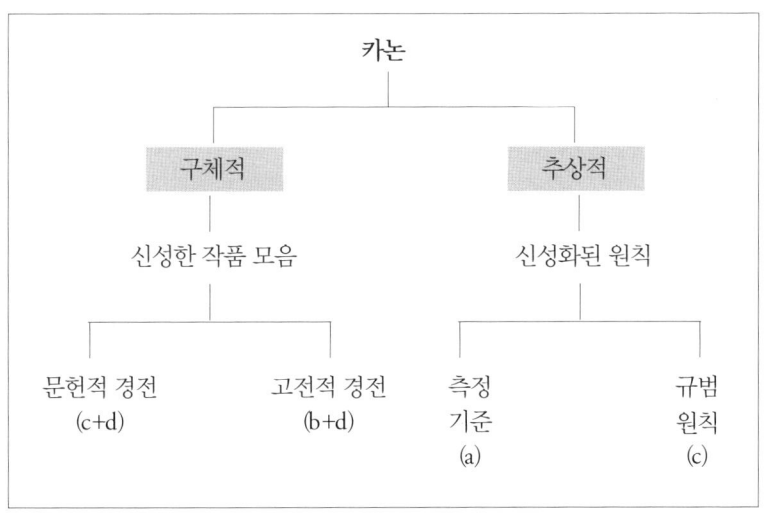

1 — 카논과 규칙 Code

만약 잠시 (a)의 의미인 '척도, 기준선, 기준'을 무시한다면, 그 용어가 내용과 가치의 측면에서 훨씬 더 구체화된 것을 한눈에 알아볼 수 있을 것이다. '카논'이라는 단어를 마주할 때 우리는 즉각 계량기나 측량자가 아닌 성서나 구속력 있는 규범을 생각한다. 그 용어의 의미가 규범, 가치, 그리고 보편 적용이라는 범주들에 의해 풍성하게 됨에 따라, 오늘날, 천문학과 연대기의 표들이나 문법 규칙과 연관된 도구적 의미는 사라졌다. 이 천문학과 연대기의 표들, 그리고 문법 규칙들은 규범이나 가치를 포괄하지 않는다. 그것들은 당위의 문제가 아닌 현상의 문제를 다룰 뿐이다. 이 때문에 오늘날은 고대와 달리, 카논과 규칙이 구분된다. 규칙은 소통뿐만 아니라 사회와 의미의 모든 형식에 필요한 전제조건이어서, 사람들이 공동체를 구성하는 어디서나 발견된다. 이런 규칙을 가리켜, 우리는 코드code라는 용어를 사용한다. 카논은 그와 대조적으로 인류학적 보편[*]을 가리키지 않고 어떤 특별한 경우를 대표한다. 즉 한 언어의 문법 규칙과 같은 개별적인 규칙보다 훨씬 더 구속력 있는 규범이나 가치, 즉 원칙의 경우와 관계한다. 언어의 문맥에서 우리가 카논에 대해 말할 수 있는 유일한 경우는 고도로 규범적인 문법, 즉 미학적으로 혹은 이념적으로 조건 지워진 언어 형식과 관계한 경우일 것이다. 여기서 핵심은 그 용어가 (문법적 수용 가능성과 같은) 자연적 규범에 적용되지 않고, 특정한 의미에서 완벽하지만 결코 자명하지 않은 규범에 사용된다는 점이다. 따라서 카논은 제2급 '규칙code'이라 칭

---

[*] 모든 인간 공동체에서 발견되는 현상.

할 수 있다. 그것은 사회적 소통과 의미의 형성을 지배하는 내면적(그래서 자연적이거나 자명한) 규율 체계에 추가로 덧붙여진 규칙의 형태로, 외부나 위로부터 오는 것이다. 모든 사회적 소통의 기저에 있는 의미와 연관된 제1급 규칙이 가치 지향적인 제2급 규칙에 주도 당하게 될 때만 카논을 말할 수 있다.

이러한 맥락에서 민법은 카논이 아니지만, 헌법은 카논이다. 후자는 준수되어야 해서 어느 정도 신성화된 것으로 간주될 수 있는 원칙들을 규정한다. 이러한 원칙들이 모든 다른 법의 기저를 이루지만, 그것들 자체가 모든 결정의 토대를 제공해야 하기 때문에, 결정의 과정에서는 물러나 있다. 따라서 콘라드는 카논을 '제2급 규범'으로 정의한다(D. Conrad, 1987).

2—신성화 원칙: 통일 공식 혹은 자율적 법전

이렇게 규범들의 규범이 생겨난다. 이것은 추상적인 측정이라는 원래 의미가 진화한 최종 결과물이다. 이제 우리는 신성화의 원칙으로 카논을 간주하며 다양한 요소들을 하나의 단위로 묶을 수 있다. 우리는 규칙 혹은 규범으로서 카논의 의미가 초기 교회의 용례에서 유래했음을 살펴보았다. 교회는 최초로 구속력을 지니는 경전적이고(즉, 진리에 기반을 둔), 반론의 여지 없는 권위를 주장했고, 카논(교회법)으로 그 구성원을 결속시켜 단일중심적 문화를 산출했다. 이러한 문화들의 특성은 만사를 아우르는 지침에 있다. 그것들은 독자적인 사고나 토론의 공간을 봉쇄하면서, 모든 문화적 소통의 다양한 규정들을 한 데 묶어서 단일한 공식을 제시한다.

이 지점에서 우리는 경전이라는 용어의 근대적 역설에 초점을 맞추기 위해서 '척도, 기준'의 범주로 돌아가야 한다. 경전은 문화적 통합을 위한 압도적 단일한 공식을 지칭할 뿐만 아니라, 그와 반대로 국가나 교회, 전통의 전면적 권위에 반하는 특정 질서의 기초를 가리킬 수도 있다.

예컨대 스탈린주의가 사회주의 리얼리즘에 호소한 것처럼, 국가 당국이 경전을 들먹이며 검열의 형태로 예술가들이 국가의 명령에 순응하도록 설득할 수 있다.[56] 하지만 예를 들어, '순수 이성'이라는 다른 경전을 원용하면서 국가와 교회 등으로부터 독자적으로 사고하는 것도 가능하다.[57] 전자는 개인의 문화적 관행들을 하나의 압도적 규율이나 도그마에 종속시키는 문화적 타율성의 원칙이다. 후자는 일반적 문화 맥락과 별도로 담론의 다양성을 촉진하는 문화적 자율성의 원칙이다. 이러한 종류의 경전은 원칙들이 칙령과 강권의 권위로부터 자유로울 수 있게 보장하는 대신, 원칙들이 증거에 의한 독자적인 검증도 받도록 만든다. 이 규범들 역시 토론 대상은 아니라는 점에서 경전적이다. 하지만 그것들이 권위적이거나, 힘으로 강요되는 것은 아니다. 이 경우 그 규범들은 합리적이며, 그 정당성을 증명함으로써 동의를 확보한다.

위의 후자에서 언급한 경전의 개념이 바로 학술의 근간에 자리하며 새로운 학문들의 뿌리를 제공한다. 칸트는 철학의 경전에 대해서, 존 스튜어트 밀은 논리학의 경전에 대해서 말했고, 법학에서도 "네 가지 해석 규칙의 경전"이 중요한 역할을 담당한다(Conrad, 1987, p. 51). 〈카논〉이라는 제목을 붙인 폴리클레이토스의 미래지향적 논문도 예술적 자율성의 근거와 한계를 정해준 것으로 간주할 수 있다. 철학, 윤리학, 논리학, 문헌학, 예술 등과 같은 영역에서 각각 새로운 경전적 규범이 적용됨으로써, 문화가 응집력을 일부 상실하는 대신 다양성과 복합성을 획득한다.

따라서 근대적 경전 개념의 역설은 그것이 자율성과 획일성 모두를 낳는 데 활용될 수 있다는 사실에 있다. 고전적·근대적 계몽주의가 다양한 규정code들을 차별화하는 원칙으로 진리의 경전을 말했다면, 중세 교회와 근현대 전체주의 정권은 모든 규정을 통합하기 위해서 권위의 경전을 원용했다. 두 경우 모두—나는 이를 공통분모라고 부른다—관건은 단순히 규범들이 아니라, 규범들의 규범, 즉 토대이자 궁극적 준거인 '신성화의 원칙'에 있다.

3—신성화된 선집: 경전과 고전

교회가 신성하다고 간주한 저작들을 나타내기 위해서 '카논'이라는 용어를 사용하기 시작한 서기 4세기에, 그 용어는 오늘날의 의미로 이어지는 결정적인 변화를 겪었다. 그때부터 그것은 신성한 유산의 관념과 연결되었다. 그 '신성함'은 절대적이고 구속력 있는 권위뿐만 아니라 어떤 것도 더해지거나 수정, 삭제되어서는 안 되는 건드릴 수 없는 무엇이라는 의미까지 지녔다. 물론 우리가 지금 경전이라고 부르는 문헌들은 4세기보다 훨씬 뒤로 소급된다. 성서를 구성하는 것이 무엇인지를 둘러싼 논쟁이 최소한 2세기에 시작되었고, 그 논쟁 역시 유대인들이 정한 선례와 1~2세기에 히브리 성경의 경전화가 없었다면 생각하기 어려웠을 것이다.[58] 하지만 성서들을 어떻게 범주화할지, 다시 말해 무엇이 합법적으로 전수되어야만 하는지에 대해서, 유대교와 기독교 개념 사이에 주요한 차이가 있었다. 유대교도에게 그 주요 기준은 언어적 영감이었지만,⁵⁹* 기독교도에게는 사도의 자격, 즉 증인의 권위였다. 유대교도가 그 문헌들을 직접적 계시로 보았다면, 기독교도는 계시를 복음의 설교를 통한 구전적인 현상으로 보고, 문헌을 구전 계시의 통로로 간주했다. 천주교와 개신교 신학 사이에도 문헌들의 축자적 정확성과 전통의 정당성의 문제에 있어 의견 차이가 있다. 그러나 신학적 경전의 개념은 광범위해서, 문헌들이 신도들에 의해 권위 있고 불가침의 것으로 여겨지는 한, 이러한 차이를 덮을 뿐만 아니라 모든 다른 신성한 문헌들에 적용되기에도 충분했다. 이슬람교도의 쿠란과 불교도의 팔리어 경전(삼장)이 그 분명한 사례다.

문헌 경전에 대한 근대적 신학 개념은 고대 세계에서 건축가의 표준기가 점유했던 위치를 현재 차지하고 있다. 그것은 카논의 가장 생생하고 구체적인 용례이며, 따라서 그 용어의 보다 수사적인 용법을 위한 훌륭한 은유가 된다는 것이다. 기준선들과 전통적 관념을 논할 때, 이제 우리 앞에 놓인 것은 측량 도구가 아니라 성경이다. 하지만 우리는 그 개념을 규범, 비율, 가치를 제공하는 모델이라는 의미에서 (신성한 것이 아닌) 고전과 연관시킨다. 그것은 오래된 것에 대한 우리의 존경을 상징하는 것으로, 아시아와 이집트에서는 조상 숭배의 형식을 취하고, 서양의 나라들에서는 과거와 현재 저자 사이의 상호 텍스트적 intertextual 대화와 연관된다. 만약 그것이 전승—신성한 종교 전승이든, 문학, 철학, 과학과 같은 고전 전승이든—의 최종적이고 바꿀 수 없는 부분과 연결된다면, 종교적 경전과 고전적 경전은 모두 동일한 방식으로 기능한다고 할 수 있다.

하지만 시, 예술, 철학, 과학과 관련된 고전적 경전은 신학적 경전과 다른 뿌리들도 지닌다. 전자는 측정과 기준이라는 카논의 옛 의미와 연관되어 있다. 예술의 생산은 물론, 예술에 대한 판단에서 특히 그러하다. 그것은 "무엇을 기준으로 삼아야 하는가?"와 같은 질문에 대답한다. 고전적 경전은 아름다운 것, 위대한 것, 혹은 중요한 것의 기준을 규정하는데, 그 관련된 가치를 구현하고 예시한 저작들과 연관시키며 그렇게 한다. 하지만, 고전적 경전은 특정 저작이 수용된 기준을 돌아볼 뿐만 아니라, 수용된 저작들 사이에 확장되는 일련의 연관점들을 바라보기도 한다. 그것은 생산과 판단에 관한 지침들과 더불어 신성한 것에 대한 개념을 아우르며, '신성화의 원칙'을 창출한다.

전승에 대한 어떤 선별적인 허용, 즉 어떤 수용의 행위라도 그것은 특정한 가치 체계에 대한 승인을 수반한다. 수용 행위와 가치 체계가 서로를 조건 지움에 따라, 경전 개념은 그 두 가지 모두와 자연스럽게 연관된다. 이것이 바로 카논의 용어적 번식력의 근간이다. 신성한 문헌들의 불변적 내용을 원용하며, 카논은 문헌들의 지시적·규범적 힘을 자동적으로 환기시킨다. 동시에 그것은 예술적 생산 이면의 기준과 의무적 가치를 강조함으로써 그러한 가치를 예시한 작품들에 이목을 집중시키기도 한다.

다른 한편으로 이러한 이중적 의미—경전 개념에 내재한 것이 아니라 성서 경전에 신학적으로 적용할 때 발생한 것임—는 경전 개념에 어느 정도 애매함을 부여한다. 이는 그 용어의 상이한 협의적 의미를 검토하면 명확해진다. 다시 말해, 그 차이를 재귀적recursively으로 적용하여 반대의 맥락 속에 위치시키면 된다는 얘기다. 아래의 도식처럼 경전은 광의의 측면에서 전승에 반하고, 협의의 측면에서 고전에 반한다.

전승과 경전 사이의 구별을 위한 결정적 기준은 대안 배제와 선택된 것에 대한 '울타리 치기'다. 고전과 경전 사이의 구별을 위한 필수 요인은 배제된 것에 대한 평가다. 고전의 경우, 그로부터 배제가 어떤 식으로든 비고전을 나쁘거나 하위의 것, 혹은 '이단'으로 낙인찍는 것은 아니다. 그 판단은 권위, 모방 가능성, 교훈성의 문제일 뿐이다. 무엇보다 고전의 선정이 절대적이거나 구속력을 지니는 것은 아니라는 점이 중요하다. 시대에 따라, 학파에 따라 다른 선택을 할 수 있다. 고전과 고전주의 경전은 항상 변화에 열려있어서, 모든 시대는 그 자체의 경전을 지닌다.[60] 이러한 전이는 그 배제된 것이 문화적 기억에서 보존되어 있고, 검열에서 절대적 배제 평결을 받지 않을 때 가능할 뿐이다. 절대적 배제는 종교적 경전 개념을 대표한다. 여기서 배제된 것은 무엇이든 부정적 차별의 대상이다. 그럼에도 불구하고, 기독교 전통은 이러한 조건 아래에서도 놀랄 만큼 많은 외경들—시리아와 에디오피아, 슬라브 문자로 된 위경과 명백히 교부에 반하는 이단적 저작들 포함—을 보존해

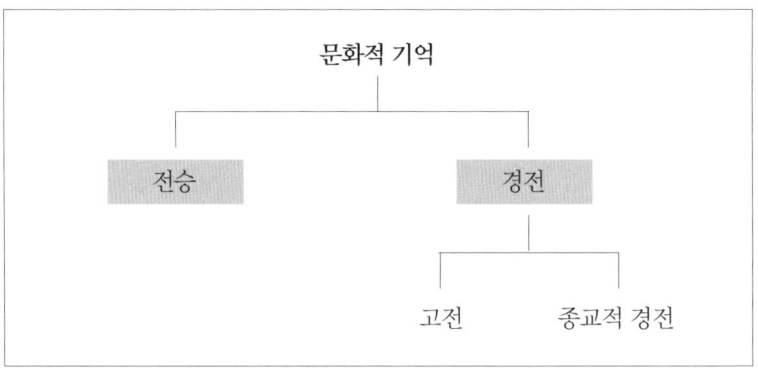

오고 있다. 다른 한편으로 랍비 전통에서는 경전에 편입되지 못한 히브리 문학의 모든 항목이 기억에서 체계적으로 삭제되었다.

요약

교회의 개입이 카논의 의미에 극적인 변화를 가져왔지만, 이 역시 그 용어의 원래 뿌리를 완벽히 제거할 정도로 절대적인 것은 아니었다. 카논의 역사는 유대-기독교 문화가 그리스-로마 문화에 덧입혀져 그 두 개가 불가분의 일체로 합쳐진 일종의 팔림프세스트palimpsests다. 우리는 카논 개념으로부터 그 도구적이고 보편적인 원칙이 문화적 관점에서 어떻게 진화했는지 살펴볼 수 있다. 이런 진화는 그 개념이 일련의 확대와 축소 과정들을 거치면서 그 원초적 잠재력에 새로운 변화가 부여된 결과다.

1—불변의 강조: 엄밀성에서 신성불가침으로

'카논'이라는 단어의 고대와 근대의 다양한 용례들에서 공통적 요인은 바로 불변성이다. 어떤 의미로 쓰이든지 그것은 통일성, 엄밀성, 일관성을 제공하는 동시에, 임의성, 우연성, 분열을 배제함으로써 확고한 참조점을 제공한다. 불변성은 추상적인 규칙과 규범이나 구체적인 모델들—사람들, 예술작품들, 문헌들—의 지침을 통해 성취된다. 그것은 문학, 수사학, 철학 같은 다양한 문화 영역이나 사회적으로 구속력을 지니는 법률 혹은 신성한 문헌 같은 실천 영역에도 적용될 수 있다.

카논kanón이라는 단어의 역사는 고전 문화가 불변성을 선택하고, 아울러 단어 '카논'이 점점 더 큰 복잡성을 띠게 된 다양한 상황들의 전모를 우리에게 보여주었다. 한편으로 그리스의 계몽기에 카논은 엄밀성이 상당히 결여된 신화적 사고와 대비를 이루며, 사고적 엄밀성의 화신이 되었고, 다른 한편 같은 시기에 전개된 민주정 속에서 카논은 참주와 과두 지배자들의 전횡과 대조적인 법에 기초한 지속적 정당성의 전형이었다. 그러고는 알렉산드리아와 특히 로마 제정기의 고전주의에 이르러서 그것은 선별적·규범적 전통의 모델을 구현했다. 마침내 초기 교회가—수세기 동안 주저하다가—특히 계시적 문학의 양산으로 인해, 무엇이 성서로 선택되어야 하며 되지 않아야 하는지에 대해서 구속력 있는 결정을 내렸다. 이는 열린 전통에서 활발하게 흐르는 새로운 계시의 물결에 반하여 가장 경직된 의무를 부과하면서, 카논을 최고의 권위를 지니는 폐쇄적이고 변함없는 문헌 모음으로 탈바꿈시켰다.

그렇지만 우리는 엄밀함을 통한 불변에 대한 추구와 안정화를 통한 안전에 대한 추구를 구분해야만 한다. 전자는 합리적 규범에 호소가 필요하지만, 후자는 이를 차단한다. 권위적 결정—예컨대, 위원회의 결정 같은—의 최종성은 불변을 보장한다. 하지만 그것이 확고하게 유지되려면 그 주제가 금기시되어 추가적 검증이나 결정에 대한 방어기제로 기능해야 한다. 이러한 측면에서 불변은 신성화를 의미한다. 따라서 카논의 의미가 옳음의 문제에서 신성함의 문제로 변하는 것이다. 규범 역시 사유의 장과 대중의 여론에서 이탈하여 더 높은 권위의 지배를 받게 된다.[61]

2—변이의 규제: 이성의 구속력

"무엇을 지침으로 이용할 수 있을까?"와 같이 카논이 답을 주는 질문은 전통적인 방책들이 주어진 상황을 처리하기에 더 이상 적합하지 않을 때 더욱 절실해진다. 이는 특히 이용 가능한 수단이 극적으로 증가할 때 발생한다. 이미 살펴보았듯이, 이러한 증가가 가장 지대한 영향을 끼친 사례는 의례적 연속성이 문헌적 연속성으로 전환될 때 구체화된 반복에서 변이로의 전환이다. 문자 문화의 맥락에서 전승은 대안 없는 자명함을 상실하고 원칙적으로 변화에 노출된다. 하지만 이는 문자 문화의 범주에만 국한되는 것은 아니다. 예를 들어, 큰 영향을 미치는 기술적 혹은 예술적 발견이나, 부정적 측면에서 전통 규범의 소멸—음악의 조성調聲 같은—은 광범위한 새로운 가능성을 열어준다. 이에 "어떤 일이든 일어나게 되는" 사태를 제어해야 할 필요성이 대두되는데, 이는 엔트로피entropy*에 의한 의미 상실에 대한 두려움 때문이다.

서기전 5세기 그리스는 그러한 원대한 정치적·기술적·예술적·지성적 혁신을 복합적으로 경험했다. 그 결과, 전통이 구속력을 상실하며, 일종의 '엄밀성akribeia'에 대한 욕구가 창출되었다. 다시 말해 그것은 "다양한 상황에서 다양한 동반업자들에게 똑같은 의미를 고정시켜, 동일하거나 유사한 결론을 이끌어낼 수 있도록 하는 의미론적 지향의 일반화generalization of semantic orientation"를 위한 것이었다(Luhmann). 의미 지향에 대한 전통적 양식들을 상실한 그리스인들은 경우론casuistry

---

* 원래 열역학에서 유래한 개념으로 부정적 혹은 긍정적 결과를 초래할 수 있는 불확실성의 정도를 이른다.

의 쇠퇴로 야기된 불안을 상쇄하기 위하여 보편적으로 구속력을 지니는 규칙과 규범을 추구했다. 이러한 양상은 특히 예술[62](폴리클레이토스), 윤리학(에우리피데스), 철학(데모크리토스), 정치학(아르키타스 Archytas(서기전 428~347)) 분야에서 두드러졌다. 이를 통해 카논 개념을 지닌 새로운 분과들이 개척되었고, 그 자율적 담론들이 문화적 복합성을 증진시켰다. 경전화의 맥락에서 이는 구법의 강화와 기존 관습의 신성화를 수반한 전통운동이 아니라, 새로운 법들을 발견하고 새로운 공리들을 세우는 혁신운동이었다.

3—경계 강조하기: 분극화

독립적인 일반 '지침'으로서 카논의 '다림줄'은 'A'와 'A가 아닌 것' 사이에 선명한 선을 긋는다. 이것이 그 주요 기능이다. 그것은 굽은 것에서 곧은 것을, 일탈에서 관례를, 악에서 선을, 추에서 미를, 거짓에서 진실을, 불공정에서 공정을 분리한다. 헤르베르트 오펠이 정확하게 카논 개념의 중심적 측면으로 부각시킨 경계horos의 개념은, 카논 개념의 모든 가능한 용법들을 두 개의 가치로 선先구조화한 이원적 도식주의와 맞물려 있다. 서기전 5세기 그리스를 지배한 규칙code은 정확히 이러한 이원적 원칙 혹은 기준이었다.

지성적 카논에 의해 구획된 경계들은 사회적·역사적 현실에서 그에 상응하는 것들을 가진다. '카논'이라는 용어 및 그와 연관된 역사적 현상—히브리 성경과 불교 빨리 경전 등등—의 진화 과정은 문화 내적 혹은 문화 상호 간의 첨예한 갈등들로 점철된 여러 시기들로 구분될 수 있다. 그리스의 조각가 폴리클레이토스가 최초로 내놓은 그 개념과 관련하여, 토니오 횔셔는 전승과 결별한 급진적 혁신의 결과로 서기전 5세기에 형성된 신구 사이의 갈등 전선을 재구성했다.

히브리 성경이 또 다른 전형적 사례인데, 이 역시 깊은 문화적 갈등 시기 동안 고정되었다. 그것은 애초에 헬레니즘과 유대교 사이의 갈등으로, 더 이른 시기 이스라엘, 이집트, 아시리아, 바빌론 사이의 문화 상호 간 충돌들—그 기억이 고대의 문헌들에 보존된—에 뒤이은 문화 간 충돌로 부를 수 있을 것이다. 간단히 말해서 이는 이스라엘과 '이방인들' 사이의 갈등이다. 이는 내부의 충돌로 이어졌는데, 사두개인, 바리새인, 사마리아인, 에세네파, 쿰란 공동체, 기독교인 사이의 문화적 갈등이다. 결국 바리새파가 승리자로 부상했다. 초기 기독교 교회 역사에서도 유사한 충돌이 있었다. 이러한 내재적인 문화적 분파주의가 카논의 형성을 초래한다.

이러한 맥락에서, 그 용어의 의미적 확산이 광범위한 결과를 이끌었다. 경전적인 것과 외경적인 것 사이를 구별하는, 애초에 비본질적인 것으로부터 본질적인 것을 분리하는 가치 판단으로서 역사적 선을 그을 수 있고, 또 그어야 한다. 이로 인해 정통과 이단이 나뉘는데, 그런 구분은 우리와 그들의 관계가 아니라, 친구와 적의 관계를 만든다. 이러한 지침이 더 이상 대상과 상황에만 제한되지 않고 사람들에까지 확장됨으로써, 그런 결정은 존재 자체의 문제와 연관되어, 이제는 생사의 문제가 되었다.[63]

4—가치의 강화: 정체성 창출

전승이 파괴되어 사람들이 어떤 질서를 따를지 결정해야 하는 내재적인 문화 분극화 시기에 경전들이 형성된다. 이러한 상황에서 경전은 경쟁하는 각각의 질서를 구현하고, 각각의 경전이 최고의 전승 혹은 유일한 참 전승에 대한 소유권을 주장한다. 그 경전을 받아들인 사람들은 이성이나 계시의 요구에 부합하는 '정체성', 즉 자기 자신에 대한 규범적 정의를 수용한다. 이러한 측면에서 경전과 '개종'은 하나에 속한다.[64]

A와 'A가 아닌 것' 사이의 구분은 결코 경전 이야기의 끝이 아니다. 경전이 되기 위해서 A는 사람들이 열망해 마지않는, 이론의 여지가 없는 가치 체계와 연결되어야만 한다. 따라서 그것은 진리, 정의, 미, 공정, 공동체적 연대, 사랑 등의 궁극적 목표를 향한 동기부여적 힘을 포함한다. 이러한 동기부여의 측면이 없다면 누구도 자신의 자아를 그 규범적 제약에 종속시키려 하지 않을 것이다. "무엇을 지침으로 이용할 수 있을까?"와 같은 질문에 답하기 위해 경전을 활용한다면, 우리는 그것을 일종의 구원, 즉 문제 해결책으로 축소하는 일방적 설명을 내놓는 데 그칠 것이다. 경전 개념은 열망과 가치까지 구현한다.

경전은 "위대함을 향한, 절대적인 것을 향한, 염원할 만한 것을 향한" 운동이다(Gehlen, 1961, p. 60). 경전에 대한 이러한 주장은 그 일반화의 정도에서 생겨나는데, 경전이 일반적일수록 그 요구와 구체적 사례들의 특수성 사이의 틈은 더 벌어진다. 경전에 자신을 종속시키는 누구나 다양한 상황에 적응할 때 사례에 따른 융통성을 버려야 한다. 따라서 경전의 요구가 크면 클수록 개별 사례를 향한 융통성도 더욱 거부된다. 마찬가지로 이는 경전의 동기부여적 기반 구조가 더욱 강해야 하고 그것을 고수하는 데 따르는 보상 역시 더욱 풍부해야 함을 의미한다. 유대인의 삶을 마지막 한 가지 세부 사항까지 지배하려고 나선 〈신명기〉의 율법은 문제 해결, 즉 구원을 위한 것이 아니다. 〈신명기〉 율법은 어마어마한 노력을 통해서만 도달할 수 있는 가치 기준들을 정한 것이다. 이러한 지속적인 집단적 노력을 가능케 한 동기는 무엇일까?

여러분이 흡연을 포기한다면, 그것은 건강과 위생이라는 이유에 근거한 합리적 희생이다. 금연을 위해 여러분은 비흡연 공동체에 가입했다고 세상에 공표하지는 않는다. 하지만 경전은 순수한 습관이나 실용성 혹은 개성적 선호의 문제를 초월하는 가치들을 요구한다. 정체성을 부여하는 '소속'이라는 범주가 여기서 특별한 역할을 담당하여, 신성화된 문헌들 목록, 규칙, 가치들은 (집단) 정체성의 토대와 형식을 창출한다. 카논 개념의 전체 역사가 이러한 범주의 중요성이 커지는 것과 궤를 같이하며, 그 범주는 동기부여의 구조에 핵심적 역할을 한다. 특정 전통의 신성화는 항상 특정 공동체의 신성화를 이끈다. 카논은 중립적인 측정 도구에서 문화적 정체성 확립을 위한 생존 전략(경전)으로 성장했다. 유대교도들은 자신들을 선택받은 신성화된 민족으로 인식하며 그 엄격한 율법에 복종한 것이다(〈출애굽기〉 19:6).

그렇다면 경전은 집단 정체성 확립과 안정화를 위한 기저 원칙이다. 집단 정체성은 또한 사회화를 통한 개인화—하버마스는 이것을 "전체 국민의 규범적 인식"으로의 통합을 통한 자아실현[65]으로 부름—의 매체로서 개인 정체성의 기반을 제공한다. 그것은 일인칭 단수를 일인칭 복수로 이어주는 동시에, 사회의 집단적 구성 및 의미와 가치 체계를 대변한다. 이를 통해 개인은 전체의 부분이 되고 사회의 구성원으로서 자신의 정체성을 구축하는 것이다.

경전은 문화적 연속성의 새로운 형식으로서, 과거에 대한 불변의 충성인 전통주의와 구별되며, 또한 자율적 이성의 기치하에 규범, 규칙, 가치를 개혁하는 반전통주의와도 구별된다. 경전이라는 메타포가 원래 건축에서 유래한 사실[66]이 매우 중요하다. 왜냐하면 그것은 구조물로서 세상 관념을 설정하여, 인간이 자신의 현실과 문화, 자아의 설계자가 되게 할 뿐만 아니라, 그 '집'이 살아남으려면, 그 구조물이 고수해야만 하는 규정적이고 구속력을 지니는 원칙들이 필요함을 강조하기도 하기 때문이다.

그렇지만 경전의 부상浮上이 결코 문자 문화 발전의 끝을 의미하지는 않는다. 만약 우리가 여전히 경전의 마법 내에서만 생각하고 쓸 수 있다면, 우리는 이러한 과정을 되돌아볼 수조차 없을 것이다. 경전 원칙은 문화적 기억의 다른 형식들에 길을 내준 지 오래다. 이집트학 같은 학문 분야의 존재는 그 자체로 우리의 연구와 교육이 기반 문헌들의 규범적·형성적 강권으로부터 자유로워졌음을 전제하는 것이다. 그 결과 이제 문화적 기억의 경계는 유동적으로 되었고, 이집트학을 비롯한 현대 인문학을 태동시킨 그러한 문헌들의 범위를 뛰어넘은 완전 새로운 영역이 개척되고 있다. 인문학자는 더 이상 기반 문헌들의 의미에만 전적으로 초점을 맞추는 해석자가 아니다. 빌라모비츠Wilamowitz(1848~1931)에 따르면, 진정한 학자는 그리스어 불변화사인 "án"을 아이스킬로스 Aeschylus(대략 서기전 525/524~456/455)의 비극만큼 중요하게 간주해야 한다. 이 주장이 다소 지나친 것임은 대부분이 인정할 것이다. 하지만 빌라모비츠의 언명이 제기하는 반론은 계몽주의(17~18세기)와 역사주의(19세기)를 포괄한 일정 시기 동안, 기반 문헌들의 절대적 가치가 여전히 영향력을 행사하고 있었음을 여실히 보여준다.

지금까지 역사주의에 반하는 세 가지 주요 논쟁이 있었다. 그 첫 번째는 그 "고삐 풀린 상대주의"의 위험성을 지적하고(A. Rüstow), 가치 및 정체성과 연관된 새로운 경전 체계를 대안으로 제시했다. 이는 빌라모비츠의 역사적 실증주의를 명쾌하게 거부한 베르너 예거Werner Jaeger(1888~1961)와 그 학파의 '제3인문주의'*와 결합했다.[67]

더 교묘한 두 번째 접근법에서 역사 비평은 진리의 핵심—혹은 신학적 용어로 텍스트의 케리그마kerygma—을 훨씬 더 선명하게 불러올 수 있는 정제 작업의 일종으로 간주되었다. 이러한 접근법은 한스 게오르크 가다머H. G. Gadamer(1900~2002)의 해석학[68]과 루돌프 불트만R. Bultmann(1884~1976)의 '탈신화' 프로젝트**에 의해 채택되었다.

세 번째 가장 최근의 접근법은 역사주의 자체 내에서 가치와 자아상의 배경인 '숨겨진 경전a hidden canon'을 발견했다. 여기서 '이국적인 것'은 도치된 징후로 정체성을 부여하는 것에 불과하다.***[69] 막스 베버가 제시한 '가치 중립성'의 관념은 그 자체 역시 가치를 암시하기 때문에 큰 문제가 있음이 드러났다. 이는 알박스에게 아주 중요했던 기억과

---

* 르네상스와 18~19세기 독일의 고전주의를 각각 제1, 제2 인문주의로 명명하며, 그리스 문화에서 구현된 인문주의라는 불변의 가치를 중시하자는 20세기 독일의 인문주의.
** 독일의 성서학자의 불트만이 기독교 전통의 전설적 부산물로 간주한 신약성서를 해체하려는 작업.
*** 에드워드 사이드의 대표작인 《오리엔탈리즘》에서 '도치된 징후'라는 개념은 서구 담론이 동양에 반대되는 특성을 부여함으로써 동양[서양]을 구성하는 방식을 말한다. 예를 들어, 서양은 스스로를 합리적이고 객관적이며 남성적인 것으로 정의한 후, 동양은 그 반대인 감정적이고 주관적이며 여성적인 것으로 묘사됨.

역사 사이의 경계 제거에 마찬가지로 적용된다.[70]

20세기는 다음과 같은 다양한 형태의 재경전화를 거쳤다: 민족주의 파시스트주의자와 마르크스-레닌주의자 개념, 전후 반공과 로마 및 서유럽 중심 '서양'의 반민족주의 부활, 다양한 근본주의(기독교, 유대교, 이슬람교 등), 페미니즘과 흑인 연구, 성소수자 권리 등과 같이 특정 소수자 정체성과 역사 작업에서 나타난 대중운동 및 그에 반하는 운동. 우리는 결코 규범적·형성적 가치의 연결망에서 벗어날 수 없을 듯하다. 따라서 역사가의 과업이 더 이상 경전의 장벽들을 해체하거나 "약화시키는" 것(Gardamer)으로 간주될 수는 없다. 대신, 그 장벽들의 구조를 분석하여 그것들이 규범적·형성적으로 자리 잡은 과정들을 밝히는 것이다.

| 제3장 |

문화적 정체성과 정치적 상상력

1. 정체성, 의식, 성찰

정체성은 의식의 문제로, 자신의 무의식적 이미지를 인식하는 것과 관계있다. 이는 개인과 집단적 삶에 모두 적용된다.[1] 나는 내 스스로를 인간이라 인식하는 정도만큼 인간일 뿐이다. 이와 정확히 마찬가지로 집단—그것이 부족이든, 인종이든, 국가든—도 자신을 이해하고, 시각화하며, 나타내는 정도만큼 그 집단일 수 있을 뿐이다. 이 장에서 나는 개인이 아닌 민족적 측면에서 집단적 자아상과 자기 현시의 형태 및 범주를 검토하고, 이러한 과정에서 문화적 기억이 담당한 역할을 살펴보려고 한다.

개인적 정체성과 집단적 정체성

이 두 가지 차원의 정체성 사이에는 기이하면서도 일면 역설적인 관계가 존재한다. 나는 서로 모순되는 듯한 두 가지 논지를 활용하여 이를 정의하고 싶다.

1. 자아는 밖에서부터 안으로 성장한다. 그것이 속한 집단의 상호적, 소통적 형태에 참여하여 그 집단의 자아상에 기여함으로써, 스스로를 구축한다. 따라서 집단의 '우리' 정체성이 개별적인 "나"보다 우

선한다. 다시 말해 정체성은 사회적 현상 혹은 "사회적 요인에 의해 발생하는" 무엇이라는 얘기다.
2. 집단적 '우리' 정체성은 그것을 구성하고 대변하는 개체the individuals 바깥에 존재하는 것이 아니다. '우리'는 개체적 지식과 인식의 문제다.[2]

첫 번째 논지는 집단을 개체보다 앞에 두고, 두 번째는 그 반대다. 이는 언어학에서 의존 문법과 구조 문법(혹은 하방 분석과 상승 종합) 사이의 변증법으로 알려진 것과 유사하다.* 개체는 집단에 의존하여 집단 속에서 담당한 역할을 통해서만 정체성을 가지는 한편, 집단의 정체성은 개체들 사이의 상호작용을 통해서만 드러난다. 두 논지를 결합하면 '사회적 발생sociogenic'이라는 용어에 다음의 두 가지 의미가 부여된다. 즉, 개체 의식의 '사회적 발생'은 (밖에서 안으로의) 사회화를 통해 개체 의식이 발생한다는 의미만 담고 있는 것이 아니다. 개체가 집단적 자아, 즉 '우리' 인식의 담지자가 됨으로써, 공동체를 창출한다는 의미에서 개체 의식의 사회적 발생을 말할 수도 있다. 내 초점은 후자, 즉 사회적 발생의 적극적 의미에 맞춰질 것인데, 그것은 한 공동체가 그 집단적·사회문화적 정체성을 획득하는 방식에 관한 것이다.

이를 위해 먼저, 단순한 '나 vs. 우리'의 이분법을 다음의 도식처럼

---

* 언어학에서 문장 구조를 설명하는 두 가지 이론으로 '의존 문법'은 문장의 개체 요소들 간의 종족관계에 집중하고, '구조 문법'은 개체 요소들이 구성하는 상위 단위에 더 관심이 있다.

'나'가 '개체적individual'인 것과 '개인적personal'인 것으로 세분되는 삼분법으로 대체하면 도움이 될 것이다.

개체 정체성은 (a) 자신을 모든 다른 사람들로부터 확연히 구별해주는 특징들과 (b) 자아 발전의 다양한 단계들을 거치면서도 꾸준히 유지되는 특징들을 통해 개체의 의식 속에서 구축된 일관적 자아상이다. 그것은 자신의 신체라는 상수常數에서 비롯된 확고하고 대체 불가능하며 환원될 수 없는 자아 인식이다. 반면에 **개인 정체성**(즉, 개성)은 개체에게 사회적 네트워크 내에서 자신만의 특별한 위치를 부여하는 모든 역할·특질, 재능의 체현이다. 개체적 정체성이 출생, 죽음, 물리적 삶, 기본적 욕구 같은 핵심 요소를 포괄하는 삶의 우연성에 결부되어 있다면, 개인적 정체성은 사회적 책임과 승인에 결부되어 있다. '나'라는 정체성의 두 가지 양상 모두는 사회 발생적으로, 또한 문화적으로 결정되어, 개체화와 사회화의 두 과정은 모두 문화적으로 규정된 통로를 따른다. 그것들은 특정 시대와 문화의 언어, 관념, 규범, 가치 등에 의해 형

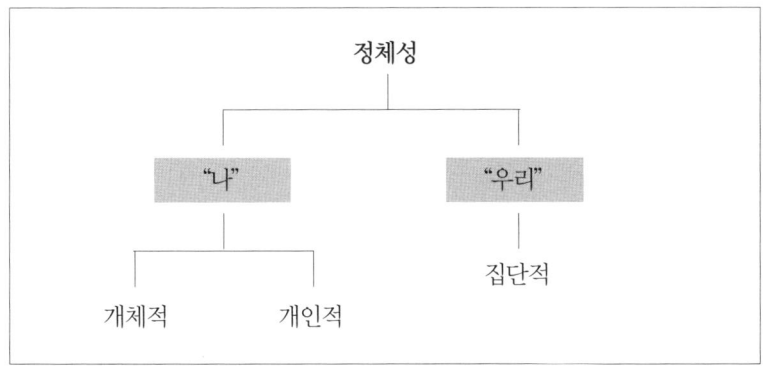

성되고 결정된 의식으로부터 발생한다. 따라서 위의 첫 번째 논지의 측면에서 사회는 개체의 정반대적 존재가 아니다. 오히려 사회는 자아의 구성 요소가 된다. 사회는 개체보다 더 큰 차원이 아니라 자아의 구성 요소를 대변한다. '나'의 정체성을 비롯한 정체성은 항상 사회적 구성의 산물이고, 이러한 측면에서 그것은 항상 문화적이다.

그러므로 일인칭 단수 정체성과 일인칭 복수 정체성 사이의 구분을 전자가 자연적이고, 후자는 문화적 구성이라는 식으로 간주해서는 안 된다. 자연적으로 성장하는 정체성 같은 것은 없다. 하지만 집단적 정체성—개인적 정체성과 달리—은 신체와 같은 자연적 요인과 어떠한 연관도 없다는 점에서 차이를 보인다. 우리가 '사회적 몸social body'[*] 이라고 부르는 것은 가시적이고 만질 수 있는 실제로서 존재하는 것이 아니다. 집단 정체성의 요소들은 전적으로 상징적 요인들에 의해 지지되며, '사회적 몸'은 은유, 즉 수사의 산물일 뿐이다. 하지만 그것 역시 마찬가지로 현실 속에서 자신의 위치를 지닌다. 집단적 혹은 '우리' 정체성은 한 집단이 스스로에 대해 가지는 상image이고, 그 구성원들은 그것에 자신들을 연관시킨다. 이처럼 집단 정체성은 그 자체로 존재하는 것이 아니라 그 개별 참여자들의 승인을 통해 생성된다. 그것은 구성원들의 의식 속에서 강하거나 약한 존재감을 가지며, 그들 사고와 행위의 동기에 크고 작은 영향력을 미친다.

이 책은 사회적 자아상과 사회적 기억(즉, 역사의식) 사이의 연결고리에 초점을 맞춘다. 민족학자 뤼디거 쇼트(제1장의 주 67 참조)에 따르면,

---

[*] 의역하면 '사회 단체'.

집단들은 그들의 통일성과 독특성(즉 그들의 정체성)을 과거에 발생한 사건들 위에 정초시킨다. 사회는 주로 자기 인식이라는 목적을 위해 과거가 필요하다. 이집트 작가 모하메드 후세인 헤이칼Muhammad Husayn Haykal(1888~1956)은 "한 국가는 그 과거를 재생하며 살아갈 뿐이다"라고 언급한 바 있다.³ 요한 구스타프 드로이젠J. G. Droysen(1808~1884)도 어떤 집단이나 자신들의 과거에서 "자신에 대한 설명과 인식을 찾는다"고 했다. "그것은 모든 참여자의 공유된 특성으로서 그것이 풍부할수록 그들 공동체 전체를 더욱 굳건히 내면화한다."⁴ 국가 공동체의 상image은 시간의 심연까지 거슬러 올라가는 연속성의 상想에 토대를 두고 있다.

기본 구조와 고양의 형태

집단 정체성 개념은 1925년 마르크 블로크M. Bloch(1886~1944)가 뒤르켐학파에 가한 비판과 동일한 비판을 받을 수 있다. 즉, 그것은 표상, 양심, 사고방식, 기억 같은 개인 심리학의 용어에 '집단적'이라는 형용사를 덧붙인 데 불과하다는 것이다. 블로크는 이러한 언어의 사용이 "편리하지만 다소 허구적"이라고 말했다. 하지만 이 경우 집단 정체성은 정말 허구적인 무엇으로, 사회적 상상력의 산물이다. 집단적 정체성의 허구적 혹은 은유적 요소는 첫째, 구성원 자격이 완전히 상징적 지위만을 가진다는 점뿐 아니라, 둘째, 그것이 '불가역적 요소'를 결여한다는 사실과 관계한다. 집단 정체성은 (그 정체성을 포기하지 못하도록 외부 세력들이 우리를 방해하거나 저지하지 않는 한) 이를테면 이주나 개종을 통하여 포기될 수 있다. 혹은 별 중요하지 않은 것으로 시들해질 수도 있다. 이 두 경우 모두 삶은 별일 없이 지속된다. 하지만 '나'의 정체성이 침해되고 약화되거나 손상된다면, 병적인 결과가 나타날 것이다. 집단 정체성은 사회적, 정치적 허구의 범주에 속한다(Castoriadis, 1975; Anderson, 1983; Baczko, 1984; Elwert, 1989).

문화와 사회는 기본 구조, 다시 말해 우리 인간 존재의 불가결한 조건이다. 주지하듯이 이러한 토대와 틀 없이 인간의 존재는 생각할 수 없을 것이다. 문화와 사회 모두 포기하길 원하는 은둔자조차도 여전히 문화와 사회에 의해 주목된다. 은둔자는 사회와 문화에 등을 돌림으로써 (문화와 사회에 대한) 자신의 근본적 역할을 확인한다. 이를 통해 문화와 사회는 반드시 집단적이지 않으면서도 항상 개인적인 정체성을 전해주거나 산출한다. 개인의 자기 인식은 문화와 사회에 영향을 받지만, 이는 그 당사자가 특정 사회와 그 문화에 자동으로 소속감을 지님을 의미하지는 않는다. 이런 소속감은 의식적이고 적극적인 자아상의 표면 아래 있는 것으로 당연시되는 경향이 있다. 하지만 성찰을 통해서만 소속감이 집단적 정체성의 명확한 형태로 고양된다. 이런 고양은 성년식 같은 것을 통하여 정체성이 의도적으로 표면화될 때 발생하거나, 혹은 다른 사회 및 다른 생활 방식과 직면하게 될 때 자발적으로 발생하기도 한다. 우리의 이해에 따르면, 집단 정체성이 사회적 소속감의 반사적 형태인 반면, 문화적 정체성은 그에 상응하여 특정 문화에의 의식적 참여나 그 문화에 대한 인정을 동반한다.

기본 구조(사회 문화)와 성찰을 통한 [기본 구조의] 고양(집단적 정체성) 사이의 차이는 페미니즘의 사례로 설명될 수 있다. 모든 인간은 거의 변경 불가능한 둘 중 하나의 성별에 속한다(기본 구조). 하지만 남성 혹은 여성의 정체성에 대한 논의는 이러한 단순한 범주화가 '우리' 인식과 연결될 때 (이 맥락에서) 의미를 지니게 될 뿐이다. 여기서 '우리' 인식이란 소속감이나 연대감 및 특별한 자아상의 동기부여적 동력이다. 이는 정확히 페미니즘이 만들어낸 집단적 여성 정체성이다. 마르크스도 사회 계급에 똑같은 전략을 적용하여 '집단적 주체'를 만들어냈다. 사람들이 공유된 특정한 상황을 인식하게 되었을 때, 소속감이 동질성으로 변하고, 군중이 집단적으로 행동하는 '주체'로 변모하는 것이다. 그때 군중의 행동 역량은 그들의 집단 정체성과 밀접히 연동된다. 두 사례 모두에서 이는 각각 남성과 상류층이라는 대조적이거나 적대적일 수도 있는 세력에 반한 연대감을 통해 일어난다. 적대감은 성찰을 불러일으켜 기본 구조들을 집단 정체성으로 고양시키는 가장 흔한 조건 중 하나다.

개인적 및 개체적 정체성도 성찰을 통해 생겨나고 발전한다. 여기서는 다만 개인이 사회적·문화적 네트워크와 연결되는 과정이 필수적이며 불가피하다. 우리는 이를 "인류학적 성찰 과정"이라 부를 수 있다. 그것은 조지 허버트 미드G. H. Mead(1934)가 '상호적 성찰'로 설명한 과정으로(Thomas Luckmann), 개인들은 (스스로를) '중요한 타자들'과 동일시하고, 그 타자들에 투영된 자신의 이미지를 확인함으로써 정체성을 형성하고 안정시킨다(Thomas Luckmann, in Marquard/Stierle, 1979). 자아에 대한 경험은 언제나 중재된 것이다. 타인들에 대한 경험만이 직접적이다. 거울 말고 우리의 얼굴을 볼 수 없는 것과 마찬가지로, 성찰 이외에 우리 내면의 자아를 볼 수 있는 방법은 없다. 인식을 창출하는 것은 성찰이라는 얘기다. 타인들과의 접촉은 우리 자신과의 접촉을 수반하며, 개인적 정체성의 자아는 타인들과의 소통과 상호작용 없이는 우리에게 주어지지 않는다. 타인들의 기대와 그에 따른 우리의 의무 및 책임을 동시에 포괄하는 것이 바로 자기 인식이다.

타인들과의 접촉이 정체성 형성으로 인도되려면, 그 연관된 사람은 공유된 상징적 의미의 세계 속에서 그들과 함께 살아야 한다. 하지만 그 공유된 세계가 반드시 모종의 집단 정체성을 대표해야 하는 것은 아니다. 정체성이 의식적으로 형성되어 보존되었을 때만 그럴 뿐이다. 기본적 혹은 자연적(만약 이러한 역설적인 용어 사용이 허용된다면) 상태에서 문화는 사실 반대로 작동한다. 왜냐하면 그 모든 규범, 가치, 제도, 인생관, 세계관과 함께, 그것은 주어진 것, 즉 당연시되어 대안을 용납하지 않는 세계 질서가 되어버려, 그 독특함과 인습성이 개인에게는 잘 드러나지 않기 때문이다.[5] 이 때문에 문화는 개인에게 일종의 '우리' 의식 혹은 정체성을 부여할 수 없다. 정체성이 다른 정체성들을 전제한다는 점은 아무리 강조해도 지나치지 않다. 복수 없이 단수가 있을 수 없고, 타인 없이 개성이 있을 수도 없다. 이것이 문화 형성의 기이한 특징 중 하나로, 한편으로 (최소한 전 지구적 문화를 지닌 전 지구적 사회 구축이 아직도 요원한 지금까지) 문화들은 언제나 복수로 존재하는 반면, 다른 한편으로 다양한 문화가 있다는 것을 잊을 정도로 사람들의 문화는 그들에게 자연스럽게 느껴진다.

다시 말하건대 누구도 일반적으로 자신이 세상에 혼자라고 생각하지 않는다. 즉 주변의 사람과의 유사성을 인정하지 않을 사람들은 없을 것이다. 그럼에도, 사회에서 이는 정확히 정상적인 일이다. 부족적 자아를 정의하는 가장 일반적 원칙은 '인간'이라는 용어(예를 들어, 반투Bantu 나 이누이트Inuit, 이집트어의 remetj)를 사용한 것이다.* 하지만 이는 모든 문화의 보다 광범위한 경향의 한 사례일 뿐이다. 다시 말해, 모든 의미 구성의 기저에 있는 긍정과 부정의 흑백 체계를 보이지 않고 만져지지 않는 암묵적 규칙과 의미의 '회색' 체계로 바꾸려는 경향의 한 사례일 뿐이다(Mary Douglas, 1966·1970·1975). (후자의 경우, 그 규칙과 의미 체제에 대한 의문을 제기할 수 없기 때문에 변화의 가능성도 없다). 자신이 살고 있는 현실을 '사회적 구성'으로 인지한다면 그들에게 현실은 더 이상 현실이 아닐 것이다.

모든 문화는 그 인습성과 우발성contingency—즉, 그 구성된 실제가 다르게 인지될 수 있다는 사실—을 망각 혹은 자명함의 장막으로 감추려는 경향이 있다. 이것은 문화에 의존하는 인간의 자연적 경향과 맞닿아 있다. 페트라르카Francesco Petrarca(1304~1374)가 편지에서 말한 것처럼, 비록 인간은 계속 문화를 "야만성을 버리고 인간성을 입히기 위한" 자신의 임무 및 신이 부여한 기회로까지 여겼지만(R. Pfeiffer, 1976, P. 15 이하 [뒤의 주 20]), 이런 그들의 입장이 결코 객관적인 것은 아니었다. 그들의 문화에 반하는 세력으로 우선 그들의 자녀들이 있다. 이들은 그들의 문화 속에 태어났지만 '어린 야만인'—비록 그들이 '야만인'이 아니라 단순히 문화적 함양이 필요할 뿐이라고 해도—의 세대(이런 세대적 갈등은 늘 반복됨)를 형성한다. 다른 한편으로 자민족 중심주의 관점

---

* 부족들이 '인간'이라는 말로 스스로를 지칭하는 것은 세상에 그 부족이 유일하다는 의미를 내포한다. 많은 부족이 인간을 가리키는 이러한 용어들로 자칭한다.

제3장 문화적 정체성과 정치적 상상력

에서 그 성격이 야만적으로 여겨질 다른 문화들도 그들의 문화에 반하는 세력이다. 인간은 의식적으로 문화를 선택하고 야만에 반대하는 것이 아니다. 우리는 문화 의존적 존재이기 때문에, 문화는 우리의 (제2의) 천성처럼 발생한다. 동물은 그들의 환경에 본능적으로 적응한다. 인간에게는 그런 본능이 부족해서, 문화에 적응한다. 즉 세상을 다가서기 쉽고 살 만하게 해주는 의미의 상징적 세계에 적응하는 것이다. 인간에게 다른 선택은 없다. 인간에게는 버려져야 할 야만은 없고, 상쇄되어야 할 결핍만이 있을 뿐이다. 이렇게 우리는 우리가 무엇에 의존하는지, 그리고 인간의 어떤 요소가 의존적인지를 배운다.

그럼에도, 문화가 결핍이 아닌 야만의 극복을 그 목표와 효과로 간주하게 되는 경우가 빈번하다. 이것은 '혼돈'이라는 허구를 통해 분명히 표현된다(G. Balandier, 1988). 문화는 자연 상태의 정복과 역전으로 간주된다. 자연 상태에서 인간은 늑대같고, 힘이 곧 정의이며(즉, 무법 상태), 모든 이들이 자신의 충동과 순간적 욕구를 마음대로 추구한다. 문화는 이러한 자연의 혼란으로부터 인간이 거리를 두게 하는 수단이다. 그 상징적 의미, 규범, 제도 등과 함께 살아가는 것은 세계와 자아로부터 안팎으로 모두 거리둠을 의미한다. 인간은 더 이상 본능의 노예가 아니라는 의미다.

이러한 방식으로 인간이 자기 자신의 의지에 따라 성찰하고 행동할 공간이 생겨난다. 이것이 정체성의 전제조건이다. 아비 바르부르크A. Warburg(1866~1929)는 《기억의 여신Mnemosyne》의 서론에서 "자기와 외부 세계 사이의 거리를 신중하게 창출하는 것이 인간 문명의 기본 행위라고 할 수 있다"고 기술했다. 문화가 그 거리를 제도화해준다. 그것은 자기 내부에서, 세계에서, 사회에서, 친숙함과 신뢰를 산출한다. 문화는 또한 우리를 의사 결정의 강박과 함께 의심과 가책에서 오는 충동에 함몰되지 않도록 해줌으로써, 인간 존재에 고유한 자유 공간latitude을 창출한다.[6]

이 자유 공간이 개인적, 개체적 정체성을 가능하게 해주는 전제조건이다. 그것이 소통과 상호작용의 과정, 즉 '관점의 호혜reciprocity of perspectives'(H. Plessner)를 가능케 해주어, 정체성을 확립해가는 행동의 자유와 자아 경험에 대한 기초가 된다. 행동의 자유는 단순히 의사 결정만의 문제가 아니다. 그것은 의미들의 전체 배경 구조와도 관계한다. 상호 주관적 행위, 즉 상호작용의 발생은 바로 이런 공유된 의미들을 배경으로 한다.

이러한 공유된 행동과 경험의 의미 지평에서 '나'뿐만 아니라 '우리' 정체성으로까지 발전하기 위해서 한 단계 더 높은 의식이 요구된다.[7]※ 의미들의 상징적 세계가 그 주민들에게 불변의 주어진 질서로서 여겨지는 한, 투박한 민족 중심주의에서 집단 정체성 의식은 거의 발생하지 않는다. 투박한 민족 중심주의에 따르면, 집단의 성원인 내가 다른 어떤 방식이 아닌 이 방식으로 행동하는 것은 '우리'가 (다른 사람들과 대조적으로) 이렇게 행동해서만이 아니라 내가 인간이기 때문이다.

이어서 나는 이러한 의미의 중요한 요소들을 성찰하고 검토 대상이 되게 하여 그것들을 명시적이고 자명하게 해주는 일부 전형적 조건들에 대해 다루려고 한다. 그 조건들이 결국 '우리', 즉 일인칭 복수 정체성을 상징적으로 표현하게 해준다.

정체성, 소통, 문화

소통의 관점에서 정체성 문제에 접근하려면, 우리는 인간 존재의 근본적 사실들로부터 다시 시작해야 한다. 아리스토텔레스는 인간을 조온 폴리티콘zoon politikon, 즉 집단과 공동체, 정치 체제 가운데 사는 사회적 동물로 규정했다. 행동 연구에서 확인된 바와 같이 인간은 본성적으로 사회적 생활에 의존한다. 따라서 집단을 형성하는 추동력은 공동체의 구성 행위와 태도처럼(Eibl-Eibesfeldt) 인간의 원초적 능력의 일부다. 하지만 이러한 사회적 본능은 집단이나 무리, 떼 등으로 생활하는 특정 동물(늑대나 벌)도 공유하는 것이다. 그럼에도, 역시 아리스토텔레스에 따라 인간은 자신의 언어를 사용함으로써 스스로를 다른 사회적 동물로부터 구분한다고 말할 수 있다. 인간은 '조온 로곤 에콘zoon logon echon', 즉 언어를 소유하는 동물이고, 언어는 집단 형성을 위한 뛰어난 도구이기 때문에, 인간의 사회적·언어적 측면들은 잘 조화된다. 언어는 소통의 근간이며, 소통은 인간 연대의 근간이 된다.

1 — 정체성 상징화의 형태

'사회적 정체성'이라고도 부르는 사회적 소속 의식은 공유된 지식과 공유된 기억에 의존한다. 그 지식과 기억은 공통의 언어에 의해 표현된다. 다시 말해 상징들의 공동 체계에 의해 소통된다. 앞에서 살펴본 대로 소통은 의식과 춤, 문양과 장식, 의상, 문신, 음식, 기념비, 그림, 풍경 등을 통해서 발생할 수 있기 때문에, 그것은 단지 어휘, 문장, 문헌만의 문제가 아니다. 모든 것이 공동체를 나타내는 표지가 될 수 있다.

중요한 것은 매체가 아니라 그 배후의 상징적 기능과 표지 구조다. 이런 공유된 상징의 복합체를 '문화구성체cultural formation'로 부를 수 있다. 문화구성체가 확립되어 전수될 때, 그것은 집단 정체성이 된다. 문화구성체는 집단 정체성이 창출되고 여러 세대에 걸쳐 보존되게 하는 매체이기도 하다.

인간 집단이 엄청난 다양성을 띠는 것은 그들의 생물학적 측면이 아니라 상징적 기반과 자기 인식 때문이다. 인간은 수백 명에 달하는 부족에서 수백만이나 수억에 달하는 국가까지 그 규모가 천차만별인 공동체에서 살아갈 역량이 있다. 인간은 또한 가족과 정당, 노동조합, 종교, 국가와 같은 하나 이상의 집단에 동시에 속할 수도 있다.[8] 따라서 문화구성체들은 다양할 수밖에 없는데, 그것은 기본적으로 다형태적이고 다체계적이다. 한 문화의 거시 구조 안에 일련의 문화적 하부 구조들이 발견될 수 있다. 부족 사회의 문화구성체는 훨씬 덜 다형태적일 것이다. 즉 근대적 문자 문화보다 훨씬 획일적 구조라는 얘기다. 문화가 하부 구조와 하부 문화들로 복잡해질수록 내적 소통의 기능과 기관들이 더욱 긴요해진다.

2—순환

정체성과 더불어 우리는 문화를 집단 면역 체계의 일종으로 정의하고, 그것이 어떻게 기능하는지 검토해볼 필요가 있다. 특히 그 순환과 관련하여 생물학적 면역 체계와의 유사성이 상당히 놀랍다. 고정 세포와 이동 세포 사이의 상호작용이 무수한 접촉을 통해 일관성과 유기적 통합을 끊임없이 만들어냄으로써 물리적 정체성을 창출하고 유지(혹은 재생산)하듯이, 사회적 정체성 역시 이와 마찬가지로 상호작용의 방식으로 구축되고 보존된다.[9]※ 여기서 순환되는 것은 공유된 언어, 지식, 기억을 통해 명료하게 기호화된 문화적 의미로, 그것이 공동의 가치, 경험, 기대, 이해들 속에 저장되어 사회의 상징적 세계관을 창조한다.[10]※

공유된 의미의 순환이 공동체 의식을 낳는다. 모든 집단의 개별 구성원에게 집단의 중요성에 대한 인식이 생겨남에 따라, 개인적 욕구, 본능, 목표가 그것에 종속된다. 모든 태곳적 윤리 규범과 마찬가지로 이 집트인들에게 가장 중요한 죄는 탐욕, 즉 다른 사람을 희생시키는 자기 향상이었다. 이 역시 미생물학과 놀랄 정도로 유사하다.

어떤 측면에서 탐욕스러운 사람은 사회의 '암세포'로, 최근의 암에 관한 연구는 그와 관련하여 다음과 같이 언급한다. "통상 모든 세포는 완벽한 유기체적 이익에 엄격히 종속되어 있다. 단단한 통제의 네트워크가 모든 세포를 유기체의 다른 부분들과 확실히 조화를 이루게 해서, 결코 독자적인 행동이 쉽지 않다."[11] 이러한 통제의 네트워크가 사회에도 존재하여 공공의 선이 개인적 사안보다 우위에 있도록 보장한다.

이른바 '대면 공동체', 즉 단순 사회에서 가장 중요한 사회적 순환의 형태는 대화다. 비록 의미의 순환을 위해 사용되는 매체가 전적으로 언어적인 것은 아니라고 해도, 언어는 사회적 현실을 구성하고 북돋아주는 가장 흔한 수단이다.[12] 사회적 네트워크와 정체성을 창출하기 위한 최초의 가장 효과적인 수단은 경제와 혈연이었다. 마르셀 모스M. Mauss(1872~1950)(1966)와 그를 이은 마셜 살린스Marshall Sahlins(1930~2021)(1972)는 개인을 모든 상호의존과 책임을 수반하는 사회적 타협의 체계로 이끈, 교역의 소통적 중요성을 강조했다. 레비스트로스도 혈연 체계와 혼인 관련 규칙의 사회적·문화적 의미에 주목하며, 근친상간 금지를 문화의 핵심적 성취로 간주했다. 여기서도 역시 핵가족을 넘어선 집단 정체성 창출이 관건이다. 소규모 자립 경제를 막고 더욱 광범위한 동맹과 상호의존을 장려할 때, 가족의 한계를 넘어서는 집단이 확립되고, 이렇게 사회적·문화적 정체성도 만들어진다. 그 단체 내에서 순환하는 공동체 의식은 실천적 과정이기도 하다.

'공동체 의식'이라는 말 속에 포함된 정체성 수여적 지식identity-securing knowledge은 '지혜'와 '신화'로 불리는 두 가지 매우 다른 복합체complexes를 수용한다. 단순한 형태의 단계에서 그것들은 격언과 이야기에 상응한다고 말할 수 있다. 격언은 상식의 형태로 공동체 의식을 촉진한다.[13] 격언들의 핵심은 "모든 세포가 유기체의 다른 부분과 조화"를 이룰 수 있도록 하는 것, 즉 연대의 실천이다. 그것은 기능적 공존으로 이끄는 규칙과 함께, 그리고 성공적 소통의 기저를 이루는 자명한 이치와 함께, 가치와 규범에 연관된다. 이러한 기능은 규범적이라 할 수 있다. 규범적인 텍스트는 "우리는 무엇을 해야 하는가?"라는 질문에 대답한다. 그것은 우리의 결정과 판단을 돕는 지침을 제공한다. '삶의 길'은 고대 이집트의 교훈적 문학의 흔한 은유고, 중국의 도道 역시 동일한 방향을 나타낸다. 규범적이고 교훈적인 문헌 해석 원칙을 의미하는 유대인 용어인 할라카halakhah는 '가다'의 의미인 할라크halakh와 연관된 것이다.[14]

또 다른 기능은 '형성하는formative'으로 부를 수 있을 것으로, 이러한 텍스트들—부족 신화, 서사시, 족보 등—은 "우리는 누구인가?"라는 질문에 대답해준다. 그것들은 집단 정체성을 규정하고 강화하여 공유된 역사를 이야기함으로써 집단행동을 자극한다.[15] 기반적이고 동기부여적인 이러한 이야기들은 '신화 동력mythomotor'이라는 용어하에 포괄된다.

3—전승: 의식적 소통과 의례적 일관성

신화와 정체성은 둘 다 우리는 누구인지, 우리는 어디서 왔는지, 우주에서 우리의 위치는 무엇인지와 같은 질문에 대답한다는 점에서 연결된다. 그것들은 모든 집단이 개별성과 통합의식의 기반으로 삼는 신성한 전통을 보존한다(R. Schott, 1968). 규범적 지혜가 생의 공식적 측면—관습과 관례—을 형성하고 정당화하는 반면, 형성적 신화는 거기에 의미를 제공한다. 하지만 지혜와 신화의 가장 두드러진 구분은 그것들 각각의 순환 방식을 고려할 때 드러난다. 신화가 의식儀式을 활용하는 반면, 지혜는 일상 소통의 형식을 이용한다. 전자의 유일한 관심은 정체성을 세우고 보존하는 지식을 공표하는 데 있고, 이러한 지식이 자발적으로 퍼지거나 재생산될 수 없으므로 그것은 공연되거나 유포되어야 한다. 이러한 측면에서 의식儀式은 순환의 제도화로 간주할 수 있을 것이다.

따라서 정체성의 맥락에서 우리는 이미 앞에서 기억 문화(소통적 기억과 대조적인 문화적 매체로서 의례) 및 문자 문화(문헌적 일관성에 대조적인 의례적 일관성)와 관련하여 살펴본 의례들의 사례로 돌아갈 필요가 있다. 의례들은 집단의 정체성 체계를 지속적으로 작동시키기 위해 존재한다. 그것은 참여자들에게 정체성과 관련된 지식을 공유할 수 있게 해주어 그들의 세계가 돌아가게 함으로써, 집단 정체성을 조직하고 재생산한다. 고대인들에게 문화의식意識은 현실이나 질서와 동의어였다. 질서는 단순히 주어지는 것이 아니어서, 세계 도처의 무질서와 부패에 대응하기 위해 의례의 실행과 신화적 설명이 필요했다. 신화가 질서를 표현하고, 의례는 그것을 창출했던 것이다(G. Balandier, 1988). 여기서 사실 두 가지 형태의 질서가 존재한다. 하나는 상식에 의해 형성되고 지배되는 일상의 질서고, 다른 하나는 정체성, 즉 의식儀式적으로 소통된 문화적 기억, 즉 정체성과 연관된 공동 지식의 보고를 포괄하는 축제적 질서다. 무문자 사회에서 의례가 이러한 공통 지식을 재생산하고 유포시키는 임무를 맡아서, 정체성의 확립과 체계적으로 불가분하게 연결되어 있었다. 그것은 정체성을 형성하는 요소들이 흘러가는 운하와 동맥을 제공하는 기반 시설이었다. 소통의 의례적 형식과 연관된 사회적 정체성은 일상적 삶에서 유리되어 있다. 무문자 사회나 문자가 있었음에도 의례적 연속성에 기반을 둔 고대 이집트 같은 사회에서, 집단의 일관성은 공시적이면서 통시적인 의례적 반복에 의존했다.

2. 집단 정체성의 기본 구조의 고양으로서 민족 형성

이 장의 앞부분에서 나는 정체성이 지식, 의식意識, 성찰의 문제임을 보여주었고, 이러한 지식이 무엇을 의미하는지 고찰했다. 문화가 이러한 지식의 구체적 형태이자 내용이다.

　기본 구조의 차원에서 사회적(민족적)·정치적·문화적 구조 간에는 완벽한 조화가 존재한다. 정주 사회의 구성원들은 정착 공동체 내부에서 대면 소통하며 살아간다. 그들의 사회적 공동체는 혼인 규칙에 의해 제어된다.[16] 이로 인해 그러한 공동체의 규모에 한계가 있어서, 수천 명을 넘기 어렵다. 심지어 오늘날에도 대부분 언어적·문화적·민족적 형성에는 여전히 이러한 '자연적' 일반 패턴에 따른다.[17]※ 그것을 넘어 확장된 것은 모두 고양의 결과들이지만, 이것들은 근본적으로 불안정하여 안정화를 위한 새로운 형식들이 필요하다. 뒤에서 상세하게 검토하듯 이것이 바로 집단 정체성의 확립을 위한 전형적인 출발점이다. 대체로 말하면, 성찰의 과정은 주로 민족적·문화적·정치적 구조 사이의 조화 결핍으로 인해 개시된다. 이것이 기존 가치의 상실로 이어지며, 구속력 있는 문화적 요령의 필요성에 대한 의식이 늘어난다. 사회가 더욱 복잡해질수록 민족적·문화적·정치적 구조 사이의 일차적 연합이 해체되어 두 범주로 나뉠 수 있는 문제들이 생겨나기 시작한다. 그것은 바로 통합의 문제와 구별의 문제다.

통합과 구심성

한 종족 공동체가 동맹이나 이주, 정복을 통해 다른 종족 정치 집단과 병합될 때, 통합과 문화 변용의 문제가 발생한다. 지배적인 문화가 초부족적 타당성을 띠면서 더욱 선진적 문명의 지위를 획득하고, 다른 집단의 문화적 구조를 소외시킨다. 초기 문명의 확립은 항상 인간 사회화의 자연적 차원을 훨씬 초월한 새로운 정치 조직의 창출과 일치했다. 이제 이렇듯 고양된 집단 만들기의 상징적 의미는 소통과 상호작용 및 일상으로부터의 거리 두기 같은 인류학적 기본 기능으로 더 이상 한정될 수 없었다. 나아가 매우 불안정한 정치적 구조를 안정화하고 다소 이질적인 사회문화적 범위를 통합하는 추가 임무까지 부여되었다. 상/하와 중심/주변으로 분할되며 상호 지역적, 초부족적으로 확장된 이러한 문화 틀 속에서, 다층적 방식으로 다양하게 사회화가 진행되었다. 부모와 기본 사회 조직이 더 이상 문화적 지식의 담당자가 될 수 없었고, 제도가 이를 대체하여 지식의 획득이 장기에 걸친 어려운 과업이 되었다. 사회심리학자인 페터 R. 호프슈테터Peter R. Hofstätter(1913~1994)가 규정한 대로 이제 문화는 자명함의 전형이라는 자리에서 멀어졌고, 사회인류학자인 아르놀트 겔렌Arnold Gehlen(1904~1976) 역시 문화가 더 이상 교양의 전형이 아님을 다음과 같이 언급했다.

> 우리에게 동기와 열의를 부여하며 우리를 육성시켜 우리가 문화로 부를 수 있는 고상하고 배타적이며 선택적인 열망들로 승화시킨 것들―수백 수천 년에 걸쳐 천천히 발전한 법, 사유재산, 일부일처제 가족, 정확한 노동 분업 등―은 엄격하고 항상 제한적이며, 억제적인 형식들이다. 법, 일부일처, 사유재산과 같은 제도는 말 그대로 그 자체가 자연스러운 것이 아니며, 아주 신속하게 파괴될 수 있다. 마찬가지로 부자연스러운 것은 우리의 본능과 사고방식의 문화로, 그것은 앞서 언급한 제도들에 의해 외부로부터 지원받아 유지, 통제되어야만 한다. 만약 그러한 지원을 제거해버린다면, 우리는 이내 원시주의로 되돌아갈 것이다(A. Gehlen 1961, p. 59).

겔렌이 염두에 두고 있는 것은 그 자체로서의 문화가 아니라 오히려 통합적으로 고양된 문화다. 이는 단순히 결핍에 따른 의존이나 보상의 창출이 아니라 보다 높은 수준의 문화다. 그와 비교하여 원시적 문화 구조들은 정말 야만적으로 보여서 인간성의 진전을 위해서 한쪽으로 치워져야 한다. 겔렌의 문화는 "위대한 것, 열망할 만한 것, 절대적인 것을 향한" 운동이어서, 그것은 항상 "부자연스럽고 어려우며 비현실적이다." 여기서 한 가지 중요한 사실은 겔렌 자신이 하나의 특정 역사 단계의 문화를 설명하고 있음을 깨닫지 못하는 점이다. 마찬가지로 그런 문화가 본능과 태도에서 아주 연약한 상태에 있는 사람들뿐만 아니라 문화와 밀당관계에 있는 정치 조직까지 안정시켜야 한다는 점도 인식하지 못하는 것 같다. 그가 여기서 묘사한 것은 그 시초부터 통합이 중심 문제였던 고대 이집트의 문화 개념과 사실상 동일하다(구별이 최소한 통합만큼 중요한 문제가 된 것은 헬레니즘의 도래에 이르러서였다).

자꾸 드는 생각은, 통합적으로 고양된 문화의 열망적 특성, 즉 그 "위대한 것······절대적인 것을 향한" 운동이 고대 문명들에 의해 활용된 거대 규모와 양식의 상징 형식들로 구현되었다는 점이다. 어마어마한 노력과 숙련된 기술을 통해서만 도달할 수 있는 이러한 초인간적 구현은 마찬가지로 공들여 성취한 초인간적 정치 구조의 위대함과 정확히 일치한다. "국민, 국가 형성, 거대성"이라는 이러한 증후들의 가장 인상적인 사례는 이집트 제4왕조(서기전 2600년경)의 피라미드일 것이다. 이집트학자인 볼프강 헬크Wolfgang Helck(1914~1993)는 "여기서 실로 신앙이 산을 옮겼지만, 그것은 이집트 국가의 창출을 위한 결정적인 추동력을 부여하기도 했다. 이러한 공통된 과업을 통해서 이제야 마침내 이집트 국가는 모든 사람이 자신의 자리를 지닌 하나의 조직화된 독립체로 부상했다"라고 기술한다(W. Helck, 1986, p. 19).

공동체와 정치적 정체성—살아있는 파라오에 의해 구현된—의 표지와 상징으로서 피라미드는 시대착오적으로 들릴지도 모른다. 하지만 오늘날에도 모스크바의 레닌 묘나 특히 베이징의 마오쩌둥 묘가 있는 기념당을 떠올릴 수 있다. 후자는 마오 사후 정치적 붕괴의 위험성에 대응하기 위한 통합 전략으로 중국 전역에서 온 70만 명이 건설했다(L. Ledderose, 1988). 동일한 맥락에서 1800년 윌리엄 우드William Wood는 런던에 거대한 피라미드를 세울 것을 제안했다. "그 감각을 매개로 다른 사람들의 마음에 기쁨을 주거나, 놀라움을 안기거나, 자극을 주거나, 영향을 미칠 수 있게" 말이다. 그는 확실히 피라미드 정도의 대단한 규모만이 영국인들을 고취하여 모국 개념을 가슴에 품고 집단 정체성으로서 그 국가를 가시화하고 영속화할 수 있다고 믿었다.[18] 초기 제국들의 거대한 건축에도 유사한 의미가 부여되었다.[19] 성경도 거기서 예외가 아닌데, 유명한 바벨탑 이야기는 다음과 같이 전한다.

> 자, 도시를 세우고, 그 안에 탑을 쌓고서, 탑 꼭대기가 하늘에 닿게 하여, 우리의 이름을 날리고, 온 땅 위에 흩어지지 않게 하자(창세기 11:4).

민족의 정치적 정체성의 구현과 상징이 아니라면 위 인용에서 언급된 '이름'이 무엇을 의미할 수 있었을까? 통합의 욕구—기존 구조의 취약성 인식뿐만 아니라—가 아니라면 외국에 흩어지는 두려움은 무엇 때문일까? 여기서도 갈망해 마지않는 민족 정치의 위대함은 거대한 건축의 구성을 통해 가시적으로 표출된다. 그 이야기의 마지막을 통해 알 수 있듯이, 야훼는 그 탑의 파괴만이 아니라, 특히 언어의 혼란을 창출함으로써 이러한 야망을 좌절시킨다.

정체성이라는 주제는 좀처럼 명백하게 표출하기 어렵다. 사회언어학자 조슈아 피시먼Joshua Fishman(1926~2015)이 정확히 지적했듯이, "이러한 정체성을 전달하고 발전시키는 데 언어보다 나은 상징 체계를 소유할 수 있을까?"(A. Jacobson-Widding, 1983, p. 277[앞의 주 1도 참조]에서 인용). 피시먼의 논평은 "근현대 민족문화 정체성(에 관한 것)이지만, 그 문제는 결코 그 시기에만 한정되지 않는다. 아리스토텔레스가 지적했듯이, 공통의 언어는 인간 집단을 형성하는 가장 오래된 매체다."

그렇다면 통합은 인간 사회화의 자연적인 형성을 초월하여, 포괄적이고 구속력 있는 상징적 의미를 통해 안정화되는 대규모 민족적 정치 정체성을 불러온다. 하지만 이러한 과정은 불가피하게 문화적 구조들의 성찰성을 드러낸다. 문화 변용은 한 문화에서 다른 문화로의 이전을 수반한다. 즉 우수한 '표적target' 문화의 관점에서 이러한 이전은 "야만성을 버리고 인간성을 보듬는" 것을 의미한다.[20] 문화 변용에서 무슨 일이 일어나든, 문화적 다원주의가 나타날 것이고, 여러 언어에 대한 지식이 언어 일반에 대한 의식을 고양시키는 것처럼, 문화 다원주의도 일종의 '문화의식'을 요구한다. 메타 수준의 문화적 성찰이 이루어져, 이를 통해 문화 자체(혹은 그 다양한 양상)가 주제화되고 분명해질 수 있다. 따라서 비언어적 규범, 가치, 공리가 성문화된 법률과 관례로 변모한다. 이는 문자 발명의 결과일 뿐만 아니라 통합의 문제에서 발생한 '설명 필요성'의 효과이기도 하다. 명백해져서 검증의 대상이 되는 지식은 바로 그 때문에 바뀔 가능성이 있고, 비평에 노출된다. 이는 다원성과 복합성에도 그대로 적용되는데, 그것들이 대안을 허용하지 않는 자명함의 정반대이기 때문이다.

그렇지만, 문화는 결코 항상 통합과 통일의 동력으로만 작용하지는 않는다. 그것은 적어도 같은 정도로 계층화와 분리의 동력도 될 수 있다. 인도의 카스트제도가 이와 관련하여 가장 명백한 사례를 나타낸다. 각 카스트의 독특한 특성은 능숙한 구체적 분야에 따라 순전히 문화적 용어로 규정된다. 공유된 문화적 정체성 속에서—외국인은 규정상 카스트에서 빠진다—이 제도는 문화적으로 유도된 불평등을 창출한다. 이러한 차별의 시초는 전형적으로 글에 대한 역량과 연결되어 있다.[21]※ 메소포타미아와 이집트의 초기 문명에서도 서기관은 인지적·정치적·경제적·종교적·윤리적·법적 역량을 통합한 엘리트 계층의 구성원이었다. 문자와 지식, 문자와 행정, 문자와 정부가 모두 밀접하게 연관되어 있었다. 한편에서 글을 쓰고 행정을 담당한 통치 엘리트와 다른 한편에서 노동하는 생산 대중 사이의 벌어지는 격차 역시 마찬가지였다. 두 계층을 아우르는 자아상이 있었을까? 그들은 계속 자신을 단일한 집단의 구성원으로만 간주했을까? 문화가 복잡해질수록 집단 내의 격차는 더 커진다. 요구된 지식에 숙달하여 그것을 실행할 수 있는 전문가는 결코 소수 이상일 수 없었기 때문이다(E. Gellner, 1983).

문화의 계층화 동력은 그 불평등 창출과 함께 다음의 두 가지 다른 방향으로 나아간다: (1) 전문가를 문맹의 대중으로부터 분리하는 사회적·교육적 구분과 (2) "대충 살아가는" 하층민의 삶을 교육받은 상층민의 세련된 생활방식과 극명하게 대조하는 행동학적 구분이다. 따라서 문화는 상층계급의 현상이 된다. 이는 일반적으로 하층계급 문화와 상반된 엘리트 문화의 문제가 아니라 평민보다는 엘리트에 의해 보다 온전히 숙달되어 실현되는 문화 자체의 문제다. 그래서 사회의 한 부분(엘리트)이 전체에 대한 대표성을 주장하는 것이다. 예컨대 이집트의 한 관리는 스스로를 전문 기술이나 계급 윤리 같은 특정 관직 문화의 전수자가 아닌 문화 그 자체의 전수자로 간주했을 것이다.

문화의 전수자가 되는 것은 큰 부담을 지는 일이다. 개인적으로 번영하여 삶의 당면 과제에 대한 부담에서 자유로울 수 있는 사람만이 감당할 수 있다. 문화에 대한 이러한 접근은 모든 고대 사회에서 공통적이었다. 하층계급은 자신들이 그 대상이 되는 경우에만 문화의 일부가 될 수 있었다. 궁핍한 사람들에 대한 선행과 보살핌이 이집트와 근동, 성경 윤리에서까지도 중심 원칙이었다(Bolkestein, 1939). 각 개인에게 주입된 연대 의식은 속담에 나오는 '과부와 고아'같이 가난하고 소외된 사람들을 포함하였다.[22]

중앙이 주변을 지배하는 제국 문화는 항상 소규모 엘리트들에 의해 태동했다. 하지만 그 소수가 전체 사회적 정체성을 구현했다. 그들은 학문(바빌론, 이집트, 중국)과 시험(중국)을 통해서 엘리트의 지위를 얻을 수 있었다. 문화는 자연적·종족 문화적 인식과 매우 다른 소속감을 전달한다. 의도적인 소통을 통해 획득한 소속감은 생득적인 소속감과는 다른 의식이다. 이러한 문화는 사람들로 하여금 자신들이 높은 수준의 인간군에 속한다는 인식을 갖게 한다. 이는 구별의 문제를 통해 생겨난 인식의 종류와는 매우 다르지만, 다소 약화된 의미에서 그것 역시 문화적 정체성의 형태다.

그러므로 대표성을 띠는 엘리트 문화와 배타적인 엘리트 문화 사이는 반드시 구분해야 한다. 예를 들어, 18세기 유럽의 불어를 구사한 귀족은 배타적 엘리트들로, 그들은 결코 자신을 민족적인 의미의 대표성을 띠는 존재로 여기지 않았다. 당시 폴란드의 귀족은 자기 나라의 농민보다 프랑스의 동등한 상대방에게서 훨씬 더 동질감을 느꼈다. 그는 필시 '동포'라는 용어를 이해조차 할 수 없었을 것이다. 당시 폴란드는 귀족 국가였다(귀족들에 의해 형성된 국가라는 의미에서). 앤서니 스미스A. D. Smith(1939~2016)는 '수평' 민족 집단과 '수직' 민족 집단을 구분한다. 수평 집단의 문화는 엘리트적이고 계층적인 귀족들의 문화여서, 하위계층까지 퍼질 때 약해지거나 완전히 사라져버린다. 수직 사회는 일반 보통 사람들의 것으로, 계층에 상관없이 모든 주민에게 단일 민족문화가 퍼져 있다. 물론 상황에 따라 그 정도에는 상당한 차이가 있다(A. D. Smith. 1986, pp. 76~89). 하지만 이 이분법은 지나치게 단순하다. 앞에서 언급한 '배타적인 것'과 '대표성을 띠는 것' 사이의 중요한 구분을 고려하지 않은 것이다. 이집트와 메소포타미아의 경우, 대표적이지만 배타적이지 않은 것으로 간주되는 엘리트 문화를 지닌 수평 집단에 속했다. 문화는 여전히 그것이 창출해내는 사회적 격차를 메우며 '수직적 연대'[23] 이데올로기를 통해 통합력으로 작용할 수 있다.

통합적으로 고양된 문화 형성은 그 통합력으로 제국을 내면적으로 단결시키면서 동화라는 놀라운 외향력을 발휘하는 경향도 있다. 이러한 고전적 사례가 중국이다. 외국의 정복자들은 끊임없이 자신들의 기원을 망각하며 그 나라의 통치자로서 토착민들보다 더 중국화되었다(즉, 중국 문화에 동화되었다).[24] 바빌론과 이집트에서도 정확히 동일한 과정이 일어났다. "나일강 물을 마시는 사람은 자신이 어디서 왔는지 잊을 것이다." 고대 세계에서 잘 알려진 문화적 동화의 사례로 아시리아인의 바빌로니아 동화[25]와 로마인의 그리스 동화를 들 수 있다. 근대 세계에서도 프랑스가 비교적 최근까지 독특한 문화적 동화 역량을 발휘했다. 이러한 역량을 개발하기 위해서 문화는 그 습관적인 자명함에서 벗어나서 그 자체를 드러내고, 설명하며, 양식화함으로써, 뚜렷하게 가시화해야 한다. 문화가 그 내면적 힘을 보여줄 때야 의식적으로 동일화하고자 하는 목표와 집단적 문화 정체성의 상징이 될 수 있다.[26]

구별과 동등성

기본적 문화 구조의 고양에서 통합과 구별을 두 가지 분리된 요소로 구분하는 것은 무의미해 보일 수 있다. 그것들이 결국 단순히 하나의 동일한 현상의 다른 양상들은 아닐까? 문화가 그 통합과 동화 역량을 발휘하기 위해서 가시적으로 되어야 한다면, 그로 인해 자동으로 특이해지는 것은 아닐까? 독특한 것의 가시화가 아니라면 양식화가 의미하는 것은 무엇인가? 그리고 정체성이 반드시 통합과 특이성을 동시에 수반하지는 않을까? 통합을 강조하는 하나의 정체성과 특이성을 강조하는 다른 정체성 사이를 구분하는 것이 타당할까? 다른 것이 없이도 하나를 강조할 수 있을까? 이러한 이의는 정당한 것이다. 문화는 내면적으로 정체성을 산출하는 반면에, 외면적으로 소외를 산출하기도 한다. 심리학자 에릭 에릭슨E. H. Erikson(1902~1994)은 그 과정을 '가짜 종 형성pseudospeciation'이라 불렀고,[27] 행동학자인 이레내우스 아이블-아이베

스펠트(1928~2018)는 이를 인간 공격성의 주요 원인 중 하나로 간주했다(I. Eibl-Eibesfeldt, 1975·1976).[28] 문화적으로 유발된 소외는 외국인 혐오, 집단 학살, 전쟁으로 인도될 수 있고, 실제로 그러했다. 이러한 양면성 역시 문화적 기억 현상학의 일부다. 사랑과 증오는 동일한 문화적 동전의 양면이다.

고양된 통합이 내부 집단과 외부 세계 사이의 경계를 강화함은 의심의 여지가 없다. 이러한 가장 놀랄 만한 사례는 최초로 중국을 통일한 진시황이 구축한 만리장성이다.[29]※ 이집트에서도 동일한 메커니즘을 관찰할 수 있다. 현대의 발굴은 상하 이집트 선사문화의 토대가 전자의 경우 아프리카와, 후자는 근동과 광범위하게 연결되어 있었음을 보여준다(J. Eiwanger, 1983, pp. 61~74). 왕국의 통일—나일강 유역의 다양한 민족적, 문화적 집단들을 합친 모두를 아우르는 정치적 구조의 창출인—과 함께 이러한 거대한 연결망은 사라졌다. 메소포타미아는 또 다른 사례를 제공한다. 이른 시기에 근동 지역은 서쪽으로 이집트와 아나톨리아로, 동쪽으로 인더스강 유역까지 확장된 문화적 연결망의 중심이었다.

고양된 구별에서는 이 과정이 역전된다. 즉 외부로부터의 구별이 불가피하게 내면적 통합을 고양시킨다. 외부의 적에 대항하여 자신들을 방어할 필요성만큼 사람들을 단단하게 결속시키는 것은 없다. 내부의 정치적 문제에 대처하는 최고의 수단은 공격적인 외교 정책을 추구하는 것이다.[30] 통합과 구별 사이의 이러한 연관성을 부인할 수는 없지만, 나는 여전히 고양을 불러일으키는 요인의 양상에 따라 문화 구조의 두 형식을 구분하길 원한다. 예를 들어, 이집트 문화는 내재적으로 발전한 그 통합력의 불가피한 부산물로서 특수성을 얻게 되었다. 반면에 유대인은 그들의 특수성을 외재적으로 유지해야 하는 상황을 통해서 그들 특유의 통합력을 확보했다.[31*] 두 경우 모두에서 다른 것 없이 하나를 얻을 수 없었다. 그럼에도 불구하고, 우리에게 분명한 것은 상이한 문제들이 문화적 고양의 다른 형태들을 낳게 했다는 사실이다.

겔렌이 통합적으로 고양된 문화를 일반화하듯이, 민족학자인 빌헬름 뮐만(1904~1988)은 문화의 본질을 차별적으로 고양된 문화 형식으로 간주한다. 그는 다음과 같이 '제한적 구조limitic structure'라는 용어를 도입한다. 분명히 경계가 나타나지만, 그것이 (반드시 처음부터) '땅'에 표시되어야 할 필요는 없다. 경계는 오히려 '경계 표식'의 전수자가 된 인간을 통해서 정의된다. 이 경계는 문신 문양이나, 바디 페인팅, 흉터, 장식, 의상, 언어, 음식, 생활방식 등에서 드러난다. 요컨대 소유물, 전통, 신화 등의 '문화'를 통해 표출되는 것이다. 매트, 사롱[*] 문양, 무기 디자인이 경계를 표시할 수 있고, 심지어 노래와 춤도 마찬가지다. 이것 중 어떤 것도 단순히 '거기' 있는 것이 아니다. 그것들은 타자로부터의 분리를 제공하며 선호와 우월성이라는 개념 및 이데올로기와 연결되어 있다. 원시인들의 경계 개념에서 이러한 종류의 표식(라틴어의 margo)이 기존의 농지 구획—역시 현시될 수 있는—보다 훨씬 더 중요하다. 그것이 인간의 존재에 더 포괄적이고 더 침해적인 어떤 것, 즉 '제한적 구조'에 속하기 때문이다.

*동남아 등지에서 남녀 구분 없이 허리에 둘러 입는 천.

그 이상적인 형태에서 '제한적 구조'는 문화를—문화들로 불릴 수도 있는 다른 것들과 대조되는—삶의 **한 가지** 방식이 아니라, 그에 반한 다른 것들이 인간 이하로 간주되는 진정한 우주, 즉 삶의 유일한 방식으로 규정한다. 그 다른 것들이 폭넓고 경우론적casuistic 안목을 지니는 학자들의 눈에 '문화'로 비칠 수 있지만, 현지인들에게는 그렇지 않다. '타자'도 인간과 비슷한 무엇이라는 교훈은 더디고 고통스럽게 체득될 뿐이다(W. E. Mühlmann, 1985, p. 19).

뮐만 역시 겔렌과 마찬가지로 그가 설명한 것이 보편적 기본 구조가 아닌 고양된 문화의 특정 형식임을 인지하지는 못한 듯하다. 그는 '제한적 구조'의 상위 버전인 고양된 구별이 야만적인 것, 인간 이하의 것으로 간주되는 외부 세계를 표적으로 삼는 것이 아니라, 우월하다고 여겨지는 문화에 대한 반대임을 간과하고 있다. 뮐만 자신은 스코틀랜드의 타탄(문장紋章)이라는 뛰어난 사례를 제시한다. 우리는 그것이 18세기를 넘어서 소급될 수 없는 만들어진 전통이라는 것을 알고 있다(E. Hobsbawm and T. Ranger, 1983). 그것은 또한 제임스 맥퍼슨 J. Macpherson(1736~1796)의 오시안Ossian(3세기경 켈트족의 전설적 시인)처럼 영국령의 통합적 중심부 문화에 대항하여 주변부를 개선하고 강화하기 위해 설계된 것이었다. 구별적 고양은 문화의 본질에 적용되지 않지만 "대조적인 환경에 적응할 수 있는 정체성 체계"의 특별한 사례를 나타낸다(E. H. Spicer, 1971). 에드워드 스파이서(1906~1983)에 따르면 이러한 (집단) 정체성 체계—이런 체계는 쉽사리 사라지지 않은 특징이 있음—의 탄생은 항상 반대나 적대감의 원칙과 연결된다. 구별적으로 고양된 정체성은 저항운동인 '반反정체성'이다.[32] 그것은 문화 없는 혼란에 대해서가 아니라 다른 지배적 문화에 대한 반박으로 생겨나서 끈질기게 지속되며, 전형적으로 소수 집단 사이에서 발견된다.

따라서 소수 문화(예컨대, 유대인과 흑인 등의)에 대한 다수 문화의 박해가 이러한 억압된 사람들이 필사적으로 자신들의 정체성에 집착하는 결과를 낳는다. 스파이서는 스페인의 카탈로니아, 바스크, 갈리시아 사람들의 사례를 인용하지만, 캐나다의 불어 사용 주민이나 프랑스의 브르타뉴어 사용 주민 등과 같이 전 세계적으로 수백 종의 사례가 존재한다. 개인적 정체성과 집단적 정체성 모두에 공통적인 맥락 중 하나를 구성하는 것이 바로 이 대립적인 원칙이다. 타자 개념 없는 자아 개념이 드물듯이……일부 다른 집단 없이 집단 의식이 존재할 수는 없다.[33]

앨런 던데스Alan Dundes(1934~2005)가 이러한 반정체성을 규정하는 전형적 상징 체계로 민속을 끄집어낸 것은 타당해 보인다. 민속이 문화 구조 일반이 아니라 다른 지배적 문화 체계와 접촉 혹은 대조 속에서 주변적으로 보존된 문화 구조를 가리키는 한 그렇다는 얘기다. 민속은 지역 방언이 표준어에 대해 가지는 관계와 마찬가지로 지역 문화가 지배적인 문화에 대해 지니는 특유의 하부 구조다. 하지만 던데스 역시 이러한 중요한 차이를 간과했기 때문에, 특수한 사례를 일반화하는 오류를 범하고 있다. 민속이라고 불린 유럽의 모든 관습과 전통이 문화적 억압, 소외, 주변화 과정을 겪으면서, 그런 관습과 전통은 "대조적인 환경에 적응(그리고 저항)할 수 있는" 반정체성을 표출하는 상징적 방식으로 자리 잡게 되었다.

문화 내부의 적대감이나 이중성도 그것들의 제한적 구조를 개선함으로써 차별적으로 고양된 문화 구조들로 연결될 수 있다. 17~18세기 러시아가 이러한 좋은 사례다. 당시 유럽의 모든 나라에서 공통적이었던 근대화를 향한 추동력이 러시아에서 구문화와 신문화 사이의 충돌을 야기했다. 전자의 상징은 후자에 대한 부정 혹은 역전을 나타냈다. 이렇게, 문화가 일차적으로 구별적(제한적) 의미를 띠게 되었다. 즉, 한 사람이 독특한 방식으로 행동하는 것은 대개 다른 사람이 그것을 다르게 하기 때문이고, 그 사람은 자신이 다른 집단에 속하지 않는다는 점을 보여주길 원한다. 그러한 사례로 턱수염 스타일과 '햇살 피해서 걷기', 세 손가락 대신 두 손가락으로 십자가 만들기를 들 수 있는데, 구문화 사람들에게 이것들이 모두 깊은 의미를 지니는 상징이었던 이유는 개혁가들이 그것들을 반대로 했기 때문이다.[34] 계몽이라는 근대화의 자극이 어느 곳에서나 신구 대립의 유사한 분열로 이어졌다. 심지어 모든 대조적 환경에서 반정체성을 유지해야만 했던 유대인들도 예외가 아니었다.[35]

구별은 아래에서 위로 혹은 주변에서 중심으로의 운동에만 국한되지는 않는다. 그것은 반대로도 일어난다. 구별distinction이란 단어 자체가 탁월함의 의미(열등함으로부터 분리된)를 동반하는 것이 우연은 아니고, 이러한 추가적 의미는 이미 앞에서 언급한 엘리트 문화의 배타성과 관계있다. 상류계급은 항상 자신들의 우월성을 가시적으로 표출하는 데 큰 가치를 두기 때문에 그들의 차별적 역량 혹은 제한적 구조를 상징화하는 특별한 방식을 지니는 경향이 있다.[36] 예를 들어 고대 이집트 '서기관 계급literocracy'—이들은 통치계급에도 속하는 식자들임—의 빛나는 백색 예복과 장발 가발이 여기에 포함된다. 오늘날까지도 근동의 일부 나라에서 기품의 표지로 여겨지는 광택 나는 구두, 짙은 색 양복, 백색 소매 끝동, 긴 손톱도 마찬가지다. 노블레스 오블리주라고 하면, 주로 의도적으로 가꾸어진 극장식 생활방식과 관련된 통상 거북한 양식화를 떠올린다. 횡적 구별에 기반한 종족주의 및 민족주의와 대조적으로, 이러한 종류의 종적 구별을 '엘리트주의'라고 부르기로 하자.

구별적 혹은 제한적 문화 고양은 불가피하게 특별한 소속감 및 일체감과 밀접한 관계를 지닌다. 이는 '그들'로부터 소외됨으로써 강화된 '우리' 정체성이다. 그것은 제한적 상징 체계로 지지되고 구현된다. '그들'은 상류층이나 하류층, 개혁가나 전통주의자, 억압자나 그 인근 촌락의 주민 모두일 수 있다. 즉, 한 사람이 충성을 가시적으로 표명하길 요구하는 무수한 도전이 존재하는 것이다. 하지만 이는 항상 문화적 반反양식화 혹은 대조 구별contradistinction의 문제고, 혼란의 문제에 대한 대응이 아닌 다른 문화에 대한 대응이다.

문화의 제한적 구조가 심화되면 그 위상이 종교의 위상으로 바뀐다. 이런 변화는 (비록 전형적인 상류층 종교 역시 존재하지만)[37] 엘리트주의가 아닌 종족주의와 민족주의의 경우에 발생한다. 차별적으로 고양된 정체성의 종교적 요소는 '우리' 의식을 뒷받침하는 배타성의 주장 속에 있다. 이 요소가 모든 개인과 그 개인의 모든 양상을 지배하기 시작한다. "더 이상 정당들을 모르겠어요, 오직 독일인만 알아요"[38]*라는 말처럼 모든 다른 구별은 최우선시되는 하나의 구별 앞에서 점점 자취를 감춘다. 위기에 대한 대응으로 일어난 문화의 제한적 구조의 심화 현상에 대한 최초이자 가장 인상적인 사례는 성경에 나오는 요시아의 개혁 이야기다(〈열왕기 하〉 22장). 이 문제는 제5장에서 상세히 다룰 것이다.

이러한 개혁 자체와 특히 〈신명기〉의 역사서술에서 나타나는 그에 대한 회상 모두 민족의 부활로 비춰질 수 있다. 아시리아 지배 시기와 비빌론 유수기 동안 훨씬 더 철저한 전통의 파괴를 겪은 후 사람들이 자신들의 진정한 정체성에 대해 되돌아보았다.[39]* 오늘날 우리는 이를 민족주의적 운동의 탄생으로 논할 수 있다. 이러한 각성은 망각된 책의 예기치 않은 재출현으로서 설명된다. 그러나 이는 어떤 종류의 망각, 즉 정체성 상실을 의미하는 것일까?

서기전 587년 유다왕국이 경험한 국토, 신전, 정치적 정체성의 상실과 같은 사례는 보통 민족적 정체성의 상실과 일치한다(이는 약 140년 전 북쪽의 열 부족이 아시리아인에 의해 강제 추방되었을 때도 일어난 일이다). 이러한 종족 집단들은 자신들이 누구고, 누구였는지 망각하고 다른 집단들에 병합되었다(A. D. Smith, 1986). 조만간 그것이 고대 세계 모든 종족 집단의 운명이 되었다. 유대인들은 그들의 정체성을 망각하지 않도록 저항한 유일한 민족이었다. 이는 바빌론의 망명 공동체로 인한 것이었는데, 그들은 총력을 다해서 수 세대에 걸쳐 전수되어 그 민족적 정체성의 기반을 형성한 규범적이고 형성적인 자아상의 기억을 총력을 다해 붙들었다.

이러한 정체성의 특성은 하나님이 유대인과 맺은 다음과 같은 언약이었다: "주님께서 오늘 당신들을 자기의 백성으로 삼으시고, 주님께서 몸소 당신들의 하나님이 되시려는 것입니다"(《신명기》 29:13). 이러한 발상이 끊임없이 반복되어 정체성의 기반을 형성하는데,[40] 그것은 외면적으로 현시되어야 하는 문제일 뿐만 아니라 의식과 기억의 일부로도 자리해야 했다. 가슴으로 수용할 사안이었던 것이다. 요시아는 "아이에서 어른에 이르기까지" 모든 사람을 예루살렘에 모이도록 소환했다. "그때 왕은, 주님의 성전에서 발견된 언약의 책(세페르하-베리트)에 적힌 모든 말씀을 크게 읽어서 사람들에게 들려주도록 했다. 왕은 기둥 곁에 서서 주님을 따를 것과 온 마음과 영혼을 다 바쳐 그의 계명과 법도와 율례를 지킬 것과 이 책에 적힌 언약의 말씀을 지킬 것을 맹세하는 언약을 주님 앞에서 맺었다. 온 백성이 그 언약에 동참하였다"(《열왕기하》 23:2-3). "온 마음과 영혼을 다 바쳐", "온 백성이"는 일종의 숙어로 그것이 각성의 운동임을 보여준다. 이 각성운동을 통해 잠복해 있거나 망각되기까지 한 규범적·형성적 자아가 다시 한번 새로운 인식으로 돌파되어 들어온다. 그리고는 "온 마음과 영혼을 다 바쳐" 반복이 지속된다.[41]

이제 종교와 민족성이 불가분하게 결합한다. 부족 연합이 커져서 하나의 민족이 되고, 그 민족은 신성하여(《출애굽기》 19:6; 신명기 26:19), 마침내 '야훼의 총회the congregation of the Lord'가 된다.[42] 모든 개인은 자신이 민족의 일부이며, 그 성원 자격이 (계약으로) 엄격하게 규정된 생활방식―다른 민족들의 그것과 명확히 구분되는 생활방식―을 따르도록 강제한다는 사실을 반드시 알아야 하고 결코 잊어서는 안 된다. 따라서 '유대인'이라는 민족적 용어가 "규범적 자기 인식"이 되고(E. P. Sanders, 1980 이하), 이것이 바로 자신의 목숨을 바쳐서라도 유지되어야만 하는 정체성인 것이다.

〈신명기〉는 성명서이자 민족적 저항운동의 헌장이다. 거기서 사용된 모델은 이러한 운동의 전형인 정체성의 신성화를 통한 구별과 저항이다. 이집트에서도 독특한 정체성의 고양高揚이 이와 유사한 방향으로 발전하였다. 외국의 통치인 페르시아(아케메네스제국) 시대에 이집트는 "민족적" 반反구별의 힘을 동원해서 대항해야 하는 이질적인 정치적 문화적 규범의 압박 아래 있었다(A. B. Lloyd, 1982). 이것이 넥타네보 Nektanebos(서기전 362년 사망) 왕이 착수한 거대한 신전들 건축 계획의 배경이었고, 이는 프톨레마이오스 왕조(서기전 305~30)에서도 계속되었다.

비록 완전히 다른 문화적 방법을 사용했지만, 나는 이것이 이스라엘인들과 같은 방식으로 기능한 차별적 정체성 고양 현상이었다고 보고 있다. 이집트에는 글로 된 경전이 없었지만, 그것을 대체할 신전이 있었다. 이러한 신전들은 경전화의 한 형태로 간주되어야 한다. 그것들은 모두 동일한 평면 배치 방식을 따랐고, 명문으로 가득하여, 기념비적 형식으로 전통을 성문화했다. 그것들의 높은 담장도 외부 세계와의 장벽을 제공하여, 유대인 율법의 기능을 유비적으로 표현한 '철의 장벽'에 정확히 시각적으로 상응한다. 이집트 신전의 담벼락은 의례, 이미지, 문자뿐만 아니라 생활방식을 위한 실용적 지침까지 담고 있다. 예컨대, 신전 내부에는 청결함에 대한 엄격한 규칙이 있었다. 넥타네보의 신전 건축 계획 역시 차별적으로 고양되고, 신성화된 민족 정체성의 다른 사례다. 신전은 후기 이집트 정체성의 상징이 되었다. 당시 이집트는 스스로를 신성한 나라로, "가장 신성한 땅"으로, 그리고 "전 세계의 신전"으로 간주했다.[43]

고대 유대와 이집트에서 발견된 해결책은 우리가 문화적 기억의 경전화라고 불러온 것이다. 경전화는 이국적이거나 무관하게 간주된 모든 것이 배제되는 반면, (형성적·규범적 측면에서) 의미를 지니는 모든 것이 신성화되어 구속력을 지니는 의무와 불변의 지위를 부여받게 됨을 뜻한다. 이렇듯 인정할 만한 극단적인 사례들은 민족적 정체성과 내구성이 문화적 기억과 그 구성 형태에 달려있음을 보여준다. 민족 집단의 소멸—잉카제국 같은 드문 예외는 제외하고—은 물리적 절멸의 문제라기보다 집단적·문화적 망각의 문제다. 이러한 관측의 모든 파생적 의미를 염두에 둘 때, 다음의 사실이 분명해질 것이다. 문화적 기억의 구성에서 일어나는 모든 변화가, 예를 들어 그것이 기억을 기록하는 방식의 혁신(문자) 때문이든, 유포 방식의 혁신(인쇄, 라디오, TV) 때문이든 아니면 그것의 전수 방식의 혁신(경전화, 탈경전화) 때문이든 상관없이 집단 정체성에 매우 과격한 변화를 초래할 수 있다는 점이다.[44]

민족 국가라는 근대적 현상이 정말 충분한 이유로 인쇄-출판의 발명과 연관된 까닭이 바로 여기에 있다(B. Anderson, 1983). 집단 정체성의 두드러진 고양은 문화적 기술에서 특별한 진전을 이룬 어느 곳에서나 발견된다. 초기 문명의 문자, 이스라엘과 그리스의 글쓰기와 기억술, 인도 브라만의 기억술이 그러한 문화적 기술을 대변한다. 애초의 군사적 성취 결과를 통해서야 문화적 성격을 지니게 된 신아시리아(서기전 934~609)에서도 제국 건설은 문화적 제도와 연관되어 있었다. 즉, 아시리아인들은 아슈르바니팔Ashurbanipal 도서관으로 알려진 궁전 도서관(오늘날은 국립으로 불릴 것이다[45])을 발명한 것으로 믿어지며, 그 중요성은 아무리 강조해도 지나치지 않다. 이는 아시리아-바빌로니아 사회의 완벽하게 문자화된 문화적 기억을 담은 결정체로, 그 전통의 물줄기에 대한 일관된 성문화이자 막 시작된 경전화, 그리고 주석과도 연결되어 있었다. (신전의 전문 도서관, '토판의 집' 그리고 이집트의 '생명의 집'과 다른) 국립도서관 관념도 제한적 혹은 통합적 고양의 의미에서 문화적 기억을 한곳에 모은 것으로 간주되어야만 한다. 하지만 지금까지 살펴본 것 중 민족 정체성에 영속성을 부여한 가장 효과적 수단은 종교다. 사마리아인에서 바스크인까지 앤서니 스미스가 인용한 특이한 내구성을 지니는 모든 사례는 민족 정체성이 특정 종교와 병합하는 동일한 패턴을 보여준다(A. D. Smith, 1986, pp. 105~125).

[2부]

사례 연구:
예비적
고찰

고대 세계의 문화 중 시대를 초월한 영향력을 발휘하여 그 정체성이 오늘날까지도 유효하게 남아있는 두 전통문화가 있다. 바로 그리스와 이스라엘이다. 그 둘 사이의 연결고리가 서양의 기독교뿐만 아니라 이슬람에도 토대를 제공했다. 서양의 경우 히브리 성경 및 신약성서와 함께 그 문화적 기억의 심장에 자리한 것은 그리스 고전 문학과 철학이다. 반면에 이슬람에서는 비록 히브리 성경이 쿠란으로 대체되었지만, 그리스의 학문은 지속적인 영향력을 가져왔다. 그러나 서양과 이슬람 문화 모두 각기 다른 방식으로 그리스와 유대-이스라엘의 유산에 토대를 두고 있는 점은 의심의 여지가 없다. 그런 유산들은 다른 문화와의 관계를 통해 지속되어왔을 뿐만 아니라, '순수한 상태'로도 존재한다. 즉 유대교에 이스라엘 전통이 순수한 형태로 존재하고, 인문주의에는 그리스 전통Hellas이 순수한 형태로 존재한다.

어떻게 이런 일이 일어났을까? 바빌론과 달리, 그리고 이집트와도 달리, 이 특이한 두 전통의 물줄기가 고대 세계의 쇠퇴에도 살아남은 이유는 무엇일까? 이 질문에 답하기 위해서 우리는 두 문화를 출범시킨 의미 형성semantic formations의 기점으로 돌아가야 한다. 이스라엘과 그리스 모두에서 대체로 각각 독립적이지만 동시에 다음의 두 핵심 단계가 의미들을 고정시켰다. (1) 서기전 8세기에서 5세기까지 기반 문헌들의 산출, (2) 헬레니즘 시대에 발생한 이러한 기반 문헌의 경전화와 해석 문화 발전.

두 단계 모두 단절을 그 특징으로 한다. 즉, 제2성전과 디아스포라의 유대교가 이스라엘의 본원이 되었고, 그리스 세계(로마와 그 이후의 모든 고전주의와 인문주의 포함)는 호메로스와 고전 헬라스를 전범으로 삼았다. 유대교가 그 후 경전화 기관으로 소페르sofer라는 학문적 필사제도를 발전시킨 반면,[1] 그리스 세계는 알렉산드리아의 문헌학을 통해서 이 역할을 충족시켰다.[2] 서양 고전학의 출발점이 된 그리스 전통에 대한 알렉산드리아의 재구성은 문헌적 경전의 출발점을 제공한 유대인의 신성한 문헌 재구성과 시간적·지리적으로 멀지 않다.

두 운동 모두 의문의 여지 없이 민족 정체성의 확립과 연결되었다. 수세기 동안 지중해 동부의 여러 민족도 자신들의 전통을 성문화하며 체계화하려고 시도했다. 통일성을 띠는 그리스-근동Greco-Oriental 문화의 확장에 대응하여 그 영향을 받은 각각의 개별 문화가 민족적 정체성을 만들어 유지하려고 과거를 되돌아보았다. 즉, 메소포타미아는 신아시리아 제국이 서기전 8세기에 문을 연 궁전 도서관 체계 내에서 방대한 고대의 문헌 수집 전통에 의존했다. 이집트의 경우 《사자의 서》[3※]가 경전화되었다. 페르시아에서는 고대 이란어인 아베스타어Avestan 기록을 점검했다. 위에서 언급한 유대교 성서와 그리스 고전이 특수성을 지녔음에도 불구하고, 당시 지중해 동부도 그러한 성서와 고전이 산출된 역사적 배경 또는 맥락으로 간주될 수 있을 듯하다. 이 책의 초점은 이러한 비교가 역사적 합리성을 지니는지 검토하는 데 있지 않다. 대신, 유대교에서 받들어진 성서라는 문헌적 경전과 그리스에서 고전 경전이 된 문학 모두를 아우르는 민족적 서사 문화라는 기저 개념에 더 큰 관심을 가질 것이다. 내가 보기에 이 민족 서사의 개념이 보다 최근에 정경

正經의 핵심 요소를 특징짓는 듯하다.

나는 이제 익숙해졌을 경전화의 과정에 대해서 다시 논하지는 않을 것이다. 대신 이스라엘과 그리스의 전통을 이러한 과정에서 쇠락한 문화들과 비교하려고 한다. 바빌론과 이집트가 즉각적으로 떠오르는 두 사례다. 서기전 제3천년기 초엽까지 소급되는 그 서사 전통은 그리스나 이스라엘보다 훨씬 오래되었다. 그리고 그리스와 이스라엘 문화가 생성되는 시기에도 지배적인 정치 문화적 맥락을 제공했다.[4] 하지만 그 두 문화가 기독교와 이슬람의 전파로 결국 사라진 것을 볼 때, 그 전통의 물줄기들은 이스라엘이나 그리스의 경우처럼 계속 흐를 동력을 갖추지 못했음에 틀림없다. 먼저 이집트의 사례를 활용하여 이 문제를 검토할 것이다.

메소포타미아는 이중 언어—수메르어와 아카드어—와 지배자 변동—수메르인, 아카드인, 카시트인Cassite, 아시리아인, 바빌로니아인, 칼데아인Chaldean 등—이라는 특징이 두드러진다. 특히 그 문자, 종교, 문화가 다른 종족과 사람들—엘람인Elamites, 아모리족Amorites, 후르족Hurrites, 히타이트인, 가나안인 등—에게도 전파되어, 사실상 단일한 이집트 문화 및 사회와 명확히 대조를 이룬다. 이러한 내재적 다양성은 전통들의 확립에 아주 우호적인 조건을 제공하여, 모든 주요한 정치적 격변의 단계마다 그것들을 성문화하고 고정하려는 노력이 생겨났다. 그 과정은 서기전 제3천년기 말에 수메르의 왕명록에서 시작하여, 고바빌로니아 시대(서기전 18~17세기)와 카시트 시대(서기전 15세기)에 각각 수메르어와 그에 뒤이은 아카드어 문헌의 방대한 경전화로 이어졌고, 서기전 8~7세기 신아시리아 통치자들의 도서관에서 이전의 각종 토판 문헌을 보존하며 정점에 달했다(Lambert, 1957).

  메소포타미아는 아주 일찍부터 그리스와 유대교 전통으로 이어진 문자와 문헌, 서적의 문화를 형성하고 있었다. 따라서 바빌로니아 문화가 이집트 문화보다 후대에 영속적으로 성공을 거둔 전통들에 훨씬 강한 영향을 지속적으로 미쳤음을 알 수 있다. 이는 문화적 의미의 확립이 '로고스 중심주의logocentrism'—예컨대 언어, 텍스트, 서적 등을 통한—를 따라 일어나야 함을 암시하는 듯하다. 문자로 표현되지 않았음에도 문화적 기억의 가장 존숭받는 형태의 핵심이 된 전통이 한때 존재했으리라는 점은 거의 상상하기 어렵다. 그러나 고대 이집트가 바로 그러한 유형 문화의 가장 인상적인 사례를 제공한다. 여기서 경전화 과정과 문화적 기억의 상이한 매체와 조직 형식에 대해 질문하기 시작하면 우리는 후기 이집트 신전이라는 아주 특별한 현상과 조우할 것이다. 제4장에서 나는 이스라엘인이나 그리스인들과 동일한 시기에 아마도 비슷한 역사적 조건하에서, 이집트인 역시 자신들의 경전을 산출했음을 논할 것이다. 이는 서적 모음이 아니라 신전의 형태를 취했다.

| 제4장 |
이집트

1. 이집트 문자 문화의 기본 특징

통합의 신화 동력

파라오 시대의 이집트는 성경과 멀게라도 비견될 만한 민족적 역사서술을 갖추고 있지 않았다. 그 첫 번째 예라고 할 수 있는 것은 프톨레마이오스 왕조 시대에 마네토Manetho에 의해 시도되었다. 신왕국 시대의 왕명록은 역사서술로 의도된 것이 아니라 역사적 시간을 가늠하는 데 활용되었다(즉, '차가운' 기억). 그렇다고 이집트의 자아상이 어떤 특정 기억이나 견고히 재구성된 과거를 포함하지 않은 것은 아니다. 이런 것들은 다만 이야기식이 아니라 상징으로 응축되어 있었다.

언어적으로 이 상징은 '두 땅의 통일'—이집트어로는 제마 타위[zema tawi]—이라는 숙어다. '두 땅'은 고대 이집트인들이 통상 자기 나라에 부여한 이름이었는데, 이는 상이집트와 하이집트—이들은 각각 이집트어로 전혀 다른 두 단어인 셰마Shema와 메후Mehu로 불림—를 지칭하는 표현이다. 이집트 왕도 두 개의 칭호를 가져서 상이집트에서는 네수트njswt, 하이집트에서는 비트bjt로 불렸다. 그의 두 왕관도 이중 통치를 상징했으며, 그것들은 각각 두 명의 여신과 두 곳의 도시—이 두 도시는 파라오제국으로 통합되기 이전 시대의 신화적 혹은 역사적 국가들의 수도였음—와 연결되었다(E. Otto, 1938).[1] 이 같은 핵심적 정치 상징은 왕좌의 측면부에서도 표현되어 있다. 호루스Horus와 세트Seth가 세로로 상이집트와 하이집트의 상징 식물이 휘감겨 결합한 모습으로 그려져 있고, 이는 "통일하다"(제마zema)의 의미를 지니는 성각문자를 구성한다. 왕이 통치한 국가는 신화적 태고시대에 두 신이 이룩한 통일의 결과로 여겨졌으며, 그 통일 과업은 모든 이집트 왕이 왕으로 등극할 때뿐 아니라 왕의 치세 내내 갱신되어야 하는 것이었다.[2]

호루스와 세트 이야기는 이집트 국가의 이중적 창건 신화에 서사 형태를 부여한다. 하지만 앙숙인 그 형제는 상하 이집트의 지리적 구분 이상을 나타낸다. 호루스가 문명, 정의, 질서를 상징하는 반면, 세트는 야만, 폭력, 혼란을 의미한다.[3] 통합은 이러한 대조적 원칙의 화해를 통해서만 가능하다. 그러나 그런 화해는 전자가 후자를 정복할 때 가능할 뿐이다. 정의, 문화, 질서는 싸워서 이겨야 하지만, 그리 쉽게 되는 것은 아니다. 그것들은 혼란, 야만, 폭력을 몰아낼 수 없고, 제어할 수 있을 뿐이다. 따라서 신화는 확정적인 조건을 설정하기보다 끊임없는 과제를 창출한다. 다시 말해 "질서는 재생重生에서 태어난다(*ab integro nascitur ordo*)"라는 원칙에 따라 혼란을 통제하고 통합을 통해 질서를 세우는 것이다. 통합은 상존하는 문제로, 결코 주어지는 것이 아니라 항상 세워지고 유지되어야만 하는 것이다.

호루스와 세트 신화는 단순히 교육적 혹은 여흥의 목적으로 이야기되는 것이 아니다. 그것은 두 가지를 성취한다. 첫째, 앞에서 언급한 대로 신화는 하나의 단위로 결합할 때만 살아남을 수 있는 분열된 두 세계를 묘사함으로써 질서가 혼란에 승리를 거두도록 한다. 둘째, 신화는 두 세계의 통합을 이루고 유지하는 데 필요한 에너지를 공급한다. 그런 기억 형상—즉, 신화—들은 전투의 집총 명령과 같아서 자아상을 형성하고 행동을 촉구하는 규범적·형성적 힘을 발휘한다. 이런 정체성 상징물의 역동적 성격을 묘사하기 위해서 '신화 동력'[4]이라는 용어를 사용한 바 있다. 호루스와 세트 신화는 원초적 이중성의 기억을 의미심장한 힘으로 전환하여 통합을 창출하고 지속시킬 수 있도록 자극한다. 이집트 특유의 불변성의 비밀이 이러한 신화 동력에 있을지도 모른다. 이집트의 불변성은 단순 지속의 문제가 아니다. 그것은 처참한 단절 후에도 끊임없이 정체성을 새롭게 하는 힘, 즉 끊임없는 구조적 자기 재생의 과정을 의미한다.[5]

이집트의 신화 동력은 확실히 통합의 방향으로 집단 정체성의 강화에 기여했다. 이는 외부 세계와의 단절을 수반하지 않지만, 부분들을 전체로 결합하는 내재적 통합을 통해 이루어졌다. 이에 하나의 단위가 모든 것을 포괄하는 것으로 여겨져서, 그 자체를 다른 외부 단위들과 구분할 필요가 없었다. 정체성의 경계는 인간성과 질서 있는 세계의 경계로 간주되었다. 따라서 두 땅에 대한 통치가 만물에 대한 통치—이 개념은 이집트어의 네브 템 *nb tm*("만물의 통치자")과 네브 와 *nb wa*("유일한 통치자")에 의해 표현됨—를 의미했다. 그것은 사실상 그 두 땅—즉, 이집트—이 태양신에 의해 창조되어 왕에게 위임된 통합 세계임을 의미하는 것이었다.

'기념비적 담론': 힘과 영원의 서사

메소포타미아와 달리 이집트에서 문자는 경제 활동의 결과일 뿐만 아니라 정치적 조직과 표상의 결과이기도 했다. 그것은 정치적으로 특별한 의미를 지니는 사건들을 기록하기 위해 고안되었다. 최초로 명문화된 기념비에는 신생 국가인 이집트를 성원하는 정치 선언문들이 새겨졌다. 그것들을 '전망적 기억'으로 범주화할 수 있을 것이다. 그것들은 현재를 마치 '미래의 과거'로 이해한 것으로, 다가올 문화적 기억 속에서 현재를 보존하려는 의도로 만들어졌다.

이는 명확히 두 가지 주요 목적을 지닌다. 첫째, 돌판에 중요한 행위들을 새겨 신전에 안치함으로써, 즉 신들이 그것들을 볼 수 있도록 함으로써, 그러한 행위 결과의 항구성을 보장하기 위한 것이다. 둘째, 한 해의 주요 사건을 기록하여 그에 따라 "모종의 사건이 일어난 해"로 그 해의 이름을 붙임으로써, 연대기적 지향의 수단을 창출하려는 목적이다. 이집트의 연대기 및 역사서술, 그리고 기념비적 건축과 예술의 기원이 모두 여기에 있다. 이것들의 유일한 기능은 인간 세계와 신들의 세계를 연결하는 영원하고 가시적인 고리를 제공하는 것이었다. 이는 회화 형태인 성각문자의 기원이기도 하다. 소위 '신들의 말씀'—성각문자에 해당하는 이집트어—은 "신성한 영원의 공간"에 안치될 것들을 기록하는 용도로만 사용되었다.[6]

따라서 '기념비적 담론'은 국가가 자신과 그 영속적인 질서 모두를 가시화하는 매체로서 생겨났다. 문자에 건축과 미술을 더한 그 이중 표현은 고대 이집트에서 국가와 영원(혹은 불멸) 개념 사이의 특별한 관계를 반영한다. 국가는 평화, 질서, 정의를 보장하는 제도였을 뿐만 아니라, 불멸—아니면 적어도 죽음을 넘어선 생존—을 가능케 해주는 것이기도 했다.[7] 성각문자로 된 모든 기념비는 국가와 영생 사이의 긴밀한 연관성을 언급한다. 기념비는 거기에 언급된 개인도 불멸화하며, 개인이 국가로부터 은혜를 입었음을 인정하게 한다. 국가가 모든 기술을 독점한 고대 이집트에서 개인은 국가에 복무함으로써 기술에 접근할 수 있을 뿐이었다. 국가가 집단적 정체성과 사회적 자기 증진을 위한 매체뿐만 아니라 사후의 사회적 기억을 위한 매체까지 장악했다.

'기념비적 담론'은 소통의 수단일 뿐만 아니라 구원의 길이기도 했다. 수천 년 동안 후손과의 소통 가능성을 열어놓음으로써, 그것은 한 개인에게—디오도로스 시쿨로스Diodorus Siculus나 헤카타이오스Hecataios(서기전 550~476)의 말처럼—그가 "덕으로 인해 기억 속에 남아"있는 한 지속될 수 있는 장수의 기회를 제공했다. '기념비적 담론'은 진정으로 덕(정의, 진리, 질서의 의미도 지니는 이집트어 마아트Ma'at), 영원, 사회적 소속감에 대한 것이었다.[8] 따라서 그것은 이집트의 문화적 기억을 구성하는 가장 중요한 수단이었다.

물론 문자의 역할은 '기념비적 담론'의 중심 요소라는 원조 기능에만 제한되지 않았다. 성각문자적, 즉 회화적 성격으로부터의 변화는 정말 근본적이어서, 이집트 문자에 서로 다른 두 종류가 있는 듯한 느낌마저 든다. '기념비적 담론'의 구성 요소로서 문자는 고대 이집트 문화의 종말 때까지도 결코 그 원초적 상형성에서 조금도 벗어나지 않았다. 하지만 그 신성한 담론의 틀 밖에서는 원초적 이미지가 인식 불가능할 정도로 단순화된 필기체로 진화했다. 따라서 상형문자와 필기체 서체라는 두 가지 형태의 문자가 발전했다. 오늘날 정상적인 단어의 의미에서 후자만 문자로 부를 수 있는데, 이는 물론 이집트 어린이들에게 교육된 것이었다. 또 하나의 문자, 즉 기념비에 사용된 문자는 미술로 분류되어, 전문 미술가 지망생들에게만 가르쳐졌다. 미술의 한 형태—즉 기념비적 담론—로서 명문체 문자는 아주 엄격하게 전문화되어 마땅히 경전으로 간주될 수 있는 구속력을 지니는 규칙의 제약을 받았다. 따라서 글로 된 텍스트가 아닌 시각화된 매체와 연관되었다고 해도, 이집트에서도 문화적 기억은 경전화와 결부되어 있었다. 변이의 배제가 절대적이었는데, 이는 플라톤에게도 명백한 사실로 인식되었고, 아직도 이집트 미술의 특징으로 간주된다. "이집트 조형예술에서 가장 놀랄 만한 시각적 사실은 동일성이다. 즉 하나의 작품이 다른 것과 대체로 유사하다"(Davis, 1989, p. 3).

플라톤의 《법률》에 기술된 이집트 신전에 대한 내용은 사실상 오해에 기초한 것이지만, 후기 이집트 사회의 자아상과 관련하여 매우 흥미롭고 유익한 사실을 보여준다. 그는 이집트인들이 모든 시기에 걸친 이상적인 미를 확인하고 반영한 모델들, 즉 표준 형식들—그리스어의 스키마타*schemata*에 해당하는—을 신전에 보관했다고 증언한다.

이집트인들에게 도시의 젊은이들이 좋은 자세를 견지하고 좋은 노래를 부르는 것은 매우 중요했다. 이집트인들은 목록을 만들어 그것들이 무엇인지, 어떤 종류인지 보여주는 동시에, 신전에 그것을 공간公게했다. 자세를 표현한 화가나 다른 사람들에게 조상 전래의 것과 다르게 혁신하거나 고안하도록 허용되지 않았다. 자세뿐 아니라 음악에서도 혁신이 아직까지도 허용되지 않고 있다. 만약 당신이 이를 살펴본다면, 당신은 그 그림과 조각이 만 년 동안—'말하자면' 그렇다는 것이 아니라 정말 만 년 동안—거의 동일했으며, 오늘날의 장인이 같은 기

술로 만든 것보다 결코 더 아름답거나 추하지도 않음을 발견할 것이다 (Laws, 656d-657a).⁹

플라톤이 여기서 언급한 것, 그리고 이 이야기의 핵심으로 간주되어야 하는 것은 이집트에서 활용된 건축과 예술 형태가 정말 믿기 힘들 정도로 획일적이라는 점이다. 이는 후기 이집트 자아상의 가장 중요한 특징 중 하나였다. 물론 제1왕조 혹은 제4왕조 시기에 나머지 다른 시기 동안 당대의 미술 형태에서 조금도 벗어나서는 안 된다고 명시한 법률이 제정된 것은 결코 아니었다. 이전 시대의 미술을 엄격히 고수할 필요성을 역설한 것은 후기왕조 시대였다. 분묘의 벽면이 충실하게 복제되었고, 고대의 건축 형태가 부활했으며, 조각상들도 1,500년 전의 것과 똑같이 조각되었다.¹⁰

나아가 이집트 미술의 진화는 스웨덴의 미술사학자 야코프 부르크하르트Jacob Burckhardt(1818~1897)가 '신관적 고정화hieratische Stillstellung' 혹은 신성한 고정으로 묘사한 원칙을 드러낸다.¹¹* 부르크하르트 이후에 '이집트의 경전canon'이라는 맥락에서 이러한 원칙을 다룬 많은 연구가 이루어졌다. 헬레니즘 시기에도 그 원칙은 구속력을 상실하지 않았다(사실상 프톨레마이오스 왕조의 신전은 헬레니즘 양식보다는 2,000년 이전의 양식에 훨씬 가까웠다).¹²* 최근에 부르크하르트가 '거인들의 문자'라는 자신의 개념을 통해 직관적으로 그것의 정곡을 찔렀음이 점점 더 명확해지고 있다. 미술과 문자는 복잡하게 읽혀있어서 그 밀접한 관계를 논할 수조차 없을 정도로, 그것들은 하나의 동일한 것이었다(Fischer, 1986, p. 24).

문자는 미술의 한 형태였고, 미술은 문자의 연장선 위에 있다. 이는 이집트 미술의 엄격하게 획일적인 유형 및 형태와 유사하게 모든 시기에 걸쳐 이집트 성각문자가 일관되게 유지해온 상세하고 사실적인 회화성을 설명해준다. 기념비적 문자의 상형적·미술적 성격과 미술의 문자적 성격은 상호 의존적이다. 이집트 미술의 이러한 제약은 결코 발전 능력의 결여에서 기인한 것이 아니라, 기표signifier와 기의signified의 구속적 연대에서 기인한 것이다. 그 연대의 이완은 "그들의 존재의 기초가 옮겨짐"을 의미한다(Lacan, 2001, p. 192).[13]※

그렇다면 플라톤에게 아주 강한 인상을 남긴 "만 년 동안" 영원히 지속되었다는 "신관적 고정화hieratic immobilization"는 어떤 의미일까? 성각문자 체계는 최소한 그 말기 형태에서 다른 문자 체계에서 발견하기 어려운 개방성이라는 특징을 보여준다. 고정 혹은 경전화된 것은 그 문자의 명세content가 아니라 생성 원칙, 즉 도상성의 원칙이었다. 그 문자들은 언제나 도상성을 유지해야만 했다. 그럼에도, 새로운 표지sign와 의미가 끊임없이 도입될 수 있게 해준 것은 도상성을 전제한 포트폴리오의 개방이다. 비록 일련의 음가나 단어의 대상reference은 모호할 수 있지만, 도상은 항상 무언가의 구체적 이미지로 인식될 수 있었다. 따라서 대부분의 경우, 그 도상으로부터 언어로 표현될 수 있는 연관 대상을 추론할 수 있었다. 성각문자가 새로운 자체字體를 위해 그 내재적 개방성을 활용하기 시작했을 때, 그 표지의 회화적 성격은 순수한 심미성을 상실하고 문자의 체계적 합리성에 속하게 되었다. 이제 그 합리성 없이 문자를 읽을 수 없었을 것이다. 따라서 이때 발생한 것은 '신관적 고정화'가 아니라 체계적 혹은 구조적 고정화다. 다시 말해 종교적 명령이 아닌 음운 체계의 합리성에 의해 요청된 고정화다.

　이집트의 성각문자는 언어와 세계 모두를 동시에 나타냈기 때문에 복잡한 체계다. 그것은 이중 성격을 지닌다. 즉 그 요소들은 언어와 연관된 **기호**로서, 외부 세계의 형태들을 복사하는 **도상**으로도 기능한다. 후자의 측면에서 그것은 미술과 똑같이 기능하여 플라톤이 '스키마타'라고 언급한 체계에 속한다. 이러한 도식적 도상들은 신성하다. 후기왕조 시대 이집트의 신앙에 따르면, 그것들은 신전의 설계와 의례 및 당시 신전에 보존된 다른 모든 것처럼 신이 기획했기 때문이다. 성각문자는 그려질 수 있는 모든 것을 아우르기 때문에 포괄적이었다. 따라서 그것은 신전의 범위 내에 전체 세계의 존재를 부여한 일종의 그림 백과사전—그려진 세계—을 형성했다. 그림 자체가 신성했기 때문에, 성각문자도 신성했다. 고대 이집트인들의 이해에 따르면, 세상의 만물은 모두 문자의 신인 토트Thoth가 만든 것으로, 이 창세 신이 그가 생각한 사물을 고정된 형식—즉 플라톤이 말한 스키마타—으로 말하여 그 생각이 실제 사물로 표현되었다. 프리드리히 융에Friedrich Junge의 적절한 표현에 따르면, 세계는 "신의 성각문자"(Junge, 1984, p. 272)였다.

경전과 정체성

이집트인들이 고대 세계에서는 드물게 지속적인 문화적 정체성 창출에 성공했음은 의심의 여지가 없다. 마찬가지로 분명한 점은 그러한 내구성과 변화 배제를 제도화하기 위해 활용한 수단이 정확히 우리가 경전이라 부르는 것이다. 그것은 문화적 연속성의 새로운 형태이며, 문자의 정신에서 발생한 새로운 형태의 '연결구조'다. 그럼에도, 이집트에서 이것은 '문헌적 연속성'과 연관되지 않았다. 결코 서사 문화의 발전과 함께 나타난 것이 아니었기 때문이다. 문헌적 연속성에서 결정적인 것은 해석 문화의 출현인데, 이집트인들의 문헌 전승에서 이것은 정말 결여된 것이었다. 그것들은 전사되고 고쳐졌어도, 진정한 의미에서 해석되지는 않았다.

일반적인 인류학적 의미에서 주석은 서술, 논증, 묘사 등과 함께 인간 소통의 기본 형태 중 하나다. 따라서 엄격하게 말해서 이집트의 문자 문화도 당연히 주석의 형태를 포함했을 것이라 주장할 수 있지만, 이는 종교 의식과 의학 방면의 문헌들로 제한된다. 이러한 두 종류의 문서는 '성례적 해석서'(J. Assmann, 1977)[14]와 '직업적 기술서'의 측면에서 설명될 수 있을 것이다. 전자는 어떤 면에서 풍유allegory처럼 두 단계의 의미 분리와 연관되었다. 자연적으로 주석의 방식이 이러한 의미 분리에서 발생하여, 표면적 의미와 깊은 의미, 의식의 세계와 연관된 의미와 신성한 세계와 연관된 의미, 세속적 의미와 더욱 심오한 신성한 의미를 결합했다. 반면에 후자의 '전문가 서적'이나 '직업적 기술서'를 주해하는 관행은 정확성, 철저함, 완벽함에 대한 욕구에서 나온 것이다. 두 경우 모두, 문헌과 주석이 두 가지 다른 담론의 형태로 분리되지 않았다. 오히려 문헌이 전수되는 과정에서 주석이 그 기본 텍스트에 기반하여 기생적으로 성장했다. 그러한 문헌들은 아직 어떤 것도 가감하거나 바꿀 수 없는 경전적 규칙에 구애받지 않았다. 전통과 해석이 이처럼 불가분하게 결속되어 있었던 것이다(이스라엘의 경우는 Fishbane, 1986 참조).

진정한 의미의 독립적인 주석을 향한 일보는 저작된 문서들 사이에 모종의 구분이 생기고, 사람들이 말할 가치가 있는 무언가와 알 가치가 있는 모든 것이 "위대한 문서들"에 보존된다는 점을 의식하게 되었을 때 발생했다. 그래서 포스트 역사의 후기 단계Späthorizont에서는 문화가 "위대한 문서들"을 해석하는 일에 국한된다. 이는 지혜와 진리에 대한 연결고리가 파괴되는 것을 막기 위한 것이다. 이런 마감—문서들 사이의 모종의 구분과 "위대한 문서들"에 대한 의식이 발생하는 일—은 다양한 서사 문화들에서 다양한 형태를 취한다. 알렉산드리아에서는 호메로스가 책들의 책이 되었고, 그 고전은 후세에는 다시 나올 수 없는 모범으로 간주되었다. 중국 지식인들에게 알 수 있는 모든 것은 사서오경에 담겨있었다. 비록 그 악명 높은 모호함에 비추어 완전한 이해가 근본적으로 불가능했음에도 말이다. 아리스토텔레스의 모든 저작에 대한 주해를 완성한 이븐 루시드Averroes(1126~1198)에게 아리스토텔레스는 지식의 지평에서 모든 다른 이들을 왜소하게 만든 위대한 거인이었다.

이러한 고전들과 관련된 사람들이 상징적인 이미지가 되어서, 알렉상드르 코제브Alexandre Kojéve(1902~1968)가 '후역사posthistory'라는 개념을 도입했다. 그는 인류의 사유 활동이 헤겔에 이르러 절대적 종말에 이르렀고, 그 이후 철학 영역 내에서 헤겔의 저작들에 대해 진행한 각종 주석 이외에 더 이상의 다른 어떤 것도 상상하기 어렵다고 보았다. 이러한 측면에서 유대인이 통상 "예언의 종말" 운운한 것은 히브리 경전(구약)의 관련 구절들이 그 절정에 달했음을 나타내는 것이다. 무슬림은 "해석의 대문 닫기closing of the gate of interpretation"와 같은 표현을 사용하며 제2경전deuterocanonical 전통의 경계를 암시한다.

엄밀한 의미의 주석은 대상 문헌이 더 이상 업데이트될 수 없음을 전제로 한다. 주석을 달았다는 것만으로도 그 문헌은 최종적 유효성을 부여받는다. 문헌이 주석의 대상이 되는 경우는 한편으로 그것이 지속적인 구속력을 지닐 때와 다른 한편으로 그것이 시대에 맞춰 편집이 불가능하거나 새로운 문헌에 의해 대체될 때다. 문헌학자들에게 문헌은 '주석'에 대응하는 개념이다. 엄밀한 문헌학적 의미에서 시, 법률, 논문 등은 그것이 주석의 대상으로 설정될 때 문헌의 자격을 부여받는다. 다시 말해, 주석이 문헌을 **문헌**으로 만드는 것이다.

《사자의 서》 17장을 예외로 할 수 있지만, 이집트에서 이러한 "문헌"은 존재하지 않았다. 비록 옛 문헌이 충실히 보전되었지만, 새 문헌들이 결코 옛 문헌에 대한 주석으로 자리매김되지 않았다. 새 문헌들은 옛 문헌과 동일한 형식으로 저작되었다. 따라서 프타호텝Ptahhotep의 고전적 잠언은 바로 헬레니즘 시대까지 일련의 새로운 잠언으로 이어졌고, 늦어도 페르시아 시대까지 경전화된 《사자의 서》도 《호흡의 서 *The Book of Breathing*》와 《영겁의 횡단서 *The Book of Traversing Eternity*》 같은 새로운 '사자의 서'로 계승된다. 주석의 출현은 전통의 흐름을 막아 그것을 중심과 주변으로 엄격하게 나누는 경계선을 전제로 한다. 헬레니즘 이전의 이집트에서 문헌 전통의 물줄기를 끊고 주석이 존재할 만한 이러한 어떤 조건도 존재하지 않았다.[15]

그 결과 문자의 주된 역할에도 불구하고 이집트 문화 특유의 지속성은 문헌적 연속성보다 의례적 연속성에 더욱 큰 영향을 받았다. 회화 미술의 경전화와 그 저변의 구문syntax은 발전이나 규제적 변이가 아닌 반복의 대의cause에 복무하도록 의도되었다. 이는 문자와 문헌의 지원을 받은 아주 드문 의례 문화의 사례고, 바로 그 점이, 이집트 후기왕조 시대에 그 문화가 페르시아와 마케도니아라는 외래 문화의 동화에 직면하여 자신을 방어해야 했을 때, 이스라엘처럼 책의 형식이 아닌 신전의 형식을 활용한 까닭이다. 이 문화의 지속성에 토대를 제공한 것은 의례적 일관성의 보루로서 신전이었다. 다음 절에서 이것이 어떻게 행해졌는지 검토하려고 한다.

2. '카논'으로서 후기왕조 시대 신전

신전과 책

덴데라Dendera의 하토르Hathor 신전과 관련하여 "이 도시의 내역과 더불어 신전의 위대한 설계도는 합당한 위치에 있는 벽에 새겨져 있다. 그 설계도는 선조의 [지혜를] 완벽히 담은 것으로, 그것에 어떤 것도 더하거나 빼서는 안 된다"[16]고 알려져 있다. 에드푸Edfu에 위치한 호루스 신전에도 유사한 묘사가 남겨져 프톨레마이오스의 왕이 "선조들이 시작했듯이, 멤피스 북쪽 하늘에서 떨어진 이 책에 써진 위대한 설계도에 따라"[17] 이를 중건했다고 한다. 책과 신전의 개념이 멀리 떨어져 있지 않음을 알 수 있다. 사실 신전은 전형적인 경전의 특징을 지니는 책의 3차원적인 기념비적 치환에 지나지 않는다. 그것은 쿠란과 유사하게 "하늘에서 내려온 계시"고, 모세오경과 비슷하게 "어떤 것도 더하거나 뺄 수 없다."[18]

자료들이 이러한 책에 대해 끊임없이 언급하는데, 후기왕조 시대의 신전에 그 책의 내용이 구현된 것으로 보았다. 이 책의 저자에 대해서는 다른 이야기가 전해진다. 우선 제3왕조(서기전 2686~2613)의 고관이자 성인인 임호테프Imhotep의 저작으로 알려졌다. 임호테프는 제3왕조의 두 번째 파라오인 조세르Djoser 왕 묘역의 설계자이자 석조 건축과 최초 피라미드 양식의 발명자로서 그와 동시대인들의 기록에 나타날 뿐만 아니라 문화적 기억 속에서도 살아남아 신의 영광을 얻었다(Wildung, 1977). 또 다른 이야기는 이집트의 헤르메스인 문자, 수학, 지혜의 신으로 알려진 토트 신의 저작으로 보는 것이다.[19]* 이 책이 신전의 토대고, 신전도 자체 도서관에 다른 책들과 함께 그 책을 보존했다. 책과 신전 사이의 밀접한 연관성은 의심의 여지가 없다.

이러한 연관성의 성격과 의미는 후기왕조 시대 이집트 신전을 독특한 문화적 현상으로 볼 때 즉시 명확해진다. 당시의 신전이 신성한 문헌과 공유한 네 가지 특징이 있다. 그 네 가지 특징은 신전에 의해 하나의 단위로 묶인다.

1. **건축적** 측면: 설계도(이집트어 세네트*snt*)의 구현으로서 신전[20]
2. **명문적** 측면: 모델(이집트어 세셈*sšm*)의 구현으로서 신전 장식들
3. **제의적** 측면: 희생 제의의 무대이자 규정(이집트어 세셈*sšm*, 테프-레드*tp-rd*, 네타아*mtˁ* 등)에 따른 명령의 구현으로서 신전[21]
4. **윤리적** 측면: 삶의 방식과 신법의 성취를 위한 장소로서 신전[22]

후기왕조 시대의 이집트 신전을 이 모든 요인의 결합체로 이해한다면, 그것은 수천 년 전으로 소급되는 건축 전통의 마지막 남은 부분이기보다 그 자체로서 문화적 현상으로 간주되어야 할 뚜렷한 이유가 있다. 문화적 기억의 표현 방식에 대한 탐구의 관점에서, 후기왕조 시대의 이집트 신전은 의문의 여지 없이 단순한 하나의 건물 이상이다.

설사 그것을 전적으로 하나의 건축물로 간주한다고 해도, 이 신전은 단순한 전통의 지속이 아닌 상당히 새로운 무언가를 나타낸다. 그것은 이른 시대의 신전 건축에서 관측될 수 있는 것보다 훨씬 더 엄격하게 획일적 건축 관념, 즉 경전적 설계를 따른다. 그리스-로마 시대 이집트의 모든 위대한 신전은 단일한 전형의 변형으로 여겨지고, 그중에서 에드푸의 호루스 신전이 가장 완벽하고 잘 보존된 사례로 간주될 수 있다.

후기왕조 시대의 신전 설계는 건물 배치의 성격에서도 과거의 것들과 다르다. 여기서 결정적인 새로운 요소는 외부를 감싼 박스형 구조다. 에드푸 신전에서 성역—지성소至聖所—은 적어도 5중의 벽으로 외부 세계와 차단되어 있었는데, 그 벽들 사이에 복도와 방들이 있었다. 이것이 후기왕조 시대 이집트 신전의 중심 개념이었다는 사실은 일곱 개의 연결 대문을 지닌 평면도면을 통해서 알 수 있다. 각각의 대문은 내부와 외부 사이를 중재하는 구역을 상징한다. 그 의미는 뚜렷하다. 즉 이러한 배치는 모든 가능한 수단으로 외부 세속 세계로부터 보호되어야만 하는 내부의 지성소 관념을 나타낸다. 그 건축에는 "신성모독에 대한 두려움"에 따른 심각한 위험을 인지했음을 보여주는 보안 장치가 스며들어 있다. 이는 이집트에서 전통적으로 신성한 장소들과 연관된 접근 불가능성과 은밀성 개념을 명백하게 초월하는 것으로, 이러한 신전들에 소중히 안치된 의미가 그만큼 성스러웠음을 암시한다. 후기왕조 시대 이집트 신전 건축의 주요 좌표는 안전 대 위협, 내부 대 외부, 신성성 대 신성모독성이었다.

이 모든 것은 이집트뿐만 아니라 그리스 자료에도 기록된 후기왕조 시대 이집트 사고방식의 특정 요소를 반영한다. 여기서 무엇보다 깊이 각인된 외국인에 대한 혐오를 뚜렷하게 감지할 수 있다. 이 혐오는 신성모독에 대한 두려움과 은둔의 욕구를 동반한다. 요셉의 이야기는 이집트인들이 결코 외국인들과 한 테이블에 앉지 않음을 보여준다. "밥상을 차리는 사람들은 요셉에게 상을 따로 차려서 올리고, 그의 형제들에게도 따로 차리고, 요셉의 집에서 먹고 사는 이집트 사람들에게도 따로 차렸다. 이집트 사람들은, 히브리 사람들과 같은 상에서 먹으면 부정을 탄다고 생각하기 때문에, 상을 같이 차리지 않은 것이다"(《창세기》 43:32).[23]※

헤로도토스는 이집트인들이 그리스인을 비롯한 모든 다른 사람들의 관습을 채택하길 회피한다고 보고했다.[24]※ 고전 시대 저술가들은 이집트인들의 오만함, 의구심, 배타성에 대해 끊임없이 불평했다.[25] 더욱이 이집트 문헌들은 외국인들이 청결하지 못하다고 비난했고, 실제로 그들이 신전이나 어떤 신성한 의식의 근처에도 못 오게 했다. 세트seth는 외국인의 신으로 만들어졌고, 모욕적으로 "메디아의 신"이라는 별명이 붙여져 '반反신'이 되었다. 이러한 신을 섬기는 외국인은 또한 "사악한 자"라는 별칭으로 불리기도 했다(Brunner, 1983; Helck, 1964). 세트의 새로운 별명은 이집트의 이러한 외국인 혐오가 페르시아 시대에 일어났음을 보여주는데, 다른 문헌들도 이러한 해석을 강화해준다. 외국인 혐오와 신성모독에 대한 두려움이 이 외국 통치 기간에 발생했음은 의심의 여지가 없고, 이집트 문화는 외부 세계의 급습으로부터 스스로를 보호하기 위해서 신전으로 움츠러들기 시작했다. 우리는 그 마지막 단계에서 문화가 어떻게 통합하기에서 구별짓기로 변모해가는지 살펴볼 수 있다. 외국의 통치하에서 이집트는 유대인들과 마찬가지로 그들의 문화 체계를 위한 방어 전략을 발전시켰다. 그것을 민족주의로 명명할 수 있을 것이다.[26]

후기왕조의 신전 건축 형태와 거기에 새겨진 명문을 면밀하게 살펴보면, 위에서 언급한 네 가지 양상—건축, 명문, 제의, 윤리—이 문화적 기억의 이해에 필수적인 다섯 번째 특징과 결합함을 알 수 있다. 그것은 바로 과거의 재현으로서, 그리고 특정 역사 인식의 표현으로서, 신전이다. 간단히 말해, 후기왕조 시대의 이집트 신전은 '구축된 기억'이라 할 수 있다. 이는 헬레니즘 시대에 더욱 두드러진다.

당시 그리스의 미술 양식들은 지중해와 근동의 어디서나 채택되었다. 하지만 오직 이집트만이 전통적 양식들을 경전처럼 고수하였다. 그 이유는 그러한 신전 양식들이 도상적iconic 의미를 지니는 데 있다. 그 기둥 아래의 토러스와 처마 돌림띠, 경사진 벽으로 된 이집트 신전은 원래 선사 시대의 사당이었던 갈대 집이 거대한 석조 버전으로 재현된 것이다. 그 크기는 50배 이상이다. 외국인 마케도니아의 통치자들이 지은—최소한 자금을 댄—이러한 새로운 구조는 외부에서는 전통적 이집트 건축의 구현으로 보였을 것이다. 그것들은 정말 전통의 재생인 과거로의 회귀를 형상화하는 르네상스를 표출했다. 이 역시 경전화를 통한 의미 고정이라는 전형적 방식으로 간주할 수 있다. 이러한 건물들이 마땅히 독특한 역사와 정체성 의식—혹은 건축적 기억으로—의 표현으로서 인식될 수 있는 이유와 그 의의에 대해서 신전을 감싸고 있는 무수한 명문의 일부를 통해 가늠할 수 있다.

후기왕조 시대 이집트 신전의 가장 두드러진 특징은 아마도 장식의 풍부함일 것이다. 벽뿐만 아니라 천장과 기둥 곳곳에 그림과 글들이 새겨져 있다. 신전의 도서관에 보존된 많은 책이 석조 장식의 모델로 사용되었을 것임이 분명하다. 이는 전적으로 새로운 것은 아니어서, 고왕국 시대에서 후기왕조 시대에 이르기까지 장식의 양이 꾸준히 늘어났음을 알 수 있다. 하지만 여기서 차이점은 페르시아 시대에 나타나는 그 질적인 도약에 있다. 그때까지 장식 요소는 항상 관련된 방의 기능과 연관되어 있었다. 예컨대 그것은 제의의 과정을 그림으로 표현하고 보존했다. 후기왕조 시대에 어떤 새로운 요소가 도입되었음이 간파되는데, 그것은 바로 '지식의 성문화the codification of knowledge'였다.[27*] 이제부터 신전 벽에 새겨지는 것은 의례의 범위를 훨씬 뛰어넘는 것이었다. 거기에는 우주지적cosmographical·지리적·신학적·신화적 글과 그림이 있었다. 또한 방대한 명문과 사제들을 위한 윤리 계율, 물품 목록, 성물聖物 목록, 지침, 개별 신전과 모든 신전 및 다른 지역에 대한 금지 규정도 있었다.

요컨대 그것은 이전 시대의 신전에서는 결코 볼 수 없었던 진정한 의미에서 '백과사전'이었다. 글 자체만으로 백과사전적 규모를 가지게 되었는데, 문자의 수가 이전의 약 700개에서 7,000개로 폭발적으로 증가했다. 각 신전은 자신의 문자 체계를 발전시켰다. 이는 상형문자 체계에 내재한 회화적 상징성에 토대를 두었다. 그 문자에서 파생한 필기체와 달리, 대상의 세계 자체가 끊임없는 새로운 이미지의 원천이었기 때문에, 새로운 표식이 한없는 물결처럼 도래할 수 있도록 해주었다. 이로부터 이미지의 도상적 백과사전—혹은 그려진 세계—으로서 문자 개념이 발전하여, '신들의 성각문자'(Junge 1984, p. 272)로서 세계 개념—즉 실세계에 완벽히 상응하는 또 하나의 세계 개념—이 설명될 수 있었다. 이집트 신전은 그때 그 자체 내에 세계를 흡수함으로써, 하나의 독립된 세계를 구성했다. 총체성에 대한 이러한 주장은 경전화의 또 다른 전형적 요소다. 유대인에게 히브리 성경(구약)이, 기독교인에게 신약이, 이슬람교도에게 쿠란이, 알 수 있고, 알 가치가 있는 절대적 지식의 총체였다.

그렇지만 이집트 후기왕조 시대 신전은 백과사전 형식으로 모든 세상 지식만을 포함한 것이 아니다. 신전은 사실상 그 세상을 담고 있다. 여기서 우리는 유일신교와 대비되는 '우주 종교cosmotheism'의 맥락을 발견한다.[28] 비트겐슈타인Ludwig Wittgensteinian(1889~1951)의 용어로 말할 수 있다면, 이러한 유형의 종교에서 세계의 의미는 외부가 아니라 내부에 가장 두드러지는 방식으로 자리한다. 그 세계 자체가 의미로 가득하여 신성할 수밖에 없는 전체다. 이것이 이집트 후기왕조 시대의 신전이 설명하고자 한 것이다. 신전의 토대는 태곳적 물을 상징하고, 그 기둥은 그 물로 성장하는 식물 세계며, 그 지붕은 하늘과 같다. 프리즈*에 표현된 진상품을 바치는 사람들과 '나일강의 신들'은 이집트의 개별 지역을 상징한다. 각각의 신전은 모두 이러한 방식으로 온전한 세계를 표현

---

* 건물 윗부분에 회화나 부조로 띠 모양 장식을 한 것.

한 것이다(D. Kurth, 1983).

그 우주적 표상은 시간의 차원을 나타내기도 한다. 이는 우주가 공간으로서뿐만 아니라 가장 중요하게는 과정으로서도 간주되기 때문에, 이것은 문화적 기억과 관련하여 특히 중요한 점이다. 따라서 이러한 상징적 형태와 도상들을 통해 신전이 예시하는 것은 (1) "태고의 물"로부터 "태고의 언덕"이 생겨나는 우주적 과정과 (2) 신성한 생명과 영원한 우주가 규칙적인 리듬으로 펼쳐지는 태양 주기의 일상적 순환이다. 그래서 신전은 조물주가 세상을 빚은 원천지로서 "태고의 언덕"인 동시에, 태양이 뜨고 지는 "빛을 발하는 장소"(이집트어의 *akhet*로, 통상 '지평선'으로 번역)다. 천문학적 천장과 태양의 프리즈, 처마 돌림띠가 의미하는 것이 (2)의 양상인 반면, 태고의 언덕은 명문과 '창세 신학monographs'에서 발견되는 '신전 기원'이라는 정교한 신화의 주제다(Reymond, 1969; Finnestad, 1985).

이집트의 공식적 역사서술이 그 왕조사를 우주 생성 신화cosmogony와 연결시키는 것과 유사하게 후기왕조 시대의 신전 기원 신화는 건축사를 우주 생성 신화와 연관시킨다. 여기서 우리는 지배력의 선재先在 개념을 마주한다. 태초에 힘이 존재했다. 신이 그 힘을 발휘하여 태곳적 물에서 세상을 낳고, 생태 환경을 구비하여, 살 만한 곳으로 만들었다. 신에서 반신반인으로, 또다시 인간 왕조로 그 힘이 이전됨에 따라, 우주 생성의 과정은 하늘—즉 신들의 세계—로 이전되었고, 태양의 운행은 더 이상 창조가 아니라, 창조된 세상이 지속되는 과정과 연결되었다. 인간의 역할은 바로 창조된 세상이 잘 지속되도록 하는 일에 있고, 그 일이 행해지는 장소가 바로 신전이었다. 에릭 푀겔린Erik

Voegelin(1901~1985)이 '역사 생성historiogenesis'으로 명명한(1974) 역사 의식의 한 형태—즉 우주 기원론과 역사의 조합—가 바로 여기에 있다. 자신을 창조신의 계승자이자 대리인, 아들로 여긴 왕을 통해 우주 생성적 과정이 역사로 이어진다. '일곱 번째 날'에 창조가 역사로부터 그리 깔끔하게 분리된 것은 아니고, 오히려 역사는 세상의 타락이라는 변화된 조건 아래서 창조의 지속으로 간주되었다.

이집트인들과 많은 다른 해석에 따르면, 태초의 타락은 땅과 하늘, 그리고 인간과 신의 분리에 있었다.[29]* 하지만 그 전환 과정이 푀겔린이 묘사한 것처럼 그렇게 매끄럽지는 않았다. 그렇다고 우리는 이집트의 '역사'를 (역사철학에서처럼) 방향성 있는 선형적 역사lihear history—푀겔린이 근동 혹은 다른 신화적 역사에 의한 통상적 해석과 대조시키는 역사—로 간주할 수도 없다. 이집트의 경우 신이 여전히 지상의 인간 세상에서 살며 통치한 단계인 '우주 생성적 단계'에 대한 강조를 무시할 수는 없다. 이러한 **신들의 이야기**historia divina가 이집트에서 유일하게 운위될 수 있는 진정 의미 있는 역사고, 신전에서 불멸화된 신화로 묘사되는 것도 바로 그것이다. 신전이 정말 '구축된 기억'이라면, 그 기억은 신화적 태고와 연관된다.

그렇지만 이집트인과 바빌로니아인이 이 신화적 시간에 대해 원시인이나 심지어 그리스인과도 매우 다르게 접근했다는 푀겔린의 주장은 타당하다. 왕명록은 이집트인과 바빌로니아인에게 그들의 현재와 태고시대 사이의 시간적 거리를 정확하게 가늠하도록 해주는 수단을 부여했다. 태고의 시간 자체를 역사의 틀 속으로 편입되게 해준 것이다(Luft, 1978). 전적으로 형식의 측면에서 보아, 이는 신화적 시간과 역사적 현재 사이의 구분을 제거하는 듯하다. 하지만 왕명록과 연대기는 역사서술이 아니라 연대기적 지향을 위한 도구일 뿐이었다. 그것들이 가늠하게 해주는 공간은 신화에서 이야기된 우주 생성적 태고의 중요성과 도저히 비교하기 어렵다. 이집트인들이 수천 년간의 사건—예를 들어, 후기왕조 시대의 신전 명문들은 12왕조부터 18왕조까지 지어진 건물들에 대한 세부 사항을 포함—을 회고했지만, 그들이 참된 역사, 실재의 근원으로 간주한 것은 신화적 태고였다. 그 태곳적 신화와 비교할 때 그들 자신의 인간사는 그것의 단순한 반복이나 제의적 보존에 불과했다. 태곳적 기원과 그 순환에 집중하는 역사의식은 후기왕조 시대 신전의 건축, 이미지, 의식, 언어에서 표출되어 나타난다.

서두에서 언급했듯이, 신전은 이집트인의 관점에서 하늘의 책이 땅에서 구현된 것이었다. 즉, **건물**로서 그것은 신성한 평면도를 구현했고, 신전의 **명문**과 **이미지**는 하늘 도서관 전체를 돌에 새긴 것이고, 그 **의례**는 신의 규정들에 따른 것이었다. '**건축물로 승화된 기억**'으로서, 즉 역사의식의 가시화로서, 신전은 현재를 기원의 신화적 태고와 연결했다. 신의 문자를 옮겨 적음으로써 신전은 동시에 '세계의 모델'이 되었고, 이에 그 세계가 동일한 원칙 위에 구축되었다. 하지만 아직도 고려해야만 하는 결정적인 양상이 남겨져 있다. 그것은 바로 특수한 생활방식의 소장처로서 신전이라는 문제다.

신전의 '노모스(규범)'

나는 이러한 생활방식을 신전의 노모스 혹은 규범이라 부르는데, 이는 제의적 정결을 사회적 도덕성과 융합한 것이다. 제의적 정결과 관련하여 극도로 엄격한 다양한 규정이 있었고, 그중 다수가 특히 음식 방면의 금지를 나타내는 것이다.[30]※ 이러한 규정은 신전이나 지역마다 다르다. 각 지역은 그 자체의 금지 음식이 있고(Montet, 1950), 각각의 신전도 숭배된 신의 신학에 따라 그 자체의 금기를 지니고 있었다. 예를 들어, 오시리스의 신전에서는 목소리를 높이는 것이 금지되었고, 룩소르 주에 있는 도시 에스나Esna의 아바톤Abaton(오시리스에게 신성시되는 금단의 장소)에서는 나팔을 부는 것이 허용되지 않았다. 신관이 서임될 때 해야 하는 첫 번째 서약은 "나는 신관에게 금지된 것을 먹지 않을 것이다"였다.

신관의 서임 시 서약 목록은 그리스어로 전해지는데, 아래에 제시되듯 모두 금지의 의미를 지니는 부정문이다.

나는 ……을 자르지 않을 것이고,
나는 누구에게도 …… 하라고 지시하지 않을 것이고,
나는 어떤 살아있는 생물의 머리도 자르지 않을 것이고,
나는 어떤 사람도 죽이지 않을 것이고,……
나는 어떤 소년과도 동침하지 않을 것이고,
나는 다른 사람의 부인과 동침하지 않을 것이고,……
나는 금지된 것이나 책에 [금지 품목으로] 나오는 것을 먹지도 마시지도 않을 것이다.
나는 손톱을 기르지 않을 것이다.
나는 탈곡장에서 어떤 측정도 하지 않을 것이다.

나는 내 손에 어떤 저울도 지니지 않을 것이다.

나는 어떤 땅도 잘못 측정하지 않을 것이다.

나는 어떤 불결한 곳에도 들어가지 않을 것이다.

나는 어떤 양털도 만지지 않을 것이다.

나는 죽는 날까지 어떤 칼도 잡지 않을 것이다.[31]

신임 신관이 맹세해야 했던 이러한 서약은 이집트의 《사자의 서》 125장으로 간주되는 유명한 '죄에 대한 부정적 고백'과 기이할 정도로 유사하다. 거기서 망자는 내세에서 받아들여지기 전에 시험을 거쳐야만 한다. 그의 심장이 진리의 여신 마아트의 깃털 무게에 대응하여 저울 위에서 측정되는 동안, 그는 마흔두 가지 죄를 열거하며 자신이 그것들을 저지르지 않았다고 항변해야만 했다. 모든 거짓말과 함께—이는 아마 그 절차의 저변에 깔린 기본 원칙일 것이다—그의 심장은 더욱 무거워진다. 죄들을 상세하게 수록한 이 장은 서기전 15세기 이후 신왕조에서 존재했던 것으로 알려져 있고, 이러한 심판의 날 관념은 훨씬 이전으로 소급된다.[32] 따라서 후기왕조 시대 이집트 신전의 **규범**은 사실상 훨씬 오래된 '내세의 **규범**'에서 유래했으리라 추정되었다. 하지만 그 반대가 더 맞을 것 같다. 즉, 장례와 관련된 내세의 규범은 훨씬 초기 문헌에 나타난다고 해도 부차적으로 생겨난 것으로, 원래 신전의 종교 의식에 뿌리를 둔 금기와 도덕적 요구가 내세의 방면에서 표현되었을 것이다. 고대 이집트인의 관념에서 내세 역시 신이 주관하는 신성 세계의 조성 부분이었기 때문이다.[33] 그래서 신관이 아닌 일반인까지 포함한 모든 사람이 맹세해야 했던 '죄에 대한 부정적 고백'은 다음과 같은 전형적인 신전의 금기를 담고 있다.

> 나는 신의 전유물에 새 덫을 치지 않았고,
> 나는 그들의 습지에서 물고기를 잡지 않았고,
> 나는 물이 필요한 계절에 그 방향을 바꾸지 않았고,
> 나는 흐르는 물에 댐을 짓지 않았고,
> 나는 그것이 타고 있을 때 불을 끄지 않았고,
> 나는 최상급 부위를 제물로 바치는 날짜에 소홀하지 않았고,
> 나는 신께 바치는 제물에서 소를 아끼지 않았고,
> 나는 신의 행렬에서 신께 반하지 않았다.[34]

신전의 의식이 아닌 신전의 행정과 관련된 위반도 있다.

> 나는 아우로라*를 감소시키지 않았고,
> 나는 토지에 침입하지 않았고,
> 나는 손저울의 무게에 어떤 것도 더하지 않았고,
> 나는 저울추에서 어떤 것도 빼지 않았다.……

다음과 같이 아주 일반적인 비행도 언급되어 있다.

---

* 0.276헥타르에 해당하는 면적, 즉 경작지.

나는 불의를 행하지 않았고,
나는 도둑질하지 않았고,
나는 살인하지 않았고,
나는 거짓말하지 않았다.
나는 다른 사람의 부인과 간통하지 않았고,
나는 여타 부정한 일에 간여하지 않았다.
나는 어떤 사람도 비방하거나 해를 가하지 않았고,
나는 다른 사람 말을 엿듣거나 다른 사람을 위협하지 않았다.
나는 사람과 다투거나 사람에 대해 격노하지 않고,
나는 쓸데없는 말을 하지 않고, 큰 소리로 얘기하지도 않았으며,
나는 결코 진실의 말에 귀를 기울이지 않으려 하지 않았다.……[35]

위 세 가지와 동일한 형식의 규범들이 신관의 서약은 물론, 심지어 특정 신전의 노모스를 열거한 일군의 본문—즉 젊은 신관들이 아침에 그 신전에 들어갈 때 통과하는 측문에 새겨진 본문들—에서도 나타난다.[36]

[누구도] 거짓으로 인도하지 [말고],
불결로 들어가지 말고,
그의 집에서 거짓말하지 말라!
탐내지 말라, 중상모략하지 말고,
뇌물을 받지 말고,
빈자와 부자를 구분하지 말고,
무게와 치수에서 어떤 것도 더하지 말고 빼지 말고,

한 부셸……에서[37] 어떤 것도 더하거나 빼지 말고[38]

욕설을 쓰지 말고,

대화에서 진실 위에 거짓을 두지 말라!

(종교) 예배 시에 다른 일을 하는 것을 막고,

그때 말하는 누구도 징벌을 피할 수 없을 것이다.

그의 집 신전 경내에서 음악을 연주하지 말고,

여성들의 처소……가까이에 가지 말고,

너 자신의 소망에 따라 예배를 안배하지 말고,

책과 신전의 규정을 살펴보고, 그것을 준수해야 하며,

그것이 네가 자손에게 교훈으로서 전수해야 하는 것이다.[39]

그리고 고위 신관이 왕의 사절로서 진입하던 내전內殿pronaos의 정문 옆면에서도 다음과 같은 문자를 읽을 수 있다.

……

[나는] 신의 통로로 [왔고],

나는 불공평하게 판결하지 않았고,

나는 강자와 공동 목적을 추구하지 않았고,

약자에게 불이익을 주지 않았고,

나는 아무것도 훔치지 않았고,

나는 호루스 눈의 일부를 축소하지 않았고,

나는 저울을 [속이지] 않았고,

나는 신의 눈에 속하는 것을 훼손하지 않았다.[40]

이러한 인용문을 신관이 신전에서 관련 활동을 하면서 지킨 규범으로 이해한다면, 약간 의외라는 느낌을 버리기 어렵다. 이러한 규범이 신관들에게 실제로 부과된 직능의 범위를 상당히 넘어선 것으로 보이기 때문이다. 사실상 그것들은 "신관들의 일반적 도덕 관례"로[41] 생활방식의 기본 요소였을 것이다. 이러한 규범들로 규정된 신전에서의 행위는 신전에서는 발생하지도 않을 행위에 대한 경고가 포함되어 있다. 입장하는 누구나 청결해야 하지만, 청결함은 단순히 신전 내부에 있을 때 신전의 주신이 싫어할 만한 일을 하지 않는 것뿐만 아니라 신전 바깥에서도 그러한 행동을 자제하는 것을 의미한다. 따라서 신관 직 자체가 엄격한 행위 준칙을 지키는 모범이 되는 삶의 방식이었음을 알 수 있다.

반면에, 그 텍스트들을 일반적 도덕의 관례로 읽는다면, 그 특별한 규범으로 인해 다시 한번 놀라게 된다. 그것들은 특정한 의식의 맥락에서 그리고 특정 신의 '금기'—예컨대 음악이나 큰 목소리—와 관련해서 의미가 통할 뿐이다. 고대 이집트에서 전해진 많은 삶의 교훈 중에서 이러한 조항을 찾는 것은 무의미한 일인 반면, 불공정, 부패, 무게와 치수에 따른 부정, 비행, 탐욕, 폭력에 대한 경고가 고대 이집트의 '지혜 문학'에서 근본적 역할을 담당했다(H. Brunner, 1988). 이는 '신전의 규범'으로 불린 텍스트가 정결법, 신분법, 도덕법의 독특한 융합임을 알 수 있다.

이러한 조항들이 이집트 《사자의 서》 125장에 최초로 나타나는 사실은 고대 이집트인들이 생활 준칙으로 삼은 이러한 관념이 얼마나 오래된 것인지 보여준다. 이러한 조항들은 후기왕조 시대의 신전 벽의 장식에서 다시 등장하여, 그 왕성한 생명력을 증명함과 동시에, 그것들이 올바른 삶의 방식orthopraxy⁴²*으로 '경전화'되었음을 보여준다. 헤로도토스를 비롯한 그리스의 작가들이 노모이, 즉 이집트인의 풍속과 법률에 대해 말할 때, 그들이 의미한 바는 신전의 규범이었다. 후기왕조 시대에 이러한 규범은 결코 보편적 구속력을 지니지는 않았지만, 이집트인들에게 가장 대표성을 지니는 생활방식이 되었다. 이른 시기의 파라오 문화에서 관리 겸 서기가 '이집트성Egyptianness'을 구현했다면, 후기 왕조 시대에는 신관이 그 역할을 대체했다.

플라톤과 이집트 신전

'카논'이라는 용어 속에 포함된 영속성과 구속성의 개념을 가지고 후기 왕조 시대의 이집트 신전을 문화적 기억의 한 형태로 이해한 나의 해석은 특히 플라톤까지 거슬러 올라간다. 그는 이집트인들을 가장 긴 기억을 가진 사람으로 보았다. 주기적인 재앙이 전 세계 다른 모든 곳의 전통을 파괴했지만, 이집트인만이 이러한 정신적 외상에 의한 기억 상실을 모면했다. 그들은 그리스인들처럼 가장 밀접하게 영향을 받은 사람들도 상실해버린 아틀란티스와 같은 기억을 보존할 수 있었다.⁴³ 플라톤은 이러한 기억의 길이를 만 년으로 추산했는데, 밀레토스의 헤카타이오스Hekataios의 추산을 따른 헤로도토스의 계산과도 일치했다. 헤카타이오스는 대제사장의 직위가 아버지에서 아들로 세습된 테베의 신전에서 345점의 신관 조각상을 목격했다고 전해진다.⁴⁴ 그 345세대의 신관들이 이집트인들의 기억의 길이를 만 년으로 추산한 근거가 되었고, 이는 (헤카타이오스와 같은) 귀족의 족보가 신이나 신화적 영웅에 도달하

기까지 16세대에 불과한 그리스인들 기억의 길이와 현격히 대조된다.⁴⁵

조각상들에 관한 이야기는 확실히 카르나크Karnak 신전에 있는 조각상들의 과밀 때문에 생긴 오해에 근거한 것이지만, 그 오해가 이집트에서 기원한 것이라는 점에는 의심의 여지가 없다. 후기왕조 시대에 이집트인들은 신전을 정확히 구획된 역사 시대를 거쳐 천지창조까지 거슬러 올라가는 전통의 보관소와 보물창고로 간주했다. 우리는 고대 이집트인들이 그리스인 여행자들에게 수천 년 전의 비신화적 역사를 기록한 신전과 다른 기념비적 건축물에 대해 긍지를 가지고 설명하는 모습을 상상할 수 있다. 이러한 기념비들의 참된 의미는 기념비들의 건축을 신화적 존재에게 돌리는 전설이 만들어지는 한 결코 희석되지 않았을 것이다. 그 기념비의 명문은 사람들이 읽을 수 있도록 거기 존재했고, 시간의 공백들은 (왕명록이나 연대기에 의해) 메워졌으며, 공식 언어도 친숙한 것이어서 모든 이집트인은 이것들이 모두 그들의 긴 과거를 증언한다고 확신했다. 야코프 부르크하르트는 1848년 "이집트의 기념비들은 거대한 문자로 쓴 그들의 역사책이다"라고 썼다.⁴⁶

앞에서 상세히 살펴보았듯이, 플라톤이 《법률》에서 서술한 신전에 관한 내용 역시 일종의 오해에 기초한 것이지만, 후기왕조 시대 이집트 사회의 자아상 형성과 관련하여 시사하는 바가 크다. 거기서 신전은 러시아의 기호학 용어를 사용하면 '도상적 문화 문법iconic cultural grammar', 즉 어떤 규칙 체계의 분명한 현시로 해석될 수 있다. 그 규칙을 준수하여 잘 구성된 문화의 '문장'—즉, 태도와 입장, 내용—을 만들어냈지만, 언어(글)가 아닌 회화 형태로 빚어낸 것이다. 계시처럼 이집트 문화의 맨 처음에 자리하여 특유의 구성력으로 삶에 관한 모든 표현을 통합한 그 지식은 문장이 아닌 도상적 형태로 분명히 표출되었다. 비록 다른 모든 것—무엇보다 교육적 기능—이 상상의 영역으로 격하되어야만 한다고 해도, 이는 고대 이집트 문화의 근본적 특성이라 하지 않을 수 없다. 플로티노스Plotinus(서기 205~270)도 이집트 신전에서 그 이미지들의 기능에 대해서 다음과 같이 비슷한 견해를 남겼다.

> 나는 이집트의 현인들 역시 과학적 지식이나 선천적 지식으로 이를 이해했으리라 생각한다. 그들은 어떤 것을 지혜롭게 나타내고자 했을 때, 단어와 명제의 순서를 따르고 음성과 철학적 진술의 언명을 모방한 글자 형태를 사용하지 않았다. 대신 그들은 특정 사물 각각의 멋진 이미지를 그려서 그것들을 신전에 새김으로써, 창조 세계의 비언어성을 구현했다. 모든 이미지는 지식이자 지혜의 일종이고, 숙고의 주제다. 그리고 나중에 [다른 사람들이 그 이미지를] 다른 어떤 것의 표상으로 해독했다. 즉 집중된 단일체인 이미지에서 출발하여, 그것을 펼치고, 나아가 그것을 담론으로 표현하고, 사물들의 실상에 대한 이유를 부여하였다.[47]

이는 이집트에서 문화적 기억의 매체가 언어가 아닌 이미지였음을 다시 한번 설명해준다. 신전은 이러한 회화의 배경을 제공함으로써 문화적 기억의 중심 기관이 되었다. 여기서도 역시 신들이 창조하고, 다스리고, 보존하는 실재의 형식들의 성문화와 경전화로서 후기왕조 시대의 신전 개념을 살펴볼 수 있다. 이러한 원칙을 후기왕조 시대 이집트 상형문자보다 더 잘 예증해주는 것은 없다. 이미 앞에서 언급했듯이 이집트 후기왕조 시대는 그러한 성각문자 수가 대략 700개에서 7,000개로 증가한 혁신적 폭발을 보여준다. 신전마다 그 자체의 문자 체계를 창출하여 각각의 문자와 의미의 레퍼토리를 확립하기 위해 노력했으므로, 이는 모두 당시의 신전들이 구현한 포괄적 갱생 과정의 일부였다. 따라서 성각문자가 신관들의 역량을 나타내는 표지가 되어서, 그것을 신관문자로 부를 수 있다. 이러한 문자가 점점 신비한 색채를 띠게 됨에 따라, 그것이 표현한 지식도 난해한 비전祕傳이 되었다.

신전으로 철수한 신관들의 문화 구조가 더 진전됨에 따라 신성화가 함께했다. 문화적 의미가 신성화되는 만큼이나 그 문화의 형태도 동결되었다. 그들의 기원 및 정체성과의 연결고리를 상실할 수 있다는 두려움 때문이다. 헤르만 키이스Hermann Kees는 이를 적절하게 "망각의 두려움"이라고 표현했다. 그리고 문화 형성에서 문화 정체성으로의 전환의 출발점으로, 즉 집단적 정체성의 형식들을 위한 전형적 출발점으로 내가 논의했던 전승의 성찰적 요소는 바로 이 두려움을 배경으로 한다. 어떤 문화가 자신의 자증성self-evidence을 상실하면, 더 이상 의심의 여지 없는 세계의 질서로 간주되지 않는다. 그리고 개인에게 고정된 경계와 유대, 법과 규범으로 보였던 것도 "암묵적인 공리"(D. Ritschl, 1985)로서의 효력—이것은 사회와 우주의 자연스러운 법칙에 의해 그 정당성이 확보됨—을 더 이상 가지지 않는다. 대신 그것은 명백한 공식을 요구한다. 이러한 상황이 문화적 메타 텍스트 혹은 "사회 체계의 자기 주제화self-thematization"를 낳는다(N. Luhmann). 플라톤의 이집트 신전 해석이 의미하는 것이 바로 이것이다. 즉, 신전들은 미학적 기준들뿐만 아니라, 후대를 위한 사회 정치적 질서의 절대 규범도 제공했다.

이러한 관점에서 후기왕조 시대 이집트의 신전은 비슷한 시기, 비슷한 사회적 격변의 압력 아래서 고대 세계의 다양한 지역들에서 발생한 다른 문화적 메타 텍스트들과 궤를 같이한다. 이러한 지역에서도 역시 전승에 대한 성찰이 무엇보다 자신들의 과거에 대한 치열한 집착에 근거한 문화적 정체성의 포괄적 성문화와 구현을 이끌었다. 바빌로니아와 특히 아시리아에 궁정 도서관이 있었고, 이스라엘은 법과 역사에 대한 위대한 저작들을 낳았으며, 그리스의 경우 참주인 페이시스트라토스 Peisistratus(서기전 527년 사망)의 지시에 의해 호메로스 텍스트의 정본이 만들어졌고(U. Hölscher, 1987) 역사서술이 시작되었다.[48] 이집트에서는 일찍이 누비아와 사이스Saite 시대(제25왕조와 제26왕조, 서기전 8~6세기)에 정점에 달한 상고주의와 전통 부흥의 징후까지 있었다. 일부 학자들은 이를 '사이스 르네상스'라고 부른다(H. Brunner, 1970; I. Nagy, 1973).[49] 하지만 후기왕조 시대 이집트의 신전에서만 단일하고 포괄적인 대표 '카논'을 발견할 수 있다. 모든 형태를 담은 이 단일한 형태에서 이집트인들이 자신의 기원과 연결 지은 모든 것이 표현되어 나타난다.

　이집트의 신전이 보여주는 이러한 문화적 기억의 구조적 형태와 관련하여 두 가지 논점이 특히 주목할 만하다.

문화와 우주의 합일

모든 문화는 본질적으로 자신의 질서를 보편적 세계 질서와 동일시하는 경향이 있다. 통상 이러한 세계관과 자아상의 민족 중심적 기본 구조는 전승에 대한 성찰과 정체성의 고양을 이끄는 타자성을 경험하는 과정에서 약해진다. 이로 인해 생성된 문화 정체성은 궁극적 세계 질서와 반드시 동일시되지는 않는다. 이집트만 여기서 예외 사례를 제공한다. 서기전 제1천년기에 이집트인들은 다양한 방식으로 외국인과 접촉하는 과정에서도 창세 신이 부여한 천지창조의 질서가 영원히 불변한다는 신념을 고수했다. 그러한 인식은 조금도 약화되지 않았을 뿐만 아니라 오히려 독특성이라는 구체적인 의식으로 고양되기까지 했다. 이집트인들은 만약 그들의 문화가 사라진다면, 세계 질서―세계 자체는 아니더라도―와 그 의미심장한 구조 및 삶에서의 그 필수적인 역할까지도 사라질 것이라고 믿어 의심치 않았다. "그러나 이집트 전체의 문화적·사회적 삶은 그 땅 자체의 형태처럼 특이했다. 마찬가지로 독특한 것은 이집트의 문화적 정체성과 물리적 세계(우주)의 지속성이 하나로 동일하다는 요지부동의 확신을 지닌 이집트인들의 사고방식이었다"(Fowden, 1986, p. 14).

이집트의 신전은 세계를 계속 작동하게 한 중심이었다. 이집트 문화의 보존과 세계의 운행은 사실상 동일한 일로 사제들에게 부과된 임무였다. 신전은 세계를 담은 용기였을 뿐만 아니라 그것에 대한 분명한 기념비적 표현이기도 했다.

문화적 상징주의의 간결함과 언어의 미분화

신전이 이집트인들의 문화적 기억의 중심 구성 요소가 되고 있을 즈음에 고대 세계의 다른 중심들과 멀리 인도와 중국에서도 비슷하게 문화적 의미의 공고화 과정이 진행되고 있었다. 18세기부터 이미 주목된 이러한 우연의 일치는 카를 야스퍼스에 의해 "축의 시대"로 명명되었다. '축의 시대 문화'(Eisenstadt, 1987)의 공통 특징은 문화적 기억의 중심 구성 형태로서 언어의 분화와 특권이다. 이러한 문화들 모두에서 문화적 의미가 강화되었고, 그와 연관된 전통의 부활을 꾀했다. 이는 위대한 기반 문헌들로의 회귀를 통해서, 그리고 이러한 문헌들에 성문화된 현실의 비전이 모든 시대에 걸쳐 계속 규범적으로 남아있도록 보장하는 교육 문화 혹은 '의미 함양'의 제도화를 통해서 일어났다.

이집트에서는 이러한 움직임이 나타나지 않았다. 거기서 현실의 비전은 원칙적으로 텍스트에 성문화된 것이 아니라 문자, 조형예술, 의례, 생활방식의 가시적 '형태'(스키마타)로 나타났다. 후기왕조 시대의 신전에서 이러한 문화적 기억의 간결한 구성을 경전화하고 제도화함으로써, 이집트 문화는 일찍이 페르시아 시대에 시작된 고대 세계의 헬레니즘화라는 문화적 대격변에서도 살아남을 수 있었다. 그리고 과거 문화적 시대의 기념비로서 그것은 포스트 축의 세계로 무리 없이 진입했다. 하지만 그것은 축의 문화들의 특권으로 오늘날까지도 그 굳건한 의미가 지속되는 해석적 문화 형태를 발전시킬 수는 없었다.

| 제5장 |

이스라엘과 종교의 발명

1. 저항의 수단으로서 종교

국가가 이집트의 위대한 업적이라면, 이스라엘의 위대한 성취는 종교다. 물론 종교는 필연적으로 세계 어디나 있었고, 현재에도 존재한다. 그것은 통상 문화 속에서 태어나고 소멸하는 문화적 요소라 할 수 있다. 하지만 이스라엘에서 종교는 완전히 새롭고 급진적 방식으로 창출되었다. 이로 인해 그 종교는 일반 문화에 대해 독립성을 띠게 되었고, 모든 문화적 변화, 종속, 동화를 거치면서도 살아남을 수 있었다. 종교는 이스라엘인들이 자신들을 주변의 "이방" 문화와 구별하곤 했던 일종의 '철의 성벽'이었다.

그러나 이스라엘 종교의 이러한 급진적 형태는 다윗 왕국과 그 이전 선先국가 조직의 정치적 구조 속에 불가분하게 스며든 이스라엘의 초기 종교에는 완벽하게 적용될 수 없다. 유배의 경험으로부터 부상한 제2성전기(서기전 516~서기 70)의 종교 및 거기서 비롯된 유대교만이 동요할 수 없는 핵심 요소와 함께 전적으로 독특한 종교를 구성했다.[1] 그때 독립적 자치 단위로서 종교는 적대적 외부 세계의 문화적, 정치적 구소에 대항하기 위한 토대와 매체가 되었다.

'쇠로 만든 성벽'의 건립:
이스라엘과 이집트의 방정한 삶의 분리 노정

후기왕조 시대 이집트의 엄격한 행위 준칙에 따른 신성화, 즉 방정한 orthopractical 신성화는 그 땅의 신성화에 상응했다. 그것은 바로 "가장 신성한 나라hierotáte chóra(히에로타테 코라)"[2]와 **신전의 세계**templum mundi(템플룸 문디)[3]로서 이집트라는 관념이다. 다시 말해, 이집트인들은 신에 특별히 근접한 자신들이 "신과 함께하는 이집트 전체의 생활 공동체"[4]를 구성한다는 독특한 믿음을 가졌다. 제2성전의 이스라엘이 이러한 궤적과 가장 유사한 발전 사례를 제공한다.

유대인들의 경우 모세오경의 613개의 계명에 따른 방정한 삶의 신성함—히브리어의 할라카—을 통해 그들이 유일무이하다는 특별한 인식에 이르게 되었다. 이 유일성 역시 신과의 관계에 토대를 두고 있었지만, 그들이 신과 함께 사는 관계는 아니었다.[5※] 현세를 초월하는 유대교의 하나님과 함께 산다는 것은 상상조차 어려운 일이었기 때문이다. 유대인과 유일신의 관계는 '선택'받았다는 유대인의 관념과 그들이 하나님과 맺은 언약에서 유래한다. 엄격한 행위의 준칙에 따르는 올바른 삶은 '하나님을 닮아감'을 의미한다. "나 주가 거룩하니, 너희도 나에게 거룩한 사람이 되어야 한다"(《레위기》 17~26의 도처).[6] 그것은 또한 두드러짐, 고립성, 독특성을 의미한다. 즉 엄격한 행위 준칙에 따르는 올바른 삶은 아주 특별한 유대 정체성을 형성한다. 율법에 따르는 삶은 '규범적 자기 인식에 대한 의식적인 헌신'을 의미한다(E. P. Sanders). 이러한 맥락에서 페르시아제국 시기의 이스라엘과 헬레니즘 시기의 이집트는 유사한 노정을 거쳤다. 비록 전자가 세계를 바꾼 역사를 이끈 반면, 후자의 노정은 완전한 망각이 아니라면 저변의 역류로 종결되었지만 말이다.

요새 같은 모습을 지닌 후기왕조 시대 이집트 신전은 가장 두드러진 고립의 전형을 나타낸다. 그것은 외부의 불경한 세계로부터 높고 두꺼운 벽으로 보호된 생활방식의 전형이기도 했다. 하지만 이런 이미지를 활용해 고립의 개념을 설명한 이들은 바로 유대인이었다. 이와 관련하여 《아리스테아스Aristeas의 편지》는 다음과 같이 전한다.

> 따라서 모든 것에 대한 통찰력을 위해 하나님께서 준비하신 우리의 율법 수여자가 각 사항을 조사했을 때, 그는 우리에게 난공불락의 말뚝과 철의 성벽으로 울타리를 쳤습니다. 결국 우리는 순수한 심신을 유지하고 사설邪說로부터 해방되어 모든 창조물보다 위에 있는 유일하고 전능하신 하나님을 경배하며, 결코 다른 어떤 민족과도 섞일 수 없었습니다.……그러므로 우리는 누구에게서도 오염되지 않았고, 쓸모없는 사람들과 어울려서 왜곡에 감염되지도 않았습니다. 그는 우리가 먹고 마시고 만지고 듣고 보는 것에 관한 정결법들로 사면에 울타리를 쳤습니다.[7]

프톨레마이오스 시대에 알렉산드리아의 유대인 이주민이 이집트에서 작성한 이 텍스트는 고립에 대한 이집트의 이미지를 활용한다. '쇠로 된 성벽'은 애초에 그의 나라와 군대, 봉신을 보호하는 총사령관으로서 왕을 지칭했다.[8] 이미 서기전 14세기에 가나안Canaanite의 군주가 이집트 궁정에 쓴 편지에서 동일한 이미지를 사용했다.

> 당신은 내 위로 떠오르는 태양의 신,
> 그리고 내 뒤를 받쳐주는 쇠로 된 성벽(!)
> 나의 군주이신 왕의 강력한 힘 때문에
> 나는 평온합니다.[9]

그렇지만 동시에 이단자 왕인 아켄아텐은 태양신 아텐을 유일한 신으로 선언하며 자신을 "백만 큐빗의 성벽"으로 묘사했다.[10] 이러한 이미지는 오랫동안 지속되었다. 서기전 13세기의 토판(영국박물관 소장)은 아문 신을 다음과 같이 불렀다.

> 당신, 청동 성벽[11]이여
> 그것이 당신의 은혜를 입은 사람을 당신에게로 데려갑니다.[12]

또한 카이로 파피루스 58033에 나오는 '테베의 신정기'[13](서기전 11세기)의 '아문교의 신조'에도 아래와 같이 적혀 있다.

> 그는 "그의 물 위에 있는" 그를 위한 청동 성벽을 창출했네.
> 어떤 악도 그의 길을 거니는 그에게 닿을 수 없을 것이네.[14]

위의 구절은 두 가지 필수 개념, 즉 쇠로 된 성벽과 "신이 인도하는 길"을 묶은 것이다. 성벽은 아직 배타를 위한 경계로 인식되는 것이 아니라 단순히 악에 대한 보호용이다. 하지만 그 길이 이미 놓여있어서, 그것은 다음 수세기 동안 이집트 문화가 외국의 통치를 피해 신전의 성벽이라는 피난처로 철수할 경로다. 불결한 외부 세계의 도전 가운데 자신들의 고정된 방정한 생활방식을 추구하기 위해 스스로를 격려하는 것이다.

유대교의 올바른 삶의 방식인 할라카는 외래 통치 기간뿐만 아니라 무엇보다 유배와 디아스포라의 시절에도 유대인들을 이끌었다. 이런 여정의 결정적인 정거장들은 다음과 같다.

1. 서기전 722년 북왕국의 파멸과 아시리아인들에 의한 이스라엘 10부족의 강제 이주.
2. 점점 커지는 아시리아의 압박에 따른 종교적 저항과 참사의 예언, 이것은 서기전 621년 요시야Josiah(648~609) 치하의 '율법책의 발견'에서 정점에 달함.
3. 서기전 586년 성전의 파괴; 추방과 유배(바빌론 유수) 및 서기전 536년 포로로 잡혀간 사람들(브네 하골라)의 귀환.
4. 페르시아 통치자의 묵인하에 〈신명기〉 종교 강행.
5. 헬레니즘화에 대한 저항과 마카베오 전쟁Maccabean Wars.
6. 로마에 대한 저항과 서기 70년 제2성전의 파괴.
7. 135년 하드리아누스 황제의 바르 코크바Bar-Kochbah 반란 진압과 팔레스타인에서 유대인의 추방.

이 일련의 사건들은 유대교 전통과 정체성이 굳건해지는 데 복합적으로 영향을 미친 요인들을 잘 보여준다. 한 가지 확실한 점은 이 과정이 결코 정상적 문화 발전은 아니었다는 사실이다. 바빌론과 이집트 역시 외세와 문화 간 대립 과정을 겪었지만, 이스라엘에 더욱 결정적인 것은 제2성전기에 출현한 내부의 긴장과 분열이었다. 이러한 징조는 일찍이 왕정에 반대한 예언자 운동에서도 나타났다. 바빌론이나 이집트에서 그러한 불화는 거의 일어나지 않았다.

기억 형상으로서 출애굽

출애굽 전통 자체에서 나온 이야기는 예외적인 상황으로 시작한다. 유배와 디아스포라가 그 서두를 장식한다. 모세의 지도하에 히브리의 다양한 무리가 이집트의 강제노동수용소에서 탈출하여 40년 동안 광야에서 방랑했다. 그리고 파라오 대신 하나님이 그들을 자신의 계명과 예언으로 복종시켜 정치적 압제에서 벗어나게 하려는 완전히 새로운 언약 문서를 구술했다. 이후 역사에서 이스라엘의 독특한 전통 형성에 기여한 필수 요소들은 바로 이 정체성 형성 사건에서 이미 예시되었다. 예를 들어 그 요소들은 이스라엘 자손들의 유배 혹은 디아스포라, 소수자의 처지, 억압의 상황, 물리적으로 우월한 '고깃국' 문화로의 동화 압력에 대한 저항, 나아가 다신교, 우상 숭배, 점술, 망자 숭배, 통치자의 우상화에 대한 저항, 그리고 특히 자유와 역외성域外性 개념 등을 포함한다.

국가와 생활방식의 기원에 관한 이스라엘의 경험은 이집트의 그것과 크게 달랐다. 이집트에서 기원의 이미지는 토착의 원칙에 기초한다.[15] 이집트의 신전—그 벽이 신과 그의 도를 따르는 이들을 위험하고 불결한 외부 세상으로부터 보호하기 때문에 신들과 경건한 자들에게 신전은 궁극적으로 이집트 전체에 대한 이미지가 되었음—은 태곳적 물에서 떠오른 최초 공간인 "태고 언덕" 위에 서 있는 것으로 이해된다. 반면에 이스라엘 기원의 중심 이미지로서 출애굽과 시나이산의 계시는 역외성 원칙을 토대로 한다. 그 언약이 체결된 장소는 사람 없는 땅인 시나이 사막이었다. 그 언약의 한편은 땅에 신전이나 경배 장소를 두지 않은 이 세상 바깥의 하나님이었고, 다른 한편은 이집트와 가나안 사이의 무인 지역인 시나이 사막을 배회하던 이스라엘 사람들이었다. 언약의 체결이 가나안 땅을 확보한 것보다 선행한 사실이 결정적으로 중요하다. 그것은 역외성을 띠고 있어서 어떤 영토에도 매여 있지 않다. 유대인들이 이 언약 속에서 세계 어디든 머물 수 있음을 의미한다.

이러한 측면에서 염두에 두어야 할 점은 역사적 사건으로서가 아니라 '기억 형상'으로서 출애굽이다. 따라서 출애굽과 광야의 사건은 앞에서 언급한 일곱 정거장—바리새적 랍비 유대교의 형성으로 이어진 일련의 역사적 계기들로, 이것들을 통해 이스라엘의 전통들이 히브리 성경으로 경전화됨—과는 다른 차원에서 일어난 것이다. 이러한 정거장들은 역사적 배경을 제공하기 때문에 흥미롭지만, 출애굽의 역사성은 극심한 논란의 대상이다. 이집트 측에서 제공하는 증거는 사실상 없다.[16] 이집트 텍스트에 나오는 이스라엘에 대한 유일한 언급은 팔레스타인의 한 부족으로서지, 이집트 내에 존재한 이주민 집단이나 "이방인 노동자"는 확실히 아니다.[17]※ 하지만 여기서 문제가 되는 것은 역사적 정확성이 아니라 그 이야기가 이스라엘 사람들의 기억에서 차지하는 중요성이다. 그 의미는 아무리 강조해도 지나치지 않다. 이스라엘인들의 출애굽은 그 사람들뿐만 아니라 하나님 자신에게도 정체성의 토대를 제공한 창건의 행위였다. '언약의 주님Lord of Covenant'이 나타나 이스라엘인들에게 순종을 요구할 때마다, 그들은 하나님이 "이집트 땅에서 이끌어낸 나의 품꾼"《레위기》 25:55)으로 언급된다. 다시 말해, 그들은 애초부터 이주와 구별로 정의된 것이다.

기억 집단으로서 '오직 야훼 운동'

알박스에 토대를 둔 기억 이론을 상기하며, 어떤 집단이 자신의 자아상과 목표, 희망을 지원하기 위해서 출애굽의 기억을 토대로 활용할 수 있을지, 어떤 역사적 상황이 그 과거 재구성의 중심에 출애굽의 기억을 위치시키기에 가장 적합할지 물어본다면, 바로 떠오르는 첫 번째는 확실히 유대인의 디아스포라다. 이방 문화로서 '이집트'는 어디에나 존재한다. 그리고 하나님의 율법을 지키는 일은 속박과 박해로부터 해방의 길을 열어주며, 그곳이 어디든 그들을 약속의 땅으로 이끌 것이다. 수천 년 동안의 타향살이와 억압의 역사 동안 흩어진 한 민족의 생존을 유지시키기에 이보다 더 적절한 이야기를 상상할 수 없을 것이다. 그러나 이스라엘 민족 창건의 중심 기억 형상으로서 출애굽 전승은 당연히 디아스포라 상황이나 바빌론 유수보다 오래된 것이고, 십중팔구 이 전통이 있었기에 두 사건 모두 정체성 상실 없이 감내할 수 있었을 것이다. 다른 한편으로 다윗왕국이 이스라엘 자아상의 중심에 출애굽과 시나이Sinai의 전통을 자리하게 했으리라고 상상하기도 어렵다.

이 전체 과정에 대한 다른 해석도 가능하다. 1971년 모턴 스미스

Morton Smith(1915~1991)는 유일신 종교의 전달자는 국가가 아니라 애초부터 '오직 야훼 운동'을 조직한 소규모 반정부 집단이었으리라는 이론을 제시했다.[18] 건국 초부터 서기전 7세기까지 초기 이스라엘은 정치적 추이에 따라 주도적 신이 바뀌는 최고 신교summodeistic 국가[19]였다는 측면에서 다신교 국가로 간주해야 한다. 야훼는 아시리아의 아수르Assur나 바빌론의 마르둑Marduk, 이집트의 아문-레Amun-Re처럼, 만신전의 장으로서 그 국가의 최고신이었지만, 유일한 신은 아니었다. 당시 문화생활은 가나안 세계까지 열려 있어서, 미디안Midianites, 모압Moabites, 기브온Gibeonites 사람이나 이집트인—솔로몬의 경우—과도 통혼이 흔했다. 바알신Baal이 전역에서 숭배되었고, 이스라엘의 종교는 근동의 여러 종교 집단과 개념들의 지역적 변이에 불과했다.

유일신교로의 변화의 조짐이 처음 나타난 것은 서기전 9세기다. 아사 왕(대략 서기전 875년 사망) 치하에서 청교도적 개혁이 있었던 것 같고, 이는 바알의 제사장들을 박해한 그의 아들 여호사밧과 예언자 엘리야에 의해 계승되었다. 여기서 '오직 야훼 운동'이 시작되었다. 뒤이은 수세기 동안 이 운동은 당시 잔존하다 재기한 바알신 숭배뿐만 아니라 계속된 다신교 관행에도 맞서서 격렬한 투쟁을 벌였다.

'오직 야훼 운동'의 승리 이후에 회고적으로 그 전통이 지배적인 것으로 여겨졌기 때문에, 고대 이스라엘의 다신교적 통합 문화는 그 반대자의 부정적 관점을 통해서만 비추어졌다(훨씬 잘 보존된 기록이 있는 이교도의 종교도 교회의 신부들에 의해 유사하게 폄하되었다). 구약성서에서 반역적이고 잘 망각하는 이스라엘인들과 유일신의 요구 사이에서 일어나는 끊임없는 갈등으로 악명 높게 묘사된 것은 실제 역사적으로는 일신교적 소수와 다신교 통합적인 다수 사이의 갈등이었다. 이러한 다수도 야훼를 믿었고 왕들은 확실히 자신을 야훼 숭배의 특별한 후원자로 자처했음이 강조되어야 한다. 하지만 그들에게 야훼는 가장 높았어도 유일한 신은 아니었다. 예언자들은 바로 이런 신앙을 배교라 꾸짖었던 것이다.

이 장의 두 번째 절에서 오직 야훼당의 중심 텍스트로 간주될 수 있는 〈신명기〉의 내재적 관점에서 그 갈등을 살펴볼 것이다. 내부에서 살펴보면 그 전선 자체가 상당히 다르게 나타난다. 경전을 형성한 것은 당이 아니라, 경전이 오직 야훼당을 만든 것이다. 경전이 처음부터 자리했고, 유일신교에 대한 경전의 강조가 이스라엘 종교 분파들 간의 분열과 갈등을 유발했다. 처음에 시나이산의 계시와 요단의 언약―길갈 언약―이 있었고, 뒤이은 모든 참사는 그 원래 계명과 약속에 대한 이스라엘인들의 망각에서 생겨났다. 이러한 내부의 관점 역시 역사적 정당성을 지닌다. 바빌론 유수에서 예루살렘으로 돌아온 이후, 유배된 공동체와 남아있던 공동체 사이, 유대인들과 사마리아인들 사이, 바빌로니아의 골라Golah(유대인 디아스포라 공동체)와 이집트 골라 사이, 뒤에 헬레니즘화된 사람과 유대교 정통파 사이의 갈등은 모두 이미 경전과 그 규범적 요구를 둘러싼 것이었다.

저항으로서 종교: 반대 운동에서 기성 문화로 종교의 부상

수세기에 걸친 투쟁이 세계사에서 완전히 새로운 무언가를 내놓았다. 그것은 바로 차별화된 가치, 의미, 행위 차원에서 진정한 의미의 '종교'

로, 문화와 정치 영역으로부터 선명하게 개념적으로 분리된 것이다. 이러한 구별은 개념적 영역으로부터 사회적 현실로 돌아가 번역되어 집단들 사이의 적대감으로 해석될 때 설명이 가능할 뿐이다. 여기서 우리가 사실상 마주하는 것은 나머지 사회로부터 탈퇴한 한 반체제 집단이다. 이러한 맥락에서 결정적인 것은 이들이 주류의 문화를 이방적이라고 비난하며 진정한 이스라엘인은 반체제 집단의 유일신교적 신념을 공유한 사람이라고 주장한 점이다. 이는 어떻게 종교가 문화의 맥락에서 그에 대한 반대로 일어났는지 보여주지만, 그 문화는 결코 외국의 문화가 아니라 그들 자신의 문화였다. 그들은 자신의 문화를 이방적이고 반역적이며 망각적이라고 낙인찍은 것이다.

여기서 포용적이고 유화적인 문화와 정결 개념에 진심인 배타적인 종교 사이에 그어진 경계는 이제 '쇠로 만든 성벽'에서 그 상징적 표현을 발견한다. 그 성벽은 자신을 진정한 이스라엘로 간주한 집단의 (1) 정체성과 (2) 전통을 둘러싸고 구축된 것이다. 이러한 과정은 메소포타미아와 이집트 등에서도 전형적이었던 한 가지 특징을 지닌다. 즉 더욱 강력하여 위협적으로 여겨진 외국 문화와의 갈등이 그들의 전통과 정체성을 보호하기 위한 장애물 구축으로 이어졌다는 점이다.

하지만 이집트와 메소포타미아에서 문화의 내부 분열은 없었다. '타자' 문화에 대항하여 형성된 '자아'라는 것은 항상 종교와 문화를 하나의 불가분한 단위로 아우른다. 하지만 "진정한" 이스라엘인들에게 있어 그 과정의 독특함은 그들 자신 문화의 배제 및 종교와 문화, 정치 권력의 분리에 있었다.[20] 출애굽과 관련된 기억 형상에서 이러한 분리 과정이 강렬한 상징 의의를 부여받았다. 이집트로부터의 탈출은 세속적이고, 불결하며, 억압적이고, 동화적이며, 불경한 환경, 즉 속세에서 탈피한 것이다. 이러한 관념이 새로운 종교 형태의 중심이 될 속세와 영적 세계 사이의 이분법을 예시한다.

 종교와 문화 사이에 어떠한 차이도 없는 세계에서 모든 영역의 문화 생활은 오늘날 우리는 상상할 수 없는 방식으로 종교에 의해 형성되었다. 따라서 모든 거래와 소통은 노골적으로든 암시적으로든 일종의 신과 관련된 인식과 연결되었다. 하지만 유일신만 인정해야 한다고 고집하는 '오직 야훼당'은 고대 근동의 공동체에서 자신들을 도려내어 분리된 사람들로 규정했다. 폐쇄적인 유다 공동체의 일원이 되는 방식에도 근본적 변화가 일어난다. 이민이나 결혼 혹은 어떤 다른 형태를 통해서 이 공동체의 성원이 되기는 더 이상 불가능했으며, '개종'만이 그것을 가능하게 해줄 뿐이었다.[21] '쉐마 이스라엘'(《신명기》 6:3-9)이 정체성에 대한 헌신으로 공표되었고, 그것에 목숨을 걸 준비가 되어야만 했다.[22]※ 개종과 고백, 순교가 모두 이 새로운 민족이 주변 환경에서 자신을 분리한 '쇠로 만든 성벽'의 부산물로 나타났고, 그것들이 이제 완벽하게 새로운 의미론적 형성과 정체성의 결합으로 구체화되기 시작한 그 종교의 구성 성분이 되었다.

 문제는 이렇게 확정된 삶의 방식이 이스라엘 문화의 자명한 일상에 반하여 강요된 사실에 있다. 만약 이러한 모든 것이 그들 자신의 문화에서 발생하지 않았다면, 그 성벽이 그렇게 높을 필요가 없고, 경계도 아주 엄격하지는 않았을 것이다. 불가피하게, 그것은 자명한 문화에서는 전적으로 불필요했을 정교한 율법 체계라는 기반이 필요했다. 이 율법에 따라서 사는 누구나 자신이 누구인지 어디에 속하는지 한시도 잊을 수 없었다. 이러한 독특한 생활방식은 너무 어려워서 끊임없는 학습과 의식을 통해서만 추구될 수 있었다. 기본적으로, 그것은 극도로 복잡한 사제의 금기와 규정들을 숙지하는 것을 제외하고도, 어떤 생계 걱정도 없는 전문가들만 실행할 수 있는 일종의 전문예술이었다. 그러한 금기와 규정들이 일반 법률의 핵심이 되어서, 이제 사제적 격리 원칙—특히 이집트의 사례에서 그러했듯이—이 모든 백성에게 적용되었다. "너희는 네 주 하나님의 거룩한 백성이다."[23]

바빌론 유수로 인해 이 집단은 수세기 동안 격렬하게 갈등해온 문화적 맥락에서 벗어날 수 있었다. 유배지 유대인들은 자신들의 왕을 잃었고, 성전이 훼파되어 제사 의식도 행할 수 없었으므로, 유대인들 내부의 종파 간 경쟁도 없어지게 되었다. 그들은 진정한 이방의 문화적 맥락에서 망명 공동체(골라)를 형성할 수 있었다. 그때까지 발생한 일련의 재앙들이 오직 야훼 운동가들의 예언적 주장을 완벽하게 확인해주었기 때문에, 바빌론의 유다 공동체 안에서 오직 야훼 운동을 수행하기는 훨씬 쉬워졌다. 이제 전통과 정체성을 에워싼 성벽이 처음으로 보호물이 되었다. 그 결과 이 집단은 아시리아인과 바빌로니아인에 의해 쫓겨난 많은 집단 중에서 유일하게 50년 이상 그 정체성을 보존하여 서기전 537년의 권력 교체 이후 결국 팔레스타인으로 돌아왔다.

페르시아 문화 정책으로서 전통의 부활

이스라엘과 이집트를 포함한 근동을 두 세기 동안 지배한 페르시아제국(서기전 543~323)이 자신을 지역 전통의 당국자이자 수호자로 자리매김함으로써, 속주들에서 그 권력을 안정시켰다.[24]* 이집트에서 "아마시스Amasis 재위 44년(서기전 526)까지 시행된 이전 판례들을 기록하기 위해" 위원회가 설치되었다.[25] 우자호르레스네Udjahorresne*라는 인물이 전통과 관련된 가장 중요한 기관인 '생명의 집'—신전에 부속된 기록실—의 복원 책임을 맡았다(A. B. Lloyd, 1982a). 다리우스 1세Darius I(서기전 522~480 재위)가 카르가el-Khargeh에 지은 신전은 그 새로운 유형이 최초로 표현된 사례로 간주할 수 있다.

거기에는 이제 의례와 관련된 것을 넘어서 누적된 중요한 지식까지 기록한 부조들이 있었는데, 나는 앞에서 그것들을 이집트의 전통과 정체성을 구분하여 안정시킨 상징적 표현이라고 설명했다. 페르시아제국의 통치는 이집트 전통의 부활과 성문화를 수반했다. 따라서 그때가 되어서야 《사자의 서》가 장의 번호와 순서에 대한 확정된 형식을 갖추었다고 볼 충분한 이유가 있다. 그전까지 그것은 들쑥날쑥한 선집에 불과했는데, 서기들이 개인적 필요에 따라 주문呪文을 모아 다른 버전들로 구성했다. 사실상 페르시아 시대에 들어서야 최초로 통일된 《사자의 서》가 출현했다. '사이스 교정본the Saite Recension'으로도 알려진 그 버전이 이전까지의 전통의 물줄기를 고정시켜 경전과 유사한 성격을 지니게 되었다.

히브리 경전도 같은 시기에 팔레스타인에서 그 형태를 갖추었다. 페르시아인들이 이를 용인했을 뿐만 아니라 사실상 의뢰하기도 했다. 철학자이자 유대교도인 야콥 타우베스Jacob Taubes(1923~1987)에 따르면,

---

* 제26왕조와 제27왕조 사이의 정부 관리.

에즈라Ezra가 페르시아의 무력 통치기에 바빌론에서 가져왔다는 '율법책Book of Laws'(《신명기》로 추정)은²⁶* 이제 경전으로 확장되었다. 예언의 종말은 경전 생산의 선결조건이다.²⁷ 이슬람식 표현에서 경전이 탄생하기 위해서는 '대문 닫기'가 이루어져야 한다.²⁸* 그렇지 않으면 구속력을 지니는 의미가 수시로 끼어들기 때문이다. 유프라테스강 건너편 '속주'의 일부였던 예후드Yehud—페르시아 치세하의 유다 지역—에서 예언은 사실상 설 자리를 잃었다. 예언자는 통상 야훼의 이름으로 왕과 백성들에게 말했지만, 이제 속주의 총독인 사트라프satrap는 멀리 떨어진 곳에 있었고, 왕은 그보다 더 멀었다. 따라서 예언자의 자리를 전통을 성문화하고 경전화하며 해석한 학자들*이 대체했다.

'제사장의 문헌'으로 알려진 구약성서의 전통은 이러한 작업이 수행된 지성적 분위기가 상당히 비정치화된 양상을 띠었음을 입증한다. 여기서 예언적인 신명기적 전통에서 특히 중심 역할을 담당했던 정통 왕 개념과 메시아에 대한 기대는 사실상 사라졌다.²⁹ 유배 전 반문화로서 형성된 '오직 야훼 운동'의 일신교적 종교는 이제 페르시아제국의 강력한 통합 속에서 내부의 문화가 되었다. 모든 세속적인 문제를 페르시아의 점령 권력에 맡기는 동안 주된 관심은 단지 청결한 삶 및 교육과 해석에 있었다.

페르시아 통치기 동안 유대인의 대중적 삶의 영역에서 비정치화 양상이 보편적인 효력을 발휘하기 시작했다. 이집트와 바빌론에서 이때 문화를 대표하는 역할이 서기 관료에서 서기 신관으로 넘어가 문화의

---

* 관료도 제사장도 아닌 일반인으로 성경을 공부하는 사람들.

성직자화가 두드러졌다. 이스라엘에서 그 전환은 예언자에서 학자로의 이전이었다. 하지만 이스라엘에서만 종교가 집단 정체성을 창출하는 진정한 대안으로 안정적으로 자리매김했다. 정치적·영토적 연계와 완벽하게 독립적으로, 다시 말해 전적으로 "율법과 예언서"(구약성서)의 언약만을 따르는 방식으로, 자신의 외연과 내연을 규정한 민족이 부상한 곳은 이스라엘뿐이었다.[30]※

그렇지만, 이러한 자기 정의는 나중에 지배적인 정치 권력이 하나님의 "거룩한 사람들"의 삶의 방식에 간섭하려 할 때마다 다시 정치화되었다. 이러한 최초의 극적인 사례로 마카베오 전쟁(서기전 167~142년 팔레스타인에서 벌어진 유대인들과 셀레우코스 왕조의 전쟁)을 들 수 있다. 이는 안티오쿠스 4세 에피파네스Antiochus IV Epiphanes(서기전 175~164 재위)가 헬레니즘화 조처—예컨대, 유대교 율법 준수 금지—를 취했을 때 일어났다.[31] 이 문화 전쟁의 맥락에서 유대교와 헬레니즘 사이에 몇 가지 측면에서 첨예한 대치가 있었다(2 Macc. 2, 21, E. Will and C. Orieux, 1986 참조).[32]※ 이때 유대교의 정체성이 종교에 기반을 둔 생활 방식으로서 최초로 개념화되었고,[33] 이에 상응하여 비유대교의 헬레니즘적 삶에는 이교도라는 낙인이 찍혔다.[34] 로마제국 치하에서 더욱 폭력적인 충돌이 반복되고, 정치적 열망을 담은 신화적 문서들이 제작되어('신화 동력'), 종말과 메시아에 대한 기대를 강화했다.[35] 서기 70년에 일어난 성전의 파괴와 함께, 무엇보다 서기 135년 하드리아누스(76~138)의 바르 코크바 반란 진압 이후에야, 랍비로 대표되는 정치와 무관한 반反열광적 종교 이념이 주도적 위치를 차지했다.

히브리 성경의 경전화와 랍비 유대교 정체성 확립으로 끝나는 이런 종교 발전 과정은 일련의 충돌의 연속이었다. 이 충돌 사건들 뒤에는 출애굽 전통이라는 중심적 기억 형상이 있다.

---| 충돌 중의 기억 형상 |---

이집트	이스라엘
	모세에 의한 "하나님의 백성" 창시
금송아지 우상 숭배자	레위인(출애굽기 2장)
원주민	이민자: 모든 언약 및 이종족과의 통혼 금지amixia³⁶※(《출애굽기》 34장)

---| 역사상의 충돌 |---

동화를 추구하는 왕족	청교도적 개혁을 추구하는 예언자들
혼합주의 의식 관행	반체제적 '오직 야훼' 운동 시도(내재적 반대)
아시리아의 동화 압력	이스라엘의 저항(외부 세계와의 대립)
바빌로니아의 외국 문화	유배 공동체
머문 사람들(암 하아레츠)	돌아온 유배자들(브네 하골라)
사마리아인³⁷※	유대인
이집트로 유배 간 유대인들	바빌론으로 유배 간 유대인들³⁸
헬레니즘	유대교
사두개파	바리새파³⁹※와 다른 "청교도적" 집단(에세네파), 열심당원⁴⁰
대안적 외국 문화	디아스포라 유대교

이러한 대립의 연결망을 결정적으로 관통하는 맥락은 외부적 반대와 내부적 반대의 혼재다. 이는 출애굽과 관련된 전통에서 아주 명확하다. 하나님의 백성이라는 개념이 확립됨에 따라, 무수한 이집트인들이 열 가지 재앙을 겪고 사망에 이르렀을 뿐만 아니라, 유대인의 일부 분파 역시 상습적 범행과 완고함으로 인해 가혹한 징벌을 받았다. 애초부터 하나님의 아들이 되는 자격이 혈연, 가계, 타고난 권리만의 세습적 문제가 아니었음은 명확했다. 그 구분을 위한 뚜렷한 선은 민족적 정체성과 종교적 정체성 사이, 즉 이스라엘인과 "진정한" 이스라엘인 사이에 그어졌다. 따라서 출애굽 전통은 '기억 형상'으로서, 역사 속에 출현한 모든 대결을 선명하게 했고 지금도 그렇게 하고 있다. 그 대결의 대상은 아시리아, 바빌로니아, 페르시아, 그리스, 로마 등과 같은 외국 문화뿐만 아니라, 헬레니즘 문화에 동화하고자 했던 다수의 이스라엘 집단이기도 했다.

정결을 향한 이스라엘의 집요한 추구는 자신들의 백성뿐만 아니라, 백성 개인의 영혼에도 직결되었다. 혼종의 금지 *amixia* 는 엄격했고, "내가 이제 너희 앞에서 아모리 사람과 가나안 사람과 헷 사람과 브리스 사람과 히위 사람과 여부스 사람을 쫓아내겠다"(《출애굽기》 34:11)와 같은 배타의 계명도 매우 가혹했는데, 그 이유는 그것들이 이스라엘 백성의 영혼 속에 자리한 가나안인들까지 겨냥한 것이었기 때문이다.

전반적 배타의 관념은 신인神人관계를 부부로 은유한 것과 간음과 유혹에 대한 금기에 의해 더욱 분명해진다. 유혹으로 인해 배교가 이루어지고, 그러한 유혹에 대한 두려움이 격리 동기를 유발한다. 유혹에 대한 이스라엘의 두려움은 야훼의 "질투"에 상응한다. 야훼는 가부장적 남편처럼 자신의 백성을 다른 세계로부터 격리하여 가두려 한다. 이러한 기억 형상의 폭력적 잠재성은 결코 이스라엘이나 유대교 자체의 유일신 운동—마카베오 반란은 제외—에서 남용되지는 않았다. 하지만 그것은 분리 독립과 해방, 특히 토지 획득 운동에서 실질적 역할을 담당한다. 예를 들어, 북아프리카로 이주한 청교도들과 남아프리카로 이주한 보어인들은 이러한 기억 형상으로부터 그 자아상과 정당성을 발견해냈다.

2. 기억으로서 종교: 문화적 기억의 틀로서 〈신명기〉

문화적 기억에 대해 다룰 이 절은 예비 설명이 필요한 약간 논쟁적인 주제를 제시하려고 한다. 나는 종교사나 신학과 별개로 순수한 문화적 관점에서, 유대교와 기독교 모두의 기반 문헌 중 하나를 검토할 것이다. 내 초점은 모세의 다섯 번째 경전인 〈신명기〉에 맞춰질 텐데, 당시 완전히 새로웠던 기억술mnemotechnics의 토대였다. 그 기억술은 모종의 문화적 기억과 정체성을 정립시킴으로써 새로운 종교를 만들어냈다.

문화적 기억의 맥락에서 볼 때, 그 종교에서 새로운 것은 내용—유일신교와 우상 파괴—이 아니라 구성 형식에 있다. 그것은 문화적 집단기억의 자연스러운 배경들을 불필요하게 만든 종합적 틀이다. 그 배경들은 왕국, 신전, 영토인데, 이들은 집단기억의 안정화를 위한 필요충분 조건—즉 '기억의 현장lieux de mémoir'—으로 간주되는 대표적인 제도들이다. 새로운 기억술의 도움으로 이러한 장소들이 이제 외부에서 내부로, 물질에서 상상으로 이전됨으로써, 영적인 이스라엘이 부상하였고, 그것은 신성한 텍스트를 공부하고 기억을 부활하려는 집단이 결성된 곳 어디서나 자리하게 되었다.

앞절에서 나는 이 내면화 과정을 페르시아의 지원하에 이루어진 글쓰기와 경전화로 설명했고, 역사적 재구성을 통해 그것을 이스라엘의 정치사와 사회사 속에 자리매김하고자 했다. 성경 텍스트가 이 과정에서 큰 빛을 제시했는데, 〈신명기〉가 특히 그 명백한 사례다. 이 책은 영토와 정체성의 분리에 토대를 둔 기억술을 전개한다. 여기서 우리가 마주하는 것은 이집트, 시나이, 광야, 모압 등 역외의 역사에 해당하는 그 땅 밖에서 봉인된 유대를 기억하라는 강한 요구다. 진정으로 창건 작용을 한 '기억의 현장'은 사실상 약속의 땅 밖에 있었다. 이는 사람들이 예루살렘에서 멀리 있었을 때, 예컨대 바빌론에 있었을 때, 그들에게 그곳을 상기시키는 기억술의 기반이기도 했다. "예루살렘아, 내가 너를 잊는다면, 내 오른손아, 너는 말라비틀어져버려라"(《시편》 137:5). 이스라엘에 살면서 이집트, 시나이, 광야 방황을 기억할 수 있었다면, 바빌론에 살면서 이스라엘을 기억하는 것도 가능할 것이다.

구약 학자들은 〈신명기〉가 어떤 집단이나 '운동', '학파'의 정강이었다는 데 동의한다(Weinfeld, 1972). 그들은 오직 토라(모세오경)에 기반을 둔 새로운 영적 정체성의 전달자였고, 이 하나의 토대를 통해 그들은 다른 사회들이 가시적 형태로 구축해야 했던 모든 것—영토, 사회 기관들, 건축물들, 권력의 상징물들—을 보유했다. 하인리히 하이네 Heinrich Heine(1797~1856)는 토라를 "몸에 지니는 조국"이라고 적절하게 묘사했다(Crüsemann, 1987). 따라서 고향과 이방 영토 사이의 경계가 지리적으로 그어진 것이 아니라 오히려 휴고 폰 호프만스탈Hugo von Hofmannsthal(1874~1929)이 '민족 문학Schrifttum'을 다룬 1927년의 강연에서 묘사한 그 '영적 공간'에 있었다. 그 강연은 이렇게 시작한다. "우리가 그 공동체에 결속되는 이유는 우리가 고국에 함께 거주하기 때문도, 일상생활에서 대면 접촉하기 때문도 아니다. 우리가 공동체인 이유는 영적으로 연결되어 있기 때문이다."⁴¹ 이스라엘 사람들은 영적으로 연결되는 방법을 발견했거나 발명했으며, 그것은 다름 아닌 문학이었다. 많이 논의되는 문자 문화의 결과들 가운데 가장 중요한 것은 역외적 혹은 영적인 생활 공간이 발전하게 된 것이다. 〈신명기〉는 일종의 새로운 기억술을 창출해냄으로써 그런 과정을 예증해준다. 이러한 기억술의 도움으로 모든 결정적 유대가 집단기억 속에서 보존되며 살아 숨 쉴 수 있었는데, 이는 위에서 언급한 일반적 상황에서 필수적인 "자연적" 틀과는 무관하게 이루어진 것이다.

여기서 나에게 중요한 것은 '자연적'이라는 개념이다. 알박스가 분석하고 설명한 자연적으로 형성된 집단기억 중에서 기억술이 지극히 중요한 역할을 한다. 이는 고전 시기 기억술이 개인의 자연적 기억력에 작용한 것과 마찬가지다. 〈신명기〉에서 종교는 집단기억의 인위적 향상을 위한 것이다.⁴²* 약속의 땅에서 광야를 망각하거나 바빌론에서 예루살렘을 잊어버리는 것보다 더 자연스러운 것은 없다. 하지만 〈신명기〉가 기억하라고 명령하는 내용은 반자연적이고 역설적이기까지 하다. 이는 매일의 훈련과 집중을 통해서만 도달할 수 있었다.

망각의 충격: 문화적 기억술의 토대 전설[43]

서양의 기억술과 관련하여[44] 그것이 탄생한 원초적 장면을 묘사한 토대 전설이 있다. 이는 잘 알려진 시인 시모니데스의 이야기로(제1장 서두 참조), 다음은 키케로가 전한 버전이다. 시모니데스는 축제 홀의 붕괴에서 살아남은 행운아로 알려져 있다. 그 붕괴로 모든 사람들이 신원을 확인할 수 없을 만큼 훼손된 상태로 사망했다. 하지만 그 시인은 사망자들의 좌석을 기억하고 있었기 때문에, 모든 시신의 신원을 확인할 수 있었다. 이 이야기의 결정적인 포인트는 기억에 도움을 준 공간성이다. 그 기억예술가는 모든 데이터를 상상의 공간에 배열할 수 있어서 이러한 이미지의 맥락에서 참석자들을 기억해냈다.[45]

유대-기독교 세계의 기억 문화에도 토대 전설과 원초적 장면 같은 것이 존재한다.[46] 그것은 〈신명기〉가 어떻게 발견되었고, 요시아 왕의 성전 개혁이 그것을 어떻게 발전시켰는지에 관한 이야기다. 시모니데스의 이야기처럼 이 이야기도 재앙과 정체성 상실로 시작한다. 하지만 여기의 재앙은 전체 민족에 닥쳤고, 재앙은 망각의 원인이 아니라 결과였다.

〈열왕기하〉 22:2-13에 따르면, 성전을 수리하던 중에 힐기야 대제사장이 '율법책Book of Torah' 혹은 '언약책Book of Covenant'이라는, 분명히 잊힌 책을 발견했다. 왕이 그것을 읽었을 때, 그는 두려움에 떨며 "자기 옷을 찢었다." 그 책은 주님이 이스라엘과 맺은 언약의 계명, 증언, 법규를 담고 있을 뿐만 아니라 그것을 거역한 사람들에게 내릴 끔찍한 저주에 대해서도 상세히 열거했다. 그 나라의 종교적·정치적 관행이 그 언약에 제시된 것을 총체적으로 위반했기 때문에, 과거와 현재의 모든 곤경과 참사가 이제 신성한 징벌임이 드러났다.

신명기적 역사는 죄책감의 원칙에 근거한 기억 작업의 성문화로서 이해할 수 있다. 그것은 현재의 재앙을 야훼가 유발한 일로 설명하며 그에 대해 대처하려고 시도한 것이다(G. v. Rad, 1958). 제6장에서 죄책감과 기억, 역사서술에 대해서 더 상세히 다룰 것이다. 요시아의 개혁 이야기는 창건적 의의를 지니는 전설로 간주하여[47] 다룰 필요가 있다. 비록 그 개혁이 역사적 실재에 부합하지 않는다고 해도—예레미야나 에스겔에 그 개혁에 대한 상세한 언급이 없어서 의심되는 바와 같이—그것은 기억 형상으로서 중추적인 중요성을 지닌다. 요시아 이야기의 세 가지 핵심 요소는 다음과 같다.

1. 전통과의 단절: 예루살렘 성전이 모든 제사 의식을 독점한 것은 헤아리기 어려울 정도로 혹독하고 광범위하게 이스라엘의 종교생활을 변모시켰다.[48]※
2. 예기치 않은 책, 즉 잊힌 진실의 출현을 통하여 전통과의 단절이 정당화된다.
3. 그 후, 기억의 주제가 '이야기' 화 된다.

요시아의 이야기에서 예기치 못한 책의 발견이 시모니데스의 발견과 유사한 역할을 담당했다. 즉, 그 책은 재난과 완전한 망각의 상황에서 몰라볼 정도로 잊힌 정체성의 유일한 증거가 되었다. 유대 전통과 현대 성서학은 그 책을 모세오경의 마지막 책인 〈신명기〉로 인정한다.[49]※

〈신명기〉를 세심히 검토한다면, 망각하기와 기억하기의 주제가 끊임없이 꿰어져 있음을 아주 쉽게 파악할 수 있을 것이다.[50]

〈신명기〉는 모세의 유산을 담고 있다. 그것은 시간과 공간에 관한 정보로 시작한다. 공간적 배경은 요르단 동쪽 언덕이고, 그 시점은 40년 동안의 방랑 뒤에 약속의 땅으로 건너 들어가려는 준비기다. 경계와 그것을 건너려는 준비, 40년의 끝이라는 주제가 모두 의미심장하다. 맨 마지막 것부터 시작해보자. 이 40년이라는 기간은 당대 목격자 세대의 끝을 나타낸다. 20~30세에 출애굽을 직접 체험했던 그들이 이제 말년이 되었고, 그들의 죽음과 함께 출애굽과 시나이산의 언약, 광야에서의 방랑에 대한 생생한 기억이 사라질 판이었다.

〈신명기〉에서 그러한 목격자들의 각성이 반복적으로 촉구된다. "주님께서 바알브올에서 하신 일을 당신들은 눈으로 직접 보았습니다"(〈신명기〉 4:3).[51] "너는, 주 우리의 하나님이 이 두 아모리 왕에게 어떻게 하였는가를, 두 눈으로 똑똑히 보았다"(〈신명기〉 3:21). "당신들은 오로지 삼가 조심하여, 당신들의 눈으로 본 것들을 잊지 않도록 정성을 기울여 지키고, 평생 동안 당신들의 마음속에서 사라지지 않도록 하십시오"(〈신명기〉 4:9). "주 하나님의 위엄과 강한 손과 편 팔을 기억해야 할 사람은, 당신들의 자녀가 아니라 바로 당신들입니다. 당신들의 자녀들은 주 당신들의 하나님이 하신 일과 내리신 명령을 보지도 못하고 듣지도 못하였습니다. 당신들이 또 기억해야 할 것은, 주님께서 이집트의 바로 왕과 그의 온 땅에 기적과 표징을 일으키신 것과, 주님께서 당신들 뒤를 쫓아온 이집트의 군대와 군마와 병거를 홍해 바닷물로 휩쓸어 오늘에 이르기까지 흔적도 없이 멸하신 일과, 또 당신들이 이곳에 이르기까지 광야에서 당신들에게 하신 일과……당신들은 주님께서 하신 이 위대한 모든 일을 당신들 눈으로 보았습니다. 그러니 당신들은 오늘 내가 당신들에게 내리는 모든 명령을 지키십시오.……"(《신명기》 11: 2~8).

〈신명기〉에 기록된 이러한 여호와의 말씀은 증인이 될 수 있는 이스라엘 사람들에게로 향한다. 그들은 출애굽 당시 여호와께서 행한 기적과 그 표식을 직접 목도하며 자신의 실제 삶에서 경험한 사람들이다. 그들은 이제 자신들이 보고 들은 것을 보존하여 후대에 전달함으로써 증인의 의무를 다해야 한다. 〈열왕기하〉 23:3에서 "계명과 법규"뿐만 아니라 "증거testimonies"까지 언급한 까닭이 여기에 있다. 또한 이러한 이유로 인해, 쉐마 기도문의 첫 번째 문장에서 '에드ed(증인)'라는 단어를 구성하는 '아인ain'과 '달렛Dalet'이 유대 성경과 기도서에서 큰 활자로 강조되어 있다.

שְׁמַע יִשְׂרָאֵל יְהוָה אֱלֹהֵינוּ יְהוָה ・ אֶחָד:

세마 이스라엘, 아도나이 엘로헤누 아도나이 에하드
이스라엘은 들으십시오. 주님은 우리의 하나님이시요,
주님은 오직 한 분뿐이십니다(《신명기》 6:4).

출애굽의 마지막 증인들은 그들이 본 것을 절대 잊지 말도록 반복적으로 명 받았다. 집단기억에서 40년은 그 전환점으로, 기억의 위기에 해당한다. 만약 기억이 상실되지 않았다면, 그것은 확실히 전기적 기억에서 문화적 기억으로 전환되었어야 했을 것이다. 이는 집단기억술이라는 수단과 함께 발생한다. 〈신명기〉에서 최소한 여덟 가지 문화적 기억의 기술들을 확인할 수 있다.

1. 깨닫기: 마음에 새기기

"내가 오늘 당신들에게 명하는 이 말씀을 마음에 새기고 written[52]※"(6:6).

"그러므로 당신들은, 내가 한 이 말을 마음에 간직하고, 골수에 새겨 두고"(11:18).

2. 교육: 언제 어느 곳에서나 소통하고 유포하고 대화함으로써 미래 세대에게 계명 전수.[53]※

"자녀에게 부지런히 가르치며, 집에 앉아 있을 때나 길을 갈 때나, 누워있을 때나 일어나 있을 때나, 언제든지 가르치십시오"(6:7).

3. 시각화: 신체에 표식(트필림 *tefillim*)

"또 당신들은 그것을 손에 매어 표로 삼고, 이마에 붙여 기호로 삼으십시오"(6:8과 11:18).

4. 경계적 상징주의: 문설주의 명문(메주조트 *mezzuzôt*)

"집 문설주와 대문에도 써서 붙이십시오"(6:9와 11:21).

5. 저장과 공간소개: 석회 바른 돌에 새긴 명문

"당신들이 요단강을 건너가서, 주 당신들의 하나님이 당신들에게 주시는 땅에 들어가는 날이 오거든, 큰 돌들을 세우고 석회를 바르십시오. 주 당신들 조상의 하나님이 말씀하신 대로, 주 당신들의 하나님이 당신들에게 주시는 땅 곧 젖과 꿀이 흐르는 땅에 들어가면, 이 모든 율법의 말씀을 그 돌들 위에 기록하십시오. 당신들이 요단강을 건너거든, 내가 오늘 당신들에게 명한 대로, 이 돌들을 에발산에 세우고, 그 위에 석회를 바르십시오…… 당신들은 이 돌들 위에 이 모든 율법의 말씀을 분명하게 기록하십시오"(27:2~8).[54]

에발은 "저주"가 선포된 산이다(27:13~26). 저주는 율법의 수단으로 거기에 도달할 수 없는 모든 사람에 대하여 이 산에서 낭독되었다. 언약의 텍스트를 담은 석비가 잊힌 계명의 증거로 서 있었다.[55]※

6. 집단기억의 축제: 크고 작은 모든 사람이 주님 앞에 나와야 하는 집회와 순례의 세 가지 대축제.[56]※

"마초트Mazzot"(유월절)―출애굽을 기념하는 축제: "이는 이집트 땅에서 나올 때의 일을 당신들이 평생토록 기억하게 하려 함입니다"(16:3).[57]

"샤부오트Shavuot"―이집트 시절을 기념하는 칠칠절: "당신들은 이집트에서 종살이 하던 것을 기억하고, 이 모든 규례를 어김없이 잘 지키십시오"(16:12).[58]※

"수코트Sukkot"―일 년 중 일곱 번째 달에 〈신명기〉의 전체 텍스트가 낭독된 초막절(아래의 8 참조). 이 축제의 일부는 "그 땅에서 거둔 모든 첫 번째 과실"을 가져오는 것을 포함하고, 그 제물을 바치는 사람은 규정된 본문을 하나님 앞에서 낭독해야 한다(〈신명기〉 26; Gerhard von Rad 1958, pp. 11~20 참조). 게르하르트 폰 라트가 "작은 역사적 신조"라 명명한 이 본문은 사실상 족장 이야기와 가나안 정복 이야기를 포함한 짧은 출애굽 이야기이다(26, 55~59).

7. 구전 전통: 역사적 기억을 집대성한 운문

고상한 운문으로 된 〈신명기〉의 마지막 부분에 망각과 불충의 처참한 결과에 대한 위대한 경고의 노래가 있다. 이 노래는 사람들의 구전 전통에 살아있어서, 그들은 영원히 자신들의 의무를 상기할 것이다. "이제 이 노래를 적어서, 이스라엘 백성에게 가르쳐 부르게 하여라. 이 노래가 이스라엘 자손에게 내가 무엇을 가르쳤는지를 증언할 것이다. 내가 그들의 조상에게 맹세한, 젖과 꿀이 흐르는 땅에 그들을 인도하여 들인 뒤에, 그들이 살찌도록 배불리 먹으면, 눈을 돌려 다른 신들을 섬기며 나를 업신여기고, 나와 세운 언약을 깨뜨릴 것이다. 그리하여 그들이 온갖 재앙과 환란을 당하게 될 것이다. 그러나 사람들이 이 노래를 부르는 한, 이 노래가 그들을 일깨워주는 증언이 될 것이다. 비록 내가 아직 약속한 땅으로 그들을 인도하기 전이지만, 지금 그들이 품고 있는 생각이 무엇인지를 나는 알고 있다"(31:19~21).

8. 엄격한 실천을 위한 토대로 언약 텍스트(토라)의 경전화

"모세가 이 율법을 기록하여……모세가 그들에게 명령하였다. 일곱 해가 끝날 때마다, 곧 빚을 면제해주는 해의 초막절에……당신들은 이 율법을 온 이스라엘 백성 앞에서 읽어서, 그들의 귀에 들려주십시오"(31:9~11).[5] 율법의 편지 마지막에 달린 의무가 여러 차례 반복되었다. "당신들은 거기에 한 마디도 더하거나 빼서는 안 됩니다"(12:32; 4:2도 참조).[60]

일 년 주기로 유대교 회당에서 오경 전체를 낭송하는 관행은 그 언약을 교대로 읽은 것에서 유래했다. 기독교 예배에서도 마찬가지인데, 하

나님의 말씀을 낭송하는 것은 집단기억의 기관으로 의도된 제도를 따른 것이다.[61]

이러한 여덟 가지 집단기억술 형태에서 마지막 것이 가장 중요하다. 그것은 전통에 대한 개입을 의미한다. 즉 끊임없이 변화하는 많은 전통의 유동적 집합을 엄격한 선택의 과정에 종속시키는 것이다. 이렇게 선별된 내용이 고정되어 신성한 의미, 즉 의심의 여지 없는 최고의 구속력을 획득한다. 그 이후 전통의 물줄기의 흐름이 막혀버린다. 이때부터 어떤 내용도 더하거나 뺄 수 없다. 언약이 경전이 된 것이다.[62]

소통적 기억과 문화적 기억 사이의 차이에 비추어서 이제 〈신명기〉의 저변에 있는 근본 문제를 더욱 정확하게 파악할 수 있다. 그것은 바로 소통적 기억—즉, 목격자들의 생생한 기억—이 문화적 기억—문화기관들에 의해 형성되고 지지되는 기억—으로 전환된 결과고, 여기서 기억술이 작용했다. 한 세대의 소통적 기억에서 더 이상 구현되지 못하거나 살아남지 못한 기억은 전진하는 현재와 불가피하게 대조적 형태를 취하여 '반反현재' 기억이 된다(G. Theissen, 1988).

기억이 처한 위험과 망각의 사회적 조건

동화fairy tales에 익숙한 사람들은 주인공이 상대방에게 무슨 일이 있어도 특정 사안을 잊어서는 안 된다고 경고할 때 반드시 그 상대방이 망각할 가능성을 염두에 두고 있음을 잘 안다. 이러한 경고는 주로 국경을 넘기 전이나 낯선 방으로 들어가기 전에 나타난다. 생소한 환경, 특히 이국적인 음식을 먹고 마시는 것이 상대방의 망각을 재촉할 수 있기 때문이다.

 망각의 과정을 대표하는 최고의 모델과 모범은 미지의 세계로의 여행이나 국경을 넘는 상황이다. 이러한 상황에서 아이는 자신의 부모를, 사신은 자신의 임무를, 왕자는 자신의 고귀한 태생을, 영혼은 그 천국의 기원을 잊어버린다. 자신들이 처한 새로운 환경에서 자신들의 기억을 지지하고 지탱해주는 어떤 것도 없기 때문이다. 그 기억은 더 이상 준거 틀을 지니지 못하고 비현실적으로 되어 사라져버린다.

 이는 정확히 〈신명기〉에서도 상정된 상황이다. 거기에 나오는 '말씀'(《신명기》의 첫 번째 글자인 드바림*debarîm*으로 그 책의 히브리어 제목이다. "이것은 모세가……모든 이스라엘에게 한 말씀이다.")은 경계를 넘기 전에 이스라엘 사람들에게 한 것이다. 방랑이 끝나는 시점에 이스라엘 사람들이 마주하게 될 환경의 변화보다 더 극단적인 것은 상상하기 힘들다. 그들의 기억은 위험에 봉착한다. 그들이 요단강을 건너서 새로운 땅의 "젖과 꿀"을 먹었을 때, 그들은 자신들의 정체성과 사명 혹은 언약을 잊어버릴 것이다.

 〈신명기〉를 읽는 독자는 절대로 잊을 수 없는 모든 표식을 지닌 이야기를 기억하는 것이 결코 당연하거나 자명한 것이 아니라는 인상과 지난 40년 동안의 경험을 완전히 잊어버리는 것이 매우 당연하고 자명하다는 인상을 받게 된다. 그 텍스트는 과거와 집단기억의 지속가능성에 대한 이러한 비관적 평가를 어떻게 정당화할까? 〈신명기〉에는 대조와 유혹이라는 두 가지 주제가 반복된다. 이제 이스라엘의 집이 될 새 땅은 그들이 이전에 익숙했던 것들과 완전히 다른 삶의 조건을 제시할 것이다.

주 당신들의 하나님이 당신들을 데리고 가시는 땅은 좋은 땅입니다. 골짜기와 산에서 지하수가 흐르고 샘물이 나고 시냇물이 흐르는 땅이며, 밀과 보리가 자라고 포도와 무화과와 석류가 나는 땅이며, 올리브 유와 꿀이 생산되는 땅이며, 먹을 것이 모자라지 않고 아무것도 부족함이 없는 땅이며, 돌에서는 쇠를 얻고 산에서는 구리를 캐낼 수 있는 땅입니다. 주 당신들의 하나님이 당신들에게 주신 옥토에서, 당신들은 배불리 먹고 주님을 찬양할 것입니다. 오늘 내가 당신들에게 전하여 주는 주님의 명령과 법도와 규례를 어기는 일이 없도록 하고, 주 당신들의 하나님을 잊지 않도록 하십시오. 당신들이 배불리 먹으며, 좋은 집을 짓고 거기에서 살지라도, 또 당신들의 소와 양이 번성하고, 은과 금이 많아져서 당신들의 재산이 늘어날지라도, 혹시라도 교만한 마음이 생겨서, 당신들을 이집트 땅 종살이하던 집에서 이끌어내신 주 당신들의 하나님을 잊어버리는 일이 없도록 하십시오.……당신들이 마음속으로 '이 재물은 내 능력과 내 손의 힘으로 모은 것이라'고 생각할 것 같아서 걱정이 됩니다. 그러나 주 당신들의 하나님이, 당신들의 조상에게 맹세하신 그 언약을 이루시려고 오늘 이렇게 재산을 모으도록 당신들에게 힘을 주셨음을, 당신들은 기억해야 합니다. 내가 오늘 당신들에게 다짐합니다. 당신들이 주 당신들의 하나님을 참으로 잊어버리고, 다른 신들을 따라가서 그들을 섬기며 절한다면, 당신들은 반드시 멸망할 것입니다(8:7~19).

주 당신들의 하나님이, 당신들의 조상 아브라함과 이삭과 야곱에게 맹세하여 당신들에게 주기로 약속하신 그 땅에, 당신들을 이끌어들이실 것입니다. 거기에는 당신들이 세우지 않은 크고 아름다운 성읍들이 있고, 당신들이 채우지 않았지만 온갖 좋은 것으로 가득 찬 집이 있고, 당신들이 파지 않았지만 이미 파놓은 우물이 있고, 당신들이 심지 않았지만 이미 가꾸어놓은 포도원과 올리브밭이 있으니, 당신들은 거기에서 마음껏 먹게 될 것입니다. 당신들이 그렇게 될 때, 당신들은 이집트 땅 종살이하던 집에서 당신들을 이끌어내신 주님을 잊지 않도록 주의하십시오(6:10~12).

삶의 환경과 사회조건의 변화가 망각을 초래한다. 옛 현실이 사라진 후 도래하는 새로운 현실의 상징과 실례는 바로 음식이다. 광야에서 40년의 방랑 경험은 사람이 빵만으로는 살 수 없다는 깨달음으로 요약되었다. "주님께서 당신들을 낮추시고 굶기시다가, 당신들도 알지 못하고 당신들의 조상도 알지 못하는 만나를 먹이셨는데, 이것은, 사람이 먹는 것으로만 사는 것이 아니라 주님의 입에서 나오는 모든 말씀으로 산다는 것을, 당신들에게 알려주시려는 것이었습니다"(《신명기》 8:3). 주변의 현실이 변한다면, 이전에 유효하게 여겨지던 것—사람이 빵만으로 사는 것은 아니라는 깨달음—도 급속히 잊힐 가능성이 크다. 그것이 이제는 외부의 조건과 충돌할 수 있고, 더 이상 그 조건에 의해 확인되거나 뒷받침되지도 않을 것이기 때문이다.

그렇지만 기억은 외부 환경의 변화로 인해 자연스럽게 소멸될 수 있을 뿐 아니라 외부로부터의 파괴 대상이 될 수도 있다. 〈신명기〉에는 함정과 유혹을 담은 구절들이 반복적으로 나타난다. 이스라엘이 옮겨 갈 땅은 모든 유혹의 힘을 행사할 터여서, 이스라엘의 미래가 이스라엘인들이 원주민들과 뒤섞이지 않는 일에, 그리고 난공불락의 장벽을 세워 거리를 유지하는 데 달려있을 것이다.

……그들과 어떤 언약도 세우지 말고, 그들을 불쌍히 여기지도 마십시오. 그들과 혼인관계를 맺어서도 안 됩니다. 당신들 딸을 그들의 아들과 결혼시키지 말고, 당신들 아들을 그들의 딸과 결혼시키지도 마십시오. 그렇게 했다가는 그들의 꾐에 빠져서, 당신들의 아들이 주님을 떠나 그들의 신들을 섬기게 될 것이며, 그렇게 되면 주님께서 진노하셔서, 곧바로 당신들을 멸하실 것입니다. 그러므로 당신들은 그들에게 이렇게 하여야 합니다. 그들의 제단을 허물고 석상을 부수고 아세라 목상을 찍고 우상들을 불사르십시오(7:2~5).
당신들은……그들에게 동정을 베풀어도 안 되고, 그들의 신을 섬겨서도 안 됩니다. 그것이 당신들에게 올가미가 될 것이기 때문입니다(7:16).

이스라엘은 잊지 말아야 하고, 유혹에도 빠지지 말아야 한다. "당신들은……그곳에 사는 민족들이 하는 역겨운 일들을 본받지 마십시오"(18:9). 요단강 건너편 땅의 종교적 관행인 다신교와 우상 숭배가 유혹의 주제로 언급되어 있다. 이스라엘에 요구된 생활방식은 이러한 관습과 정반대였다. 주님 외의 다른 신이나 우상은 물론, 예루살렘의 성전을 제외한 신전이나 예언자도 있어서는 안 되었다. "점쟁이와 복술가와 요술객과 무당과 주문을 외우는 사람과 귀신을 불러 물어보는 사람과 박수와 혼백에게 물어보는 사람"(18:10~11)[63]도 있을 수 없었다.

이 땅의 법과 관습을 따르려는 최소한도의 시도조차 용납되지 않았다. 그것은 주님께서 가증히 여길 것이었다.[64]

약속의 땅으로 이주하여 풍족하게 살면서 이스라엘 사람들이 잊지 말아야 할 것은 광야에서 주님과 함께 봉인한 언약이었다. 이 이야기에서 과거와 미래는 광야와 옥토처럼, 그리고 야만과 문명처럼 현시된다. 어제가 오늘로 지속되지 않고, 오히려 어제와 오늘 사이에는 가장 첨예한 경계가 그어진다. 그럼에도, 어제는 오늘 속에 보존되어야만 한다. 이를 위해 이스라엘 사람들은 그것을 지지해줄 현재적 실재가 없는 상태에서 기억의 위업을 수행해야 했다. 이것은 그들이 자신의 고국에서 그리고 자신의 시대에 이방인으로 살아야 함을 의미했다. 적응은 망각으로 이어지기 때문이다. 여기서 〈열왕기하〉의 22~23장에 개괄된 〈신명기〉의 발견 이야기로 돌아가면 문제의 근원이 무엇인지 알 수 있다. 〈신명기〉에 규정된 내용에 비추어보면, 당시 그 땅에서 번성해온 종교 관행은 주님이 가증스럽다고 비난한 것과 정확히 일치한다. 따라서 그 뿌리와 가지를 일소하기 위하여 전국적으로 유례없이 격렬하고 잔인하기까지 한 방식으로 정화 작업이 진행되어야만 했다. 기억이 이스라엘 사람들에게 경종을 울릴 정도로 충격으로 다가와서 파괴적인 영향을 미친 것이다.

위로부터의 혁명을 대표하는 요시아의 개혁은 망각된 진실에 호소하며 강행되었다. 집단의 무의식 속에 있다가 회복된 기억의 충격이 〈신명기〉 입법을 유발시켰다. 이러한 망각된 진리는 전통과 달리 긴 세월 동안 훼손되지 않아서 혁명적인 위력을 발휘할 수 있다. 외부에서 역사가의 눈을 통해서 바라보면 이는 개혁의 전형적인 전략을 드러낸다. 즉, 새로운 것은 근원으로의 회귀로서 나타난다. 이 장의 앞부분에서 살펴본 모턴 스미스 학파는 요시아의 개혁을 예언자와 개별 집단이 왕국의 공식 정책과 관행에 반대하여 개시한 '오직 야훼 운동'의 승리로 본다(M. Smith, 1987, pp. 11~42). 이 해석에 따르면, 유일신교 관념은 과거의 망각에서 부상한 것이 아니라, 새로 얻은 땅에서 성행하던 습속을 '망각'과 '재발relapse'에 따른 행위로 낙인찍으며 지하에서부터 주류로 성장한 것이다. 이와 관련하여 성경은 왕국 시기 이전의 종교 습속으로 순수한 유일신교가 선행했고, 뒤의 왕국 시대에 주변의 문화 환경에 적응하는 과정에서 그 습속이 소외되고 결국 잊혔다고 설명한다. 하지만 예전에 이스라엘 사람들에게 불타올랐던 이 경험이 영원히 억압될 수는 없었고, 극도의 정치적 긴장 단계와 우연히 맞물려[65]※ 종합적이고 급진적인 정화, 즉 '숙청'의 형태로 나타났다고 한다(《에스겔》 20장, 36~38장).[66]

성경의 이러한 재구성에서 이스라엘 종교사는 프로이트의 이론과 정확히 같은 노선을 따라 기억의 드라마로서 구현된다. 출애굽의 기억이 이러한 개혁의 핵심이고, 그 개혁의 성공은 기억 드라마의 차원에서 이해될 때 설명 가능할 뿐이다. 즉 억압된 기억이 되살아나는 과정으로 설명할 수 있다. 그 억압된 기억은 출애굽, 시나이 언약, 약속의 땅과 같은 기억 형상들이 유발시키는 '어떤 경험'의 존재를 전제로 한다.

바빌론 유수의 시련 동안 유대인들은 인류 역사상 유례없는 형식의 문화적 기억술을 출범시켰다. 이 기억예술은 독특했고 인위적이었다. 그들이 실제로 처했던 현실의 준거 틀 내에서 어떤 확정적인 근거도 찾을 수 없을 뿐만 아니라, 노골적인 모순을 드러내기도 하는 기억의 기록이기 때문이다. 약속의 땅과 대조적으로 광야를 이야기하고, 바빌론의 반대로 예루살렘을 이야기할 때 그 모순이 두드러진다. 이러한 기억술의 도움으로 유대인들은—거의 2,000년의 동안 세계 각지에 흩어져 있었음에도 불구하고—그들 각각의 현재와 냉혹하게 대조적이었던 땅과 생활방식에 대한 그들의 기억을 살려둘 수 있었다. 그리하여 다음과 같은 희망을 붙들어놓았다. "올해는 노예, 내년에는 자유인, 올해는 여기 울타리 아래, 내년에는 예루살렘." 신약학자 게르트 타이센G. Theissen이 적절하게 묘사했듯이, 그들이 처했던 현실 상황에 의해 뒷받침되지 않는 이러한 유토피아적 기억술의 특징은 '반反현재'로 개괄할 수 있을 것이다.

〈신명기〉의 문화적 기억술이 이스라엘의 특수한 역사적 맥락에서만 이해 가능한 매우 독특한 현상이지만, 반현재 기억의 원칙은 보편적일 수 있다. 유대교가 다른 곳에서도 발견될 수 있는 고양된 기억의 극단적 사례일 것이다. 모든 사회에서 진보보다 보수에 더 열심인 "시대착오적 구조"(Erdheim, 1988)와 제도가 존재한다. 종교는 이러한 구조의 전형적 사례다. 종교는 오늘을 구성하는 문화 내에서 잊지 말아야 할 과거를 살려둔다. 그 "기능은 기억, 부활, 반복을 통해 비동시성을 전해주는 것이다"(Cancik and Mohr, 1990, p. 311).

추적하여 재연결하기, 기억하기, 기념하여 기억 보존하기는 종교의 원초적 행위다.[67]※ 〈신명기〉는 이러한 구조에 서사적 형태를 부여하여 그것을 생생한 기억 형상으로 확고히 했다. 인간이 "빵만으로 사는"(《신명기》 8:3) 것이 불가능하듯이, 삶도 결코 오늘 꽃피운 결과로만 완전할 수 없다. 〈신명기〉에 최초로 규정된 형태로 모든 후기 종교들의 척도가 된 종교는 완전히 다른 조건하에서 맺어진 언약을 현재에도 계속 고수하는 것을 의미했다. 비록 현재 그 언약이 전혀 확인되지 않을지라도 말이다.

| 제6장 |

법의 정신으로부터 역사의 탄생

1. 징벌과 구원 표지하에서 역사의 기호화

문화적 기억의 맥락에서 이스라엘은 두 가지 중요한 현상에 대한 모범을 제공한다. 그것은 바로 경전화에 의한 '전통의 물줄기' 차단과 역사서술의 부상이다. 이 두 현상은 밀접하게 연관되어 있는데, 민족 집단 형성 과정—즉 내면화된 역사의 신화 동력에 의해 추동된 전승의 경전화를 토대로, 집단 정체성이 확립되는 과정—이 그에 대한 공통의 토양을 제공한다. 이러한 해석은 고전적 견해에 부합하면서 경전과 역사를 가장 밀접한 방식으로 묶어주기도 한다.

그래서 요세푸스Josephus는 다음과 같이 전한다. "우리의 책들은…… 22권에 불과하고, 모든 시대에 대한 보고를 담고 있다. 이것 중 다섯 권이 모세의 책으로 인간의 기원에서 입법자 모세의 사망까지 모든 율법과 역사가 들어있다. 예언자들이 모세에서 아르타크세르크세스Artaxerxes까지의 역사를 열세 권에 썼다. 나머지 네 권은 하나님에 대한 찬가와 일상생활과 관련된 계율을 담고 있다"(이 구절에 대한 더 상세한 논평은 제7장 2절 참조). 히브리 성경 타나크의 첫 번째 가장 중요한 부분들—토라와 예언서—은 여기서 역사서술이라는 포괄적인 용어로 요약된다. '경전화를 통해 전통의 물줄기 차단하기'는 구속력을 지니는 하나의 기억을 결정해야 하는 이러한 역사서술의 과업을 가리킨다.

예언자들은 이러한 기억의 전달자로, 예언의 종말은 역사서술의 종말이기도 했다. "아르타크세르크세스로부터 우리 시대까지 전통이 있었지만, 예언자들의 순차가 단절되었기 때문에, 이는 동일하게 존중되지 않는다." 예언적 혹은 카리스마적 역사가 모세에서 느헤미야까지 이르렀고, 그들의 기억이 열세 권의 책에 자리매김했다. 이스라엘인들이 완수해야 한다고 믿었던 기억에 대한 특별한 의무는 율법에 그 기원을 두었다. 이는 이스라엘이 하나님과 맺은 언약으로부터 유래했고, 이러한 언약은 기억을 가장 강력하게 요구했다. 모든 세부 사항이 암기되고, 보존되며, 완수되어야 했고, 어떤 것이라도 가감하거나 바꾸는 사람은 그에 상응하는 징벌을 받아야 했다. 유명한 경전 규약[1]과 명령어인 "기억하고 지켜라!*zakhor ve shamor*"는 모두 원래 법적인 의미를 지니고 있었다.

앞장에서 나는 경전화의 역사적 틀에 대해 다루었고, 이제 역사와 역사서술의 틀로 관심을 돌리려고 한다. 고대 근동에서 이 두 가지 모두 법 기관들의 활동과 밀접하게 관련되어 있었다.

나는 다른 맥락에서 제시했던 역사에 대한 정의로 시작할까 한다. 즉, "역사는 행동과 기억의 결과물이다. 기억을 통하지 않은 역사는 존재하지 않고, 행동을 통하지 않은 사건은 기억될 수 없다."[2] 행동은 어느 정도의 행동 유격裕隔을 전제하고, 이는 의무와 권리들을 통해 **법적으로** 구조화되어야만 한다. 행동은 법적으로 구조화된 공간 내에서 일어난다는 말이다. 비록 이 연구의 범위를 벗어날 수 있지만, 수메르 도시 국가들 간의 준법적 국제관계에서 어떻게 역사적 공간이 쐐기문자를 매개로 발전했는지 설명하는 것은 어렵지 않다. 쐐기문자는 서기전 제3천년기에 이미 메소포타미아 전역에 퍼졌고, 후기 청동기 시대에는 고대 세계, 이집트, 에게해 전체를 단일한 국제 질서로 통합시키는 매개 역할을 했다.³ 여기서 내 목표는 준법적 고대 세계와 '에큐메니컬 시대the Ecumenical Age'⁴*의 생성이 행위의 영역에서뿐만 아니라 기억의 측면에서도 구조적 변화를 창출했음을 보여주는 것이다. 그 기억은 바로 안정적 계약과 구속력을 지니는 조약 및 법의 수용과 연관된 기억이다. 국가 공동체들을 통해 사람들에게 부과된 (내적·외적) 의무들이 미래에도 적용되었다. 그 언약적 의무들은 행동의 영역과 함께, 기억된 역사가 발생하는 '준법 세계'와 사회적 시간도 형성했다.⁵

이러한 재구성은 현재 이용 가능한 자료와 일치하는데, 이를 통해 초기 사회들의 연결구조에서 법이 핵심 위치를 차지했음을 알 수 있다. 이 책의 주요 주제인 문화와 사회의 연결구조라고 부르는 것은 초기 문화에서는 '올바름', '법', '정의', '충실함', '참됨' 등의 용어로 포괄되었다.⁶ 사람들이 주변 세계를 신뢰할 수 있는 것은 그 관계가 법으로 보호되기 때문이며, 법에 근거한 신뢰가 '복잡성의 축소'로 이어져 기억과 행동을 가능케 해준다(Luhmann [제3장의 주 6 참조]).

이 장의 제목이 니체와 연관됨은 우연이 아니다. 기억이 법의 정신에서 나온다는 논지는 그의 《도덕의 계보학에 관하여》의 두 번째 논문의 핵심 논의를 구성한다. 하지만 여기서 나는 도덕성이나 개인의 의무 측면이 아니라 역사와 집단 의무의 측면에서 논의를 전개할 것이다. "너는……을 잊지 말도록 주의하라!"와 같은 문화적 명령은 이스라엘의 공동체에 내려졌다. 기억과 법 사이의 연관성은 이 책에서 지금까지 거의 논의되지 않은 쐐기문자 문화를 검토할 기회를 제공한다.

결속된 정의 Iustitia Connectiva

사건의 의미는 보통 인과율causality이라 부르는 행위와 결과 사이의 관계로서 나타난다. 하지만 고대 사회에서 이 용어는 적절하지 않아 보인다. 인과율 개념은 한 사건에서 다른 사건으로 자동적이고 자연적인 전진을 시사하지만, 이는 우리가 고대의 텍스트들에서 살펴볼 수 있는 것과 정반대다. 거기서 선의 보상과 악의 징벌을 보증하면서 행위와 결과 사이의 연관성을 수호하는 것은 권력, 전례前例, 제도의 문제였다. 모든 경우에 초점은 인과율이 아닌 보상이나 징벌에 맞춰져 있었다.[7]※ 하지만 이러한 원칙이 기능하는 방식은 다양하게 상상되었다.

고대의 텍스트들은 보상이나 징벌 대신 정의에 대해 말한다.[8] 이는 법, 종교, 도덕을 함께 묶는 중심 개념이다. 정의는 심판관의 판결과 왕의 행동을 안내하고, 사람들이 가야 할 길을 인도하며, 행위를 결과와 연결시킨다. 따라서 선이 승리하고 악은 소멸하는 공정한 세계에서는 의미와 정의가 동의어가 된다. 이것은 사람들의 사적 복수와 사적 행복 추구를 막는 것에 관심 있는 고대 근동 지혜의 근간이 된다. 결속된(즉, 구속력 있는) 정의의 개념은 다음의 이유로 적절해 보인다.

1. 정의는 사람들을 함께 묶어주어 사회적 응집과 연대의 기반을 창출한다.
2. 정의는 선행과 성공을, 범죄와 징벌을 연결하여, 그러한 연결고리가 없다면 목적 없이 부유할 무수한 사건들에 의미와 일관성을 보장한다.

'묶다'를 의미하는 어간 ligo에서 유래한 '의무obligation'라는 용어는 위의 두 차원, 즉 사회적 차원(1)과 시간적 차원(2)를 모두 포함한다. 법적 규범의 타당성에 대한 사회적·시간적 지평이 여기서 중요하다. 의무를 부과하거나 구속력을 지니는 규범은 가까운 혹은 먼 미래에도 타당한 것이라고 주장함으로써 사람과 시간을 구속한다.

이러한 방식으로 정의는 '기억의 공간'을 창출하는데, 이 공간에서는 오늘 정당한 것이 어제도 정당했고 내일도 여전히 정당한 것이 된다. 따라서 "잊지 말라!"는 명령이 매우 중요한 의미를 가지게 된다. 정의가 기억의 가장 강력하고 가장 오래된 촉매제이기 때문이다.

정의의 연결구조는 네 가지 다른 방식으로 시각화될 수 있다.

a) 행위와 결과의 상호연관에 관한 가장 단순하고 일반적인 이해방식은 **인과응보에 대한 확신**이다. '내재적 섭리'[9]의 원칙은 신이나 국가의 간섭을 전제하는 것이 아니라 질서 있는 공동생활의 일상 경험을 토대로 한다. 그것은 '황금률'[10]이나 개별 격언들("진실은 밝혀질 것이다"; "사기꾼은 결코 번영하지 못한다")에서 나타나는 자율적 인과응보를 가리킨다. 이러한 단순한 지혜는 이어지는 고대 근동의 사회적(b), 정치적(c), 종교적(d) 정의에서 구체화된다.

b) **사회적** 정의는 행위와 결과 사이의 관계를 연대와 호혜성이라는 강력한 개념 위에 정초시킨다. 선에 대한 보상과 악에 대한 징벌은 자동적으로 성취되는 것이 아니다. 그것은 '서로를 위해 생각하기'와 '서로를 위해 행동하기'—둘 다 고대 이집트 사회 정의의 가장 기본적 내용—에 달려있다. 의미는 망각을 향한 자기중심적 본능에 반

대되는 공동체적 기억 행위에 의존한다. 이집트인들은 특히 그들의 마아트Ma'at 개념으로 연대를 통해 유지되는 질서를 크게 강조했다. 아랍의 역사가 이븐 할둔Ibn Haldun은 연대의 감정적 측면을 더욱 강조한 '아사비야asabiyya'라는 용어를,[11] 민족학자 메이어 포르테스Meyer Fortes(1906~1983)는 '우호amity'라는 용어를 사용했다(1978).

c) **정치적** 정의에서는 국가가 행위와 결과 사이의 기능적 연결에 대한 책임을 졌다. 이집트와 인도가 이러한 좋은 사례다. 고대 이집트의 경우 b)에서 설명된 사회적 정의가 정치적 정의로 분명히 표현되었다. 이러한 원칙에 따르면 국가가 붕괴할 때 사회 역시 혼란을 피하기 어려워, 의미와 질서가 사라질 것이다. 선이 더 이상 보상되지 않고, 악이 더 이상 징벌받지 않으며, 대국이 소국을 삼키고, 아들이 아비를 죽일 것이다.

d) **종교적** 정의에서는 행위와 결과 사이의 기능적 연결이 신의 손에 달렸다. 보상과 징벌이 더 이상 인간 행위의 자동적 자기 규제의 결과가 아닌 신성한 간섭에 달려있었다. 이는 인간의 운명에 관한 한, 모든 것이 신의 의도에 달려있다는 '의지의 신학'을 전제로 했다.

이런 형태의 결속된 정의 개념만이 기억의 촉매제로 기능했다. 즉, 신의 간섭과 그에 상응하는 인간의 책임이 사건들에 의미를 부여했다. 그리고 모든 것이 신의 의도가 무엇인지 아는 것에 달려있었다. 우리는 이런 과정을 '신학화를 통한 기호화'라 부를 수 있다.

이러한 의지의 신학은 메소포타미아에서 최초로 일어났다. 거기서 사건들을 신의 의지 탓으로 돌리는 지금까지 가장 오래된 텍스트가 발견되었다. 베르틸 알브렉슨Bertil Albrektson(1929~2021)은 메소포타미아의 신들이 최소한 구약의 하나님만큼 인간의 행위에 간섭하는 경향이 있었음을 보여주었다(1969). 하지만 그가 알아차리지 못한 것은 자신이 암시한 모든 텍스트가 법적 성격을 지녔다는 사실이다. 그것들은 바로 조약 문서로 그 잠재적 위반자가 신에게 보복당하리라는 내용을 담고 있다. 이러한 저주의 공식은 신으로부터 기대되는 것이 무엇인지 가장 뚜렷하게 표현했는데, 그것은 바로 결속된 정의의 보장이다.[12*] 이러한 텍스트들이 구속력을 발휘해나갈 미래는 신들의 손에 놓여있었고, 신들의 의무는 법이 잊히지 않도록 하고 그것을 어기는 사람에게 확실히 징벌을 내리는 것이었다. 라가시Lagash와 움마Umma라는 도시 국가의 경계에 세워진 석비에 이러한 종류의 가장 오랜 텍스트가 담겨있었다. 그 명문은 엔릴Enlil 신과 닌기르수Ningirsu 신이 그 조약의 위반자를 정치적 참변—그의 백성이 반역하여 그를 죽이는 일—을 통해 파멸시킬 것이라 경고하고 있다.

법이 규범으로 규정된 행동의 영역을 구성하고 통치자까지도 그 규범에 지배당한다. 백성들이 그의 권위 아래에 있듯이, 통치자 역시 신의 권위 아래에 있는 것이다. 규범을 위반하는 왕에게 불행이 닥칠 것이고, 이러한 참사의 기억이 그 규범의 주입에 일조한다. 이는 왕, 특히 아카드의 나람신Naram-Sin에 대한 애도 문학과 교훈적 전설의 주제다. 《아가데에 대한 저주*The Curse on Aggade*》라는 제목의 유명한 이야기는 나람신 왕이 어떻게 니푸르Nippur에 있는 엔릴의 신전을 파괴했는지 전해준다. 엔릴은 나람신에 대한 벌로 다음과 같이 구티족Gutians을 그 땅으로 보냈다.

> 그는 멀리 떨어진 산으로부터 그 사람들을 내려오게 했네,
> (알려진) 다른 사람들과 달리 사람으로 여겨질 수 없는,
> 구티족, 진정한 사람처럼 유대관계를 모르고,
> 인간의 형태를 했어도 그 말이 개의 목소리 속성을 지니고 있었네,
> 엔릴이 산으로부터 내려오게 했네.
> 무더기로 몰려와 그들은 메뚜기처럼 그 땅을 덮었네.[13]

사실적 언어가 아닌 고도의 시적 언어로 된 이 이야기는 사전에 형성된 의미나 기호 법칙에 토대를 둔 것이다. 즉 **결속된 정의** 원칙에 토대를 둔 것이다. 결속된 정의란 신에 의해 보호된 법적인 영역이었다. 사람들이 신에게 탄원하여 신과 계약하고, 신은 죄에 따른 징벌, 보다 보편적 용어로 환언하면, 행위에 따른 결과를 부여하게 된다.[14]

서기전 1300년경의 히타이트 역사서술

히타이트의 위대한 역사 기록에서 죄, 법, 정의 사이의 두드러진 연결고리가 나타난다. 신에 의한 징벌로 이어지는 고전적 시나리오는 서약, 서약의 파기, 조약의 위반이었다. 아래에서 상세하게 살펴볼 수필룰리우마Suppiluliuma 1세의 행적이 명확한 사례를 제공한다. 신탁에 의뢰한 결과 수필룰리우마 왕이 파기한 구속력을 지니는 협약이 두 개의 토판에 상세히 기록되었다. 하나는 말라강(유프라테스강)에 바친 희생제와

관련된 것이고, 더욱 중요한 다른 하나는 이집트와의 조약과 관련된 것이었다. 수필룰리우마의 계승자인 무르실리Mursilis가 그 조약에 대해 다음과 같이 선언한다:

> 그러나 그의 토판에
> 나는 한마디 말도 더하지 않고
> 하나도 빼지 않았습니다.
> 보십시오, 신들이여 나의 주님이시여!
> 나는 모릅니다! 그러나 예전에
> 어떤 왕들이 거기에 있었을 때,
> 그때 누군가가 더했는지
> 혹은 뺐는지,
> 나는 그것에 대해 전혀 모릅니다,
> 또한 후에도 아무것도 듣지 않았습니다.
> 그 문제에 대하여.[15]

허버트 칸치크는 이 인용문을 "더하거나 빼지도 말라"는 숙어가 최초로 사용된 사례로 본다(Cancik, 1970, 85f.). 여기서 한 글자도 더하거나 빼지 않았다는 말이 텍스트 자체의 정확한 전사傳寫가 아니라 계약 조건의 정확한 완수를 의미한다는 사실이 중요하다.[16]* 이 숙어가 〈신명기〉(4:2)에서도 정확히 같은 의미로 사용되어 놀랍다. 함무라비 법전의 에필로그에 나타나는 같은 숙어도 칸치크의 주장처럼 문서적 충실함보다 제시된 의무의 충실한 완수와 더 관련성을 지닌다. 이집트에서도 비슷한 숙어가 담긴 모든 문헌이 충실함의 미덕을 언급한다. 관리들은 "어느 것도 빼지 않고, 어느 것도 더하지 않았다"(*jnj jtj*-가져오다, 취하다)고 자랑하는데, 이를 통해 그들이 의미한 것은 전사 작업이 아니라 위임받은 일의 완수와 의무의 수행이었다.[17]※

연대기와 왕명록은 고대 사회에서 시간을 장악하고 조정하려는 도구였다. 앞에서 이를 '차가운' 기억의 매체로 분류했다. 고대 근동에서는 이 밖에 다른 장르의 문헌들도 창출되었다. 그것들은 그 자체로 역사서술은 아닐지라도, 메소포타미아 통치자들의 행위에 대한 기술이나 이집트의 궁정 '소설'과 명문처럼 역사적 텍스트로 분류될 수 있다(Hermann, 1938). 한 가지 공통적인 사실은 그러한 문헌들이 과거를 되돌아보지 않고 미래의 기억을 위하여 현재 사건을 기록한 점이다. 메소포타미아에서는 경계 표지 석비*kudurru*(Steinmetzer, 1922), 징조, 허구적 비문, 신에게 바치는 편지, 건축 명문 등 다수의 다른 장르가 있어서, 이집트에서 발견된 문헌의 범위를 훨씬 초월한다. 메소포타미아에 강렬한 점복 문화가 있었던 반면, 이집트는 그렇지 않아서, 이를 통해 두 문화 사이에 역사적 경험과 기록에 상당한 차이가 있었음을 알 수 있다. 나는 적절한 시점에 이 결과에 대해 언급할 것이다. 어쨌든 메소포타미아가 역사서술의 원형적 표현 형식으로 볼 수 있는 몇 종의 양식을 창출하며 이를 주도했다고 할 수 있다. 하지만 그것들은 그야말로 초보적이었다.

후기 청동기 시대인 서기전 제2천년기는 이러한 맥락에서 극적인 전환점이었다. 텍스트가 풍부해졌고, 훨씬 더 과거를 회고했으며, 정밀한 세부 사항을 전하여, 더욱 광범위한 연관성을 구성했다. 그 정점에 도

달한 것이 히타이트의 문헌들로, 거기에는 모두 비슷한 시기에 나온 세 편, 즉 《수필룰리우마의 행적 The Deeds of Suppiluliuma》, 《10년 연대기 The Ten Year Annals》, 《무르실리의 위대한 연대기 The Great Annals of Mursilis》가 포함된다. 서기전 1320년경 작성된 이러한 저작들에서 무르실리 2세는 자신의 치세뿐만 아니라 그의 부친 수필룰리우마 1세의 치세에 대해서도 이야기한다. 여기서 최초로 과거가 역사서술의 주제로 등장하기 때문에, 이는 매우 독특하고 흥미롭다.[18]

하지만 이 히타이트 역사서술의 대부분은 어떤 종류의 비판적 역사와도 무관하다. 그것은 "역사를 위한 역사"가 아니었다. 히타이트인들은 "과거를 기록하는 것보다 이용하는 데 더 큰 관심을 가졌다"(J. van Seters, 1983, p. 122). 그러나 역사적 기억의 관건은 바로 그 활용에 있는 것이지 과거에 대한 기록에 있는 것이 아니다. 따라서 이 책의 맥락에서 중요한 점은 히타이트인들이 이미 발생한 사건으로부터 더 이상의 의미를 추론하면서 그들의 과거에서 무언가를 창조할 수 있었다는 사실이다. 이러한 측면에서 히타이트인들은 그들의 주변 나라나 선조들과 달랐다. 연대기적 기록에 불과한 메소포타미아와 이집트의 왕명록 및 연대기의 '차가운' 기억 대신,[19] 그들은 현재에 대해 보다 나은 이해를 가능케 해준 중요한 과거 사건들에 대한 '뜨거운' 기억을 다루었다. 《수필룰리우마의 행적》은 히타이트 역사서술의 최고봉이라 할 수 있는데, 그중 이 문헌의 토판 VII은 특히 주목할 만하다.[20]

> 나의 부친께서 카르케미시Kargamis 땅에 머무를 때, 그는 루파키Lupakki와 타르훈타-잘마Tarhunta-zalma를 암카Amka 땅으로 보냈다.

그들은 가서 암카 땅을 공격했고, 강제로 끌려온 사람들과 소, 양을 데려와서 나의 부친 앞에 세웠다.

이집트인들이 암카에 대한 공격을 들었을 때, 그들은 두려워했다. 더욱이 그들의 군주 피퓨루리야스Piphururijas가 사망했기 때문에, 이집트의 왕비 타하문주Tahamunzu가 나의 부친께 다음의 전갈과 함께 사신을 보냈다.

"내 남편이 죽었고, 나는 아들이 없습니다. 사람들이 당신은 아들이 많다고 합니다. 당신의 아들 중 한 명을 나에게 보내면, 그가 내 남편이 될 수 있을 것입니다. 나는 결코 내 하인 중 한 명을 내 남편으로 취하지 않을 것입니다."

나의 부친이 그것을 들었을 때, 그는 대신들을 협의회에 불러서 말했다. "옛날부터 이와 같은 일이 나에게 일어난 적은 없다!" 그는 가서 시종인 하투-지티스Hattu-zitis를 보내며 말하기를 "가서 믿을 만한 정보를 나에게 가져오라! 그들이 나를 속일 수도 있다. 필시 그들에게 왕자가 있는지, 나에게 믿을 만한 정보를 가져오라!"

이집트의 사신 하니스 경Lord Hanis이 그에게 왔다. 나의 부친이 하투-지티스를 이집트로 보내며 그에게 그의 말 "필시 그들은 왕자가 있을 것이다. 그들이 나를 속일지도 모르고, 내 아들 중 한 명이 왕이 되는 것을 정말 원하지 않을 수 있다"를 전했기 때문에, 이집트의 왕비가 이제 다음과 같이 편지로 답장했다.

"왜 그들이 나를 속이려 할지도 모른다고 말씀하십니까? 내가 아들이 있다면 나와 내 나라에 굴욕적인 이런 방식으로 이방 땅에 (전갈을) 쓰겠습니까? 당신은 나를 신뢰하지 않고 나에게 이렇게 말씀하십니다. 나의 남편인 그가 죽었고 나는 아들이 없습니다. 내가 필시 하인 중 한 명을 내 남편으로 삼아야 할까요? 나는 다른 나라에는 편지를 쓰지 않았습니다. 나는 당신에게만 썼습니다. 사람들이 당신은 아들이 많다고 말합니다. 당신 아들 중 한 명을 저에게 주십시오, 그가 나의 남편이자 이집트의 왕이 될 것입니다."

[이어지는 부분은 파손이 심하다. 개략적 의미는 다음과 같다. 수필룰리우마는 자신의 아들을 달라는 이집트 측의 집요한 주장이 도무지 이해되지 않았다. 수필룰리우마가 이집트의 사신에게 이집트인들이 자기 아들을 인질로 삼을지도 모른다고 말하자, 이집트 사신은 절대로 그런 일이 일어나지 않을 거라고 그를 안심시켰다.]

나의 부친은 아들을 이집트로 보낼 가능성을 신중히 검토했다. 시간이 흐른 후 나의 부친은 히타이트와 이집트 사이의 이전 조약 문서를 가져오도록 해서, 얼마나 일찍이 날씨의 신이 히타이트의 쿠루스타마 Kurustama 지역 군주를 이집트 땅으로 데려와서 그들(쿠루스타마 사람들)을 이집트인으로 만들었는지, 그들이 어떻게 영원한 친구가 되었는지, 어떻게 그들 앞에서 조약 토판이 낭송되었는지 살펴보았다. 그리고 나의 부친은 그들에게 다음과 같이 말했다. "옛날부터 하투사 Hattusa와 이집트는 친구였습니다. 이제 우리 사이에도 이런 일이 일어났습니다. 하티Hatti의 땅과 이집트의 땅은 영원히 계속 서로 친구가 될 것입니다."[21]

이는 정말 역사의 한 형식이고, 세부 사항, 다채로움, 풍부한 뉘앙스의 측면에서 이집트와 고대 근동에서 알려진 모든 것을 압도한다. 여기에 보고된 길고 복잡한 일련의 연쇄적 사건들이 매우 특이하다.

1. 수필룰리우마는 카르케미시 땅에 있다.
2. 그는 전선을 확대하여 두 장군의 지휘하에 이집트 영토인 암카에 군대를 보낸다.
3. 이집트인들은 특히 그들의 왕(아켄아텐)이 막 사망했기 때문에 두려워한다.
4. 이집트 왕비가 사망한 이집트 왕을 잇기 위해 히타이트의 왕자를 요청한다.
5. 장기간의 협상과 진술, 그리고 편지와 사신의 교환이 일어난다. 이집트의 사신이 옛날 있었던 조약에 대해 언급했음이 분명하다(텍스트의 이 부분에 공백이 있기는 하지만).
6. 이집트와의 이전 조약을 참조한다.[22]*
7. 이 계약을 토대로 수필룰리우마는 최종적으로 이집트의 요청을 승락한다.

여기서 우리는 그 문서만큼 독특한 한 사건에 대한 통찰력을 부여받는다. 이집트의 자료에 결코 이러한 에피소드는 기록되지 않았을 것이다. 이집트의 왕비가 이방의 왕자와 정치적 혼인 체결을 시도하여 히타이트인이 왕좌에 오르게 하는 것은 정말 있을 수 없는 일이다. 비록 아르마나Armana 시대[23]의 종말이라는 예외적 상황에 의해 설명될 수 있다고 해도 말이다.

그렇지만 이는 이 사례를 대단히 흥미롭게 만드는 바로 그 요인이다. 과거에 대한 이러한 관심 뒤에 있는 히타이트의 동기는 무엇일까? 그 열쇠는 역시 무르실리가 작성한 다른 텍스트, 즉 《무르실리의 역병 기도Plague Prayers of Mursilis》에 있다. 그것은 다른 문학적 장르로, 더 정확히는 다른 기능적 문맥에서, 정확히 동일한 사건을 다룬다. 이는 수년 동안 그 나라를 유린하고 존망의 위협에 빠뜨린 역병을 제거하기 위하여 히타이트의 폭풍 신께 올리는 기도문이다. 신탁을 의뢰했고 그것들은 앞에서 언급한 고대의 토판 두 개에 언급되었다. 하나는 역병으로 인해 등한했던 말라강에 바친 희생의례에 관한 것이다. 다른 하나는 쿠루스타마 맹약에 대해 언급한다:

> 하티의 폭풍 신이 쿠루스타마의 사람들을 이집트로 데려와서 히타이트인들과 함께 그들에 대한 맹약을 봉인해서, 히타이트인들은 그 신께 서약으로 구속되었다. 비록 이제 히타이트인들과 이집트인들이 폭풍 신의 서약하에 있었지만, 히타이트인들은 그들의 의무 이행을 방치했다. 그들은 신과의 서약을 깼다. 나의 부친은 군대와 전차를 보내서 이집트 영토의 암카 땅을 공격했다. 그러나 이집트인들이 두려워해서 즉시 내 아버지의 아들 중 한 명이 그 왕국을 이어받도록 요청했다. 그러나 나의 부친이 그들에게 그의 아들 중 한 명을 주었을 때, 이집트인들

은 그를 거기로 데려가는 중에 죽었다. 나의 부친이 분노를 터뜨려 이 집트와 전쟁을 선포하고 공격했다. 그는 이집트 땅의 군대와 전차를 무찔렀다. 나의 부친에게 승리를 부여한 것은 나의 주님이신 하티의 폭풍 신의 의지였다. 그는 이집트 땅의 군대와 전차를 정벌하여 섬멸했다. 그러나 그들이 그 포로들을 하티로 데려왔을 때, 그들 중에서 역병이 발발하여 그들은 죽었다.

그들이 포로들을 하티로 데려왔을 때, 포로들이 하티 땅에 역병을 가져왔다. 그날부터 계속 하티 땅의 사람들이 죽었다. 내가 이집트에 관한 토판을 발견했을 때, 나는 신탁을 의뢰하여 물었다. "내 주님이시여, 히타이트의 폭풍 신에 의해 체결된 이 협약—즉, 히타이트인들뿐만 아니라 이집트인들까지도 폭풍 신의 서약하에 있었고 담나싸라스 Damnassaras 신들이 신전에 계셨음에도 불구하고, 히타이트인들이 바로 자신들의 말을 파기했던 일—이것이 폭풍 신이 분노한 이유입니까?" 그리고 이것은 확인되었다.[24]

이 텍스트는 동일한 사건을 나타내지만, 결국 비극적인 연결고리가 추가된 것이다:

8. 왕이 왕자를 보내고 왕자는 도중에 살해당한다.
9. 수필룰리우마는 이집트와의 전쟁을 선포하고 승리를 거둔다.
10. 이집트의 포로들이 하티에 역병을 가져오고, 그것은 20년 동안 맹위를 떨친다. 왕 자신과 그의 아들, 그리고 후계자인 아르누완다

Arnuwanda를 포함한 주민 대부분이 희생당한다.

위의 내용은 이러한 연쇄적 사건의 결과뿐만 아니라 그에 앞선 원인에 대해서도 결정적으로 보완해준다. 그것은 바로 오래전 히타이트인들이 쿠르스타마 사람들의 귀속 문제를 둘러싸고 이집트인들과 맺은 조약과 관련된 것이다. 사건의 사슬은 바로 이 맹약에서 시작되었다. 즉, 그때 서약을 맹세했지만, 그 서약이 수필룰리우마의 암카에 대한 공격으로 파기된 것이다.

여기서 히타이트인들이 과거에 관심을 가지게 된 동기를 알 수 있는데, 그것은 고통과 죄책감이다. 이집트 왕비의 극적인 혼인 제안이나 어떤 특정한 역사관이 이렇게 선형적으로 과거를 재구성하도록 해주지는 않았다. 그 도화선은 바로 20년 동안의 역병이다. 이는 행위와 결과 사이의 필연적 관계뿐만 아니라 재앙은 비행과 죄의 결과라는 확신과도 함께한 것이다. 행위와 결과의 연관성은 선을 보상하고 악을 벌하는 신의 손에 달려있다.[25]

《무르실리의 역병 기도》는 예컨대 오이디푸스의 전설처럼 우리가 익숙한 신성한 법의 절차와 밀접하게 관련되어 있다. 나라에 역병, 가뭄, 기근 등 재난이 닥쳤고, 그것은 진노한 신의 징벌 측면에서 이해될 수 있을 뿐이다. 왕은 그 징벌을 야기한 분노의 본질을 파악하고 그것에 속죄할 적절한 수단을 취하기 위해서 신탁을 의뢰한다. 속죄는 대체로 세 가지 단계를 요구한다. 즉, 주요한 희생제, 공개적인 죄의 고백, 징벌과 용서의 행위로 인해 그 힘이 압도적으로 입증된 분노한 신에 대한 찬양이다. 귄터 보른캄G. Bornkamm(1905~1990)은 자신의 논문(1964)에서 히브리어 단어 토다*todah*가 정확히 이 세 가지, 즉 찬양과 고백, 희생제의 의미를 지니는 이유가 여기에 있다고 지적했다. 죄지은 사람이 속죄를 위해 거행한 의식에 이 세 가지 의미가 체현되어 있다.[26]

죄책을 표제로 역사가 읽힐 수 있게 된 것이다. 그것은 의미를 취하게 된다. 다시 말해, 그것은 기호화되고 비범하게 된다. 이는 결국 동일함의 끊임없는 반복과 함께 시간의 장식적 의례화가 배후로 사라지고, 단절, 격변, 반전, 발전, 사건의 사슬이 주목받게 되었음을 의미한다. 그 연쇄적 사건의 사슬은 추상적인 역사적 인과율의 일종으로서가 아니라 모든 사건에 새롭고 더 끔찍한 분노의 징후를 내놓는 성난 신의 보복적 의지로서 구현된다. 언제 어떻게 이 모든 것이 시작되었을까? 어떻게 그것이 이러한 재앙을 초래할 수 있었을까? 어떤 신이 기분이 상했을까? 어떻게 그를 달랠 수 있을까? 여기서 기억의 재구성 작업은 역사적으로 통제되는 것이 아니라, 법과 신학적 관심에 따라 통제된다.

죄는 드러나서 공개적으로 고백하고 속죄되어야만 함으로써, 기억과 자기 성찰을 위한 동기를 부여받는다. 이러한 관념은 메소포타미아에서 최초로 빛을 보았고, 고대 근동과 이집트를 거쳐 로마에까지 퍼졌다. 그것은 히타이트 땅인 소아시아에서 특히 깊은 뿌리를 내렸다.[27] 이러한 지평에서 고통에 시달리는 것은 근본적으로 징벌로 해석되고, 그것은 죄의 공개적 고백과 함께 분노한 신을 달램으로써 치유된다.

구원의 이름으로 역사 기호화하기

죄책감은 기억 작업, 과거의 재구성, 자기 성찰, 그리고 역사서술의 유일하지 않지만 매우 강력한 촉매제다. 죄책감은 고통의 경험에서 생겨난다. 고통은 다음의 두 전제와의 싸움이다. 첫째, 자신의 고난이 의미 없는 우연일 수 있다는 것이다. 둘째, 그것이 주기적으로 반복된다는 것이다. 하지만 고통은 무의미한 예외인 동시에 의미의 표지일 수도 있다. 고통이 기호화되면 시간의 순환성이 깨지면서 동시에 역사의 우연성도 도전받는다.

역사 속 사건들은 신적 능력의 증거지만, 그것들이 징벌적 개입에 국한된 것은 아니다. 그것들이 구원적 사건일 수도 있다. 역사의 사건들이 구원 사건이 되는 것은 당사자의 기억과 고백에 의존한다. 그리고 이것은 자서전적 문학을 위한 촉매제가 된다. 이러한 한 사례가 《하투실리 3세의 변증 The Apology of Hattusilis III》이다. 《무르실리의 역병 기도》와 마찬가지로, 이 변증은 분노와 징벌이 아닌 자비와 축복의 표지 아래에서 과거 사건들을 신의 능력을 입증하는 사례로 재구성한다:

> 이는 타바르나Tabarna 하투실리의 말이다, 위대한 왕. 하티 땅의 왕,
> 위대한 왕, 하티 땅의 왕인 무르실리의 아들,
> 위대한 왕, 하티 땅의 왕인 수필룰리우마의 손자,
> 쿠사르Kussar의 왕인 하투실리의 후계자,
>
> 이쉬타르Ishtar의 규칙으로 나는 보고할 것이고

누구나 그것을 들을 것입니다.

그리고 내 태양의 아들, 손자, 후손의 미래에,

내 태양의 신들 가운데

이스타르가 특별히 경배될 것입니다.

……

어렸을 때 나는 아둔한 사람이었습니다.

그리고 나의 여신 이쉬타르가 나의 형인 무와탈리Muwatallis의 꿈에 나타나,

그로 하여금 나의 부친 무르실리에게 다음과 같은 말을 전하게 했습니다:

"하투실리에게는 햇수가 아직 짧다.

그는 충분하지 않다. 그를 나에게 다오;

그는 나의 제사장이 될 것이다.

그리고 그는 제대로 될 것이다."

그리고 나의 부친께서 어린 나를 데려가 여신께 복무하도록 주었습니다.

그리고 나는 제사장의 직을 수행하며 여신께 희생제를 올렸습니다.

그리고 그때 나는 나의 여신인 이쉬타르의 손에서 보답을 경험했습니다.

그리고 나의 여신은 그 손으로 나를 취하여 나를 보호했습니다.

(Goetz 1967, pp. 7~9)

이어지는 이야기는 무르실리 사후에 하투실리의 형 무와탈리가 왕이 되어 하투실리를 군대의 사령관으로 임명하는 과정을 생생하고 흥미진진한 방식으로 전해준다. 하지만 하투실리의 성공은 질투를 자아낸다. 어떤 이가 왕에게 그를 참소하자, 왕은 하투실리를 재판에 회부한다.

재판 전날 밤 이쉬타르가 하투실리의 꿈에 나타나 그를 독려한다. 그는 재판에서 승리하고 계속 군대를 지휘한다. 하투실리의 모든 원정마다 이쉬타르가 개입하여 눈부신 승리를 가져오고, 위기 시에도 구출 작전으로 하투실리를 보호한다. 무와탈리가 죽은 후 하투실리는 그의 조카인 우르히-테슙Urkhi-Teshup을 왕좌에 올리지만, 조카는 삼촌을 7년 동안 질투하며 압박한다. 마침내 하투실리는 조카로부터 독립하여 신들 앞에서 누가 옳은지 따져보자고 도전한다.

하투실리의 이야기는 '아레탈로지aretalogy(송가頌歌)'[28] 장르로 보는 것이 가장 적절하다. 이는 신의 보상적 혹은 징벌적 힘을 찬미하는 기적적인 이야기를 가리키는데, 이집트에서 이러한 장르는 세데드 바우 *sdd b₃w*(위엄을 드러내는 언표)로 알려져 있다. 이러한 텍스트는 히타이트의 무르실리 2세와 하투실리 3세 재위기에 해당하는 람세스 시대의 궁정이나 사적인 명문 모두에서 나타난다.

이집트에서는 서로 다르고 상호 배타적인 두 종류의 기념비적 자기 주제화의 형태가 존재했다. 왕의 업적에 대한 기록과 자서전적 무덤 명문이다. 사인私人들은 개인적 업적을 그들 명문의 주제로 삼지 않았지만, 왕들도 절대로 자기 삶 전체를 포괄적으로 기술하지 않았다. 하지만 이러한 전통적 이분법은 위에서 언급한 히타이트 문헌들이 유래한 서기전 1300년경의 수십 년 동안 급격한 변화를 겪는다. 이때부터 등장한 비문에서는 사인들이 자기 삶의 전반적 이력을 제공하지는 않았지만 신적 간섭의 사례로 간주될 수 있는 단편 일화들을 기술하기 시작했다. 이러한 신의 간섭은 그 일화를 의미 있고 기록할 가치가 있는 것으로 만들었다. 또한 이를 통해 그 강조된 사건은 일반적 삶의 과정에서 분리되었다.

이러한 사인들의 기록에서도 징벌과 구원 두 종류의 간섭이 전형적이다. 그 기록(비문)에 《무르실리의 역병 기도》와 관련하여 앞에서 살펴본 신성한 법―신이 재앙을 내림―이 적용되는 것이다. 어떤 경험―질병이나 불임 같은 부정적인 경우나 기적적인 구출 같은―을 신의 간섭으로 해석할 수 있는 충분한 이유가 있는 누구나 신전으로 가서 희생제를 올리고, 고해와 속죄 혹은 각각의 신에 대한 감사 표시로서 비문을 세웠다. 이집트인들은 이것을 "힘의 현현을 증언하는 비문"으로 불렀다.

이집트의 왕실 문헌에서 징벌과 구원을 언급한 이러한 비문은 없다. 왕이 부친의 죄를 고백하고 스스로 그에 대해 속죄하는 《무르실리의 역병 기도》 같은 텍스트는 이집트에서는 아마 상상할 수 없었을 것이다. 대신, 이때 이집트 비문은 왕의 업적에 대한 단순 기록에서 왕이 체험한 신의 도움에 대한 기록으로 바뀌었다. 한편 왕을 도운 신에 대한 찬가를 담은 비문들도 만들어졌다. 이 왕실 문헌들은 민간의 비문들과 동일한 어휘를 사용하고, 동일한 믿음을 표현한다. 그리고 이것은 민간 신앙의 영향이 아니라,[29] 역사관의 근본적 변화와 관련 있다. 이러한 측면에서 람세스 2세의 카데시 전투에 대한 기록[30]과 람세스 3세의 아문 찬가(*ÄHG* No.196)가 가장 인상적인 사례다.

잘 알려진 바와 같이 카데시 전투에서 람세스 2세는 히타이트의 습격을 받았다. 그의 군대 중 일부가 아직 진군하는 동안 많은 다른 군인들이 도주하여, 그는 얼마 안 되는 충실한 추종자들과 함께 히타이트의 갑작스러운 공격에 대항하여 희망 없어 보이는 방어전의 덫에 빠져 있었다. 그때 순전히 운이 따라 다른 곳에서 별개의 임무를 수행 중이던 엘리트 여단이 그를 구할 수 있는 바로 그 정확한 순간에 나타났다. 이 전투의 세부 과정은 지도 같은 장문의 명문을 통하여 상세히 재생되어 있다. 이 기록은 그 상세함만으로도 이미 기존 장르의 영역을 뛰어넘는다. 더욱이 람세스 2세는 (이집트의 치수에 따르면) 전체 파피루스 두루마리를 초과하는 서사시 텍스트까지 추가하여, 행운이 따른 자신의 구원을 신성한 간섭으로 선포했다. 그 텍스트는 절망적인 람세스가 아몬을 향해 필사적인 외침으로 기도하고 아문이 이에 응답하는 부분에서 절정에 달한다.

나는 당신을 부릅니다, 나의 부친 아문,
내가 모르는 큰 무리의 한복판에 있는 동안.
모든 이방인이 나에게 대항하여 뭉쳐,
나 홀로 고립무원에 빠져있는 동안.

나는 내가 그를 불렀을 때 아문이 왔다는 것을 알았습니다.
그가 나에게 손을 내밀자 나는 환호했습니다.

"나는 신을 향해 외쳤고, 그가 오는 것을 발견했습니다"는 관리들의 자전적 비문에서 사용된 것과 동일한 표현이다.

나는 나의 여주인님을 불렀습니다.
그리고 나는 그녀가 달콤한 바람 속에서 오는 것을 발견했습니다.[31]

'오다coming'는 기적적인 구출이나 신의 호의적인 간섭을 표현하는 말이다. 관리들과 왕실 명문 사이의 이러한 유사성은 훨씬 깊이 다루어질 수 있을 것이다. 다만 여기서 내 관심을 끄는 유일한 문제는 개인의 전기와 위대한 역사 사이에 어떠한 구분도 없었다는 사실이다. 왕, 전투, 국가의 운명과 관련된 위대한 역사도 전기에서 신이 기적적으로 개입한 것과 똑같은 방식으로 신이 간여했다. 전기적 역사와 정치적 역사 모두가 신성한 간섭의 영역이 된 것이다.

2. 의지의 신학 표지하에서 역사의 신학화: '카리스마적 사건'에서 '카리스마적 역사'로

표적과 기적: 역사의 신학화의 첫 번째 단계로서 카리스마적 사건

인간의 운명과 정치사는 신이 개입하는 영역이 됨으로써, 그 구조가 변한다. 나는 이러한 구조적 변화를 설명하기 위하여 '사건'이라는 용어를 사용하고 싶다. 역사적 사건은 신화적 사건과 대조를 이루는데, 그것들은 각각의 독특함으로 구분된다. 신화적 사건은 끝없는 의례와 축제의 주기 속에서 반복되는 것의 기본 형태다. 반면에 역사적 사건은 시공간의 특정 지점에서 발생하여 반복되지 않은 것이다. 주기적 반복과 함께 신화적 사건은 그 끊임없는 반복을 통해 시간에 구조와 '장식'을 부여한다(J. Assmann, 1983). 그러나 역사적 사건은 시간의 자연적 순환성을 깨고 사건을 전과 후로 나눔으로써 시간에 구조를 부여한다. 신화적 사건이 시간을 순환화한다면, 역사적 사건은 시간을 선형화한다. 신화적 사건이 주기적으로 경축되고, 공연되고, 실현되어야 하는 반면, 이미 실현된 역사적 사건은 공간公제되고, 영속화되며, 기념되고, 기억되어야만 한다. 따라서 기억, 역사인식, 역사서술을 위한 동기를 부여하는 것은 신화적 사건이 아닌 역사적 사건이다.

역사의 신학화는 역사적 사건에서 시작한다. 인간의 행위와 경험 영역에서 신의 간섭은 생물우주적biocosmic 자연 영역에서처럼 지속적이 아닌 단절적 혹은 간헐적인 것으로 경험된다. 이것이 인류 초기 역사신학의 원칙이다. 1967년 알브렉슨은 이러한 원칙을 "신의 출현으로서 역사적 사건"으로 묘사하고, 이를 저작의 부제로 삼았다. 그는 이스라엘인뿐만 아니라 고대 근동 전체의 역사관에서도 신이 역사의 과정과 개별 인간의 운명에 인과적 영향을 미친다는 관념이 결정적으로 작용했음을 입증했다. 영어권에서 이 연구는 역사의 신학화—'신성한 역사' 혹은 '계시로서 역사'—를 유대인만의 종교관과 역사관으로 간주한 기존의 논의를 반박한 것으로 이해되었다. 하지만 '신의 간섭'과 '신성한 역사' 사이에는 중요한 차이가 존재한다. 이와 관련하여 나는 아래의 세 가지 개념을 엄격히 구분하면서 알브렉슨과 차별화하고자 한다.[32]※

a) '카리스마적 사건': 이것은 신이 인간 활동에 간섭할 때 발생한다. 여기서 사건들의 흐름은 사소하여 기호화되지 않은 일상적 배경과 기호화된 특별 전경으로 나뉜다. 이때, 역사적인 사건—예컨대 승리—과 자연적인 사건—예컨대 지진—사이의 구분은 이루어지지

않는다.

b) '카리스마적 역사': 한 민족이 특정 신과 맺은 맹약으로부터 발생한다. 여기서 전체 사건들의 흐름은 이 맹약의 역사로 읽힐 수 있다. 백성에게 어떤 해가 닥치든, 그것은 신성한 상대방에 대한 신실함 혹은 불신실함과 연결된다. 여기서 중요한 것은 계획이 아니라 양측의 상호적 의무감이다. 그것은 입금 전에 미리 발행한 수표 같아서 그 수표를 준 사람을 믿고 그것을 받을지의 여부가 역사의 방향을 결정한다.

c) '시간과 역사': 두 가지 모두 계획된 신의 의지―기이한 것뿐만 아니라 아주 흔한 것까지 포괄하는―의 단일한 구현으로 이해된다. **구원의 역사**라는 (기독교) 개념은 바로 이 맥락에서 생겨난다.

역사의 신학화의 첫 번째 단계(a)는 메소포타미아 세계에서 쉽게 발견된다. 오랜 세월 동안 당연시되어 극도로 정교해진 점복 관행이 그 예다. 쐐기문자의 보급과 함께 점복 관행도 서쪽으로 소아시아까지 퍼졌고, 에트루리아를 통해 로마에까지 미쳤다.[33] 점복은 사건들이 신의 의지로부터 발생하며, 따라서 인간이 신의 의지에 영향력을 행사함으로써 특정 사건을 초래하거나 방지할 수 있음을 전제로 한다. 이집트는 점복 문화와 반대의 사례를 제공하는데, 거기서 신의 의지는 세계의 보존, 즉 규칙적이고 반복적인 것과 연결된다. 개별 사건이라는 뜻의 우발 개념은 부정적 의미를 지녀서 무질서, 무분별, 재앙과 연관되었다. 이집트 사람들은 점복 대신 의례 형태의 주술을 활용했다. 그것은 《메리카레의 교훈*Instruction for Merikare*》에서 뚜렷하게 언급되듯, "사건의 타격을 물리치기 위하여" 창조주가 그들에게 준 것이었다(Papyrus Petersburg 1116A, 136~137줄, J. Assmann, 1989, p. 77 이후 참조).[34] 역사적 다양성을 지나치게 단순화하는 것일 수 있지만, 그 차이를 다음과 같은 짧은 공식으로 요약할 수 있을지도 모른다. 이집트가 규율을 기호화했다면, 메소포타미아는 예외를 기호화했다.

그렇지만, 신왕국 시기의 이집트에도 의지의 신학이 도입되어 역사의 신학화를 이끌었다.[35] 우발적 사건들이 더 이상 의식을 통해 물리쳐져야 하는 혼란의 전조로 여겨지지 않고 신의 개입('카리스마적 사건')으로 간주되었다. 한 차원 높은 신학 수준에서 말하면, 그것들은 시간뿐만 아니라 그 속에서 일어나는 모든 것을 산출하는 신성한 창조 의지의 분출이었다. "당신의 '카(Ka, 의지)'가 바로 발생하는 모든 것입니다."[36]

신의 계획의 구현에서 비롯된 모든 총체(변수 c)는 그것들이 신의 은총(이집트어 *hzwt*)에서 온 것인지, 분노(*b3w*)에서 온 것인지에 따라 좋은 사건과 나쁜 사건으로 나뉜다. 물론 은총과 분노는 완전히 신의 재량만의 문제는 아니다. 그렇게 된다면 인간의 영역에서 죄가 존재하지 않을 수 있기 때문이다. 죄의 개념은 인간이 그것을 위반한다면 신의 분노를 유발할 법을 전제로 한다. 다음 절에서 이 문제를 더욱 상세히 다룰 것이다.

역사의 신학화의 두 번째 단계로서 '카리스마적 역사'

신성한 역사가 제시되는 두 번째 단계(위의 b))는 과거를 죄의 관점에서 체계적으로 검토하는 것이다. 즉, 과거의 치세가 왕의 선행과 백성의 안녕에 따라 판단됨으로써 진정한 '역사'가 창출되는 것이다.

이러한 원칙 역시 히타이트에서 최초로 나타났다.《텔레피누의 변증 *Apology of Telepinus*》은 서기전 1500년경에 작성되었다. 여기서 왕은 먼 과거의 일곱 치세까지 거슬러 올라가는 회고적 서술을 포함한 칙령을 전달한다. 통합과 성공의 치세로 기록된 세 명의 좋은 왕, 즉 라바르나 Labarnas, 하투실리 1세, 무르실리 1세, 이들을 이어서 음모, 살해, 패배로 점철된 네 명의 나쁜 왕이 출현한다. 텔레피누는 자신의 왕위 찬탈을 더 나은 미래를 위한 전환점으로, 또한 초창기 세 왕의 축복받은 치세로 돌아가는 것이라고 정당화한다. 이를 위해 그는 과거를 이중적으로, 즉 자신이 거부할 하나와 포용해야 할 다른 하나로 재구성했다.

이러한 정당화의 맥락에서 죄와 기억 사이의 연관성 역시 이중적으로 나타난다. 그것은 자신의 행위를 변증해야 하는 찬탈자의 죄와 관련되는 한편, 자신의 문제적 찬탈을 정당화해줄 이전 나쁜 왕들의 죄와도 관련되어 있다.[37] 두 사례 모두 죄의 문제를 수반하지만, 텔리피누는 그 죄를 신학적 측면에서 설명하지 않는다. 나쁜 왕들이 신성한 계명을 파기했는지에 대해 명확한 언급이 없듯이, 왕위의 찬탈이 신의 의지에 반한 것인지에 대해서도 열린 문제로 혹은 명확한 언급 없이 남겨져 있다. 연대가 이른 이러한 텍스트는 후기 청동기 시대의 특징이 된 역사의 신학화에 명백히 선행하는 단계를 반영한다.

신바빌로니아의《와이드너 연대기 *Weidner Chronicle*》가 죄의 관점에서 신학에 근거하여 과거를 다룬 가장 오래된 문헌일 것이다. 이 연대기 역시 먼 과거를 회고하며 이전 왕들 통치기의 성공을 바빌론의 마르둑 신전인 에사길라 Esagila에 대한 왕들의 우호적 태도 여부에서 찾는다.[38]

많은 사례를 들어 왕조 교체를 "통치자가 짊어진 죄에 근거한 것"이라 하고, 우르Ur제국의 멸망까지도 슐기Shulgi 왕의 비행과 연관시킨다(Wilcke, 1988, p. 133). 죄에 대한 관념이 과거에 의미를 부여하여, 왕의 교체와 치세의 장단長短까지도 통치 방식의 필연적 결과라고 인식하게 한다. 그것이 가시화하고 설명하는 것은 단절, 변화, 반전이다. 이러한 형식에서만 과거가 의미를 지니고 기억할 만한 것이 되어, 미래를 위한 지표가 되는 것이다.

이러한 맥락에서 이집트의 《데모틱 연대기Demotic Chronicle》도 언급되어야만 한다. 이는 제28~30왕조의 아홉 명 왕을 예언의 형식으로 평론한 훨씬 후대(서기전 3세기)의 문헌이다. 그 기준은 '법'에 대한 왕들의 경건함과 신실함이고, 동시에 그들 정부의 실패는 '신을 믿지 않음'으로 귀결된다.[39]※ 중국에서는 새로운 왕조가 자신들을 정당화하기 위해서 선행한 왕조의 역사를 서술하는 것이 관례였다. 이 서술은 앞선 왕조가 애초에 천명을 받아 그것을 완수했지만, 뒤에 점차 궤도에서 이탈하여 천명이 불가피하게 새로운 왕조로 넘어갔음을 보여주어야 했다. 여기서도 역시 과거는 죄의 표지하에 진행되었다. 천명이라는 도덕적 기준이 과거의 사건뿐만 아니라 특히 과거와 현재 사이의 연관성에도 의미를 부여하였다.

〈신명기〉는 율법에 대한 통치자의 순종 여부를 그 최고의 중심에 두었다. 여기서도 역시 죄의 역사가 나오지만, 〈신명기〉는 순종으로 회귀하여 하나님의 축복을 되찾은 새로운 왕조를 정당화하기 위하여 작성된 것이 아니었다. 여기의 관심사는 야훼의 행위로서 현재의 재앙적 사건들에 대해 이해하고 대처하는 것이다(G. v. Rad, 1958). 죄의 척도에 따라 이제 이러한 일련의 사건들이 재앙이라는 필연적 결과를 향해 가는 이야기로 정리된다. 〈열왕기〉에서 이야기된 역사는 죄로 인해 생겨나고, 죄는 율법으로 인해 생겨난다. 토라에 성문화된 많은 율법 조항은 하나님의 최후 의지이자 영원한 계시로 간주되어, 모든 예언과 점복 등 다른 수단을 불필요하게 만들어버린다.

앞에서 언급했듯이, 20년 동안의 역병이 무르실리 2세로 하여금 과거 역사를 회고하여 자신과 부친의 행위를 기술하도록 추동했다. 이와 마찬가지로, 이스라엘의 재앙—서기전 722년 아시리아에 의한 북왕국의 멸망과 바빌론 유수로 이어진 587년 바빌로니아에 의한 남왕국의 멸망—도 유대인들의 기억 작업을 발동시켰다. 출애굽에서 시작하여 창세의 시점까지 거슬러 올라간 그 기억의 관점은 시종 언약과 신실함, 율법과 순종, 죄와 책임에 결속되어 있었다. 심지어 천지창조와 함께한 최초의 인간마저도 계명을 어긴 죄를 지었다. 에덴 이야기가 그 전사前史였으므로, 이 원죄가 역사에 시동을 걸었다.

'카리스마적 역사'는 야훼와 그의 백성의 역사다. 그들 사이의 언약이 이 이야기를 창출했다. 그것은 그 언약의 관점에서 공통의 역사로서 기억되고, 이야기되며, 인용될 수 있다. 그 언약과 봉인 및 갱신이 논의될 때마다, 이 이야기는 반복되었다. 이에 대해서는 발처Baltzer가 〈여호수아〉 24:2-13; 〈신명기〉 1:6-3, 17:18-29, 29:1-7; 〈느헤미야〉 9 등의 많은 구절을 모아서 상세히 논했다(1964, pp. 27~70). 이 이야기는 (구원의 역사와 대조적으로) 처음과 끝이 있다. 그것은 야훼 자신이 그 언약에서 역사적 등장인물로 일방의 역할을 담당하며 활동을 개시했을 때 시작하여, 그가 사건들의 과정에 더 이상 직접적 영향을 미치길 중단했을 때 끝난다. 〈에스더〉가 그 카리스마적 역사의 종말 이후에 일어난 사건들을 기술한 유일한 경전 텍스트다. 그것을 제외하면 히브리 성경은 모세에서 아르타크세르크세스까지의 성문화된 '카리스마적 역사'로서 정의된다.[40]

언약 텍스트의 주기적인 대중 낭독이 그 기억이 유지되도록 도왔다. 세속적인 국가의 조약까지도 계약 당사자 앞에서 정기적으로 낭독되어야만 했다(Baltzer, 1964, 91f.; Cancik, 1978). 이러한 관습은 〈신명기〉에도 지속되어 7년마다 토라를 대중 앞에서 낭독하도록 한 모세의 명령이 나온다(31:9~13). 초막절 기간 중에 에스라는 매일 사람들에게 토라를 처음부터 끝까지 큰 소리로 낭송해주었다(〈느헤미야〉 8:18; Baltzer, 1964, pp. 91~93). 이때부터 매년 주기적으로 토라 전체를 읽어야 하는 유대교의 낭독 관행이 발전했다. 이러한 예배용 기억의 일부가 하나님의 구원 행위와 백성의 과실이라는 공유된 역사의 개요다. 하지만 이러한 이야기의 지평은 더 이상 사건—즉, 신성한 간섭—이 아니었다. 이제 그것은 '카리스마적 역사'—'신성한 역사'—로 변모했다. 쿰란Qumran 텍스트(사해문서) 중 하나인 '훈련 교범서Manual of Discipline'에 예수와 동시대의 한 종교 집단의 예배가 보존되어 있다. 그것은 유대교와 기독교 예배 형식 모두와 크게 다르지 않았을 것이다. 발처가 보여주었듯이, 이 예배는 언약의 갱신 의례에 상응한다. 사제들이 그 구원의 역사를 다음과 같이 개괄한다: "그러고는 사제들이 하나님의 위업을 통한 그의 정의의 증거들을 말하고, 이스라엘에 대한 그의 모든 자비로운 신의faithfulness를 선포한다. 그리고 레위인이 이스라엘인들이 범한 죄와 사탄Belial 지배하에 그들이 저지른 과오와 죄를 열거한다." 이러한 역사적 회고에 뒤이어 다시 언약이 새롭게 봉인된다(Baltzer, 1964, pp. 171~173).

죄의 계보에 관하여

이 장에서 내가 제시한 관점은 역사적 기억이 죄 및 서약과 계약의 파기로부터 생겨난 죄책감과 연결된다는 것이다. 이는 고대 근동에서 유래한 것이다. 서약의 각별한 신성성 때문에, 역사도 그것을 기억하라는 의무를 부여받으며 성스러움을 획득한다.

서약과 계약의 특별한 신성성은 어디서 오는 것일까? 그것은 서약과 계약을 맺을 때 신이 임재하기 때문이다. 이는 절대적 권위와 깰 수 없는 구속력을 창출했다. 신의 활동이 바로 서약과 계약의 존중과 집행을 보증하기 때문이다. 만약 위반이 발생한다면 신이 곧 징벌로 개입한다. 이때 신은 인간과 계약한 내용에 따라 개입한다. 다시 말해, 신은 인간의 요청에 따라 역사로 이끌려진 것으로, 이는 신이 간섭을 진행하는 다른 측면이다.

서기전 제2천년기 후반에 고대 근동과 지중해를 관통하여 퍼진 역사의 신학화는 당시의 외교 관례와 직접적으로 연관되었다. 당시 국가들은 크건 작건 상호 간의 교류가 점차 빈번해져서, 각종 외교는 대개 조약으로 규정되었다. 그것은 앞에서 언급한 움마와 라가시를 분리하는 제방에서 시작되어, 이어지는 천 년을 거치며 전체 초국경적 세계를 아우르는 네트워크가 생겨나게 했다. 모든 계약은 서약하에 맹세해야만 했고, 신들이 그 서약을 보호하는 힘으로 소환되었다(Weinfeld, 1976;

Tadmor, 1982). 각국의 신이 공동으로 조성한 신의 세계가 국제 법정과 유사한 기구를 구성하여 조약의 준수를 보증했다. 그 과정의 배후에 역시 신학적 측면을 지니고 있던 외교라는 고귀한 예술이 자리했다. 조약을 체결한 나라의 신들이 서로 "번역 가능translatable"해야만 했기 때문이다. 이러한 맥락에서 종교적 무관용은 상상할 수 없는 일이어서, 다른 신들의 존재를 부인할 수 없었다.[41]

참여국들의 외교 정책이 상호관계의 외교적 질서에 의존한 정도만큼이나 신들은 불가피하게 점점 더 역사의 전개 과정으로 이끌려 들어왔다. 이러한 체제에서 최대한 양심적으로 조약을 지킨 통치자는 옳은 쪽에, 그것을 파기한 통치자는 틀린 쪽에 자리하게 되었다. 따라서 계약 위반이 일종의 원죄가 되었다.

그러므로, 한 민족이 정치적 조약의 보호자로서 신을 소환할 뿐만 아니라 그 신을 마치 이집트나 아시리아의 강력한 왕처럼 적극적인 계약의 일방으로 삼기도 한다면, 이때 역사의 신학화가 얼마나 강하게 진행되었을지는 명약관화하다.[42]* 이 와중에 완전히 새로운 두 실재가 작용하게 된다. 바로 역사의 주재자로서 신과 역사의 주체로서 인간이다. 이러한 계약의 효력은 시한이 있을 수 없으며, 확실히 태고에서 시작하여 미지의 미래에 종결되었을 것이다.[43]* 신성한 역사 개념은 바로 이러한 새로운 신정적 조합의 틀 속에서 펼쳐졌다. 결속된 정의가 하나님의 정의가 된 것이다.[44]*

메소포타미아식 역사관은 성경의 관점만큼이나 신정론에 입각하지만, 전적으로 '(카리스마적) 사건'의 표지하에 자리한다. 신들에 의한 역사적 행위는 드물고 기억의 단위는 여전히 사건이다. 성경 전통에서 사건은 점차 그 윤곽을 상실하고 세계사로 편입된다.[45]※ 메소포타미아식 역사관에서는 구원과 재앙, 은총과 분노의 리듬이 여전히 존재한다. 반면에 성경의 역사관에서 세속적 역사는 분노의 표현으로만 훨씬 더 급진적으로 나타나고, 그 대척점에 하나님의 왕국이라는 유일한 최종적 구원이 자리한다. 일종의 반反역사다.

지금까지의 논의를 개괄하면, 역사는 **결속된 정의**가 작용하는 과정이다. 기억과 역사의 기반이 되는 과거를 재구성하는 일은 시간과 사회적 차원 모두에서 질서, 의미, 일관성을 제공할 법적 의무들을 정립할 때 비로소 가능해진다. 재구성된 과거를 통해 기억되는 것은 잊혀서는 안 되는 법적 의무들이다. 역사는 본능의 결과나 어떤 선천적 관심의 결과도 아니다. 역사는 문화가 인간에게 부여한 사명의 결과다. "기억해야 한다! 잊지 말아야 한다!"와 같은 기념의 의무는 문화에 토대를 두고 구성된 **결속된 정의**의 원칙하에서만 생겨날 수 있다. 바로 이렇게 과거를 기억하는 과정에서 모든 문화와 개인이 각자의 독특한 형식으로 역사적 의미를 구체화하는 것이다.

| 제7장 |

그리스와 규율적 사고

1. 그리스와 문식성의 결과

알파벳 문자 체계

그리스는 일반적으로 문자 문화의 원형으로 간주된다. 잭 구디(1919~2015)와 이안 와트(1917~1999)에 따르면 "진정으로 문자 사회라고 불릴 수 있는 최초의 예가 그리스와 이오니아의 도시 국가들에서 서기전 6~5세기가 되어서야 발전했다."[1] 문식성의 사회적 결과에 대해 공부하고 싶은 사람은 고대 그리스로 눈을 돌려야 한다.

페니키아 문자가 음절문자 체계였다는 이론을 내놓은 아그네이스 겔브, J. Gelb(1907~1985)에 따르면, 그리스 알파벳은 음소를 나타내는 최초의 기호 체계였다.[2]※ 이러한 발전은 엄청난 문자의 단순화를 의미했다. 그것은 소규모 전문 엘리트에 한정된 셈어의 음절문자와 이집트 및 중국어의 표의문자와 달리, 유례없는 문자의 대중화로 이어졌으며 인간의 지성에도 전례 없는 영향을 미쳤다. 문자가 유도한 "지성의 배양"(J. Goody, 1968)은 알파벳의 보급과 함께 거대한 도약을 이루었다. 에릭 해블록Eric A. Havelock(1903~1988)이 "문자의 정신으로부터 철학의 탄생"을 대표한다고 주장한[3] 이 새로운 지성적 '훈련discipline'을 유도한 것은 단순히 문자가 아니라 알파벳의 도입이었다.

해블록이 그리스 알파벳을 아주 특별하게 생각한 이유는 그것의 추상성 때문이다. 구어를 그 조음의 구성 요소(자음과 모음)로 나누는 문자 체계는 매우 유연하게 어떤 소리나 다 표기할 수 있다. 모든 의미와 음성 요소들을 핵분해하는 (알파벳을 통한) 언어의 원자화는 다른 어떤 표기 체계보다 구어를 더 잘 모방하도록 그 요소들을 재구성할 수 있게 해준다. 그리스 알파벳은 발화된 말을 유창하고 온전한 형태로 재생산할 수 있는 유일한 문자 체계이기 때문에, 해블록은 그것을 그리스 구어의 진정한 매체로 간주하였다.

그는 이러한 두드러진 유연성을 호메로스의 《일리아스》(XII, 17~33)에 나오는 유사한 이야기와 《길가메시》 서사시의 홍수 기사를 비교한 사례로 예증했다.[4] 해블록이 서두에서부터 명시했듯이, 두 홍수 기사 모두 "구전체로 구성된 언설言說이어서, 문어체의 담론에서는 보기 힘든 정형적이고 반복적 문체를 가진다."[5] 하지만 이러한 문자화된 구전체라는 공통 기반을 고려한다고 해도, 해블록은 두 본문 간의 유의미한 차이를 각기 다른 문자 체계에서 기인하는 것으로 본다. 그는 아래와 같이 각 문헌에서 사용된 어휘들의 숫자를 세어서 빈번하게 사용된 것들이 전체에서 차지하는 비율을 계산했다.

이어서 그는 의미의 반복(평행법)에 대해 검토하여 《길가메시》에서 평행법이 상당히 많이 사용되었음을 발견한다. 그리고 "본문의 의례

《길가메시》 23.3퍼센트	호메로스 14퍼센트

적 성격까지는 아니더라도 반복적 성격은 분명해 보인다"라고 말한다(Havelock and Hershbell, 1978, p. 7). 이에 비해 알파벳으로 기록된 그리스 홍수 본문은 "쐐기문자 버전보다 덜 중복적이고, 덜 의례적"(p. 8)이다. 그는 그리스어 체계가 바빌로니아의 것보다 우수하다고 결론짓는다. 다른 어떤 문자 체계도 구전 시가의 풍부함을 이처럼 훌륭하게 포착할 수 없었을 것이다. 해블록은 호메로스의 텍스트를 통해서 역사상 최초로 "구전 문화에 대한 완벽한 기록을 갖게 되었다"고 주장한다(p. 10). 나아가 "호메로스의 홍수 이야기에 대한 그리스어 기록이 알파벳 대신 음절문자로 기록되었다면 어떻게 되었을까? 물론 이 질문에 대한 답을 알 수는 없다; 메소포타미아나 미케네 서기관의 심리를 재구성하는 것도 불가능하다"(p. 9). 그리스어의 특별한 성취는 특정 문학작품의 생산에 있기보다 구전된 이야기를 유창하고 완벽하게 재구성할 수 있는 특별한 문자 체계의 발명에 있다는 것이다.

우리는 위의 사례로부터 해블록이 접근한 방식의 장단점 모두를 살펴볼 수 있다. 장점은 계량화 방법을 통해 실증적으로 파악한 텍스트의 소통적 특질에 집중한 것이다. 반면에 단점으로는 매체(알파벳)에 관한 그의 견해에 수반된 '절대화'와 왜곡을 들 수 있다.

'절대화'에 관해 부연하자면, 그의 견해에서는 텍스트의 형성에 기술적인 영향을 미쳐서 반드시 염두에 두어야 하는 다른 중요한 사항인 형성적 규칙과 제약이 경시, 간과, 배제되어 있다. 예를 들어 해블록은 어휘의 반복에 대한 가장 확실한 설명, 즉 근동의 텍스트들—평행 구절들 사이 "개념의 운rhyme"—이 다른 시 작법에 토대를 두고 있다는 설명을 명백히 거부한다. 호메로스의 텍스트가 문자화되기 전 그 작성 단계에서조차 이미 훨씬 '문학적'이었을 가능성을 고려하지 않는다.[6*] 그는 두 텍스트가 완벽하게 다른 장르에 속할 가능성에 대해서도 침묵하고 있다. '서사시'라는 용어 뒤에, 텍스트들이 각각의 사회에서 완전히 다른 기능을 수행하도록 저작되었다는 사실이 감추어져 있을 수 있는 데도 말이다.[7] 실상 해블록의 비교는 모든 정치적·사회적 함의를 무시한 것이다.[8*] 거의 전적으로 문자 매체 그 자체에만 집중함으로써, 그는 더욱 광범위한 언어적 형식과 전통까지 무시하는 방식으로 자신의 관점을 절대화하고 있다.

'왜곡'과 관련하여 부연하면, 알파벳 문자에 대한 도취와 그리스인들 특유의 성취에 대한 감탄으로 인해, 해블록이 주변 사회의 문화적 성취에 대해서 과소평가한다는 인상을 누구도 피하기 어렵다(물론 이 문제는 해블록에게만 특별하지 않고, 문식성을 다루는 서구 역사가들 사이에서 공통적으로 나타난다). 예컨대, 이집트 상형문자와 그 효용성에 대한 해블록의 평가는 몇 가지 중요한 오해에 근거한다. 그는 이집트 사회가 "어떤 의미 있는 방식으로도 서사적 소통을 위하여 상형문자 체계를 거의 이용할 수 없었다"고 아주 진지하게 믿었다.[9*] 그는 그러한 문자들을 '그림문자'로 간주했다. 근동의 문자들—특히 이집트 상형문자와 메소포타미아의 쐐기문자 같은(후기 셈어 알파벳은 제외한)—이 그리스의 알파벳보다 배우고 쓰기 어려운 점은 분명한 사실이다.[10*] 하지만 이러한 측면 때문에 그러한 문자들이 구어의 재생에 덜 효율적이었다고 보기는 어렵다. 각각의 언어에서 어떤 소리나 어휘, 문장, 생각이라도 그에 상응하는 문자 기술로 표현할 수 없는 게 없다는 사실은 아무리 강조해도 지나치지 않다.[11*] 비알파벳 문자가 사용하기 어려워 재생 역량이

극도로 제한적이라는 해블록의 이해는 단순히 무지에 따른 것이다.[12]※

추상적 효율—소리를 자음과 모음으로 분해시키는 성질—을 가진 그리스의 알파벳 문자만이 논리와 추상적 사고를 증진시킬 수 있었다는 논지도 근동 언어의 관점에서 유사하게 반박될 수 있다. (음절 같은) 실제 소리나 그 소리들의 연속(단어)을 문자화하는 대신 (추상적) 음소를 문자화함으로써 알파벳은 추상화와 합리화의 뛰어난 매체를 제공한 반면, 이집트와 셈어의 경우, 모음 없이 자음만 쓰는 원칙 자체가 추상적 효율성에 기댄 것이다. 그렇지만 관련된 언어 구조에 익숙하지 않은 우리가 그것을 적절히 평가할 수는 없을 것이다.

셈어족에서 의미는 보통 세 개의 자음을 지닌 어근에 달려있다. 이러한 어근이 음소처럼 추상적 개념인 어휘소다. 이런 추상적 어근에 접두사, 접동사infix, 접미사, 정형 모음군을 붙여 명사나 동사 어간을 만들고, 그것을 활용하거나 곡용曲用하면 실제 문장에 사용되는 형태의 단어가 된다. 근동 문자는 실제 언어의 표층 구조를 지나 어휘소의 어근 구조까지 겨냥한다. 그럼으로써 의미를 전달하는 요소와 굴절 요소를 구별해준다. 이것은 의미적 참조—즉 셈어 시작법poetics의 토대를 형성하는 '어근 의미' 혹은 '평행적 대구'로 불리는 것—에 근거한 사고를 촉진한다. 자음만 쓰는 원칙은 고대 이집트어에서 기원하여 고대 가나안과 페니키아, 히브리 문자에서 채택되었다. 랍비와 신비주의적 주해 방법은 자음 본문consonant script의 잠재력을 사변적 문자 철학metaphysics of writing이라는 극단적 형태로 활용한 것이다. 그것의 중요성은 자크 데리다J. Derrida(1930~2004)의 철학적 '그라마톨로지'의 관점에서 비로소 명백해지고 있다. 그러나 해블록은 모음의 부재에서 소통의 장애만을 보고, 그 언어 구조에 조응하는 추상성의 실제화된 잠재력은 보지 못한다.

문자 체계와 글쓰기 문화

해블록의 해석과 평가는 문자 체계를 글쓰기 문화와 동일시하는 데 토대를 두고 있지만, 둘 사이에 확실히 연결고리가 있다고 해도 그 둘을 동일시하는 것은 오류다. '문자 체계'라는 용어는 특정 문자의 구조 및 기능적 양식—예를 들어, 표의문자인지 표음문자인지, 표음문자라면 음절을 표현하는지 음소를 표현하는지, 한 언어에만 쓰이는지 다른 언어의 소리/말/문장도 표현 가능한지—에 해당하는 문제를 포괄한다. 반면에 '글쓰기 문화'는 서기 기관 및 서기 전통, 문헌의 접근 문제, 문자와 문서의 사회적 위치 등을 포괄한다.[13]* 문자가 어떤 결과를 낳을지는 그 사회적 맥락의 수준 혹은 '글쓰기 문화'에 달려있을 것임이 분명하다.

글쓰기 문화의 한 가지 양상이 문자와 글에 대한 사회적 평가다. 그것들이 그리스 사회에서 부차적인 위치를 차지하고 있었다는 사실은 잘 알려져 있다. 글에 대한 철학적 평가를 살펴보면 매우 흥미로운데, 《파이드로스 Phaidros》와 《일곱 번째 편지 The Seventh Letter》에 나타나는 플라톤의 유명한 선언뿐만 아니라 아리스토텔레스의 견해도 의미심장하다. 아리스토텔레스는 구어가 정신에 있는 것(tà en psychê)을 재생하는 반면, 글은 목소리에 있는 것(tà en phonê)을 재생한다고 생각했다.

글은 두 가지 측면에서 외재적이었다. 즉, 그 내용 면에서 글은 말의 소리적, 즉 외재적 측면을 가리킨다. 이 이론 때문에 세 단계에 걸친 세상으로부터의 분리가 초래된다. 즉, 개념은 세상을 가리키고, 소리 말은 개념을 가리키고, 마지막으로 글은 소리 말을 가리킨다. 즉, 그리스 철학에 따르면 글은 개념을 표현하는 것이 아니라 소리를 표현하는 것이다. 이와 정반대가 이집트 상형문자였다. 그 현실적 회화성과 함께 상형문자는 세상을 직접적으로 가리키고, 그것의 표지적 기능은 언어의 음성적·의미적 차원 모두와 관련되어 있다. 따라서 이집트 상형문자는 "목소리에 있는 것"뿐만 아니라 "정신에 있는 것", 그리고 "세상에 있는 것"까지도 재생했다.

물론 문자 체계로서 상형문자는 그리스의 알파벳보다 더 다루기 어려웠지만, 알파벳과는 매우 다른 어떤 것을 성취했고, 그에 상응하는 높은 존중의 대상이었다. 감각적 존재를 가진 상형문자는 구어가 도달할 수 있는 범위를 훨씬 넘어섰다. 그것을 통해서 언어가 소리를 통해서 할 수 있는 것보다 더욱 다양하고 의미적으로 풍부한 현실성을 띠게 되었다. 그에 반해, 알파벳 문자는 소리 표현을 위한 추상적 매체였다. 소리를 통해 언어는 자기 고유의 존재감과 실재성을 띠게 된다. 그리스가 소리 말이라는 매체를 통해서만 글쓰기 문화가 된 반면, 회화적 문화인 이집트는 훨씬 더 포괄적 의미의 글쓰기 문화였다. 글쓰기를 향한 여정이 단순히 소리 말에만 의존했던 것이 아니라 세상의 회화적 형상과 그에 대한 전유專有까지 아울렀다. 이러한 형식(표음과 표의의 복합 형식)의 문자는 의미에 부여될 수 있는 가장 고상하고 신성한 표현 수단으로 평가되었다.

한편 이스라엘은 그리스처럼 회화會話성으로부터 벗어나 글쓰기가 훨씬 더 중요한 문화적 역할을 담당한 고유의 문자 문화를 출범시켰다. 하나님이 직접 저술했다. 즉 그는 시나이산에서 전수된 율법의 저자이자 작가였고, 인간의 행위와 관련된 (역사) 기록도 남겼다.[14] 이로써 이스라엘은 이집트와 마찬가지로 문자를 (소리 표상의 매체를 넘어) 세상을 여는 열쇠로 발전시켰다. 혹자는 사회 내에서 글쓰기 역량의 확산이 우리가 글쓰기 문화로 간주하는 것에 대한 유일하거나 결정적 기준이 없는지 물을 수 있다. 또한 문식성이 한 사회의 세계관에 미치는 영향력이 동일하게 중요한 것은 아닌지 물을 수 있다. 왜냐하면 비록 소수만이 글쓰기 기술을 익혔다고 해도, 그들은 그 사회에서 그것에 막대한 위상의 중심 지위를 부여하는 데 성공했기 때문이다.

전통과 정체성 사이의 연관성 및 문화적 기억의 구성 형태를 다루는 이 연구에서 각별하게 흥미로운 사실은 이스라엘과 마찬가지로—그러나 이집트와는 달리—그리스에서 "위대한 텍스트들"이 문화적 기억의 토대를 형성했지만, 이스라엘과 대조적으로, 호메로스의 서사시와 비극들,[15] 플라톤의 대화[16] 같은 모든 핵심적인 텍스트가 구술 이야기를 재생한 것이라는 점이다. 물론 그러한 텍스트들의 창출은 말할 것도 없고 그것들을 참조하는 것도 문자 없이는 불가능하다는 점은 누구도 부인할 수 없다. 하지만 그것들은 '문자성'을 과시하지 않고,[17]※ 오히려 물리적인 실제 목소리와 대화들에서 시작하고 끝난다. 확실히 그리스에서 문자는—이집트와 이스라엘에서와 달리—구어의 덧없음에 반하는 영속적이고 불변하는 신성한 대상으로 간주되지 않았다. 이러한 사실로부터 그리스 글쓰기 문화의 세 가지 특징을 추론할 수 있다.

1. 그것은 새로운 방식으로 구전성에 열려있었다. 그 구전성을 하부 문화로 제쳐놓지 않고 그 형식을 취하여 새롭고 향상된 수준으로 발전시켰다.[18]*
2. 그리스에서 문자는 신성한 공간으로 통하는 열쇠가 아니었기에, 신성한 텍스트가 존재하지 않았다. 켈트족과 조로아스터교도, 특히 베다의 인도인처럼, 그리스인들도 자신의 신성한 텍스트를 문자 전승이 아닌 구술 전승에 맡겼다(C. Colpe, 1988; H. G. Kippenberg, 1987).
3. 그리스에서 문자는 어떤 공식적 지위도 지니지 않았기 때문에 그 사용에도 승인이 필요하지 않았다. 키케로가 언젠가 로마인들에 대해 언급한 것이 그리스인들에도 적용될 수 있었다. "공공의 글쓰기에 일임된 공공의 기억"은 생소한 개념이었다.[19]

그리스의 글쓰기 문화에 구전 혹은 태곳적 요소가 매우 풍부하게 내포된 이유는 아마 그 문자 체계의 특수성과는 무관할 것이다. 그것은 필시 그리스가 처했던 사회·정치적 조건의 독자성과 관련 있을 것이다. 여러 복잡한 이유로 그리스인들은 근동 사회의 성문법에서 벗어나 있었다.[20] 근동의 문자는 정치 선전과 경제 조직의 매개로서 발전했고, 방대한 영역의 행정이 가능하도록 활용되어 관료제와 불가분하게 연결되었다(메소포타미아의 경우 M. Lambert, 1960 참조). 글을 쓴다는 것은 정리하고 계획하고 분류한다는 것인데, 이런 의미에서 글쓰기는 무엇보다도 조직이나 정부의 도구였다. 문서화된 것은 왕의 공적 호칭들, 법률, 칙령, 업적, 의례, 희생제와 관련된 권력의 담론이었다. 글을 쓴다는 것은 또한 책무, 안전, 채증documentation, 통제, 질서, 분류의 개념과 연결되어 있다. 푸코의 표현을 빌리면 그것은 '권력의 방향키dispositive' 였다. 글로 된 무엇이라도 구속력 있는 의무를 부과했다.[21]※ 구술 전승뿐만 아니라 문학이라 부를 수 있는 것도 이러한 형태의 글쓰기에 제한적으로 접근 가능할 뿐이었다. 이집트와 메소포타미아의 서기관을 그리스의 구술 시인과 구분해주는 세계는 단순히 글 기술이 아니라 글쓰기 문화였다. 그 문화에는 역사적 환경, 정치적 풍조, 청중(독자), 각 사회의 기존 경험이 포함될 것이다.[22]※

이스라엘에서 글쓰기 관행은 매우 달랐다.[23] 주변 왕국들의 위계적인 서기들에 비해 이스라엘의 사제와 예언자들은 어느 정도 더 큰 재량권을 지니고 있었다. 적어도 그들은 국가 행정과 조직 바깥의 문제에 관심을 두었다. 이스라엘에서 글쓰기의 '책무'는 한 가지에만 적용되었다. 그것은 바로 백성들에게 부여되어 어떤 역경에서도 지키고 순종해야 하는 율법, 즉 신의 '가르침(토라)'이었다. 글쓰기와 의무 그리고 독해와 순종 사이의 연관이 여기서도 유효했지만, 세속적 권력기구의 맥락에서는 아니었다. 이스라엘에서 문자는 탈정치화되어서 하나님의 권능을 행사하는 가장 중요한 도구가 되었다.

그리스 문화 발전의 특수성은 그 문자 체계뿐 아니라 그보다 훨씬 복잡한 어떤 것의 결과이기도 했다. 그래서 우리는 명령들이 어디에 집중되었는지, 의무가 어떻게 고정되고 완수되었는지 질문해야 한다. 그 답은 문자의 사회·정치적 활용에 있는데, 그리스 사회에서 글쓰기는 통치자의 명령하는 목소리나 신에 의해서도 점유되지 않은 자유 공간으로 가장 잘 특징지어진다. 이러한 권력의 공백이 그리스의 글쓰기 문화에 구전성이 침투할 호의적인 여건을 마련해주었다.

따라서 그리스 문화에서 문자의 영향은 이집트, 이스라엘, 중국 문화에서의 영향과 완전히 달랐다. 루돌프 보르하르트Rudolf Borchardt(1877~1945)의 짧은 논문은 이를 다음과 같이 명확하게 설명해준다.

> 그들의 산스크리트어라고 부를 수도 있는 그리스인들의 신성한 기반 언어는—인도 혹은 고대 이스라엘이나 고대 중국, 고대 이란의 고전 언어와 달리—그들의 후손들을 종교적 헌장에 묶어두지 않았다. 법률, 교리(혹은 가르침), 역사의 통합으로서 민족적 영속성이 변함 없는 언어의 그릇 속에 끊임없이 담겨있어야만 하는 것은 단지 근동의 체제에서였다.

서방의 민족 헌장은 시poetry로 불린다. 그것은 문학과 연구에서 시적으로 창출된 개성individuality의 세계에 의존한다. 호메로스가 헬레니즘 세계의 가짜 그리스인들을 위한 성경이 될 수 있는 위험성은 결코 존재하지 않았다. 고대 그리스를 한 민족으로 만든 비밀은 결코 한두 권의 책 같은 원시적 공식으로 환원될 수 없고, 그 비밀의 언어도 결코 '엄격한 태고 언어의 단일한 태고 시간'[*]이라는 압제적인 원칙으로 환원될

---

[*] 원문 'a single primal time of a rigid primal language'는 컴퓨터학과 수학의 한 분야인 '형식 언어 이론'에서 나오는 개념이다. '엄격한 태고 언어'는 단일 상징과 몇 가지 상징 생성 규칙들로 구성된 형식 언어를 지칭한다. "단일한 태고 시간"은 "엄격한 태고 언어"의 단일 상징이 생성 규칙들을 통해 파생 상징들을 만들기 시작하는 지점을 가리킨다.

수 없다(R. Borchardt, 1973, p. 67).

잠시 다소 소화하기 껄끄러운 일방적 평가들로부터 눈길을 돌려, 보르하르트가 염두에 둔 증거에만 초점을 맞춘다면, 위의 말이 어느 정도 타당성을 지님을 인정하지 않을 수 없을 것이다. 루돌프 파이퍼Rudolf Pfeiffer(1889~1979)도 훨씬 간명하지만 유사한 주장을 남겼다. "그리스 세계에서 근동이나 중세 세계에서 그랬던 것과 같은 '책의 압제'는 결코 발휘될 수 없었다"(R. Pfeiffer, 1978, p. 52).

이러한 논평들을 그것과 정반대의 가치 체계를 배경으로 이해하면 도움이 될 터인데, 아래에서 살펴볼 체계는 그것이 다루는 문헌들과 비슷한 시점에 나왔다는 장점까지 있다. 서기 1세기 말 로마에서 쓴 《아피온 반박문Contra Apionem》에서 유대인 역사가 플라비우스 요세푸스는 유대와 그리스의 역사서술을 다음과 같이 비교했다.

우리의 경우 역사 쓰기는 모두에게 열려있지 않다. 그것이 문자화된 텍스트에서도 모순이 존재하지 않는 까닭이다. 예언자들만이 이러한 특권을 가졌다. 왜냐하면 그들은 신성한 영감 덕분에 가장 먼 태고의 역사 지식을 획득했고, 그들 당대의 사건들에 대한 명확한 이야기를 썼기 때문이다. 정확한 신빙성을 부여받은 우리의 책들은 단지 22권으로 모든 시대에 대한 보고를 담고 있다. 이것 중 다섯 권이 모세의 책으로 인간의 기원에서 입법자 모세의 사망까지 모든 율법과 역사가 들어있다. 예언자들이 모세에서 아르타크세르크세스Artaxerxes까지의 이야기를 열세 권의 책에 썼다. 나머지 네 권은 하나님에 대한 찬가와 일상생활과 관련된 계율을 담고 있다. 아르타크세르크세스에서 우리 자신의 시대까지 전통이 있었지만, 예언자들의 순차가 단절되었기 때문에 이는 동일하게 존중되지 않는다. 예언자들이 남긴 것만 우리의 글로서 존중할 뿐이다. 그리고 비록 이렇게 긴 시간이 흘렀어도, 누구라도 감히 한 음절이라도 더하거나 빼거나 바꿀 수 없다(*Contra Apionem I* §§ 38~41).

다른 한편으로 그리스인들에게는 무수한 책이 있었고, 그 모든 것이 모순적이었다. 더욱이 전통도 그 역사가 일천할 뿐이었다.

그럼에도 주지하다시피, 호메로스의 시보다 오래된 그리스의 서사는 전혀 존재하지 않는다. 호메로스의 시도 트로이 사건보다 명백히 후대의 것이다. 또한 그는 자신의 시를 문자화된 버전으로 남기지 않았으며, 기록으로 전해지는 호메로스의 시는 (회자되던) 노래의 기억으로부터 후대에 편찬되었다고 알려져 있다. 그것에 많은 모순이 담겨있는 까닭이 여기에 있다(CA § 12).[24]

그리스의 글쓰기 문화에 대한 이런 비평은 그 구조적 구전성으로 향한다. 그리스에는 모순, 논란, 거짓으로 가득한 무수한 책들이 존재했는데, 이것들은 글쓰기 영역에 침범한 정치적 논쟁을 반영한 것이다. 즉 그리스의 글쓰기 문화는 진리에 관한 것이 아니라 수사학과 정치적 영향력에 관한 것이었다(하지만 뒤에서 살펴보듯이, 근동의 관찰자에게 그렇게 명백하던 이러한 다양한 모순이 사실상 그 문자 문화 특유의 성취를 대변한다). 유대인들 사이에서, 그리고 근동에서 전반적으로, 문자는 신성한 영역이어서 그 신성함을 다룰 수 있도록 승인된 사람들을 위한 것이었다. 즉 "그것을 전해준 하나님처럼 확실하고 고정적이며 바꿀 수 없는 가장 오래되고 확정적인 기억의 전승을 소유한"[25] 사제가 그들이었다. 하나의 유일한 진리와 관련하여 유대인의 책들은 모순 없이 조화롭다. 그것들은 모두 같은 것을 말했고, 그 말을 털끝만큼이라도 바꿀 만한 권위를 지닌 사람은 아무도 없었다. 요세푸스의 비평이 암시하듯이, 이 체계가 진정한 문자 문화고, 이것은 근동이 그리스에 앞서 이룬 위대한 성취다.

한 가지 매우 분명한 사실은 요세푸스의 비평이 '근동 체제'와 '책의 압제'에 대한 '신인문주의자'의 맹렬한 비난만큼이나 일방적이고 악의적이라는 점이다.[26] 그러나 참된 기억을 둘러싼 이 이데올로기적 논쟁을 통해 문식성의 가능한 결과들 사이의 핵심적 차이를 조명해주는 한 가지 논점이 분명해졌다. 즉, 이스라엘에서 전통의 단일한 결정結晶을 이끈 문자가 그리스에서는 유동성과 논쟁, 그리고 이로 인한 전통의 다양성을 초래했는데, 유대교의 '협화음symphonoi'과 그리스의 '불협음 diaphoniai'이라는 두 원칙 모두 구전 전통의 구조로부터 등거리에 있다는 사실이다.

나아가 요세푸스가 그리스인과 유대교도의 기억 사이에 그은 대조는 여러 측면에서 그리스와 이집트 미술에 대한 플라톤의 비교를 떠올린다. 이집트 미술이 사제와 관官에 의해 진리의 표지 아래 정체stagnation의 문화를 대변한다면, 그리스 미술은 개인에 의한 심미의 표지 아래 항상적 혁신의 문화를 대표한다. 플라톤《법률》656/657)은 확실하게 알려진 진리의 그릇으로서 "어떤 것도 더해질 수 없고, 어떤 것도 바뀔 수 없다"와 관련하여, 전통을 어떻게 대할지에 대한 모델로서 이집트인들과 함께 그리스인들을 대조한다. 그렇지만 플라톤은—요세푸스가 유대인의 독특함을 칭찬한 그대로 이집트의 독특함을 칭송하면서—그리스에서 "그리고 세계의 모든 다른 곳에서" 예술가들은 그들이 좋아하는 무엇이나 자유롭게 만들 수 있다고 말한다. 요세푸스의 비교와의 유사성이 두드러지는데, 그것은 사상의 유행 때문이 아니라(요세푸스는 확실히 플라톤의 어구를 염두에 두지 않았고, 아마 몰랐을 수도 있다) 전통에 대한 구조적으로 다른 태도에서 생겨난 것이다. 즉, 그리스인들, 유대인들, 이집트인들은 문화적 기억에 대한 상이한 태도를 가졌다.

2. 호메로스와 그리스 민족 형성

호메로스의 기억으로서 영웅시대

유대교 전통은 진실되지만 그리스 전통은 신뢰할 수 없다는 요세푸스 주장의 가장 유력한 논거 중 하나는 유대인들이 그들의 신성한 문헌에 목을 매는 것과 달리 그리스인 누구도 헤로도토스에게 그렇지 않았다는 주장이다.[27] 그러나 요세푸스가 틀렸다. 헤로도토스는 아테네 사람들이 자신들의 '그리스 세계Greekdom'에 목숨을 바칠 준비가 되어 있음을 표명했다고 보고한다. 이러한 선언은 정치적 효과를 위해서 신중한 계산을 거쳐 천명된 것이다.

페르시아 전쟁이 막바지에 이르러, 마케도니아의 알렉산드로스가 그리스인들에게 페르시아 왕과의 조약에 서명하도록 권유하는 협상자로서 아테네에 왔다. 아테네인들은 협상을 지연시켰다. "그들은 스파르타 사람들이 페르시아 사신의 도착과 함께 제시된 조약에 대해 듣고 자신들의 사신을 서둘러 보낼 것을 알고 있었기 때문이다." 즉, 아테네인들은 스파르타인들에게 자신들의 진짜 의도를 보여주려고 의도적으로 기다렸던 것이다. 먼저 알렉산드로스에게 강한 거부 의사를 표명하여 의구심을 지니고 있던 스파르타인들에게 다음과 같은 교훈을 안겨주었다. "동일한 피와 언어, 공통의 신전과 의례, 동일한 관습을 지닌 그리스 세계tò Hellenikón가 존재한다."[28] 이러한 소속감이 "한 명의 아테네인이라도 아직 살아있는 한 페르시아와의 협정은 없을 것이다"라는 확약을 제공했다. 다시 말해, 그들은 '그리스 세계'를 위해 목숨을 바칠 준비가 되어 있었다.

아테네인들이 단호하게 공표한 이러한 범그리스 인식은 단일한 정치적 정체성에 대한 최소한도의 암시도 보여주지 않은 민족, 그들의 다양한 정치 집단들이 비정치적 방식으로만 서로 연관되어 있던 민족에게는 결코 자명한 것이 아니었다. 그들의 그리스 세계 인식은 주로 《일리아스》라는 하나의 텍스트를 통해 나온 것이다. "값을 매길 수 없는 국보로서 이 서사시를 기반으로, 모든 그리스인이, 부족과 계급의 모든 차이에도 불구하고 그리고 변화하는 정치·사회적 조건과 무관하게, 자신들을 하나로 보기 시작했다."[29]※

그러므로 우리는 이스라엘에서 보았던 것과 동일한 현상을 그리스에서도 맞닥뜨린다. 두 민족 모두 기반 문헌으로 되돌아감으로써 형성된 것이다. 그렇지만 이러한 유사성을 배경으로 삼을 때 정말 두드러지게 보이는 것은 그 둘의 차이점이다. 이스라엘에서 분리주의적 반정부 그룹의 기억은 '구별'이라는 기치 아래 토라에 그 기초를 둔 것이다. 그 중심적 기억 형상은 외래적인 것으로부터 이주, 탈출, 해방의 역사다. 그리스에서 '통합'의 기치 아래 많은 산재한 집단이 공유한 기억은《일리아스》에 토대를 둔 것이다. 그 중심적 기억 형상은 연합의 역사, 즉 근동에서 온 공동의 적에 대항한 범그리스적 단결이다.

 이 현상은 두 가지 측면에서 이례적이어서, 역시 두 가지 다른 종류의 연구로 설명될 필요가 있다. 그 첫 번째는 기반 문헌의 기원과 그것을 낳은 역사적 조건과 관련된 것이다. 두 번째는 그 기억 변경memory reversions의 역사다. 그것들이 문화적 기억의 형식과 기능에 대한 우리의 논의에 실마리를 제시하기 때문에, 이 과정의 두 양상 모두 중요하다. 텍스트의 기원에 관한 한, 이것들이 신화나 기적 이야기가 아닌 '기억의 성문화'라는 점을 인식할 필요가 있다. 이는 서기전 8세기 그리스인들은 왜 500년 전에 일어났던 사건들을 서사시의 형태로 기억했을까 하는 의문을 불러일으킨다.

 다음과 같은 설명이 제시될 수 있을 것이다. 미케네 문명과 고대 그리스 사회 사이의 실질적인 문화적·사회적 단절이 '과거'를 영웅시대의 측면에서 구성할 수 있도록 해주었다. 과거의 본질적 요소는 그것이 지나가서 결코 지속될 수 없다는 데 있다. 이러한 과거가 서기전 9~8세기의 귀족 사회가 경험하고 즐길 수 있었던 이야기들의 시나리오를 창출했다. 고대 그리스 귀족 사회는 이러한 이야기들을 자신들의 과거로 채택하여 그 계보를 트로이아 전쟁(서기전 12세기경)의 전설적 인물들 및 그와 관련된 모든 것으로까지 소급시켰다. 따라서 미케네의 과거가 현재의 '소멸성mortals'으로부터 완전히 벗어난 다른 영웅적 시대로서 고색창연한 연륜을 지니게 되었다. 하지만 그와 동시에, 기억되어 "동거 중인" 역사로서 그것은 계보에 기반한 귀족들의 자기 현시와 자기 정체성을 위한 토양을 제공했다. 다시 말해 그것은 '파열을 가로질러 구축된 연속성'*의 전형적인 사례다.[30]※

그렇지만 왜 이러한 기억이 특히 서기전 8세기에 동원되었는지 여전히 의문이 남는다. 허구적 연속성에 의해 이어진 그 파열은 서기전 1200년경에 일어났다. 그렇다면 호메로스 자신의 세기도 위기와 격변의 시기였을 수 있을까? 그의 서사시들이 생생한 구전 전통으로서 영웅 전설의 막바지를 나타내는 점이 무엇보다 주목되어야 한다. 이는 그러한 서사시들 역시 그것들이 묘사한, 그리고 그러한 전설들의 출현에 적합한 생활방식과 세계관의 정점이 아니라 오히려 막바지에 속했음을 암시한다. 영웅 서사시는 특정 사회 형태의 틀 속에서 문화적 기억을 나타내기에 유리한 장르다. 이는 귀족적이고 호전적이며 개인적인, '기사도 정신'으로 부를 수 있는 것이다. 그것이 나타나는 세상 어느 곳에서나, 기사도 정신은 다른 여러 가지 중에서도 토지 소유—말을 사육하기에 충분할 정도로 큰 규모—와 '초인적' 이동 속도로부터 초래된 특별한 종류의 자신감인 우월감을 수반한다.[31]

이렇듯 말을 사육하는 귀족의 삶과 함께하는 토지에 대한 특별한 욕구는 '느슨한 사회'라는 별칭이 붙은 특정한 생활방식과 개인의 개성

---

* 원문은 'continuity constructed across ruptures'로, 진보와 변화는 종종 기존 질서의 파열을 수반하고, 그것이 새로운 발전, 조직, 혁신의 기회가 될 수 있다는 의미를 함축한다. 이런 파열을 거치면서도 살아남은 '연속성'은 매우 역동적일 것이다.

발전으로 이어졌다.³² 이는 도덕 관념을 벗어난 의미가 아니라 자유, 진취성, 독립성, 명예를 위한 욕구와 필요성 차원에서다. 호메로스는 아마 그가 묘사한 세상의 막바지에 서 있었을 것이고, 그의 시가 그 기념비일지도 모른다. 그는 쇠퇴와 멸망을 사회적 틀로 가진 (구전) 전통을 확립한다. 그것은 미케네 시대가 아니라 고대 그리스(서기전 9~8세기)의 초기에, 미케네 문화의 인상적인 폐허와 다른 유적들에 토대를 둔 전설에 특별한 역할이 부여되었을 때 번성한 구전 서사시다. 호메로스는 그리스 사회가 "느슨함"에서 '조임tight'으로 전환하던 격동의 시기에 살았을 것이다.

식민 운동의 시작이 이에 대한 가장 중요한 지표로, 그것은 모국의 인구 과잉이 심화된 표지로 해석될 수 있다. 폴리스라는 부상하는 도시국가가 꽉 조이는 사회의 전형적 사례를 대변하여, 이는 여러 측면에서 호메로스의 시에 나타나는 사회와 정반대였다. 따라서 호메로스의 서사시들—특정 집단의 자아상을 뒷받침하는 과거의 재구성으로서—은 문화적 기억의 구성적 형태라는 맥락에서 검토되어야 한다. 그것들은 이러한 구성적 형태의 종말이자 정점을 나타낸다. 왜냐하면, 그들의 세상이 최종적으로 사라지기 직전에 호메로스의 서사시들이 완전히 새로운 종류의 작품으로 전통 전체를 묶어주기 때문이다. 그리고 그 새 작품은 그 기억을 담지한 공동체와 독립적으로 지속하게 됨으로써 새로운 기억의 출발점이 될 수 있다.

이는 기억 변경, 즉 호메로스의 기억이나 전통, 그리고 그 텍스트 자체의 보급과 관련된 두 번째 양상으로 인도한다. 여기서 우리는 이들 중 어떤 것도 책과 독서 문화에서 일어나지 않았다는 사실을 명심해야 한다. 그 문화는 암송 문화 중의 하나였다. 조직된 전통의 시작과 함께 한 호메로스 저작의 보급은 서기전 6세기 후반 그리스 서사시의 창조적 시기 종말과 일치했다.[33] 이는 우연이 아니었다. 이스라엘에서도 역시 '예언의 종말'이 경전화의 시작을 의미했음을 기억할 필요가 있다. 서기전 6세기의 음유시인들은 "기성의 서사작품, 즉 (호메로스의) 서사시를 공연하는 전문 낭송가였다"(Pfeiffer). 처음부터 그들은 전통(텍스트 고찰, *Textpflege*)과 해석(의미 고찰, *Sinnpflege*), 소통을 결합하면서, 엔터테이너로서뿐만 아니라 문헌학자와 교육자로서도 기능하였다. 호메로스의 서사시들은 '행위의 백과사전'이기도 하다.[34] 그 자신이 음유시인인 크세노파네스Xenophanes(서기전 475년 사망)가 "모두 호메로스에게서 배워왔다"(Diels, B 10)라고 언급했듯이 말이다.[35]

호메로스 암송 경연이 판아테나이아Panathenaean 제전에서 제정되기 시작하여, 모든 범그리스 축제로 확산했다. 호메로스 저작의 전국적 내면화를 통해 범그리스 차원의 이러한 문화적 기억을 체계화하고 제도화하는 첫 번째 단계에서, 그 수용은 공동체적 축제의 성격을 띠었다. 그 서사시들은 '의식儀式적 소통'의 형태로 유포되었고, 그것들이 범그리스 축제들과 불가분해짐으로써, 정치적 정체성을 뛰어넘거나 최소한 거기서 독립적인 민족 형성 프로젝트의 기반을 형성했다. 그것들은 인도에서와 유사하게, 훨씬 광범위하게 살아있는 '지역 상호 간' 공동체의 소속 의식을 지켜준 "위대한 전통"이 되었다.[36]

그러한 소속감은 그리스와 인도 모두에서 마찬가지로 만연했던 모든 사소한 다툼, 전쟁, 영역 분쟁, 차별을 초월했다. 범그리스의 제전과 호메로스의 서사시는 함께 집단 단위를 형성했는데, 그 통합적 힘이 아테네 민주주의의 후반기에 아테네인들의 집단 정체성 형성에서 대 디오니시아 제전the Great Dionysia과 비극이 담당한 역할과 유사했다.[37]

호메로스 기억하기: 고전과 고전주의

그리스의 문화적 기억을 체계화한 두 번째 단계는 알렉산드리아에서 시작되었다. 그것은 중대한 파열에 선행했다. 서사시 암송 문화는 사라지고 책과 독서의 문화가 도래했다. 그러나 무엇보다 시간과 역사에 대한 인식이 급격한 변화를 겪었다. 이제 전통은 막바지에 이르러서 어떤 지속도 불가능한 고인돌로 여겨졌다.

서기전 4세기에 지중해 전역을 관통하여 일어난 문화 변화와 관련하여, '헬레니즘(혹은 헬레니즘화)'이라는 용어는 사실 호도된 것이다. 그것은 그리스 문화의 광범위한 수용을 암시하는 것 같다. 그리고 그리스 이외의 나라들의 경우 새로 채택된 그리스 문화로 인해 자국의 문화에 변화가 생기게 된다는 개념이다. 하지만 실제로 그 광범위한 통합 문화는 그리스의 특징을 지니는 것만큼이나 근동적인 요소를 포함했고, 그리스 도시국가와 그 이외 고대 세계의 구분 없이 나타난 급격한 변화를 의미했다.[38] 이러한 변화의 요소에는 군주제, 관료제, 통치자의 신격화, 법전, 직업 정치가, 행정, 과학, 군사력, 개인의 탈정치화 등이 포함된다. 이들 대부분은 그리스보다 페르시아에서 유래한 것이 더 많다(M. Smith 1971, p. 77 이하 참조). 이러한 사실은 혹시 알렉산드리아의 고전주의 역시 텍스트의 신성함과 모든 자구의 불변성을 토대로 한 근동의 글쓰기 문화—'근동 체제'—요소를 내포하지 않았을까 하는 의문을 제기하게 한다.³⁹* 근동의 영향이 강조된 부분은 텍스트들 자체가 아니라 그것들이 다뤄지는 방식이었다.

고전과 관련하여 내 초점은 그것들이 어떻게 기원했는지가 아니라 어떻게 기억되었는지에 맞춰질 것이다. 그리스 문화에서 헬레니즘 문화로 이전한다는 것은 고전들이 기원한 역사적 조건에서 고전들이 기억되는 역사적 조건으로 바뀐다는 것이다. 언어가 동일하게 남아있었다는 사실이 이러한 파열의 급진성으로부터 눈을 돌리게 해서는 안 될 것이다. 기본적으로 고대 그리스를 회고적으로 되돌아본 것은 알렉산드리아의 새롭고 다른 문화였다. '새로움'과 '회고'는 함께한다. 문학의 세계는 그 자체를 '오래된 것hoi palaioi, antiqui'과 '새로운 것hoi neoteroi, moderni'으로 나누고, 혁신과 연륜의 변증법이 오래된 것을 결정한다. 오래된 것을 필적하기 어려운 완벽함의 받침대 위로 올리는 것은 지속이 아니라 파열이다.⁴⁰

그렇지만 이러한 단절이 총체적이어서는 안 된다. 어떤 저작이 고전이 되기 위해서는 전통을 지속 불가능하게 해서 오래된 것을 정지 상태로 가져오는 파열이 있어야만 한다. 그러나 다른 한편으로, 자기 동일성이 파열을 넘어 살아남아야 과거가 자기 자신의 것으로 여전히 인식될 수 있고, 오래된 것이 고전으로 인정받을 수 있다. 과거는 과거여야 하지만 생경한 것이 되어서는 안 된다.⁴¹

어떤 측면에서 호메로스의 경험이 반복된다. 알렉산드리아에서 다시 기억의 성문화가 발생한다. 즉 문화적 지속성의 개념인 '단절을 넘어선 과거와의 연결'이 문서화된다. 따라서 "새로운 문학의 탄생과 오래된 걸작의 부활 모두 기억이라는 여식들의 보호 아래 자리를 잡았다"(Pfeiffer, p. 125). 그 여식들은 바로 이집트의 프톨레마이오스 1세가 문학과 자연과학의 증진을 위해 알렉산드리아에 세운 기관인 무사이온 *Musaion*이 헌정된 그리스 학술과 예술의 여신 9명의 뮤즈였다. 전통을 대하는 알렉산드리아의 방식은 문헌 비평, 해석, 소통을 통한 것으로, 그것은 최고의 세련됨과 전문성에 이르렀다. 텍스트들이 수집, 목록화, 비교되었고, 단어 목록이 편찬되었으며, 정의와 설명이 모여 주석으로 발전했다. 다른 저자들에 의해 다른 시기에 사용된 언어의 용례가 사본의 수정과 분류의 근거로 연구되었다. 그 작업의 방대한 양이 텍스트의 선별을 요해서, 소장 문헌에 대한 평가를 거쳐 '우대된*prattómenoi*' 저자들과 '분류된*enkrithéntes*' 저자들로 구분되었고, 나머지 책들은 '제외*ekkrithéntes*'되었다. 수세기에 걸쳐 공들인 선정 작업 이후에 '고전의 경전'이 최종적으로 확립되었다.[42]

이렇게 문화적 의미는 시간에 대한 저항력이 결코 히브리 경전보다 떨어지지 않는 방식으로 고정되었다. 기반 문화적 텍스트의 위대한 전통은 의식儀式적 소통의 영역으로부터 제거되었지만, 그리스 도시국가 사회에서는 여러 방면에 걸쳐 여전히 구전 현상으로 남았다. 하지만 국제적 헬레니즘 사회에서 그것은 새로운 제도적·교육적 틀 위에 안착했다. 따라서 그 응집력과 지속성이 전적으로 텍스트와 그 해석에 토대를 둔 문화가 탄생했다. 해석의 문화가 문헌학자에서 수도사로, 수도사에서 인문주의자로의 문화적 지속성을 보장했다.

전통을 선별하여 고착시킨 두 과정—유대교 학자들의 22권 혹은 24권 경전과 알렉산드리아 문헌학자들의 고전 경전에서 정점에 달한—은 거의 동시에 일어났을 뿐만 아니라 상호 간의 접촉도 이루어졌다.[43] 호메로스가 그리스 문학에서 그랬듯이, 토라는 히브리 경전에서 '경전 내의 경전', 즉 히브리 경전의 결정핵으로서 역할을 했다. 그리고 호메로스 전통이 그리스에서 민족 형성의 과정으로 기능했듯이, 이스라엘에서 토라도 마찬가지였다. 텍스트의 고정이 민족적·문화적 소속감이라는 새로운 인식을 동반했다.

두 과정 모두 지중해 문화의 보편적 변화가 시작된 때, 즉 이르면 페르시아 시기에 종말을 고했다. 그때 그리스가 책과 독서의 문화가 된 반면, 제2성전의 이스라엘에서는 서기학書記學이 전통의 후견인 역을 맡아 문화적 기억의 전수자가 되었다. 문헌학자들이 고전을 되돌아본 것과 마찬가지로, 학자 겸 서기 *soferim*들이 '예언자'(구약성서의 저자)들을 되돌아보았다. 고전과 구약성서는 둘 다 영원히 종말을 고할 한 시대에 속했다. 이스라엘에서 그것은 "모세로부터 아르타크세르크세스(서기전 424년 사망)까지"[44] (에즈라와 느헤미야의 시대)였고, 그리스에서는 호메로스에서 에우리피데스Euripides(서기전 406년 사망)까지였다.

두 경우 모두 문화적 의미가 시간이 가도 변치 않으며 동시에 보편적으로 접근 가능한 방식으로 고정되었다. 서방의 문화적 기억은 그리스 고전주의에 기반을 두고 있을 뿐만 아니라, 다른 한편으로 중국과 아프리카에서도 고전 문헌학이 탄생했다. 히브리 성경은 기독교는 말할 것도 없고, 구약 없는 쿠란을 상상할 수 없듯이, 이슬람 성서의 기저를 이루기도 한다.

3. 휘폴렙시스Hypolepsis : 글쓰기 문화와 그리스에서 관념의 진화

수세기에 걸쳐서 서양 합리주의의 기반 텍스트와 지성적 전통을 낳은 관념들의 독특한 진화는 대체로 글쓰기 문화—특히 그리스의 글쓰기 문화—에서 촉발되었다는 일반적 합의가 있다.[45*] 종교와 국가를 각각 이스라엘과 이집트 글쓰기 문화의 성취로 이해한다면, 철학과 과학—즉, 진리 탐색에 논리적 규칙을 도입한 담론의 발전—은 그리스의 특별한 성취를 나타낸다고 할 수 있다.

그리스의 글쓰기 문화에는 두 가지 독특한 요소가 있다. 앞에서 이미 언급했듯이, 그 하나는 그것이 구전 전통에서 벗어나지 않고 오히려 이를 흡수, 발전시켰다는 사실이다. 내 견해에 따르면 두 번째로 특이한 점은 그리스 글쓰기 문화가 텍스트 상호관계intertextual relations의 새로운 형태를 창출했다는 점이다. 그것은 더 이상 화자에 대한 화자의 반응 문제가 아니라 텍스트에 대한 텍스트의 반응 문제였다. 글이 정보나 교훈을 전달하거나 그 문자 영역을 넘어서, 예컨대 상업이나 정치 맥락에서, 상호작용을 보장했을 뿐만 아니라, 그 문자 영역 내에 있는 다른 텍스트를 참조하는 방식으로도 작용했다. 이러한 측면에서 그것은 자기 지시적이면서도, 동일한 담론의 틀 내에서 쓰인 다른 텍스트들과도 결합할 수 있었다.

이는 문화적 지속성과 일관성의 새로운 형태를 낳았다. 그것은 내가 '휘폴렙시스hypolepsis'라고 명명하고 싶은 '통제된 변이'의 형태로 과거의 텍스트를 원용하는 것이다. 나는 즉각적으로 이 용어가 어떤 단어의 관례적 용례와도 상응하지 않는다는 점을 고백하지 않을 수 없다. 가장 근접하게 상응하는 것으로 아리스토텔레스의 '자기 확장*epidosis eis hauto*'을 들 수 있는데, 이것은 인간과 동식물 세계 사이를 구분하기 위해 사용된 것으로, "영원한 것과 신적인 것의 일부가 되는"(*de anima II* 4, 2) 인간의 고유 능력을 나타냈다. 요한 구스타프 드로이젠이 자신의 《역사학 방법론*Historik*》에서 '역사'와 '자연' 사이를 구분하기 위해서 아리스토텔레스의 범주를 계승한다. 자연의 지속성은 반복에 있다. "땅 속에 묻힌 밀알은 줄기, 꽃, 이삭으로 성장하여 결국 똑같은 밀알이 될 것이다. 동물들, 지구상의 모든 생명, 그리고 규칙적인 출몰이 본질인 것처럼 보이는 별들의 세계도 그렇다. 우리에게 순간의 시간은 부차적인 듯하고, 시간의 끊임없는 연속이 이러한 형태들로, 즉 동일한 반복의 순환이나 주기로 나뉜다……" 그렇지만, 문화의 지속성은 진보적인 변이에 있다:

> 그것은 "모든 이전 것이 후속의 어떤 것을 통해 확장되고 보충된다(epidosis eis hauto)"는 의미에서의 지속성이다. 그 지속성의 개념에 따르면 알려진 형식들의 총체가 진보적 결과로 누적되고, 모든 알려진 형식이 성장하는 그 총체에 기여하는 듯하다. 이 중단 없는 연속, 즉 이 자기 향상적 지속성 속에서, 일반적 시간관이 '진보적 되기progressive becoming'의 끝없는 순차라는 특별한 내용을 취한다. 우리에게 현시되듯이 이러한 '되기becoming'와 '진보하기progressing'의 총체적 구현이 우리가 역사로서 이해하는 것이다.[46]

제2장의 첫 번째 절 말미에서 나는 자연과 역사 사이의 단순한 구별을 순환적 형태의 것으로, 즉 역사 자체 내에서 구별을 이끌어내기 위해 우리가 따랐던 기준인 반복과 진보적 변이의 구별로, 대체할 것을 제안했다. 이것이 아래의 도식에 나타나듯 내가 '휘폴렙시스'로 부르는 보다 좁은 역사 개념에 도달하는 방식이다.

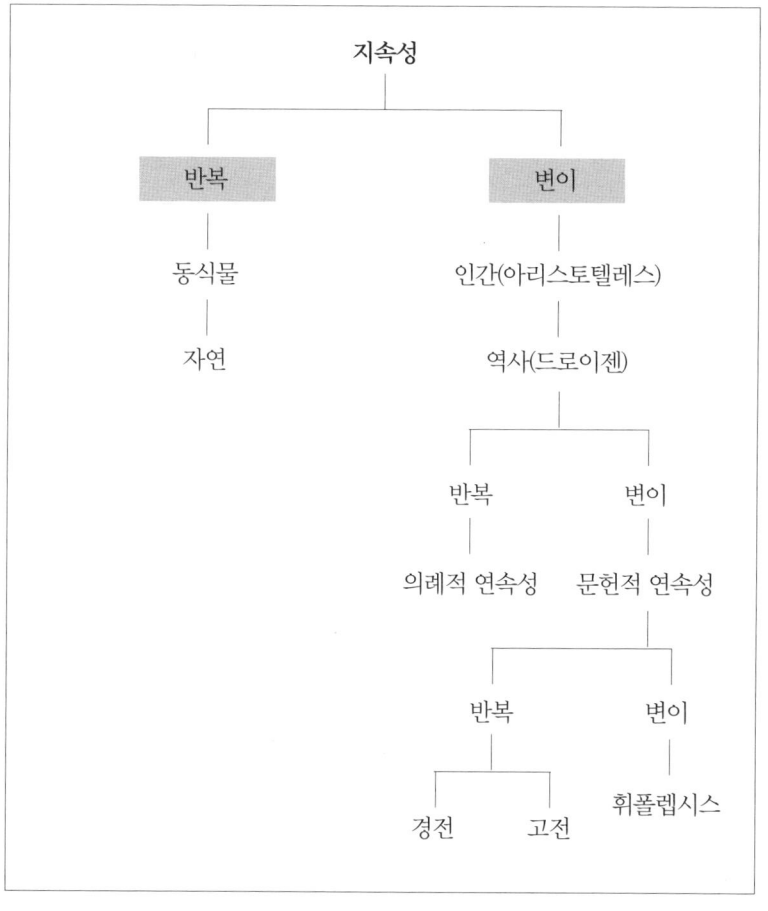

제7장 그리스와 규율적 사고

휘폴렙시스식 담론 체계의 형식

그리스어 용어인 **휘폴렙시스**hypólepsis는 두 가지 다른 맥락에서 사용되었고, 모두 우리의 논의와 연관된다. 첫 번째는 음유시인들 사이의 경연으로, 거기서 그 단어는 앞 사람이 중단한 호메로스 텍스트의 바로 그 부분부터 다음 경합자가 이어서 해야 하는 규칙을 나타냈다.[47] 두 번째 맥락은 수사학이었다. 여기서 휘폴렙시스는 이전 화자가 말한 것과 연결하는 의미였다.[48] 두 경우 모두에서 원칙은 처음부터 시작이 아니라 전례를 기반으로 담화를 이어가서 그것이 지속적인 소통 과정이 되게 하는 것이었다. 이를 '휘폴렙시스식 틀'로 부를 수 있을 것이다. 음유시인들 사이의 경연에서 이는 경연 행위 그 자체였던 반면, 수사학에서 그것은 대중 회합이나 법정과 같은 특별한 절차였다. 두 경우 모두에서 사람들 사이의 상호작용이 있었는데, 시공의 경계가 그러한 상호작용의 가능성에 의해 결정되었다. 여기서 우리의 초점은 이러한 '휘폴렙시스식 틀'이 어떻게 그 경계를 넘어서 소통의 영역으로 확장할 수 있었을까 하는 것이다. 그러면 시공간의 경계가 있는 상호작용은 불필요하게 된다.[49]※ 다시 말해, '바로 앞의 화자가 말한 것'이 2,000년 전에 발화되었을 수도 있는 소통의 영역 말이다.

이러한 영역이 성립하기 위해서는 다음의 세 가지가 필요하다. 문자와 제도적 틀, 그리고 나름의 진리 개념a concept of truth이다. 아래에서 이 세 항목을 순서대로 살펴보자.

문자에 관해서는 언급할 게 아주 많지 않다. 한 가지 분명한 사실은, 화자가 부재한 상태에서조차도 앞선 화자의 말이 제시되어 휘폴렙시스식 '수용'과 지속이 가능하게 된다면, 그 말은 확실히 안정성을 확보한다는 점이다. 이는 문자를 통해서만 가능하다. 비록 구전 전통에서 앞에 한 말이 고정된 형태로 전수되어 수세기 후에 누군가가 어느 순간 합류—"당신이……(을) 들었다", "그러나 나는 당신에게……(을) 말한다"와 같이—한다고 해도, 이는 구전성의 영역에서도 그 자체가 예외적인 기억 보존retention의 한 형태다. 기억이 문자의 일종으로 활용되고 있기 때문이다. 여기서 관건은 문자라는 매체가 아니다. 관건은 구전이 텍스트 안에서 '상황을 초월하여 보존'되는 것이다. 다시 말해, 비록 그 구전은 문자화되지 않았다고 해도 여전히 '텍스트'라는 얘기다. 우리는 상호작용이 아니라 '텍스트'만을 이어받을 수 있다.[50] 텍스트성textuality은 언어가 그것의 실제 상황 맥락—즉, 사회문화적 상호작용, 다시 말해 '삶의 자리'—에서 분리되어 자기만의 독립적 형태를 가질 때 발생한다. 통상 이러한 고정된 형태가 문자화, 즉 글로 쓰여진 것이다. 그렇지만 글쓰기(알파벳 문자도 포함)만 가지고 여기서 제시하는 '휘폴렙시스'라는 현상이 이미 산출되었다고 가정하기는 이르다.[51]※ 글쓰기는 단순히 필수 도구지만, 그 자체로 충분한 조건을 창출하지는 않는다.

이는 두 번째 항목, 즉 제도적 틀로 이어진다. 우리는 어떤 것이 그 상황을 넘어서 살아남아 미래에 원용될 수 있으려면, 발화된 것—상호작용이라는 복잡한 과정의 한 요소임—이 반드시 그 상황적 맥락에서 추출되어 텍스트로서 독자적 형태를 부여받아야 함을 주목해왔다. 그렇지만 그 맥락에서 유리될 때, 그 진술의 의미는 상황 자체가 "연장되지" 않는다면 상실될 것이다. 다시 말해, 그 진술의 전달과 그에 근거한 휘폴렙시스식 행위를 인도하고 체계화하는 새로운 상황적 틀이 창출되어야 한다는 얘기다.[52] 진술이 실제 상황으로부터 분리되고 추상화되어 모든 오해와 거부에 속수무책으로 노출되면,[53] 그 원문原文은 원래 의미의 상실을 상쇄하기 위한 새로운 틀을 가져야만 한다. "소통이 그 시작부터 함께한 사람들의 반경을 초월한다면, 이해는 더욱 어려워지고 거부는 쉬워진다. 상호작용이 제공하는 해석상의 도움과 수용 압박이 결핍되어버린다"(N. Luhmann 1995, p. 160).

이는 문학과 모든 형태의 논픽션이 직면하는 문제다. 문학의 경우 그 텍스트 자체가 자신의 상황적 틀을 추가하여 명백하게 함으로써, 독자성을 얻게 된다. 예를 들어, 우리는 호메로스를 통해 시인의 작업과 영웅 서사시 공연의 모든 것에 대해 알게 되고, 알카이오스Alkaios(서기전 580년경 사망)를 통해 서정시 공연의 틀로서 심포지엄에 대해 배운다. 다른 글쓰기 장르(논픽션)에서 그러한 틀을 제공하는 것은 사회임에 틀림없다. 루만이 "상호작용 없는 소통"이라 명명한 이러한 새로운 조건들은 텍스트의 장르가 발화된 말을 보존하여 그것을 이해 가능한 것이 되도록 보장해야 할 뿐 아니라, 그것은 또한 원래 틀—음유시인들의 경연과 법적 혹은 정치적 변론—이 한 것처럼 '반복'의 규칙을 새롭게 설정해야 한다. 이 모든 것은 텍스트와의 그러한 대화가 발생하도록 하는 제도들의 수립을 요구한다.

이러한 성격의 제도에 플라톤의 아카데미아와 아리스토텔레스의 소요학파Peripatos가 포함되었다. 그것들 없이, 서양철학의 휘폴렙시스식 틀은 결코 형성될 수 없었으리라고 과장 없이 주장할 수 있다. 그 틀은 플라톤이나 아리스토텔레스 자신뿐만 아니라 데카르트나 칸트, 헤겔 "등등"까지 포괄하는 "과거 화자들"의 틀이다. 물론 플라톤과 아리스토텔레스는 고전주의의 원칙하에 고전에 포함될 수 있고, 그들의 텍스트도 경전의 원칙하에 경전화되어서, 왜 휘폴렙시스라는 제3의 원칙이 필요한지 의문이 제기될 수 있다. 플라톤과 아리스토텔레스를 '고전'으로 부르는 것은 필적하기 어려운 그들의 전형성典型性examplarity을 강조하는 것이다. 그들의 저작은 호메로스가 서사시의 표준을 제시하듯이 우리가 철학이라고 의미하는 것의 표준이다. 이러한 저작을 '경전적'이라 부르는 것은 그것들의 절대적 권위를 강조하는 것이다. 그런데 이에 대한 강조는 중세에 발생한 것이다. 이 간략한 개요를 통해서 회고적 원용의 두 가지 형식, 즉 문자와 제도적 틀 모두 이러한 텍스트들과의 철학적 상호작용의 전체 범위를 온전히 포괄할 수 없음이 명백해진다. 이 때문에 회고적 원용의 세 번째 형식이 요구되는데, 그것은 고전과 경전—을 연결시킴에도 불구하고, 그 둘—을 구분해줄 수 있다.

권위와 비평의 제도화로서 휘폴렙시스의 과정

위에서 제시한 세 번째 항목은 나름의 진리 개념이었다. 그것을 '정보'나 '관심사'로 부르면 딱 적절할 것이다. 루만이 강조했듯이, 소통은 정보 자체와 그것이 전달되는 방식 사이의 구분을 전제로 한다. 말로 하는 상호작용에서 이러한 차이는 일반적으로 감지하기 어렵고, 문자 소통에서만 그 구분이 필요했다. "글과 인쇄는 소통을 구성하는 차이를 경험하도록 강요한다. 즉, 그것들은 바로 이러한 측면에서 소통의 더욱 소통적인 형식이어서, 구두 소통에서 가능한 것보다 훨씬 더 소통에 대한 소통의 구체적 반응을 요구한다."[54]

휘폴렙시스식 원칙은 진리를 검증하고 의문을 분명히 하는 과정과 관계한다. 그리고 그것은 결국 소통과 정보 사이의 차이와 관계한다. 이것들이 비판과 논쟁의 원칙들이다. 그것들은 텍스트들 사이의 경쟁 같은 그러한 일을 규제한다. 따라서 휘폴렙시스식 조건 아래에서, 글쓰기 문화는 갈등의 문화가 된다.[55]※

이것이 플라비우스 요세푸스가 비판한 그리스 글쓰기 문화의 요소였다. 하나의 신성한 책에 전통의 토대를 둔 유대인들과 대조적으로, 그리스인들은 모두 상호 간에 모순되는 무수한 책을 가지고 있었다. 요세푸스가 알 수 없었던 것은 이 글쓰기 문화의 독특한 성취를 구성한 것이 바로 그리스 문학에서 나타난 다양한 목소리의 불협화음이었다는 사실이다. 그가 그리스의 불화와 대조한 성경의 통일성은 확실하고 절대적인 진리의 원칙에 달려있었다. 수집된 텍스트들을 경전으로 만드는 것은 거기에 고정된 진술이 결정적인 것으로 간주되어 어떤 것도 가감하거나 고칠 수 없다는 결정이다. 반면에, 휘폴렙시스는 진리가 결코 근사치 이상일 수 없고, 그 휘폴렙시스식 과정 역시 진리의 근사치를 추구하는 과정이라는 믿음으로부터 나온다. 그것은 지식이 결코 완벽할 수 없고, 항상 그 이상의 무언가가 있다는 인식에서 계기를 마련한다. 당신이 진리에 근접—다시 말하지만 '진리의 근사치'는 휘폴렙시스에 근본적 요소임—할 수 있는 방식은 다음과 같다. 항상 새롭게 시작할 수 있다는 망상에서 자유롭게 되는 것, 당신이 휘폴렙시스의 지속적 과정 속에 태어났다는 점을 인식하는 것, 일이 어느 방향으로 흘러갈지 아는 것, 그리고 당신의 선배들이 이미 말한 것을 의식적으로, 이해심을 가지고, 동시에 비판적으로 배우는 것이다. 과학적·철학적 혁명조차도 새로움의 휘폴렙시스식 위치 설정 없이는 불가능하다. 이것이 진리를 위한 체계적인 탐구로서 과학의 구성 조건 중 하나다. 즉 진술의 혁신적 타당성은 휘폴렙시스식 배경에서만 나타날 수 있다.

이러한 모든 텍스트는 삼중의 관계를 지닌다. (1) 앞선 텍스트들과의 관계, (2) 공통된 주제나 관심사와의 관계, (3) 진리 주장을 점검하고 소통과 정보 사이의 차이를 모니터하는 기준과의 관계. 문학과 달리, 과학적 혹은 철학적 텍스트는 순수하게 텍스트 상호 간의 일관성을 지니지 않는다. 휘폴렙시스로 구성된 담론에서 일관성은 저자, 앞선 연구자, 주제 사이의 삼중관계에서 공유된 진리의 기준을 통해 설정되기 때문이다. 이때, 주제는 완벽하게 "연장된 상황"의 틀에 속한다. 주제가 후속 세대의 의식 속에 존재하도록 소통의 영속성을 제도화하기 위한 특별한 조치가 취해지지 않는다면, 수백 년 후에 전임자의 말을 원용하는 것만큼 그 주제를 원용하는 것도 불가능할 것이다. 이는 상황을 뛰어넘는 의미 보존에 해당한다. 발화된 것을 글로 쓰는 것만으로는 불충분하다. 그 의미가 휘폴렙시스식 틀에서 제외된다면 그 관련 주제를 잊지 않는 것으로 충분하지 않다. 왜 주제가 중요한가? 왜 그 기저를 이루는 진리 발견에 신경을 써야만 하는가? '연장된 상황'의 의미상 동의어는 '주제 영역'의 구성이다.[56]

어떤 주제의 중요성이 그 구체적인 상황에서 살아남아서 후대의 저술가들(물론 텍스트도 해당)에게 그것을 상기시킨다면, 그 주제가 취해야만 하는 형식은 바로 '문제problem'다. 문제들이 휘폴렙시스식 담론의 구성적 요소고,[57]* 과학에서 문제들은 사회 전반의 신화 동력에 상응한다. 그것들은 역동적 혼란의 원천이다. 진리가 어떤 면에서는 문제적이 된 반면, 다른 면에서는 그 문제가 최소한 이론적으로는 해결 가능한 것이다. 따라서 신화적 담론은 어떤 가시적인 모순에 직면하지 않는다면 진정될 수 있고, 그 모든 진술과 이미지들은 서로 대등한 지위로 자리한다. 경전적 담론도 그것이 단순히 어떤 모순도 허용하지 않기 때문에 진정된다. 그러나 휘폴렙시스식 담론은 모순에 휩싸여서, 그 전체 토대가 참으로 모순에 대한 날카로운 인식, 즉 '자신이 비판하는 입장을 동시에 보존하는 비판'에 대한 선명한 인식이다.

과학적 혹은 철학적 사고의 휘폴렙시스식 규율에 익숙한 사람은 누구나 보통 일상생활의 모순에 대해 우리가 가지는 관용을 과소평가하려는 경향이 있을 것이다. 일상생활은 이론적으로 상상할 수 있는 것보다 훨씬 많은 모순을 내포한다. 이는 특히 과거 시대와 이른바 원시 문화에 적용된다. 레비스트로스는 이러한 현상에 대해서 '야생의 사고' 혹은 '야만적 정신*pensée sauvage*'이라는 용어를 만들었다. 브리콜라주*bricolage*의 과정은 휘폴렙시스식 규율과 상반되게 전통을 다루는 방식이다. 그것은 기능 변화를 통해 흡수된 재활용 재료들을 어설프게 짜맞춘다는 의미다. 반면에 휘폴렙시스는 발견된 재료의 기능을 바꾸기 위해 사용하는 것이 아니라 공유된 기능적 맥락의 틀 내에서 그 재료에 새로운 생명을 부여하려는 것이다.

사상이 역사를 지닐까? 휘폴렙시스의 과정으로서 사상사

기존의 텍스트를 원용하는 기율discipline紀律이 "사상의 진화"의 전제조건이지만, 다시 한번 강조해야 하듯이, 이 역시 알파벳까지 포함한 문자의 발명으로도 결코 포괄할 수 없는 많은 다른 전제조건에 의존한다. 그리고 이러한 진화는 당연히 그리스만의 성취가 아니었다. 중국 철학도 공자 이후 휘폴렙시스라는 동일한 원칙 덕분에 번성했다.* 기반 텍스트들의 원용과 선배 학자들이 논한 것 이어받기, 그들을 타당성과 진리(혹은 개연성)의 기준으로 검토하기—이 모든 것은 루만이 "사상의 진화"로 부른 일종의 진보를 허락한다. 그리고 그것은 사상이 역사를 지님을 의미한다. 사상의 역사는 그것이 펼쳐진 문화적 영역을 참조하여 쓸 수 있을 뿐이다.[58]

그것은 이러한 프로젝트를 휘폴렙시스를 형성하지 않은 문화로 확장하고자 하는 누구에게나 명확해질 것이다. 예를 들어, 고대 이집트의 경우, 일부 전통 영역에서 휘폴렙시스식 담론의 초보적 형태만 나타날 뿐이다. 이것은 '삶을 위한 교훈'인 지혜 문학 담론에서 감지할 수 있다. 지혜 문학은 노골적이지 않지만 명확하게 다른 지혜 문학을 원용한다.[59] 그리고 신왕조의 찬미 문서인 '신학적 담론'에서도 휘폴렙시스의 초보적 형태가 나타난다.[60] 두 사례 모두에서 휘폴렙시스를 위한 역사적·사회적 틀이 명백하지만, 이러한 담론 형태는 학교—삶을 위한 지침—와 신전—찬가—으로 제한된다. 그것은 '주제 영역'의 확립과 지속에 밀접하게 관계한다. 즉 신의 유일성 문제에 대한 신학적 담론[61] 혹은 사회적 질서나 정의에 대한 윤리적 담론과 같이, 핵심적 의미를 가진 것으로 여겨지는 문제들과 밀접히 관계한다. 이집트의 글쓰기 문화

---

* 중국 고대 철학에서 연역추론 방식이 부각되지 않으므로, 여기서 아스만은 이러한 내면적 측면보다 중국에서도 문화적 기억 형성에 중요한 역할을 한 사승관계나 학파 같은 외면적 형식, 즉 제도적 틀을 중시한 듯하다.

전반을 되돌아보면, 이것들은 규칙을 입증하는 예외로 확실히 그 전통의 물줄기 내에서 작은 섬이다. 그 규칙은 이집트 글쓰기 문화가 일반적으로 의례적 연속성이라는 제도에 깊이 스며들었다는 것이었다. 그 일관성의 기본 원칙은 규율적 변이가 아니라 반복이었다.[62]

이러한 관찰의 가장 중요한 결과는 그것이 카를 야스퍼스가 '축의 시대'라는 표제로 유명하게 만든 것에 대해 만족할 만한 설명을 제공하는 점이다. 내가 보기에 그 표제는 모호한 면이 있다. 그가 주장하기를 "가장 놀라운 사건들"은 이 시기에 집중되어 있다.

> 공자와 노자는 중국에 살았고, 묵자, 장자, 열자 및 다수의 다른 학파를 포함한 중국 철학의 모든 학파가 생성되었다. 인도는 우파니샤드와 석가모니를 배출하여, 중국과 마찬가지로, 회의주의, 물질주의, 궤변론, 허무주의에 이르기까지 갖은 철학적 가능성을 영위했다. 이란은 선악 사이의 투쟁으로서 도전적 세계관을 설파한 조로아스터를 배출했다. 팔레스타인에서는 엘리야에서 이사야와 예레미야를 거쳐 제2이사야에 이르는 예언자들이 그들의 존재감을 드러냈다. 그리스는 호메로스, 철학자들(파르메니데스와 헤라클레이토스, 플라톤), 비극 작가들, 투키디데스, 아르키메데스의 출현을 목도했다. 이러한 이름들이 함의하는 모든 것이 중국, 인도, 서양에서 독립적으로 거의 동시에 이 짧은 세기 동안 발전했다.[63]

아켄아텐Akhenaten(서기전 1353~1336년 재위)과 무하마드(570~632)가 (의심의 여지 없이 그들도 속할) 이 무리에 포함된다면, 그 동시성의 퍼

즐은 즉시 시각적 착각으로 전락한다. 조로아스터의 연대도 지금은 훨씬 이전(서기전 1000년 전)으로 간주되고 있다. 따라서 '축의 시대'가 서기전 14세기에서 서기 7세기까지 연장되어 그 모든 의미를 상실한다. 시간은 확실히 그 현상과 무관하다. 일정 수준의 문화적 세련미를 고려할 때 이러한 혁신들이 다양한 간격으로 계속 일어났다고 단순히 생각해야 한다. 문자, 문헌, 해석 문화의 틀 속에서만 그러한 혁명적 결과가 전달되고 영향을 발휘할 수 있었다.

아켄아텐의 사례가 특히 흥미로운 사실을 보여준다. 그의 유일신 개념은 모든 유일신 혁신 중 가장 급진적이었다. 그것은 이 종교가 이집트 역사의 단순한 에피소드로 남아있지 않았다면 당연히 경전이 되었을 긴 텍스트에서 그 모습을 드러낸다. 그러나 그 텍스트는 이집트학자들을 깜짝 놀라게 하며 19세기에 재발견될 때까지 완전히 잊혔다.

시대적 전환점이 아니라 문화적 변형이 있었고, 그 시작의 시간차는 있지만, 서기전 제1천년기에 확실히 가속을 겪었다. 야스퍼스가 지구상의 다양한 지역에서 거의 동시에 발생한 것으로 간주한 지성 세계의 탄생은 훨씬 더 정확하게 정의될 수 있다. 문식성의 보급을 통해 의례적 일관성과 연속성으로부터 문헌적 일관성과 연속성으로의 변형이 상당히 자연적으로 일어났다. 그 보급은 대체로 비슷한 시기인 서기전 제1천년기에 아주 느슨하게 연결된 다양한 지역에 미쳤다. 이 시기에 기반 문헌들뿐만 아니라 언어, 사회 체계, 정치 질서, 다른 현실적 사고에서의 모든 변화를 통해 이러한 텍스트들에 대한 규범적, 형성적 추동력을 생생하게 유지하게 해준 문화적 제도까지 탄생했다. 따라서 수천 년 전의 선배들과 대화를 가능케 해준 조건의 틀이 창출되었다. 야스퍼스는 자신의 재구성에서 문자의 역할을 완전히 무시하면서 이러한 지성적 발전의 제도적·기술적 틀에 이상하리만큼 눈을 감았다. 이와 대조적으로 에릭 해블록, 잭 구디, 니클라스 루만 같은 학자는 이러한 역할의 중요성을 과대평가하는 경향이 있었다. 그 결정적인 요인은 문자가 사회에 배어든 수준, 텍스트와 문자화된 의미 형성이 어떻게 다루어졌는지 문제, 그리고 많은 전제조건과 함께 기반 문헌을 원용하는 기술이었다. 관건은 문자의 사용이 아니라 경전화와 해석 같은 문화적 기억술의 사용이었다.

축의 시대의 특성 혹은 축의 문화들이 상실될 수 있다는 사실만큼 이를 명확히 보여주는 것은 없다. 야스퍼스가 (멕베스 부인에게 힌트를 얻어) "그것은 끝났으며 원상태로 돌릴 수 없다"[64]고 언급한 바와 같이, 여기서 우리는 불가역적인 진화의 성과를 다루는 것이 아니다. 어느 때건 해석의 제도는 사라질 수 있고, 기반 문헌들이 이해 불가능해져서 그 권위를 잃을 수도 있다. 문화적 기억술이 자취를 감출 수 있고, 문화가 의례적 일관성과 연속성으로 되돌아갈 수도 있다.[65]* 야스퍼스가 설명한 것은 사상들의 이례적 발전과 원용을 위한 배경을 가능케 한 문화적 기억의 체계적 형태다. 이를 통해 서기전 제1천년기의 기반 문헌들이 여전히 우리에게 말할 수 있는 것이다.

사상은 역사를 지니고 있는가? 그 대답은 "예"고, 이 역사는 문화적 기억의 휘폴렙시스식 틀 속에서 펼쳐진다. 이는 사상의 역사가 진화와 진보의 관점에서만 재구성된다면 완전히 이해될 수 없음을 의미한다. 즉, 옛것이 새것에 흡수됨으로써 일어나는 누적이라는 진화의 개념은 기억의 개념으로 보완되어야만 한다. 이를 통해 옛것이 현재에 유효하게 남게 되고, 진보가 재귀 및 퇴보와도 함께 어울린다. 문화적 기억의 휘폴렙시스식 구성은 언젠가 버려진 자리들에 대한 수용과 정교화뿐만 아니라 거부와 귀환까지도 함의한다.

[결론]

문화적 기억 요약

나는 사회의 연결구조 속에서 발생한 변화를 문화적 기억을 통해 이해하려는 노력으로 다양한 이론적 접근과 역사적 사례를 검토했다. 내가 발견한 것을 요약하기 위하여 이러한 사례들을 마지막으로 간략하게 살펴보면 유용할 것이다.

후기왕조 시대 이집트는 문헌적 경전을 산출하지 않았기 때문에 경전화 과정의 특별 사례라 할 수 있다. 이러한 경전화 과정의 마지막 형태는 단순 건축물 훨씬 이상이었던 그리스–로마 시대의 이집트 신전에서 나타났다. 그 신전은 고도로 복잡하고 엄격하게 경전적인 평면도에 견고한 형태를 부여했고, 그 벽은 문자로 채워져 있었다. 그 신전은 이집트인들이 사회와 우주의 생명이 달려있다고 믿은—내 논지가 맞는다면 고대 이집트 문화의 연결구조이기도 한—의례뿐만 아니라, 막스 베버가 **메토디쉐 레벤스퓌룽**_Methodische Lebensführung_('체계적이고 규칙적인 생활방식')이라고 부른 모든 양상을 가진 생활방식도 그 안에 보존했다. 플라톤은 이미 그 신전을 이집트의 문화적 문법을 집대성한 '경전'으로 이해했다. 그것은 모든 행위와 예술의 규칙을 최종적으로 분명하게 규정했다. 신전에 대한 이집트인들의 관점은 '계시와 마감'이라는 전형적인 경전의 두 가지 주제를 강조한다. 평면도와 장식은 하늘에서 떨어진 책의 지침에 따른 것으로 거기다 어떤 것도 가감할 수 없었다.

이러한 발전의 틀을 구성한 역사적 조건을 바라보면, 외국에 의한 통치 요소가 두드러진다. 정치적 차원에서 전통과의 이러한 단절은 불가피하게 문화적 기억의 철저한 재구성을 이끌었다. 이집트의 고전적 관점에 따르면, 국가는 세상을 유지하고 지상에서 마아트Ma'at(질서, 진실, 정의)를 세운 개인에게 사후의 삶을 보장하는 구제제도였다. 삶의 행복한 지속이라는 개념은 이제 신전에 독점적으로 이전되었다. 비록 의례에 필요한 지식을 유지하기 위하여 이용 가능한 일정 분량의 문헌이 있었다고 해도, 의례 그 자체가 후기왕조 시대 이집트 문화의 심장에 여전히 자리했다. 신전에서 부활된 것은 반反현재적 기억의 특징을 가졌다. 이는 마아트가 여전히 세계를 지배했고, 가시가 찌르지 않았으며, 성벽이 무너지지 않았던 태고의 황금시대 개념을 포함했다. 이 시대는 이제 변경할 수 없는 과거였지만, 거기서 살았던 죽은 신들을 숭배함으로써, 그리고 신성한 의식을 통하여 세상에 더 이상 살아있지 않은 마아트를 부활시킴으로써, 여전히 소환될 수 있었다.

　이와 대조적으로, 이스라엘로부터는 문헌적 경전이 무엇인지, 그리고 어떻게 이런 전적으로 언어적인 압축, 성문화, 경전화가 실제로 일어났는지 배울 수 있다. 여기서도 정치적 차원에서 전통의 단절이 있었는데, 처음에는 속국이라는 비교적 약한 형태로, 뒤에는 강제 이주라는 훨씬 극단적 형태로 나타났다. 그 시대의 세계에서 유배는 집단기억의 단절을 의미했다. 고향Heimat의 상실과 함께 집단적 기억에 필요한 모든 틀이 붕괴했고, 문화의 연결구조가 무너졌으며, 유배된 사람들은 새로운 환경으로 흔적도 없이 흩어졌다. 이것이 서기전 722년 아시리아에 완파 당한 이스라엘 북왕국 부족들의 운명이었다. 예루살렘은 이 참사에서 교훈을 얻은 듯하다. 서기전 587년 남왕국 유다로부터 강제 추방자들이 유배를 떠났을 때(바빌론 유수), 그들은 〈신명기〉—최소한 그 원시 형태로—를 가지고 감으로써 그 교훈에 부응했던 것 같다. 그 책은 상황 변화를 통한 망각의 위험성을 극적으로 드러내면서, 그리고 그들에게 그들이 머물던 땅의 경계를 넘어서 생각하도록 가르치면서, 문화적 기억술과 반현재적 기억의 토대를 놓았다. 〈신명기〉는 예루살렘 사람들에게 출애굽을 잊지 말도록 경고함으로써, 바빌론에 유배된 사람들에게 예루살렘으로 다시 한번 돌아갈 수 있으리라는 희망을 제공했다. 반현재적 기억이 다른 곳에 현실성을 부여하여 현 주거지를 상대화한 것이다. 나는 〈신명기〉의 연대와 요시아 개혁의 역사성을 둘러싼 구약성서 학자들 사이의 논쟁에서 벗어나는 대신, 경전과 유배 사이의 관계에 초점을 맞추었다. 당시 그 경전의 원래 형태가 어떠했든지, 그것이 없었더라면 유배자들이 그들의 정체성을 상실하지 않고 생존할 수 없었을 것이다. 그러나 그들이 유배되지 않았더라면, 그들이 함께 지니고 간 전통들은 토라(모세오경)가 되는 그러한 방식으로 보전되지 않았을 수도 있다. 토라는 뒤에 히브리 경전이 된 바로 그 텍스트들의 심장에 자리한다. 이스라엘 안에서 역사는 이집트로의 귀환을 피하기 위한 모든 행동 속에서 진심으로 기억되어야만 했다. 그러나 바빌로니아에서 역사는 언젠가 이스라엘로 돌아갈 수 있도록 기억되어야만 했다.

이러한 상호 간의 제한과 강화의 구조가 이스라엘 역사의 또 다른 전형적 요인에도 동등하게 적용된다. 그것은 바로 내부 갈등의 형성이다. 성경의 내재적 관점에서 보면, 그 경전은 이러한 모든 갈등에 선행하여, 사람들에게 그 계명—그리고 언약—을 고수할 것인지 아니면 외부의 압박에 굴복할 것인지의 결단에 직면하도록 함으로써, 그러한 갈등을 표면으로 끄집어낸다. 역사적 재구성의 외재적 관점에서 보면, 그 상황은 역전된다. 즉 어느 때고 문화적 의미에 대한 정확한 설명을 요구하는 것은 끊임없는 내부 분리, 반목, 긴장, 분열의 결과다. 그것이 궁극적으로 글자 그대로의 동결 혹은 전통의 울타리 치기와 함께 경전이라는 삼층 구조물*로 이끌었다.

이집트에서 이미 살펴본 계시와 마감이라는 경전의 두 가지 모티프에 이제 세 번째 것을 추가할 수 있다. 그것은 바로 해석이다. 해석은 내가 이 책에서 의례적 연속성에서 문헌적 연속성으로의 이전으로 묘사한 문화적 변형의 필수적인 성취다. 문화적 지속성의 모든 무게가 기반 텍스트로 던져질 때, 모든 것은 그러한 문헌과 변화하는 삶의 현실 사이에서 어느 때보다 벌어진 틈을 연결하여 그러한 텍스트가 살아있도록 하는 데 달려있다. 처음에, 이는 다시 쓰기나 갱신을 통하여, 혹은 변화하는 상황 이해에 따른 편집 각색을 통해서, 텍스트 내에서 일어난다. 그리고는 텍스트의 자구와 분량이 변경 불가능하게 고착되어 결국 경전화되었을 때, 그 틈을 연결하는 다리는 메타 텍스트, 즉 주석을 통해서 만들어질 수 있을 뿐이다. 우리는 현재 우리에게 익숙한 읽기 방식이 읽기의 역사에서 후기 단계를 대변하는 것임을 유념할 필요가 있다. 고대에 읽기의 통상적 방식은 독자가 텍스트의 내면화를 통해서 암기하거나, 혹은 텍스트의 의미를 명확하게 해주는 스승 *hogetes*과의 대화를 통한 도제식 *hodegetic* 읽기였다. 빌립이 "지금 읽으시는 것을 이해하십니까?"라고 물었을 때, 에디오피아의 내시가 "나를 지도하여 주

---

* 토라 −예언서−성문서의 구조를 가리킴.

는 *hodegesei* 사람이 없으니, 내가 어떻게 깨달을 수 있겠습니까?"(《사도행전》 8: 27~31)라고 대답했다. 이는 도제식 지도가 텍스트 자체만큼 신성해져서, 그 의미를 해석하려는 텍스트에 맞춰 해석자들의 계보적 사슬이 활성화되었음을 나타낸다. 이것이 '구전 토라'에 대한 랍비식 개념과 천주교 전통 개념의 토대다.

경전화는 텍스트에 대한 기억 의무를 동반한다. 그때 문화적 기억술이 종교의 기반이 되었고, 희생제 의례가 하나님의 신성한 말씀에 대한 예배로 대체되었다. "기억하라!"는 명령어가 동등하게 구속력을 지니는 두 가지 의무를 나타냈다. 그 첫 번째가 언약으로 맺어진 율법으로, 어떤 상황에서나 그 모든 세부 사항을 순종해야만 했다. 두 번째는 이러한 율법을 전달하고 정당화한 역사다. 율법이 그 진정한 의미를 획득한 것은 역사를 통해서였다. 출애굽을 기억했던 사람들만이 율법이 자유를 의미함을 알고 그것을 따를 수 있었다. 이는 완벽하게 새로운 과거와의 연결고리였다. 당연히 모든 공동체가 그들의 행위에 질서와 방향을 부여한 창건 이야기의 주문呪文 아래 살았다. 이것이 이 책에서 '신화 동력'이라고 제시한 원칙이다. 이러한 이야기들이 현재를 비추고, 그 하나의 파편이 미래에 떨어져 사람들의 행동과 기대를 인도한다. 그러나 이스라엘에서 기억되어야 했던 이야기는 완전히 새로운 유형의 신화였다. 그것은 시간에 고정된 위치를 지녔고, 현재로까지 지속되었다. 성경의 사건들은 지금 일어나는 일들의 토대를 형성했을 뿐만 아니라—이는 모든 신화에 적용된다—현재가 실제로 속했던 역사를 들려주었다. 이는 이스라엘의 신화가 근동이나 이집트, 그리스의 신들의 신화와 차별화되는 표지다. 그렇다면 새로운 기억의 형태, 과거와의 연관성, 신화 동력은 어떻게 생겨났을까?

이것이 이 책에서 쐐기문자 문화의 세계로 눈을 돌리게 한 의문이었다. 이러한 역사와 기억 개념은 법의 영역에서 유래하여, 이스라엘의 하나님과 약속의 정치적 법적 모델과 함께, 〈신명기〉와 〈신명기〉적 전통에서 발견되는 역사서술의 형태로 발전했다. 이러한 측면에서 역사는 집단적 자기 반성의 형태다. 그것은 고해의 성격을 지닌다. 그것은 현재의 어려움으로 인해 그 사람들이 역사의 의미에 대한 시야를 잃지 않도록 그들의 실패를 개괄해준다.

그 실패로서 재난의 초점은 징벌이다. 현재가 파멸적이고 벗어나기 어려울수록, 논리로 어둠에 빛을 제시하는 역사의 기억은 훨씬 더 구원적이 된다. 현재의 고통을, 분노한 신의 간섭 탓으로 돌리는 이러한 모델은 메소포타미아 자료에 최초로 나타난다. 서약의 법적 모델을 통해서 신이 인간사, 즉 인간의 역사에 수호자로 등장한다. 다른 족속과의 조약 같은 정치적 서약이 깨지면, 나라 전체에 재앙이 닥칠 수 있다. 이것이 우리가 "역사의 기호화"라고 명명한 것으로 이끄는 맥락이다. 법적 계약과 의무의 증인이자 수호자로서 신들이 소환될 때, 그들은 정의의 도구가 된다. 인간은 그때 그에 대한 책임을 져야 한다. 따라서 행운과 불운은 신들의 호의 혹은 징벌의 표지가 되는 이러한 관계의 틀 속에서 해석될 수 있다. 그리하여 역사가 의미로 충만해지는데, 그럼에도 이는 그 기본 형태가 세상의 질서를 형성했던 신화적 태고의 역사는 아니다. 이는 모든 것이 과거에 체결된 언약을 잊어버리지 않는 일에 달려있는, 선형적 시간에서 발생한 일상적 사건의 역사다. 이러한 연결구조의 공인legalization을 토대로 의미는 행동과 결과의 관계 측면에서 이해될 수 있다.

이어서 이러한 역사의 기호화에서 발전한 역사적 개요의 형태를 설명하기 위하여 서기전 13세기 이래 일군의 히타이트 텍스트를 검토했다. 주요 주장은 다음과 같다. 과거에 대한 기억은 어떤 역사의 보편적 의미—어떤 설명도 요하지 않을—에서 생겨나지 않았다. 기본적으로 과거는 잘 기억되지 않는데 기억된다면 그것은 과거가 특정 상황에서 발생한 동기에 따라 설명될 필요가 있었기 때문이다. 과거는 그것이 기억될 필요에 비례에서 기억될 뿐이기 때문에 의미와 중요성으로 가득할 수 있다(즉, 기호화된다). 여기서 그러한 의미의 필수 요인으로서 '결속된 정의'—행위와 결과 사이의 연결고리—개념을 이끌어냈다.

'정의'라는 핵심 용어는 문자라는 주제와 직결된다. 정의는 고대 근동과 이집트 글쓰기 문화의 중심 요소여서, 이집트와 메소포타미아의 '지혜 문학'뿐만 아니라 메소포타미아의 법률 관련 문헌에서도 중요한 주제다. 지혜와 법은 같이 발전했고, 그것들이 수렴하는 지점이 글쓰기 전통이었다. 결속된 정의 개념을 그 전달 집단으로 '토판의 집'(바빌론) 및 '생명의 집'(이집트)의 학자나 현자와 연관시키는 것은 확실히 타당해 보인다.

동일한 공식을 〈신명기〉에도 더욱 단호하게 적용할 수 있다. 우리는 기억 문화와 정치적 상상력의 측면에 특히 주목하며 이 책에 대해 논했다. 그 결과 〈신명기〉를 문화적 기억술과 반현재 기억의 토대로서, 그리고 수세기에 걸친 아시리아 압제 이후 민족적 각성 운동의 성명서로서, 간주할 수 있었다. 또한 우리는 마찬가지 이유로 그것을 매체 역사의 이정표 혹은 전환점으로도 간주했다. 학자들이 오랫동안 인정해왔듯이 〈신명기〉는 이스라엘의 지혜로운 서기관sôferîm hakhamîm 집단에서 나왔다. 그들은 이스라엘에서 전통 및 결속된 정의뿐만 아니라 지혜로 간주된 행동과 결과 사이의 연결고리에 대한 통찰까지 전수하는 임무를 지니고 있었다. 〈신명기〉는 사실상 법과 지혜의 책으로, 선진적 문자 문화의 산물이다.[1] 여기서 최초로 흩어져 있던 관습과 관례, 의식과 의례, 구전 전통과 그 안에 내포된 지식이 두루마리의 글로서 확고하게 자리 잡았다. 이는 모든 이스라엘을 유일하게 "지혜롭고 슬기로운 민족"(〈신명기〉 4:6)으로 만들기 위한 희망과 열망을 문자 언어에 기반한 교육 관념과 연결해주었다. 그 교육이 문헌적 일관성과 지속성을 부여하여 사회의 연결구조를 고착시킬 수 있었다. 〈신명기〉를 통해서 그 서기관과 현자들—신약성서를 저술한 학자grammateîs들의 선도자—이 이스라엘의 대표자로 부상했다. 이들은 예레미야가 다음과 같이 말했을 때 염두에 둔 사람들이었다:

> 너희가 어떻게 '우리는 지혜를 가진hakhamîm 사람들이요, 우리는 주님의 율법을 안다' 하고 말할 수가 있느냐? 사실은 서기관들의 거짓된 붓이 율법을 거짓말로 바꾸어놓았다(〈예레미야〉 8:8).[2]

여기서 예레미야는 텍스트와 의미를 순진하게 동일시하는 것—단순히 어떤 사람이 지혜와 정의를 책의 형태로 썼기 때문에, 그것들을 지니고 있으리라는 관념—에 비판적이다. 이 비판은 〈신명기〉에는 그다지 적용되지 않는다. 심장과 영혼으로의 내면화가 〈신명기〉에 규정된 기억술의 진정한 목표이기 때문이다. 예레미야가 공격하고 있는 것은 서기관 학술의 전형적인 부작용이다. 서기관들의 학술이 노골적인 '식자층 지배literocracy'의 맥락에서 큰 긴장을 야기했음이 틀림없다. 서기관 학술과 민족 정체성, 역사서술식 기억 작업, 의식儀式 개혁의 동일한 조합constellation이 '서기관 에즈라' 아래에서, 그리고 그리스-로마 시대에도 계속 반복되었다.

나는 여기서 이러한 발전과 문자 문화와의 관계에 대해 좀 더 상세하게 다루었다. 기억과 정체성 사이의 연관성에 초점을 맞춘, 이스라엘에 관한 장(제5장)에서 이를 다루지 않았기 때문이다. 문자 문화가 불러일으킨 특이한 변화의 현상학에 대해서 나는 그리스의 사례를 활용했다.

우리는 이스라엘에서 그리고 (부수적 차이를 제외하면) 이집트에서 발견한 조합과 정확히 동일한 조합을 그리스에서 발견한다. 그것은 바로 페르시아 전쟁을 배경으로 한 민족(범그리스적Panhellenic) 정체성의 형성, 기억 문화에서 발생한 변화들의 결과인 역사서술의 탄생, 정치 개혁, 사회의 연결구조가 문자 문화로 포괄적으로 이행한 일을 포함한다. 그리스에서 역사서술은 메소포타미아나 특히 이스라엘에서 관찰된 집단적 자기반성의 도덕적·고백적 성격을 가지지 않는다. 죄책감이라는 주제도 의미의 형성에 중심 역할을 담당하지 않는다. 그러나 결코 죄책감이 사라진 것은 아니었다. 결속된 정의의 요소, 즉 고대 근동 지혜의 요소는 헤로도토스를 통해서 나타난다. 그렇지만, 그 비전의 민족지적인 폭이 "민족 전통으로서 역사"라는 근동의 틀을 훨씬 넘어서도록 해주었다(van Seters, 1989).

그리스의 사례를 통해 내가 목표했던 바는 오늘날까지도 서구 문화적 기억의 연결구조를 여전히 정의하는 문자 문화의 두 가지 구체적 발전상을 보여주는 것이었다. 나는 이것들을 고전과 휘폴렙시스라는 표제하에 포괄했다. 이는 이 책의 서두에서 다룬 '연장된 상황'이라는 개념으로 되돌아가게 한다.

  이 두 제도적 틀은 우리 자신이 여전히 사용하는 텍스트 상호 간 참조 틀이라는 상황 구축에 도움을 준다. 그리스는 점진적으로 문자 문화를 형성한 기반 텍스트의 특이한 사례를 제시한다. 여기서 모음이 포함된 알파벳 문자라는 새로운 매체가 의심의 여지 없이 상당한 역할을 담당했다. 복잡한 구전 전통의 기록에 관한 한, 알파벳이 다른 문자 체계보다 그것을 다루기 용이했기 때문이다. 그러나 내가 보기에 해블록은 근동 문자 체계의 기록 역량을 과소평가한 만큼 알파벳의 중요성도 너무 과장했다. 여기서도 우리는 단일 원인적 설명 모델을 순환 구조 circular structure나 '반성적 고리reflexive loop' 모델로 대체해야 한다. 알파벳은 상호 제한과 강화의 과정에서 다른 많은 요인과 합쳐졌다. 이러한 요인들에는 한편으로 다원적이고 다중심적인 정치 구조의 구성, 다른 한편으로 느슨한 사회의 호전적이고 경쟁적인 기반, 아울러 도시국가라는 견고한 사회로 이전하는 과정에 불가피하게 동반된 긴장이나 파열이 포함되었다. 후기 청동기 시대의 미케네 생활방식에 대한 호메로스의 성문화된 기억이 단절된 전통을 가로지르는 다리를 이미 놓았는데, 그것은 동시에 기반적이고 반현재적이기도 했다. 그 기반적 반현재성은 전통의 측면에서도 호메로스의 텍스트들과 연결된 기억에 더욱 크게 적용된다. 기반으로서 호메로스를 도시국가 시대까지 고수하는 것은 그것이 두 시대에 그리고 두 세계에서 살아있음을 의미했다. 따라서 그리스는 소위 "인용구들에서 사는 삶"(Tomas Mann)을 경험했고, 이것은 점차 이스라엘에서처럼 해석 문화로 발전했다.

글쓰기가 진전함에 따라 철학이라 자칭하는 프로젝트가 발전하였다. 그리고 이것은 완전히 다른 형태의 상호 텍스트성을 낳았다. 여기서 번성한 것은 글쓰기 자체에 내재한 역동성이었는데, 그것은 서기전 제2천년기 후반 이집트의 한 작가에 의해 눈에 띄게 묘사된 힘이었다. 구전 전사자와 달리, 글을 직접 쓰는 저자는 자신의 작업을 기존 텍스트의 토론장에서 정당화해야 했고, 그 자신의 새롭고 독창적인 무언가를 도입함으로써 스스로에 타당성을 부여해야만 했다. 이집트의 전통에서 카케페르레-세넵Khakheperre-sonb이 이러한 고립된 선도자로 나타난다.

> 내게 세상이 모르는 문구,
> 본 적도 없고 반복되지 않은 새로운 말,
> 전해오는 조상의 말씀이 아닌 표현이 있다면 좋으련만.

그리스에서 이 문제는 기존의 텍스트들을 비판적으로 검토하는 형태의 상호 텍스트성—문화적 기억의 틀을 학술 혹은 과학으로 정립한 접근 방법—으로 인도되었다. 이집트나 메소포타미아, 이스라엘에서 이와 유사한 것이 존재하지 않았지만, 중국과 인도에서는 유사한 규율이 생겨났다. 이것이 내가 이러한 발전을 알파벳 문자 문화의 결과로 간주한 해블록과 구디의 주장에 동의하지 않는 까닭이다. 그것이 확실히 문자의 사용 없이 일어날 수 없었지만, 반드시 알파벳일 필요는 없었다. 글쓰기 문화의 결과는 셀 수 없이 많았고, 다양한 사회에서 다양한 방식을 따랐다. 그렇지만 모든 경우 문자 체계의 실제 구조—표의 혹은 표음, 알파벳 혹은 음절, 모음이 있는 경우나 없는 경우—는 부차적 역할을 담당했다. 결정적인 것은 개별 문화와 시대에 따라 다른 조합을 구성하는 다양한 요인들—사회적, 정치적, 경제적 등—의 상호작용이었다. 문화적 기억 이론의 틀 속에서 그러한 조합들의 성격과 한도를 명확히 하기 위하여 이 책은 전통, 과거, 문자 문화, 정체성이라는 네 가지 개념을 종합하려 시도했다.

| 해제 |
《문화적 기억과 초기 문명》
그리고 고대 중국과 한국

- 심재훈

I.

나는 오랫동안 중국 고대사를 연구하고 있다. 20세기 말부터 현재까지 중국 학계에서 이어지는 고대 중국 연구의 주된 흐름 중 하나로 "복구"나 "재건(중건重建)"을 꼽을 수 있을 것이다. 전국시대 초나라 죽간楚簡 등 출토 문헌을 비롯한 다양한 고고학 성과가 이를 추동하고 있다. 그 역사적 복구의 중심에 요순우堯舜禹라는 전설상의 존재가 자리한다. 요순우는 20세기 들어 전설로 격하되기 전까지 전근대 동아시아에서 이상적 성왕으로 혹은 형이상학적 존재로서도 절대적 권위를 누려왔다.

나는 중국 학계의 과도한 고대사 만들기를 비판하기 위해 2019년 요순우의 역사성을 다룬 연구를 발표한 바 있다.[1] 특히 요순우라는 전설상의 존재가 전국戰國~당송唐宋 시대에 걸쳐 그 사적이 가장 많이 남아있는 산시성山西省이라는 공간에서 역사적 실체로서 지역화되는 과정에 초점을 맞추었다.

이 논문의 제목 〈전설과 역사 사이〉와 결론의 소제목 "중국 전통시대 역사 만들기의 한 궤적"에서 암시되듯, 일부 흥미로운 논점을 제시했음에도, 산시성에서 전설의 역사화라는 다소 상투적인 틀을 제시하는 데 그친 아쉬움이 남아있었다. 그 역사화 과정을 더욱 효율적으로 이해하고 설명하기 위한 정교한 이론의 필요성을 절감하던 차에 독일의 이집트학자 얀 아스만Jan Assmann(1938~2024)의 이 책 《문화적 기억: 초기 선진 문화의 글쓰기, 기억, 정치적 정체성》(독문본, 1992) 혹은 《문화적 기억과 초기 문명: 문자, 기억하기, 정치적 상상력》(영문본, 2011)을 만났다.

이 책은 영문본뿐만 아니라 이탈리아(1997), 헝가리(2000), 튀르키예(2001), 아랍(2003), 러시아(2004), 폴란드(2008), 프랑스(2010), 중국(2015),[2] 일본(2024)[3] 등의 언어로도 번역되었다. 2000년대 초반 국내에도 아스만의 문화적 기억 이론이 본격적으로 소개되었다.[4] 이후 경북대학교 변학수 교수가 얀 아스만의 또다른 걸작 《이집트인 모세: 서구 유일신교에 새겨진 이집트의 기억》(그린비, 2010)과 함께 부인 알라이다 아스만의 《기억의 공간: 문화적 기억의 형식과 변천》(그린비, 2011)까지 번역 출간했다.

그렇지만 이것들을 토대로 한 국내의 기억 연구가 대체로 근현대에 집중한 탓에,[5]* 《문화적 기억과 초기 문명》에서 사실상 치중한 고대의 문화적 기억 문제에 대해서는 거의 다루어진 적이 없다. 나는 문화적 기억 이론을 소개한 국내의 저작들과 《문화적 기억과 초기 문명》에 대한 피상적 이해를 토대로 2021년 산시성에서 요순우의 문화적 기억이 사묘祠廟라는 공간을 통해 이식되는 과정을 다룬 후속작을 출간했다.[6] 문화적 기억의 고착화, 지속, 변이에 요순우의 사묘가 끼친 중국의 특이성을 부각했음에도 불구하고, 여전히 아스만이 제시한 이론의 주변부를 맴돌고 있다는 느낌을 지우기 어려웠다. 《문화적 기억과 초기 문명》이라는 난해한 책에 대한 이해도가 그리 높지 않았기 때문이다.

그럼에도 문화적 기억의 틀로 요순우를 읽을 때 다양하게 채색된 그 모습이 더욱 선명히 드러남을 감지하며 그 책을 더 정확히 이해하기 위해 번역에 착수했다. 여러 연구자의 도움을 받아 장시간에 걸쳐 이렇게 번역을 마무리했다. 여전히 어려운 부분이 남아있지만, 이 책의 내용을 내 나름의 이해에 따라 정리하고, 아스만이 다루지 못한 고대 중국의 문화적 기억 연구 가능성까지 추가한 논문을 발표했다.[7] 하지만 아스만의 이론과 그 적용 가능성을 좀 더 간결하게 전달할 필요성을 느끼며, 나아가 최근 작고한 대학자를 추모하는 마음까지 담아 이 해제를 쓰게 되었다. 본격적인 해제에 들어가기 전에 아스만의 학문 생애 전반을 간략히 살펴보자.

II.

2024년 2월 19일 얀 아스만 교수 별세 직후 그의 학문적 위상을 대변하듯 많은 부고 기사가 쏟아져 나왔다.[8] 아스만은 1938년 독일 북부의 산골마을 랑겔스하임Langelsheim에서 태어나 전시에 중세 도시인 뤼벡Lübeck에서 성장하다 뮌헨과 하이델베르크, 파리, 괴팅겐 대학에서 이집트학과 고전 고고학, 그리스학을 공부했다. 이집트 현장 연구를 거친 후 1976년 하이델베르크대학의 이집트학 교수로 임용되어 동대학의 이집트학과 기억 연구를 이끌었다. 2003년 은퇴 후에는 부인 알라이다 아스만이 가르치던 콘스탄츠대학의 명예교수가 되었다. 파리와 예루살렘뿐만 아니라 미국의 라이스, 예일, 시카고 등 무수한 대학들에도 초빙되었다.

얀 아스만에 대해서는 "세계 최고의 이집트학자, 심오한 종교사상가, 문화사학자" 혹은 "다양한 이론적 분과에 가교 역할을 한 뛰어난 이집트학자"라는 평이 뒤따른다. 그는 자신이 구축한 문화적 기억 이론을 토대로 인문학과 사회과학에 걸쳐 다양한 학제 간 연구를 모범적으로 실천하며 평생 25권의 저서를 출간했다. 그중 절반 정도가 영어로 번역되었다.

아스만의 학문적 관심은 문화 이론과 기억, 수용학reception studies, 역사인류학, 신학 등의 프리즘을 통해 고대 이집트의 종교, 문학, 역사를 탐구하는 데 있었다. 1988년에 쓴 〈집단 기억과 문화적 기억Collective Memory and Cultural Memory〉이라는 논문에서 아스만은 (그가 소통적 기억이라 명명한) 집단 기억과 그 사회적 기반으로부터 문화적 기억과 그 문화적 토대를 분리했다. 《종교와 문화적 기억Religion and Cultural Memolry》(2000), 《고대 이집트의 신을 찾아서The Search for God in Ancient Egypt》(2002), 《이집트의 정신The Mind of Egypt》(2002), 《고대 이집트에서 죽음과 구원Death and Salvation in Ancient Egypt》(2006) 등은 이집트인들의 사고방식과 그들의 세계관이 보편적 진리를 추구하는 인간의 탐구에 어떻게 녹아들어갔는지 이해하는 데 중요한 역할을 해왔다.

아스만은 또한 유대-기독교 형태의 유일신교의 출현과 발전에 특별한 관심을 가졌는데, 이를 자신만의 독특한 방식으로 분석한 저서들로 《이집트인 모세Moses the Egyptian》(1997), 《유일신교의 대가代價The Price of Monotheism》(2009), 《아켄아텐에서 모세까지From Akhenaten to Moses》(2014), 《종교의 발명: 출애굽기의 신앙과 언약The Invention of Religion: Faith and Covenant in the Book of Exodus》(2018) 등이 있다.[9]

아스만은 하이델베르크대학 조교 시절 영문학과 이집트학을 공부하던 알라이다 보른캄Aleida Bornkamm(종교학자인 귄터Günther 보른캄의 딸)을 만나 1968년 결혼했다. 콘스탄츠대학 영문학 교수가 된 알라이다와 함께 학제 간 연구 그룹 "문헌적 소통의 고고학Archaeology of

Literary Communication"을 결성하여, 독일 인문학의 영향력 있는 커플이 되었다. 얀 아스만의 저작에서 통용되는 독특한 언어 스타일에도 불구하고, 이들은 엄정한 학문적 담론을 대중의 영역으로 끌어오는 데도 성공적이었다. 얀 아스만이 받은 많은 학술상 이외에, 부부 공동으로도 발잔상Balzan Prize(2017)과 독일 출판서적상의 평화상Friedenspreis des Deutschen Buchhandels(2018) 등을 수상했다.

III.

얀 아스만의 뛰어난 여러 업적 중 전 세계적으로 가장 많은 관심을 끈 것이 바로 이 책 《문화적 기억과 초기 문명》이다. 상당히 복잡한 논증과 서술을 통해 인류의 문화 인식 전반에 새로운 패러다임을 제시한 이 책의 핵심 내용을 간략하게 체계적으로 전달하기는 무척 힘든 일이다.

문화적 기억이란 말 그대로 문화적으로 창출된 기억으로, 집단의 기대와 희망이 그 속에 담겨있다. 이 책은 그것이 구체적으로 무엇인지, 고대 이래 그것이 어떤 메커니즘을 통해 형성, 발전, 변이, 망각, 재생되었는지, 그것이 어떤 기능을 수행해왔는지, 그것이 핵심 고대문명의 발전에 어떤 영향을 미쳤는지 등을 상세하게 고찰한다.

아스만은 무엇보다 초창기 문명의 형성 및 발전 과정을 이끈 다양한 문화적 요소 중, 우리가 전통, 과거 혹은 역사의식, 신화적 세계관, 자기 인식 등으로 부르는 모든 것을 포괄하는 개념으로 "문화적 기억"을 제안한다. 나아가 고대문명의 성쇠와 밀접하게 연관된 그러한 문화적 요소들을 기존의 역사나 신화적 틀을 넘어서 문화적 기억의 관점에서 재해석한다. 국내외의 많은 연구자들이 고대보다는 근현대의 사례들에서 문화적 기억의 다양한 양상을 추구하듯이, 그의 이론은 실상 시대를 초월하여 적용 가능하다.

이 책의 전반부인 1부의 이론적 성찰은 제목 그대로 아스만이 제시하는 문화적 기억의 이론적 토대다. 그 중심에 인류가 원초적으로 지닌 "기억 문화"의 본질(제1장)과 문명 도입기에 발명하여 그 "기억 문화"의 변질과 함께 문명 혁신의 동력이 된 "문자와 글쓰기 문화"(제2장)가 자리한다. 나아가 어느 문명 혹은 문화에나 존재하는 각각의 "정체성"("정치적 상상력")이 문화적 기억으로부터 나온 메커니즘을 구명한다(제3장).

후반부인 2부의 사례 연구에서 아스만은 자신이 구축한 문화적 기억 이론이 인류의 대표적 초기 문명인 이집트, 이스라엘, 메소포타미아, 그리스에서 어떻게 다른 방식으로 발현되었는지 검토한다(제4장~제7장). 그 차이가 문명 각각의 성쇠뿐만 아니라 현재까지도 이어지는 인류 문화사 발전에 지대한 영향을 미쳤음은 물론이다.

이 책의 구성은 독특하고 문체는 난해하다. 내가 보기에 아스만이 제시한 문화적 기억 이론의 핵심은 서론에 압축되어 있다. 압축이 심해서 어렵게 느껴질 수밖에 없는 그 내용을 이어지는 1부의 세 장에서 다양한 예시와 함께 상세히 풀어서 서술하고 있다. 마지막 결론 부분에서 역시 2부의 사례 연구들을 압축 요약하며 보완한다. 서론과 결론 부분에 아스만의 핵심 주장이 대체로 담겨있지만, 본문을 통독하지 않고 그 주요 내용을 이해하기는 어렵다.

아스만은 서론에서 이 책이 문화 이론의 측면에서 기억(선택적으로 과거와 연관 짓기 혹은 과거 언급하기), 정체성(정치적 상상력), 문화적 연속성(전통 형성)이라는 세 주제 사이의 상호연관성을 다룬다고 천명한다. 그 기반을 이루는 것이 바로 모든 문화가 사회적, 시간적 차원에서 지니는 "연결구조"다. 아스만이 문화적 기억을 통해 작동한다고 보는 연결구조는 우선 사회적 차원에서 공통적 기억과 기대, 행위가 반영된 "상징적 세계"를 만들어 사회를 결속시킨다. 시간적 차원에서는 공유하는 과거의 경험과 기억 형상(이미지)이 현재적 의미, 즉 현존성을 부여받도록 함으로써, 과거와 현재를 연결한다. 이를 통해 문화적 연속성과 함께 현재와 미래의 희망까지 제시할 수 있게 된다.

그런데 어떤 방식으로 사회적, 시간적 차원의 이러한 연결구조를 만들어낼까. 그것은 바로 우리가 흔히 신화나 역사로 알고 있는 것의 기저를 이루는 이야기적 요소를 활용하는 것이다. 문화적 기억을 통해 만들어진 교훈과 스토리텔링이 결합된 이러한 이야기들이 한 사회에 귀속감과 정체성의 토대가 되는 연결구조를 만들어내어 개인이 우리를 인식할 수 있게 되는 것이다.

인간 내면의 신경학적 차원이 아닌 외면적 차원의 기억인 문화적 기억이라는 용어는 1970년대 말 독일의 히브리어 학자인 콘라트 엘리히 Konrard Ehlich가 문학성 텍스트의 맥락에서 제시했다. 그는 그것을 "연장된 상황"의 틀 안에서 "후에 재개되는 메시지"로 규정했다. 원초적으로 어떤 상황이 존재했고 그 상황의 틀이 세대를 초월하여 공유되어 훨씬 후대에 그 당대의 상황에 맞게 원초성과 연관된 새로운 이야기가 재창출된다는 의미다. 이러한 좋은 사례로《삼국유사》를 들 수 있을 것이다. 13세기에 일연은 당시까지 전해오던 구전이나 중국 측 문헌, 혹은 지금은 유실된 문헌 등을 원초적 상황으로 삼아 《삼국유사》를 작성하여 고조선에서 삼한(신라)을 망라하는 고대사라는 연장된 상황의 새로운 틀을 만들어냈다. 20세기 초 신채호도 《삼국유사》라는 연장된 상황을 토대로 새로운 민족사의 틀을 창출했다. 20세기 후반의 연구자들은 신채호가 만든 연장된 상황을 기반으로 단선적인 한민족사라는 더욱 정교한 메시지를 내놓을 수 있었다.

그런데 이렇게 소통이 세대를 초월하여 연장되기 위해서는 외부의 중간 저장 기능이 필요하다. 원초적 이야기를 지속적으로 전수해주는 교육기관이나 학파 같은 제도적 틀이나 전문가 집단, 표기 체계 등이 그것인데, 아스만은 소통의 외재적 영역에 가장 혁신적 변화를 가져온 것이 바로 문자의 발명과 글쓰기 문화라고 본다. 단적으로 말하면, 문자를 기반으로 문화텍스트가 세대를 초월하는 연장된 상황에서 공유될 때, 비로소 아스만이 말하는 문화적 기억이 형성되는 것이다.

문자가 사회 전체의 소통 방식을 주도하는 과정에서 전통이 형성되고, 과거를 원용하며, 정치적 정체성과 상상력이 나타난다. 이러한 모든 기능적 개념을 포괄하는 용어가 필요한 상황에서 문화적 기억이라는 용어가 나왔다. 아스만은 그것이 제도적이고 인공적이기에 "문화적"이며, 그것은 또한 개인의 기억이 의식意識으로 작동하는 방식과 동일하기 때문에 "기억"이라고 한다. 그는 특히 일부 학자들이 대안으로 주장하는 "전통"이라는 개념의 확장성에 회의적이다. 연속성을 중시하는 전통이 과거의 또 다른 핵심 요인인 단절의 측면을 가려버리기 때문에, 그 용어로 문화 현상학과 그 역동성을 다 담을 수 없다고 보는 것이다. 따라서 전통뿐만 아니라 역사의식, 신화적 세계관, 자기 인식까지 포괄하는 문화 영역으로서 문화적 기억이 더욱 포괄적이고 적절한 용어라고 주장한다.

문화적 기억은 1970년대부터 이론화되기 시작하여 1992년 출간된 아스만의 이 책에서 완성되었지만, 이미 1920년대 모리스 알박스 Maurice Halbwachs(1877~1945)가 그 원조격인 사회적으로 구성된 집단기억 이론을 제시했다. 아스만의 기억 이론이 알박스에 큰 빚을 지고 있음은 주지의 사실이다. 따라서 제1장에서 아스만은 인류의 어떤 사회나 가지고 있는 현재와 미래의 희망이 투영된 기억 문화에 대한 설명과 함께, 알박스가 제시한 대로 "기억 이미지(형상)"를 통한 집단기억의 세 가지 생성 조건을 강조한다. 그것은 특정 시공간과 연결, 구체적 집단 정체성과 결속, 과거를 현재에 요구되는 준거 틀 속에서 그려내는 재구성주의다.

아스만은 여기서 한걸음 더 나아가 자신의 문화적 기억과 알박스의 집단기억이 차별화되는 지점도 강조한다. 특히 아직 실증사학이 대세였던 20세기 전반 알박스는 사실로서의 객관적 역사가 존재한다고 믿어서, 기억과 역사, 전통의 개념을 각각 분리해서 이해했다. 하지만 아스만은 객관적 역사서술에 회의적인 20세기 후반 역사학의 전반적 흐름을 수용하며, 역사 및 전통과 기억 사이의 경계가 유동적이어서 엄격한 개념 구분은 무의미하다고 본다.

나아가 알박스가 집단기억의 수합에 필수적 역할을 담당하는 문자에 대해 전혀 관심을 기울이지 않은 점도 사회심리학자의 한계로 지적하며, 알박스가 설정한 상위 개념으로서 집단기억을 "소통적 기억"과 "문화적 기억"으로 구분할 수 있다고 제안한다. 소통적 기억은 대략 80년을 넘지 않은 가까운 과거의 기억으로, 어느 시대나 한 개인이 동시대인과 공유한 기억이다. 반면에 문화적 기억은 다양한 기억술[10]을 동원하여 수천 년까지도 상회하며 현재와 미래의 희망을 담아 조성한 구성적 기억이다. 과거를 원래 그대로 보존할 수 없는 문화적 기억은 신화와 역사 사이의 구분이 없는 기억된 역사일 뿐이다. 전문가의 개입 없이 일상에서 다양한 방식으로 이루어지는 소통적 기억과 달리 문화적 기억은 고도로 차별화된 전문가가 철저하게 준비하여 형성되며 그 보급 역시 통제된다.

이러한 문화적 기억은 다양한 기능을 수행한다. 이를 설명하기 위해 아스만은 레비스트로스Claud Levi-Strauss(1908~2009)의 "차가운" 사회와 "뜨거운" 사회 개념을 차용한다. 즉, 문화적 기억이 진정제로 작용할 때 차가운 선택에 공헌하여 기억되는 의미가 변화를 배제하며 반복, 규칙, 연속성에서 발현된다. 신의 역사만 중시하여 인간의 역사는 시시하게 느꼈던 고대 이집트가 그 전형이다(후술). 반면에 자극제로 작용하는 경우 뜨거운 선택에 공헌하여 반전 및 변화, 성장, 발전뿐만 아니라 역으로 부패와 쇠퇴에 기여하기도 한다. 고대나 현대 이스라엘이 여기에 해당한다(후술). 이스라엘은 출애굽이나 마사다 요새 함락 같은 자신들의 문화적 기억을 내면화함으로써 그 발전의 원동력으로 삼았다. 아스만은 이를 기억의 "신화 동력mythomotor"이라고 부른다. 기억은 또한 권력과 연합하여 그것을 회고적으로 정당화하고 전망적으로 영속화하는 한편, 망각이라는 형식으로 억압 정치에도 활용된다. 나아가 억압 하에서 기억이 저항의 형태로 나타날 수 있듯이, 현재의 어려움을 탈피하기 위한 기억의 반反현재적 기능도 중요하다.

인류 역사의 전 시기에 걸쳐 문화적, 사회적 연결구조의 핵심 메커니즘으로 작용했다는 아스만의 문화적 기억은 문자 문화 없이는 상상하기 어렵다. 제2장에서 이 문제를 상세히 다룬다. 우선 기억의 핵심 메커니즘으로서 "의례적 연속성"과 "문헌적 연속성" 개념이 등장한다.

무문자 사회에서 집단기억의 전수는 축제에서 의례의 반복을 통해서만 이루어졌다. 고대 근동에서 서기전 3000년경 문자가 발명되고 난 뒤에도 다중매체적 성격을 지닌 의례를 초보적 글쓰기 방식으로 제대로 표현할 수 없었다. 문자 사용에서 문학성 문헌literary texts이 나타나기까지 대체로 500년 정도 경과했을 것으로 보기도 하듯이, 오랫동안 반복을 통한 의례적 연속성이 문화적 기억의 형성 메커니즘으로 작용했다.

그러다 서기전 제2천년기에 이르러 공문서나 일상생활 문서와 다른 특정 유형을 갖춘 규범적 문헌들이 대거 출현한다. 아스만은 아시리아 학자 레오 오펜하임A. Leo Oppenheim(1904~1974)의 표현을 빌려 서기전 제2천년기 근동에서 나타난 다양한 장르의 문학이 분출하는 현상을 "전통의 물줄기stream of tradition"라고 묘사했다. 이때 근동의 문헌 전통에는 찬시와 서사시, 사랑 노래, 신화, 왕궁 문서, 역사 문서, 법률 문서와 같은 전통적인 작품 외에, 신의 본질과 인생의 의미를 논의하는 지혜 문학, 미래의 운명을 점치는 징조 문학, 제의와 관련된 다양한 종교 문서 등이 물줄기를 이루었다. 아스만은 1천 년에 걸친 이러한 유동적 물줄기가 서기전 제1천년기에 구약성서에서 종합적으로 반영되어 나타난다고 본다.

이 물줄기는 다양한 자료를 실어 나르는 변화무쌍한 유기적 흐름이다. 그 흐름 속에서 특정 장르의 문헌들이 증감하면서 신축적인 조합으로 개정되거나 선집을 이루기도 한다. 아스만은 결국 이 단계에서 반복의 원칙에 따라 변이가 제한적인 "의례적 연속성"이 변이에서 자유로운 "문헌적 연속성"으로 대체된다고 본다.[11]※ 문화적 기억이 다양하게 생겨날 여건이 마련된 것이다.

이 와중에 여러 갈래의 텍스트 중 일부가 다른 것보다 더 많이 전사되고 인용된다. 중요성을 인정받은 이것들이 고전의 일종으로 자리 잡는다. 이후 초기 문헌의 발전은 다양한 정치·문화·종교적 요인으로 인해 그 물줄기가 댐으로 막히는 경(정)전화canonization라는 마감 과정으로 수렴된다. 일자일획도 고칠 수 없는 경전의 단계에서 "문헌적 연속성"을 통한 문화적 기억은 더욱 강한 구속력을 지닌다. 다만 고정불변한 경전을 시대의 변화에 맞춰 이해하기 위한 해석(주석) 문화가 발전한다.

아스만은 경전 개념의 출현과 그 발전 원리를 상세히 설명하며, 문헌을 넘어서 민족주의나 마르크스-레닌주의, 반공, 페미니즘 등도 20세기에 재경전화된 양상으로 주목한다. 많은 사회가 그 과정에서의 차이로 인해 다른 방식으로 기억 문화를 빚어내며 각각 다른 정체성을 유지했을 것으로 본다. 따라서 제3장에서는 집단 정체성의 형성과 그 구조뿐만 아니라 그것이 문화적 기억을 통해 고양되는 메커니즘까지 분석한다. 나아가 통합과 구별을 통한 집단 정체성 구조의 고양으로서 민족 형성 과정을 다룬다.

이러한 이론적 배경하에 2부에서 이집트, 이스라엘, 메소포타미아, 그리스 문명이 문화적 기억을 토대로 일구어낸 각각 다른 정체성과 후대에 미친 영향까지 검토한다. 특히 고대 이래 정체성을 유지하여 전통의 형태를 부여받은 그리스 및 이스라엘과 소멸의 길을 걸은 이집트와 바빌론(메소포타미아)의 사례를 구분한다. 전자의 두 문화가 살아남아 현재까지 영향력을 행사하는 이유를 서기전 8~5세기 호메로스 서사시나 구약성서 같은 창건(토대) 문헌의 창출뿐만 아니라 헬레니즘 해석학 문화와 함께한 이러한 문헌들의 경전화에서도 찾는다. 알렉산드리아의 문헌학과 이스라엘의 성경이라는 신성한 문헌 재작업이 민족 정체성의 고착으로 이어졌다는 것이다. 반면에 기독교와 이슬람의 전파로 이집트와 메소포타미아의 "전통의 물줄기"는 계속 흐를 동력을 상실했을 것으로 본다.

그러나 이집트의 경우 700년 이상 마케도니아와 로마의 지배를 받으면서도 특이하게 고왕국 이래의 정체성을 3천 년 이상 유지했으니, 제4장에서는 그 배경에 주목한다. 아스만은 여기서 이집트가 성각문자라는 새로운 연결구조를 통해 지속적인 문화적 정체성 창출에 성공했어도, 다른 문명과 달리 문헌적 연속성까지 이르지 못한 특수성을 발견한다. 그 가장 중요한 원인으로 해석 문화의 부재에 주목한다. 모든 것이 신에 경도된 헬레니즘 이전의 이집트에서 그리스, 이스라엘, 중국 등과 달리 전통의 물줄기가 이미 막혀서 주석을 필요로 할 조건이 존재하지 않았으리라 보는 것이다.

따라서 이집트에서는 텍스트가 아니라 신전의 건축과 회화미술이 경전의 핵심적인 전달 수단이 되었다. 이러한 미술 요소의 경전화가 변이가 아닌 반복의 대의에 복무함으로써, 문자의 역할에도 불구하고, 문헌적 연속성보다 의례적 연속성이 여전히 큰 영향을 미쳤다. 후기왕조 시대에 그리스나 페르시아 같은 외래 문화로부터 자신을 방어해야 했을 때, 이집트는 책에 의존한 이스라엘(후술)과 달리, 고왕국 시대부터 이어진 신전 형식을 경전으로 활용할 수밖에 없었다는 얘기다. 이렇듯 반복에 입각한 문화적 기억의 간결한 구성을 경전화하고 제도화함으로써 이집트는 700년 동안 과거와의 연속성을 유지했지만, 문화적 기억을 지속시켜줄 해석적 문화 형태를 발전시키지 못해서 결국 소멸하고 말았다.

반면에 제5장에서 다룬 이스라엘은 이집트와 메소포타미아 문명의 주변부에서 세계를 바꾼 역사를 이끌었다. 그 핵심에 저항의 수단으로서 종교가 자리한다. 이스라엘에서 유배의 경험으로 부상한 제2성전기(서기전 516~서기 70)의 종교 및 거기서 비롯된 유대교는 적대적 외부 세계의 문화적, 정치적 구조에 대항하는 토대와 매체가 되어 완전히 새롭고 급진적 방식으로 창출되었다. 아스만은 이때 발생한 출애굽이라는 "기억 형상"과 기억 집단으로서 "오직 야훼 운동"에 주목한다. 이집트 자료에 출애굽과 관련된 내용이 전무하여 그 역사성은 사실상 모호하다. 그러나 오래전 이집트에서의 노예생활로부터 탈출이라는 출애굽의 문화적 기억이 유배와 디아스포라를 겪던 이스라엘 사람들에게 자신들은 세계 어디서나 머물 수 있다는 역외성域外性 원칙에 기반한 정체성을 부여했다. 그 기억을 내면화하며 바빌론 유대 공동체에서 이스라엘의 정체성을 유지한 오직 야훼당의 귀환과 그들의 승리로 유대교라는 전례 없는 배타적 유일신교가 창출되었다.

여기에는 또 다른 핵심 요인으로서 율법서인 〈신명기〉라는 경전이 자리한다. 오직 야훼당은 유배기에 〈신명기〉로 추정되는 책을 지침으로 간직했다. 이스라엘 사람들은 신전을 경전으로 삼았던 이집트인들과 달리, 율법과 예언서(구약)의 언약만을 따르는 방식으로 새로운 유형의 민족으로 부상했다. 아스만은 〈신명기〉에 나타난 다양한 기억술뿐만 아니라 극적인 내러티브를 토대로 한 문학적 기억 드라마의 양식에도 주목하며, 이스라엘 사람들이 수행한 책을 통한 기억 작업이 그들을 구별과 저항으로서 유대교라는 유일신교로 이끌었다고 본다. 나아가 뒤에 경전의 반열에 오른 구약성서에 대한 지속적인 해석학 작업들 역시 그 종교 전통의 존속과 확산에 기여했다.

이스라엘의 사례는 문화적 기억의 측면에서 경전화에 의한 전통의 물줄기 차단과 역사서술의 부상이라는 두 가지 모범을 제시한다. 아스만은 율법에 기초한 이러한 역사서술의 틀이 제6장에서 검토하듯 메소포타미아에서 이미 나타났다고 본다. 그것은 바로 고대 근동 문화의 연결구조로서 신과 결속된 인과응보적 정의 개념에 기초한다. 서기전 제3천년기부터 그 지역 도시 국가들 사이에는 조약을 통한 국제적인 법적 질서가 형성되어 있었다. 그 주관자는 상호 간에 이해 가능했던 각 나라의 신들이었다.

특히 서기전 1300년경 히타이트의 문서들에 이러한 인과응보적 정의에 기초한 역사서술이 최초로 나타난다. 당시 히타이트는 20년 동안 지속된 역병에 시달리고 있었다. 이러한 재앙을 당연히 신의 징벌로 받아들인 왕(무르실리Mursills 2세)은 그 죄책감에 과거를 더듬어 자신들이 무엇을 잘못했는지 찾는다. 결국 문서들을 뒤져 그의 부친인 수필룰리우마Suppiluliuma 왕의 이집트와의 서약 파기가 원죄가 되었었음을 인정한다. 죄를 고백하고 희생제와 함께 신을 찬양하며 치유를 갈구해야 했다.

이때 신에게 올리는 기도문에 자신들의 죄가 무엇인지 고하기 위해 원죄가 된 연쇄적 사건의 사슬을 기록할 필요가 있었다. 그 기록들을 최초의 역사로 보는 아스만은 징벌의 결과로서 역사가 비로소 읽을 수 있게 되고, 의미와 함께 기호화되었다고 본다. 여기서 역사는 근대적 의미의 인과율이 아닌 성난 신의 보복적 의지로 구현되었다. 기억의 재구성 과정 역시 역사적 통제보다는 법과 신학적 관심에 따라 좌우되었다.

이렇게 신에 결속된 정의에 기반한 역사는 징벌만이 아니라 구원도 다루었다. 이집트 람세스 2세의 카데시 전투에서 예기치 못한 승리(사실상 위기 탈출)를 다룬 명문에서 나타나듯, 이때 신은 징벌이 아닌 신성한 간섭의 주체로 변모한다. 따라서 역사 속 모든 사건이 신적 능력의 증거가 되어 기억과 고백을 통한 역사 사례로 재구성되었던 것이다. 아스만은 〈신명기〉 등 구약성서에 나타난 역사도 이와 유사하지만, 히타이트나 이집트의 사례에서 신의 의지가 우연적으로 작용했다면 성경에서 그 의지는 필연적으로 온 세상에 미친다고 보았다.

앞에서 살펴본 이집트, 이스라엘, 메소포타미아의 문화적 기억이 신과 밀접하게 연관되어 있었다면, 제7장에서 살펴본 그리스는 자유 공간을 특징으로 한다. 그리스인들에게 문화적 기억을 매개로 집단 정체성을 부여한 호메로스 서사시와 같은 토대 문헌들은 모두 구술 이야기를 재생한 것으로 다른 지역과 달리 신성하게 여겨지지 않았다. 성경이 이스라엘 전통을 단일한 결정結晶으로 이끌었다면, 모순으로 가득한 그리스의 책들은 그리스의 특이한 성취를 대변한다. 나아가 알렉산드리아에서 그리스 문헌들에 대한 연구가 이스라엘의 신성한 경전에 버금가는 "고전적 경전" 개념을 창출했다. 이때 형성된 해석에 토대를 둔 문화가 근대에 이르기까지 그리스의 문화적 지속성을 보장했다.

아스만은 여기서 한걸음 더 나아가 이스라엘과 이집트 글쓰기 문화의 성취로서 종교와 국가에 비견되는 그리스의 성취인 철학과 과학이 태동한 맥락까지 검토한다. 그것은 절대진리에 대한 회의와 진리 탐색에 논리적 규칙을 도입한 담론의 발전에서 기인한다. 아스만은 그리스의 글쓰기 문화에 두 가지 독특한 특징이 있다고 본다. 그 첫 번째가 앞에서도 언급했듯이 보편적으로 인식되는 구전 전통의 흡수 발전이다. 아스만이 제기한 논의의 핵심인 두 번째는 텍스트 상호관계 intertextuality의 새로운 형태 창출로, 그는 이를 설명하기 위해 "휘폴렙시스hypolepsis"라는 그리스 용어를 차용한다. 일부 철학자들이 삼단논법식 "연역 추론"으로도 번역하는 휘폴렙시스는 아스만식으로 얘기하면 과거의 텍스트를 이어받아 비판적으로 원용하는 방식이다. 문자뿐만 아니라 사승관계나 학파 등의 제도적 틀을 통해 기능한 그리스 특유의 휘폴렙리스가 선배들의 성취를 통제된 변이의 형태로 원용하며 문화적 지속성과 일관성에서 새로운 형태를 낳았다고 본다.

아스만이 반복에 토대를 둔 "의례적 연속성"에서 변이에 기반한 "문헌적 연속성"으로의 발전을 문화적 기억의 핵심 전환점으로 강조했음은 주지의 사실이다. 그는 여기서 문헌적 연속성의 하위 개념으로서 새로운 양상을 한 가지 더 추가한다. 지금까지 주로 살펴본 경전과 고전을 문헌적 연속성에서 "반복"의 영역으로 분류하며, 그에 상대적인 "변이"의 영역으로 휘폴렙시스를 제시한다. 경전과 고전이 문헌적 연속성에서도 불변이라는 반복의 대의에 복무했다면, 진보적 변이를 가능케 한 휘폴렙시스라는 그리스의 새로운 방식이 논리적 규칙을 도입한 철학적, 과학적 담론의 발전을 이끌었다는 것이다.

　아스만은 그리스와 마찬가지로 중국 철학도 공자 이후 휘폴렙시스식 원칙으로 번성했다고 본다.[12]※ 이집트의 교훈을 담은 지혜 문학과 신의 유일성 문제를 다룬 신왕국 찬미 문서의 신학적 담론에서도 휘폴렙시스의 형식을 제한적으로나마 발견할 수 있다고 한다. 이를 통해 사상의 진화 혹은 사상의 역사가 그것이 펼쳐진 문화적 영역을 통해서만 확인 가능하다고 믿는 아스만은 이 책의 말미에서 카를 야스퍼스Karl Jaspers(1883~1969)의 "축의 시대Axial Age" 개념을 보완한다. 야스퍼스는 온갖 철학이 서기전 5~3세기경에 집중되었음을 강조하며 이 시기를 "축의 시대"로 명명했다.

　그러나 이집트의 유일신 신학적 담론을 주도한 아켄아텐이나 조로아스터, 무하마드(이슬람)까지 여기에 포함되면, 그 시간 폭이 서기전 14세기~서기 7세기까지 연장되어 동시성이 무너진다. 아스만이 보기에 이러한 혁신은 사실상 계속 일어났고, 문자와 문헌, 해석 문화의 틀 속에서만 혁명적 결과가 전달되어 영향력을 발휘했다. 결국 야스퍼스가 강조한 시대적 전환점이 아니라 문화적 변형이 있었던 것이고, 이는 서기전 제1천년기 문식성literacy의 보급으로 인한 의례적 연속성에서 문헌적 연속성으로의 변형을 통해 확실히 가속화되었다. 이때 이런 텍스트들의 규범적normative, 형성적formative 추동력을 가능케 해준 학교 같은 문화적 제도까지 탄생했다. 수천 년 전의 선배들과 대화를 가능케 해준 조건의 틀이 창출된 것이다.

　야스퍼스는 여기서 문자의 역할을 무시했지만, 에릭 해블록Eric A. Havelock(1903~1988)이나 니클라스 루만Niklas Luman(1927~1998)처럼 이를 오히려 과대평가하는 학자들도 있다. 아스만이 주장하는 결정적 요인은 문자와 글쓰기가 한 사회에 배어든 수준이다. 즉, 텍스트와 문자화된 의미 형성이 어떻게 다루어졌는지의 문제와 창건 혹은 토대 문헌을 원용하는 기술에 달려있었다. 문자 자체의 사용이 아니라 문헌의 경전화와 해석 등을 이끈 문화적 기억술의 활용이 그 관건이었다는 얘기다.

여기까지가 내가 간추린 《문화적 기억과 초기 문명》의 핵심 내용이지만, 아스만이 이 책에서 보여준 지적 깊이와 방대함을 어느 정도나 전달했을지 움츠러들지 않을 수 없다. 그럼에도 모든 사회와 문화를 살아 숨쉬게 하는 내재적 연결구조의 핵심 메커니즘으로 문화적 기억에 대한 아스만의 성찰은 역사를 비롯하여 문화 전반을 다루는 모든 학문을 더욱 풍성하게 해주고 있음이 분명하다. 그렇다면 아스만의 문화적 기억 이론은 내가 주로 공부하는 동아시아 고대사에도 적용이 가능할까?

IV.

이제 이 글의 서두에서 언급한 요순우 문제를 비롯한 고대 중국으로 돌아가보자. 아스만도 이 책에서 고대 중국의 문헌 발전을 몇 차례 비교 사례로 언급한 바 있다. 특히 이집트와 유사한 중국 문화의 강한 "의례적 연속성"과 함께(이 책의 105쪽), 이집트처럼 복잡한 표의문자의 틀 속에서도 공자 이후 그리스 못지않게 발전한 중국의 휘폴렙시스식 철학 담론에도 주목한다(이 책의 345쪽과 451쪽의 주 51). 나아가 유교나 도교 경전에 대한 풍부한 해석 전통을 이끈 중국의 주석가들을 이스라엘의 소페르sofer, 유대의 랍비rabbi, 그리스의 필로로고philologos, 인도의 브라만bramin 등에 비유하기도 한다(이 책의 115쪽).

그러나 나는 이 책을 통독하면서 아스만이 중국의 문헌 자료에 정통했더라면 또 따른 흥미로운 사례 연구를 추가하지 않았을까 하는 아쉬움을 지우기 어려웠다. 아스만의 이론을 고대 중국의 사례에 적용하는 연구는 이제 시작이라고 할 수 있을 정도로 초보적이다. 그럼에도 이 책의 사례 연구 대상이 된 네 문명 못지 않게 문헌 자료가 풍부한 고대 중국은 내가 보기에 문화적 기억 연구의 보고라고 할 수 있다. 나는 특히 고대 중국의 문헌 발전에 분명 근동이나 그리스와 다른 특이성이 존재하지만,[13]※ 아스만이 강조한 "의례적 연속성"에서 "문헌적 연속성"으로의 전이 과정은 보편적으로 나타난다고 본다.

중국 최초의 텍스트라고 할 수 있는 갑골문, 청동기 금문, 시서역詩書易의 3경 중 오래된 일부 등은 상나라 후기(서기전 12세기)부터 춘추시대(서기전 5세기)까지 산출되었다. 그 자체가 의례 텍스트적 성격을 지니면서 서사 형식 역시 일정한 패턴이 대체로 반복되는 이러한 문헌들은 아스만이 제시한 "의례적 연속성"의 범주를 크게 벗어나지 않는 듯하다. 그러나 전국시대 후기인 서기전 4세기경이 되면 문헌 발전상 상당한 변화가 일어난다. 아스만도 주목하듯이 제자백가 문헌에서 나타나는 휘폴렙시스식 담론뿐만 아니라 상당한 분량의 초나라 죽간 문헌[楚簡]도 문학, 역사, 사상, 문화, 의학(방술) 등의 다양한 장르를 포괄한다. 문헌의 봇물이 터진 이 시기는 아스만이 강조한 유동적인 "전통의 물줄기" 단계에 대체로 부합한다.

중국의 초기 문헌 전통에서 춘추시대까지 이집트식 의례적 연속성에서의 반복 양상이 두드러졌다면, 전국시대의 새로운 물줄기는 문헌적 연속성의 단계로 넘어가며 다양한 장르의 분출과 함께 각 장르 내에서의 변이도 대세로 자리 잡는다. 더욱이 전국시대에 이들 중 일부가 경經으로 불리기 시작했으며, 이것들은 결국 진한제국에 이르러서 영원한 진리가 부여되는 경전canon의 반열에 오른다. 이후 변화하는 사회에 맞춰 그 진리를 적용하기 위해 주석[傳] 전통이 발전했음은 주지의 사실이다.

이처럼 고대 중국의 문헌 형성사는, 경經과 경전canon의 등치 여부나 문헌 장르 구분상의 차이 등 논란의 여지가 있음에도 불구하고, 아스만이 제시한 이론 틀에 상당히 부합한다. 여기서 한 가지 흥미로운 현상은 아스만이 네 문명의 문헌 형성 과정에서 각각의 특징으로 주목한 의례적 연속성(이집트), 경전의 탄생과 해석 전통(이스라엘), 역사서술의 시작(메소포타미아),[14]※ 선배의 담론을 비판적으로 계승한 휘폴렙시스식 체계(그리스)가 중국 고대 문헌의 형성 과정에서 모두 나타나는 점이다. 아스만이 이집트나 메소포타미아 문명과 달리 이스라엘과 그리스 문명이 종교와 학문으로 생명력을 이어간 핵심 요인으로 창건 문헌의 창출과 그 경전화를 들듯이, 중국 문명의 유례 없는 장기 지속성에 대한 실마리가 이러한 복합적 문헌 전통에 있을지도 모른다.

이러한 측면에서 성왕 요순우 문제 역시 문화적 기억의 틀 속에서 새롭게 조망할 수 있다. 《상서尙書》〈요전堯典〉과〈우공禹貢〉편은 요순우의 행적을 보증하는 경전으로 자리 잡은 지 오래다. 그러나 그 성서成書 연대를 둘러싸고 상 후기에서 한 대까지 1천 년을 넘나드는 백가쟁명식

논의에 따른 불가해성을 강조하지 않더라도, 이러한 문헌의 내용은 신뢰할 만한 역사가 아니라 고대 중국인의 문화적 기억을 담은 창건 이야기에 가깝다. 20세기 후반의 고고학 성과에 힘입어 중국에서 유행처럼 번지는 역사적 실체로서 요순우를 다루는 무수한 연구들과 경쟁적인 관련 사적 만들기도 아스만의 관점에 따르면 현대판 문화적 기억의 전형이다. "순이 역산에서 농사를 지었다"는 이른바 '순경역산舜耕歷山' 고사故事로 인해, 현재 중국 전역에 순과의 연고권을 주장하는 역산이 무려 21곳에 달할 지경이라고 한다.

따라서 나는 알박스가 이미 예수에 대한 기억이 특정 장소와의 허구적 연관성을 통해 공고해졌다고 밝히며 집단기억의 생성 조건으로 특정 공간과의 연결을 강조했듯이, 요순우에 대한 문화적 기억이 창출되어 산시성이라는 공간에 지역화되어가는 추이를 다음과 같이 살펴보았다.[15]

제자백가와 초간 문헌에는 요순우에 대한 다양한 이야기가 나타난다. 전국시대 문헌 전통의 물줄기에서 요순우에 대한 문화적 기억이 활발하게 창작되고 전사되며 그 기억 형상이 구체화되기 시작한 것이다. 이 와중에 요순우가 특정 지명이나 지역과 연관되는 양상도 나타나는데, 필자가 《좌전》의 서사를 통해 분석한 산시성에서 요堯가 공간화되어가는 과정은 상당히 유동적이다. 이를 통해 대일통大一統의 염원이 반영된 창건의 주체로서 성왕에 대한 문화적 기억이 창출, 확산, 전승되는 다양한 면모를 확인할 수 있다. 한대 이후 〈요전〉과 〈우공〉편 등 성왕의 기억을 담은 문헌들이 경전화됨으로써, 요순우에 대한 다양한 기억이 망각과 재정립을 거쳐 창건 기억으로서 고정적 지위를 얻게 되었다. 그 창건 기억이 아스만식 신화 동력으로 작용하여 하나의 민족으로서 화하華夏 정체성의 형성에 기여하는 한편, 황실에서도 요순과의 계보적 연결을 추구했다. 이와 함께 그 기억이 산시성을 비롯한 특정 공간에 의례의 대상으로 이식됨으로써, 더욱 확고해진 기억 형상과 함께 역사성마저 부여받는다. 사묘祠廟나 능묘 같은 상징적 구조물을 통해서였다. 《한서》〈지리지〉에서 당송 대의 지리서, 명청 대의 방지方志, 현대의 유적 재건에 이르기까지 역시 유동적으로 나타나는 그러한 사적들의 추이는 요순우에 대한 문화적 기억의 확산, 쇠퇴, 망각, 복원까지 살펴볼 수 있게 해준다. 특히 1920년대 고힐강(구제강)이 주도한 이른바 《고사변古史辨》 운동에서 타파 대상으로서 요순우는 창건 기억의 지위를 상실하고 아스만식 반反현재 기억의 대명사로 자리 잡는다. 이러한 변이 뒤에는 고대 중국에서 현재에 이르기까지 시세에 맞게 전유轉有된 성왕에 대한 문화적 기억의 유동성이 자리한다.

이렇듯 요순우에 대한 인식이 창출, 고정, 확산, 쇠퇴, 망각, 복원되는 양상을 통해 문화적 기억으로서 그 유동적 속성을 살펴볼 수 있지만, 많은 학자들은 이들 성왕을 여전히 고대사 연구의 대상으로 간주하고 있다. 아스만은 이러한 문제에 대해 다음과 같이 언급한 바 있다:

우리는 기억이 역사 연구와 아무런 관계가 없다고 단순하게 명심할 필요가 있다. 역사학 교수에게 '기억을 채우고, 그 용어를 만들어내며, 과거를 해석하라고' 기대할 수는 없는 일이다. 이 지적으로 인해 그러한 과정이 계속 이어지고 있다는 사실이 바뀌지는 않겠지만, 그 과정은 역사가의 과업을 나타내는 것이 아니다. 즉, 그것은 사회적 기억의 기능이요, 역사가의 작업과 다른 인류학적 기본 특징이다(이 책 92쪽).

여기서 아스만은 기억과 역사 연구를 명확히 구분하고 있다. 그는 이집트학 같은 학문 분야에서 "(가치) 지향orientation"을 기대할 수 없듯이, 연구는 그러한 "가치에 대한 의문"에서 벗어날 때야 지식을 창출할 수 있다고 본다(이 책의 402~403쪽의 주 86). 나아가 역사서술의 중립성을 강조하며 헤로도토스 이래로 이어져온 순수한 "이론적 호기심"에서 비롯된 학문적 역사서술을 집단의 정체성과 관련된 기억 작업과 차별화한다(이 책의 397쪽의 주 35).

그렇지만 역사의식을 문화적 기억의 하부 개념으로 포괄시키는 아스만은 이제 역사가의 과업과 사회적 기억의 구분이 이미 폐기되어, 역사서술이 단순히 집단기억의 독특한 한 장르로 간주될 정도가 되어버렸다고 지적하기도 한다(이 책의 403쪽의 주 87). 마찬가지로 위의 중국 사례처럼 도처에서 문화적 기억 작업이 역사 연구와 별 구분 없이 진행되고 있을 것이다.

이 책의 내용을 어느 정도 이해한 독자들은 고려시대에 창출되어 20세기 후반 확정된 단선적 민족사—고조선에서 부여를 거쳐 남쪽의 삼한을 아우르고 고구려, 백제, 신라, 발해까지도 포괄하는—를 20세기 한국 역사학계가 이룬 아스만식 문화적 기억의 완결판으로 인식할지도 모른다. 뒤에서 언급할 한민족의 원조로서 만주 벌판의 고조선과 함께 이렇게 조성된 문화적 기억이 20세기 후반 한민족 정체성을 고양하며 경제 발전에 기여했음은 물론이다.

그러나 이제 역사로 포장된 기억의 매커니즘을 어느 정도 이해한 상황에서, 역사 자체를 문화적 기억의 범주로 수용하거나, 둘 사이의 보완적 관계를 인정할 필요가 있다.[16]※ 이러한 측면에서 앞에서 언급한 단선적 서사의 토대를 제공한《삼국사기》와《삼국유사》를 기점으로 고대 이래 문화적 기억의 연속성만이 아닌 단절의 측면까지 함께 고려하여 한국 민족사 체계를 되짚어볼 때가 된 것은 아닐까. 21세기 들어 세계적으로 부각되는 일부 "한국적" 양상을 가능케 해주었을 문화적 기억의 "연결구조"는 이러한 현존 최고最古 문헌까지 소급될 수 있을 것이다.[17]

20세기 후반 한국인의 뇌리를 장악하여 현재까지도 영향을 미치는 오래되고 거대했다는 고조선 서사도 앞에서 언급한 요순우처럼 쉽게 떠올릴 수 있는 문화적 기억의 전형이다. 20세기 초 신채호가 제창하여 많은 학자들이 뒷받침한 고조선을 둘러싼 무수한 서사의 이면에서 Ⅲ장에서 언급한 기억의 자극제로서 "신화 동력", 기억과 권력의 연합, 기억의 반反현재적 기능, 기억을 통한 집단 정체성의 고양 등 아스만이 제시한 문화적 기억의 다양한 레퍼토리를 감지한다. 이러한 양상들을 재성찰함으로써 21세기까지 이어지는 교과서 버전 지배 서사 구축 과정의 내면을 들여다볼 수 있을 것이다. 한 대漢代에 창출되어 20세기 후반까지 영욕을 거듭한 기자조선 문제, 고구려와 백제의 부여 기원설, 고구려 멸망 아래 다양하게 전유轉有되어온 그 유산 등 한국 및 동아시아 고대사의 여러 쟁점 역시 문화적 기억의 차원에서 새로운 해석을 기다리고 있다.

마지막으로 다시 요순우와 관련하여 20세기 초 시라토리 구라키치白

鳥庫吉(1865~1942)와 구제강顧頡剛(1893~1980) 등 이른바 의고疑古 경향의 학자들이 이미 경전이 되어버린 그 성왕의 장벽 해체를 시도한 바 있다. 20세기 중후반까지 구미나 일본은 말할 것도 없고 중국에서도 의고 학풍이 대세였음을 감안할 때, 그 해체는 상당히 성공적이었다. 그러나 이 해제의 서두에서 언급했듯이, 그 해체가 20세기 말부터 중국 학계의 주도로 새롭게 복구되고 있음은 주지의 사실이다. 여기서 드는 본질적 의문은 과연 어떤 현대 역사학자가 고대 문헌이 기술하는 요순우를 비롯한 많은 논쟁적 기록의 사실성 여부를 입증할 수 있을까이다. 현대의 고대사가들이 그 진위를 둘러싸고 극심하게 대립해온 그 자료들을 아스만이 주장하듯 신화·전설과 역사의 구분이 없는 문화적 기억의 매체로 치환한다면, 둘 사이의 명확한 구획 없이 불가능한 그 소모적 논쟁에서 어느 정도 자유로워질 수 있을 것이다.

그러므로 아스만은 이제 역사가들이 성왕과 같은 경전의 장벽 해체나 복구를 넘어서 그 문화적 기억의 내재적 구조와 형성 및 변이 과정을 탐구할 필요성을 제창하고 있다(이 책 154쪽). 앞에서 언급한 내 요순우 연구가 부족하나마 그러한 예시가 될 수 있을지도 모르겠다.

V.

얀 아스만이 독일어판《문화적 기억: 초기 선진 문화의 글쓰기, 기억, 정치적 정체성》을 내놓은 지 32년이 넘었다. 해묵은 이론을 무비판적으로 소개한다는 우려가 제기될 수 있을지도 모른다. 이미 기존의 연구에서 아스만이 기억을 너무 확정된 대상으로 일반화했다는 지적, 기억이 정치적 맥락, 즉 권력에 따라 변형되고 재구성되는 과정이 미흡하다는 주장, 아스만이 개별 기억과 집단기억 사이의 연관성을 중시하지 않았고, 문학과 매체가 문화적 기억 형성에 미치는 영향에 대한 설명 역시 미흡하다는 견해, 아스만식 문화적 기억의 "만능성" 혹은 "절대주의"에 대한 경계 등이 제기되었다. 충분히 수용할 만한 주장들이다. 다만 이들 연구자 대부분이 아스만을 기억 연구에서 가장 영향력 있는 학자로 인정한 점은 이러한 비판 역시 아스만의 이론을 보완하는 경향이 강함을 보여준다.

또 다른 우려는 서양 중심으로 만들어진 이론을 무비판적으로 동아시아에 적용할 수 있을지 여부일 것이다. 이 해제의 IV장에서 내가 시도한 그 적용 가능성 역시 보편성을 전제로 한 것이어서 사실상 다양한 비판에 노출되어 있다. 당연히 이러한 비판의 과정에서 중국이나 한국의 특수성이 더 드러날 수도 있을 것이다.

그러나 과연 그러한 문제를 제기하게 한 이론의 핵심에 대한 이해가 선행되지 않고 어떤 특수성을 제대로 부각할 수 있을까? 이미 10개국 이상의 언어로 번역된 이 책이 한국에서도 진지하게 받아들여지길 기대하며, 얀 아스만 교수의 명복을 빈다.

주

옮긴이 서문

1 내가 편집을 맡고 있는 단국사학회의 《사학지》 제64집(2024년 6월 30일 간행)을 '얀 아스만 교수 추모' 특집으로 꾸몄다. 다음의 논문 네 편이 수록되었다. 임지현, 〈얀 아스만과 기억의 역사〉; 유성환, 〈얀 아스만, 일신교의 기원을 탐색한 이집트학자〉; 정대영, 〈2000년 이후 한국사 연구의 기억연구 경향: 연구 성과와 집단 기억연구 프로젝트 사례를 중심으로〉; 심재훈, 〈《문화적 기억과 초기 문명》, 그리고 고대 중국〉.

저자 서문 • 1992

1 그 시리즈는 《문헌과 해설 Text und Kommentar》(1995), 《비밀에 관하여 Schleier und Schwelle[On Secrecy]》 3권(1997~1999), 《고독 Einsamkeit》(2000), 《주의 Aufmerksamkeiten》(2001), 《상형문자 Hieroglyphen》(2003), 《변형 Verwandlungen》(2005), 《완벽 Vollkommenheit》(2010)으로 이어졌다.

2 Erinnerungsräume. Funktionen und Wandlungen des kulturellen Gedächtnisses(München 1999, 4th edition). 영문은 Cultural Memory and Western Civilization(Cambridge University Press, 2011). 국문은 변학수·채연숙 옮김, 《기억의 공간: 문화적 기억의 형식과 변천》, 그린비, 2011.

서론

[1] 역사적 기억과 정체성 형성의 형태로서 교리문답에 대해서는 A. de Pury and T. Römer, "Memoire et catechisme dans l'Ancien Testament", *Histoire et conscience historique* (CCEPOA 5, 1989), pp. 81~92 참조.

[2] 현재화presentification에 대해서는 제2장의 주 5 참조.

[3] 이는 모리스 알박스가 '물질적 소유*entourage matériel*'라고 부른 것에 상응한다.

[4] Konrad Ehlich, "Text und sprachliches Handeln. Die Entstehung von Texten aus dem Bedürfnis nach Überlieferung", in A. Assmann/J. Assmann/ Chr. Hardmeier (eds.), *Schrift und Gedächtnis. Archäologie der literarischen Kommunikation I*. München, 1983, pp. 24~43.

[5] Aleida Assmann and Jan Assmann, "Schrift, Tradition und Kultur", in W. Raible (ed.), *Zwischen Festtag und Alltag*, Tübingen 1988, pp. 25~50; J. Assmann, "Kollektives Gedächtnis und kulturelle Identität", in J. Assmann and T. Hölscher (1988a), pp. 9~19.

[6] 앙드레 르로이 구라한André Leroi-Gourhan은 '외재화'라는 키워드로 원시적인 도구에서 문자, 카드 색인, 구멍 난 카드를 거쳐 컴퓨터에 이르기까지의 외부 데이터 저장소가 기술적으로 진화해가는 과정을 설명한다. 그는 이를 '외재화된 기억'이라 부른다 (*Le geste et la parole*, Paris, 1965, p. 64). 전달자는 개인이나 동물의 경우처럼 종種이 아니라 '민족 공동체'다. 멀린 도널드Merlin Donald(1999, pp. 308~315)는 엑소그램exograms 을 활용하는 '외부 저장 체계External Storage Systems'(ESS)라고 한다.

[7] F. H. Piekara, K. G. Ciesinger, K. P. Muthig, "Notizenanfertigen und Behalten", *Zeitschrift für Pädagogische Psychologie 1987*, 1, H.4, pp. 267~280.

1부 이론적 기반

제1장 기억 문화: 예비적 고찰

[1] Cicero, *On the Ideal Orator*, trans. with introduction by James M. May and Jakob Wisse

(Oxford: Oxford University Press, 2002), p. 219.

2 Frances Amelia Yates, *The Art of Memory* (Chicago: University of Chicago Press, 1966); Herwig Blum, Die antike Mnemotechnik (Hildesheim: Olms, 1969); Dale F. Eickelmann, "The Art of Memory: Islamic Education and its Social Reproduction", *Comparative Studies in Society and History* 20 (1978), pp. 485~516; Aleida Assmann and Dietrich Harth (eds.), *Mnemosyne* (Frankfurt: S. Fischer, 1991), especially Part II, "Art of Memory-Memory of Art"; Anselm Haverkamp and Renate Lachmann (eds.), *Gedächtnis als Raum. Studien zur Mnemotechnik* (Frankfurt: Suhrkamp, 1991).

3 *Les lieux de memoire*, 3 vols., (Paris: Gallimard 1984~1987).

4 "Shamor ve zakhor be-dibur echad"(하나의 계명 속에서 기억하고 보존하라)는 레카 도리 Lekha Dori라는 안식일 노래말이다.

5 Max Weber, *Economy and Society* (제3장, 주 31 참조), p. 391.

6 Cicero, *On the Ideal Orator*, 167 (앞의 주 1 참조).

7 이집트에서 이런 현상이 어떻게 일어났는지에 대해서는 Jan Assmann, "Die Entdeckung der Vergangenheit. Innovation und Restauration in der ägyptischen Literaturgeschichte", in H. U. Gumbrecht and U. Link-Heer (eds.), *Epochenschwellen und Epochenstrukturen im Diskurs der Literatur- und Sprachhistorie* (Frankfurt: Suhrkamp, 1985), pp. 484~499 참조.

8 아멘엠하트 1세의 호루스Horus 이름에 대한 위와 같은 해석은 Detlef Franke, *Das Heiligtum des Heqaib auf Elephantine. Geschichte eines Provinzheiligtums im Mittleren Reich* (Heidelberg: Orientverlag, 1994)에 상세히 제시되어 있다.

9 제12왕조의 복고주의는 특히 디터 아르놀트Dieter Arnold가 리시트Lischt의 왕릉을 발굴하여 그 모습을 드러내었다.

10 Donald B. Redford, *Pharaonic King-Lists, Annals and Day Books* (Mississauga: Benben, 1986), p. 151 이하.

11 Jan Assmann, *Ma'at: Gerechtigkeit und Unsterblichkeit im alten Agypten* (Munich: C. H.Beck, 1990), 제2장.

12 Erhart Graefe, "Die gute Reputation des Königs 'Snofru'", in *Studies in Egyptology*, Fs.Lichtheim (Jerusalem: Magnes 1990), pp. 257~263.

13 이집트에서도 고왕국이 끝난 후에 놀랄 만큼 유사한 관습이 발전했다. Hermann

Kees, *Totenglauben und Jenseitsvorstellungen der alten Agypter*: *Grundlagen und Entwicklung bis zum Ende des Mittleren Reiches* (Leipzig: Hinrichs, 1926), pp. 253~254 참조. 주요 행진에 중요한 조상의 나무 조각상까지 등장했다.

14 Jan Assmann, "Schrift, Tod und Identität. Das Grab als Vorschule der Literatur im alten Ägypten", in A. and J. Assmann (eds.), *Schrift und Gedächtnis. Archäologie der literarischen Kommunikation I* (Munich: Fink, 1983), pp. 64~93; "Sepulkrale Selbstthematisierung im Alten Ägypten," in A. Hahn and V. Kapp (eds.), *Selbstthematisierung und Selbstzeugnis*: *Bekenntnis und Geständnis* (Frankfurt: Suhrkamp, 1987), pp. 208~232 참조.

15 제라드 나메르Gérard Namer의 새 버전이 1994년 출간되었다(Paris: Albin Mochel). 알박스의 기억 이론에 대한 상세한 평가는 Gérard Namer, *Mémoire et société* (Paris: Klincksieck, 1987) 참조.

16 1971년 재판. Marie Jaisson과 Eric Brian의 비판적 개정판이 "Sociologie d'aujourd'hui" PUE, Paris에서 시리즈로 출간될 것이다.

17 G. Namer and M. Jaisson의 비판적 개정판 참조(Paris: Albin Michel, 1997).

18 알박스에 대한 Annette Becker의 전기 *Maurice Halbwachs*: *un intellectuel en guerres mondiales 1914~1945* (Paris: Agnes Vienot editions, 2003) 참조. 알박스의 비극적 죽음에 대해서는 같은 책 pp. 413~450 참조.

19 따라서 그는 베르그송의 정신-육체 이원론도 거부했다. Henri Bergson, *Matiére et mémoire* (Paris: Alcan, 1896) 참조.

20 Maurice Halbwachs, *On Collective Memory*, ed. and trans. Lewis A. Coser (Chicago: University of Chicago Press, 1992), p. 43.

21 앞의 책, p. 169.

22 Erving Goffman, *Frame Analysis An Essay on the Organization of Experience* (New York: Harper 1974).

23 Frederic C. Bartlett은 접근법이 비록 비슷했어도 이러한 표현들에 강력히 반대했다. *Remembering*: *A Study in Experimental Social Psychology* (Cambridge: Cambridge University Press, 1932).

24 제5장에서 망각하기가 틀의 변화를 통해 조망될 것이다.

25 "망각하기는 이러한 틀의 소멸이나 그 소멸의 일부로 설명된다. 우리의 관심 자체

가 그 틀 위에 있지 않거나 다른 데 초점이 맞춰지기 때문이다.……그렇지만, 망각하기……혹은 특정 기억의 변형은 이러한 틀이 한 시기에서 다른 시기로 변화하는 사실로서도 설명된다." 따라서 기억하기뿐만 아니라 망각하기도 사회적 현상이다.

26 Halbwachs, On Collective Memory chapt. 4: "The Localization of Memories", pp. 52~53.

27 Halbwachs, "The Legendary Topography of the Gospels in the Holy Land", in On Collective Memory, pp. 193~235.

28 이러한 맥락에서 알박스 자신은 "기억 이미지"에 대해 논했다. 특히 Les cadres sociaux de la mémoire (Paris: F. Alcan, 1925), p. 1 이하 참조. '기억 형상'이라는 용어는 문화적으로 형성되고 사회적으로 결속된 '기억 이미지'를 나타내기도 하지만, 상징적인 것뿐만 아니라 이야기 형태까지도 포괄하기 때문에 이 경우 '형상'이라는 용어를 사용하는 게 더 나아 보인다.

29 Auguste Comte로부터 인용; Arnold Gehlen의 용어 "Aussenhalt"(외재적 귀속)도 참조; Urmensch und Spätkultur (Berlin: de Gruyter, 1956), p. 25 이후와 다른 부분.

30 Arpag Appadurai, The Social Life of Things. Commodities in Cultural Perspective, (Cambridge: Cambridge University Press, 1986) 참조.

31 Cicero의 "tanta vis admonitionis inest in locis, ut non cine causa ex iis memoriae ducta sit disciplina" (de finibus bonorum et malorum 5, 1-2) 참조: "기억의 큰 힘이 공간들에 내재하여서 기억의 기술들이 공간과 연결된 것은 납득할 만한 일이다."(Hubert Cancik and Hubert Mohr, "Erinnerung/Gedächtnis", in Handbuch religionswissenschaftlicher Grundbegriffe 2 [Stuttgart: Kohlhammer, 1990], pp. 299~323, 312에서 인용). 이러한 접근은 Pierre Nora의 기념비적 업적에서 더 발전한다. Les lieux de mémoire, 3 vols. (Paris: Gallimard, 1984, 1986, 1992).

32 D. Ritschl, Memory and Hope. An Inquiry Concerning the Presence of Christ (New York: Macmillan, 1967).

33 Claude Lévi-Strauss, La pensée sauvage (Paris: Plon, 1962), p. 360; Engl. The Savage Mind (Chicago: University of Chicago Press, 1966), 203f.; Structural Anthropology, vol. 2, trans. Monique Layton (Chicago: University of Chicago Press, 1976), pp. 26~32 참조. 다른 맥락에서 다시 검토할 이러한 구분에 비추어 '뜨거운 사회'로 볼 수 있는 집단은 없는

지 의문이 제기된다. 그 사회는 자신들의 변화를 의식하게 되어 그들의 새로운 자아상을 수용할 역량이 있다.

34 Halbwachs, *On Collective Memory*, p. 75(앞의 주 20 참조): "그 시공간의 다양성에도 불구하고, 역사는 사건들을 비교 가능한 것처럼 보이는 용어로 축소하여, 하나 혹은 몇 개의 주제에 대한 변이처럼, 하나의 사건을 다른 것들과 연계시킨다."

35 Halbwachs, *Das kollektive Gedächtnis* (Frankfurt: Fischer 1985), p. 72. 역사가는 "apolis"(즉, 역사서술에서 어떤 정치 집단에도 치우치면 안 된다)해야 한다는 Lucian의 주장 참조(*Luciani Samosatensis opera*, ed. W. Dindorf, vol. 2 [Leipzig: Teubner, 1929], 148 § 41). 알박스는 여기서 최근의 역사가들이 오랫동안 거리를 두어온 실증사학 개념을 대변함이 분명하다. 모든 역사서술은 그 시대와 작가 및 후원자의 관심에 속박되어 있다. 이로 인해 '기억'과 '역사' 사이의 차이가 더 이상 철저한 검토의 대상으로 유효하지 않게 되었고, 대신 역사서술은 피터 버크Peter Burke가 제시한 대로 사회적 기억의 특이종으로 분류된다; "Geschichte als soziales Gedächtnis" (History as Social Memory), in A. Assmann and D. Harth, *Mnemosyne*, p. 289 이하(앞의 주 2 참조). 그렇지만 이는 역사서술의 중립성이라는 중요한 범주의 손실을 초래한다. 시대와 특정 관심에 따른 영향력과 무관하게 헤로도토스 이래로 순수하게 '이론적 호기심', 즉 앎에 대한 욕구에서 비롯되어 과거에 몰두한 경우가 있었다. 이는 확실히 집단을 기억하는 정체성과 항상 관련된 '기억 문화'라고 부를 수 있는 역사의 형태와 아주 다른 것이다. 이 장의 후반부에 내려질 구분의 측면에서 학문적 역사서술은 '차가운' 기억의 한 형식이다.

36 에른스트 놀테Ernst Nolte는 역사의 기다림을 과거의 '사라지기 거부함'으로 간결하게 묘사했다. 놀테가 건드린 신경선은 이른바 '역사가 논쟁'에서 기억과 역사의 영역을 둘러싼 끊임없는 혼란과 관련이 있다. 하지만 기억에서 역사로의 흐름은 반드시 시간만의 문제는 아니다. 서기 680년 (카르발라 전투에서의) 시아파나 1389년 (코소보 전투에서의) 세르비아처럼, 특정 집단에게 일부 사건은 언제나 '기억의 형상'으로 남아 있다.

37 1990년에 이 부분을 쓴 이래로 상황이 완전히 변했다. 현재까지 일반적으로 현대 기억 연구의 창시자 중 한 사람으로 공인된 알박스에 대한 전기와 책 몇 권이 나와 있다.

38 이는 특히 *On collective Memory* 6장의 종교에 관한 논의에 적용된다(앞의 주 20 참조). 거기서 알박스는 **모든** 종교가 제도화된 기억의 일종으로, "차후의 기억과 어떤 뒤섞

임도 없이 시간을 관통하여 변함없는 고대에 대한 기억을 보존하는 것을 목표로 한다"고 제시한다(앞의 책, p. 93). 이는 정확히 다음과 같은 문제를 초래한다. 한편으로 '문화'와 '종교' 사이의 구분에 대한 의문이 제기될 수 있고, 다른 한편으로 많은 다른 종교 유형 사이의 구분이 필수적이다. 따라서 On Collective Memory에 기술된 종교 이론에 대해서는 더 이상의 고려가 필요치 않아 보인다.

39 G. Namer의 1997년 개정판에서 J. Alexandre의 편향된 편집의 문제를 지적했다(앞의 주 15 참고).

40 Cancik and Mohr, "Erinnerung/Gedächtnis", p. 311 (앞의 주 31 참조).

41 자발적 기억과 비자발적 기억 사이의 구분은 마르셀 프루스트Marcel Proust(1871~1922)에 따른 것이다. *Remembrance of Things Past: Swann's Way: Within a Budding Grove*, trans. Terence Kilmartin and C. K. Scott-Moncrieff, Vol. 1 (New York: Knopf, 1982), pp. 45~50, 특히 p. 46 이후 참조. 알박스와 마찬가지로 프루스트에게 자발적 기억의 그림은 이러한 기억의 형태 속에서 "사실상 모두 죽은 과거 자체에서 어느 것도 보존하지 않는다"이다. 따라서 프루스트는 자발적 기억을 폐기하고, 과거에 접근하는 유일한 참된 방식으로 '비자발적 기억'이라는 매우 드문 순간으로 돌아섰다. 반면에 알박스는 바로 그 불확실성과 사회적 구축성으로 인해 자발적 기억에 집중했다.

42 초판은 *De la tradition orale*이라는 제목으로 1961년 출간되었다. 최초의 영문 번역은 1965년 런던에서 나왔다.

43 Jan Vansina, *Oral Tradition as History* (Madison: University of Wisconsin Press, 1985), pp. 23~24.

44 Jürgen von Ungern-Sternberg and Hansjörg Reinau (eds.), *Vergangenheit in mündlicher Üerlieferung, Colloquium Rauricum* (Stuttgart: Teubner, 1988); 특히 Meinhard Schuster의 "Zur Konstruktion von Geschichte in Kulturen ohne Schrift," 앞의 책, pp. 57~71 참조.

45 일반적으로 이러한 족보는 10~15세대로 구성된다. 그것들은 그리스 영웅 전설의 잘 알려진—반드시 역사적이지는 않지만 (그 체계에 편제하는) 확실히 신화적인—이름으로 시작하여 특정 이름 소지자보다 2~4세대 앞선 역사적으로 알려진 인물에서 끝난다. 그 사이에 그 연쇄의 연결고리를 제공하는 가상의 이름들이 있는데, 그 연쇄의 길이는 상황적 필요에 따라 정해진다.

46 Keith Thomas, *The perception of the past in early modern England* (London: University of

London, 1983), p. 9.

47 이러한 구분에 대한 더 상세한 내용은 Aleida and Jan Assmann, "Schrift, Tradition, Kultur", in W. Raible (ed.), *Zwischen Festtag und Alltag* (Tübingen: Narr, 1988); Jan Assmann, "Stein und Zeit. Das monumentale Gedächtnis des alten Ägypten", in J. Assmann and T.Hölscher (eds.), *Kultur und Gedächtnis* (Frankfurt: Suhrkamp, 1988), pp. 87~114 참조.

48 Tacitus, *Annales* III, 75; H. Cancik-Lindemaier and H. Cancik, "Zensur und Gedächtnis. Zu Tac. Ann. IV 32~38", in A. and J. Assmann (eds.), *Kanon und Zensur* (Munich: Fink, 1987), p. 175 참조.

49 Wolfgang Raible (ed.), *Zwischen Festtag und Alltag* (Tübingen: Narr, 1988) 참조.

50 아프리카에서 그리오의 기능에 대해서는 Claudia Klaffke, "Mit jedem Greis stirbt eine Bibliothek" (모든 연장자와 함께 도서관이 죽는다With every old man there dies a library), in A. and J. Assmann (eds.), *Schrift und Gedächtnis* (Munich: Fink, 1983), pp. 222~230; Patrick Mbunwe-Samba, "Oral Tradition and the African Past," in R. Layton (ed.), *Who needs the past?: indigenous values and archaeology* (London: Unwin Hyman, 1989), pp. 105~118 도 참조.

51 Aleida Assmann, *Arbeit am nationalen Gedächtnis. Eine kurze Geschichte der deutschen Bildungsidee* (Frankfurt: Campus-Verlag, 1993) 참조.

52 Wolfgang Raible (ed.), *Zwischen Festtag und Alltag* (Scriptoralia 6, Tübingen 1988), 서론.

53 J. Assmann, "Gebrauch und Gedächtnis. Die zwei Kulturen des pharaonischen Ägypten", in: A. Assmann, D. Harth, (eds.), *Kultur als Lebenswelt und Monument* (Frankfurt 1991, pp. 135~152).

54 '보존된 소통'에 대해 언급한 Eric Alfred Havelock, *Preface to Plato* (Cambridge, MA: Belknap Press of Harvard University, 1963)도 참조.

55 예를 들어 Paul Zumthor, *Introduction à la poésie orale* (Paris: Seuil, 1983) 참조.

56 Plato, *The Laws of Plato*, trans. with notes and an interpretative essay by Thomas L. Pangle (New York: Basic Books, 1979), *leg.* 653 d, 33. Rüdiger Bubner, "Ästhetisierung der Lebenswelt", in W. Haug and R. Warning (eds.), *Das Fest* (Munich: Fink, 1989), pp. 651~662 참조.

57 더 상세한 내용은 Jan Assmann, "Der zweidimensionale Mensch. Das Fest als Medium des kulturellen Gedächtnisses", in J. Assmann and T. Sundermeier (eds.), *Das Fest und das Heilige. Religiöse Kontrapunkte des Alltags, Studien zum Verstehen fremder Religionen 1* (Gütersloh: Mohn, 1991), pp. 13~30 참조.

58 Aleida Assmann, "Kultur als Lebenswelt und Monument", in Assmann and Harth (eds.), *Mnemosyne* (앞의 주 2) 참조.

59 그렇지만, 문자가 사물을 반드시 영구적으로 고정할 필요는 없다. 집단기억과 의식 적儀式的 소통이라는 특이 양상 사이의 밀접한 연관성을 제거하면, 문자도 유동적 효과를 창출할 수 있다. 그렇게 함으로써 그 의식 절차상의 기능에서 두 가지 기억 방법 사이의 호환성을 박탈한다.

60 주 26과 아우구스티누스가 《고백록》에서 언급한 "기억의 들판과 멀리 떨어진 궁전" 도 참조(Confessions 10, 8, 12 이하).

61 H. Blum, *Die antike Mnemotechnik*, 1969.

62 D. F. Eickelmann, "The Art of Memory: Islamic Education and its Social Reproduction", *Comparative Studies in Society and History* 20 (1978), pp. 485~516.

63 Karl Schmid (ed.), *Gedächtnis, das Gemeinschaft stiftet* (Munich: Schnell and Steiner, 1985), 특히 Otto G. Oexle의 "Die Gegenwart der Toten", in H. Braet and W. Verbeke (eds.), *Death in the Middle Ages, Mediaevalia Lovanensia, Series I, Studia 9* (Leuven: Leuven University Press, 1983), pp. 74~107 참조. Otto G. Oexle, "Memoria und Memorialüberlieferung im frühen Mittelalter", in Frühmittelalterliche Studien 19 (1976), pp. 70~95; Karl Schmid and Joachim Wollasch (eds.), *Memoria. Der geschichtliche Zeugniswert des liturgischen Gedenkens im Mittelalter*, Münstersche Mittelalter-Schriften 48 (Munich: Fink, 1984)도 참조.

64 제11~12왕조의 한 고위 사제는 아슈트Assiut에 있는 자신의 묘에 "더욱이 나는 내가 살아있는 동안에 개인적으로 이 묘를 완성하고 그 비문을 만들었다"라고 썼다(Franke, *Das Heiligtum des Heqaib*, p. 23, [앞의 주 6]에서 인용).

65 그러나 이러한 원칙에 대한 이집트식 표현은 '서로 생각하기'가 아니라 '서로 행동하기'다. 따라서 문헌들은 마아트Ma'at(진실-질서-정의-공정)로 이집트인들 윤리의 기본 공식을 규정한다. "행위자에 대한 보상은 그를 위해 행동이 실행된 사실에 있다. 즉,

그것은 신의 심장에 있는 '마아트'를 의미한다." 그러나 이 '서로를 위해 행동하기'는 아래의 탄식에서 명확히 나타나듯 사실상 소통적 기억에서 발견되는 '서로 생각하기'와 동일한 의미다:

> 나는 오늘 누구와 이야기 나눌까?
> 사람은 어제를 더 이상 기억하지 않는다.
> 사람은 오늘 행동한 사람을 위해 더 이상 행동하지 않는다.
> (J. Assmann, *Ma'at*, pp. 60~69 [앞의 주 11 참조]).

66 Franz Overbeck, *Christentum und Kultur* (Basel: Schwabe, 1919), p. 24. 니체가 역사와 기억을 구분한 것과 마찬가지로, 알박스의 문자와 기억에 대한 구별은 니체의 친구인 오버백이 '선사先史'와 '역사', '선문학'과 '문학' 사이를 구분한 것과 연결된다.

67 Erich Rothacker, "Das historische Bewusstsein", in *Zeitschrift für Deutschkunde* 45 (1931). Rüdiger Schott, "Das Geschichtsbewußtsein schriftloser Völker," *Archiv für Begriffsgeschichte* 12 (1968), pp. 166~205, 특히 p. 170에서 인용.

68 E. Shils, *Tradition*, Chicago 1981, pp. 51~52.

69 그렇지만 이러한 '역사의식'이 전개되는 정도와 그것이 발전하는 방식에서 나라마다 기이한 차이가 있다(앞의 책).

70 Lévi-Strauss, *La pensée sauvage*, p. 309; 영문, *The Savage Mind*, pp. 233~234 (앞의 주 33 참조).

71 J. Assmann, "Stein und Zeit", pp. 107~110 (앞의 주 47 참조).

72 Mario Erdheim, "Adoleszenz und Kulturentwicklung", in M. Erdheim, *Die gesellschaftliche Produktion von Unbewußtheit* (Frankfurt: Suhrkamp, 1984), pp. 271~368, 272 이하.

73 Mario Erdheim, "'Heisse' Gesellschaften — 'kaltes' Militär", *Kursbuch* 67 (1982), pp. 59~70.

74 Hns Goedicke, ed., *The prophecy of Neferti* (Baltimore: Johns Hopkins University Press, 1977), p. 52: "그 시대 사람들이여 기뻐하라, 사람의 아들이 영원히 유명해질 것이다."

75 Georg Orwell, *Nineteen Eighty-Four*, Bernard Crick의 서론과 함께 (Oxford: Clarendon Press, 1984), p. 290.

76 A. and J. Assmann, "Schrift, Tradition und Kultur", pp. 35~36(앞의 주 17 참조).

77 Herodotus II 142, G. Rawlinson, *History of Herodotus. In Four Volumes*, Vol. II (London:

D. Appleton, 1880), p. 221 참조.

78 그는 아마 341세대 내에 모두 포함된 두 번 서에서 동으로, 두 번 동에서 서로 이동하는 태양의 네 주기를 언급했을 것이다. 이집트 자료에는 이에 상응하는 어떤 내용도 없다.

79 Donald B. Redford, *Pharaonic King-Lists, Annals and Day Books* (Mississauga: Benben 1986) 참조. 자신들의 과거에 대한 후대 이집트인들의 자부심에 대해서는 Jan Assmann, "Die Entdeckung der Vergangenheit. Innovation und Restauration in der ägyptischen Literaturgeschichte", in Gumbrecht and Link-Heer (eds.), *Epochenschwellen und Epochenstrukturen*, pp. 484~499(앞의 주 7) 참조.

80 Herodotus II, pp. 142~143, Rawlinson, *History of Herodotus*, pp. 221~223.

81 Lévi-Strauss, La pensée sauvage, 309f.; Engl. *The Savage Mind*, p. 234 (앞의 주 33 참조); "intériorisant résolument le devenir historique pour en faire le moteur de leur développement."

82 이러한 반대는 John Van Seters의 *In search of history* (New Haven: Yale University Press, 1983)에 특히 적용된다.

83 Yael Zerubavel, *Recovered Roots. Collective Memory and the Making of Israeli National Tradition* (Chicago: University of Chicago Press, 1995); Nachman Ben-Yehuda, *Masada Myth: Collective Memory and Mythmaking in Israel* (Madison: University of Wisconsin Press, 1995); id., *Sacrificed Truth. Archaeology and The Myth of Masada* (New York: Prometheus Books Amherst, 2002)도 참조.

84 고고학적 검증은 불가능한 것으로 입증되었다. Y. Zerubavel과 N. Ben-Yehuda의 비판적 조정 참조.

85 홀로코스트의 공식적 기념과 관련된 문제에 대해서는 Ouriel Reshef의 계몽적 논문 "Unecommémoration impossible: l'holocauste en Israel", in P. Gignoux (ed.), *La commémoration. Colloque du centenaire de la section des sciences religieuses de l'EPHE* (Louvain-Paris: Peeters, 1988), pp. 351~367 참조. James E. Young, "Memory and Monument", in G. Hartman (ed.), *Bitburg in Moral and Political Perspective* (Bloomington: Indiana University Press, 1986), pp. 103~113도 참조.

86 Michael Stürmer, "Geschichte in geschichtslosem Land," *FAZ*, April 25, 1986. Hans-

Ulrich Wehler, "Geschichtswissenschaft heutzutage: Aufklärung oder 'Sinnstiftung'", in A. Honneth (ed.), *Zwischenbetrachtungen. Im Prozeß der Aufklärung* (Frankfurt: Suhrkamp, 1989), pp. 775~793 참조. 나는 또한 벨러Wehler가 역사 연구에서 '의미 부여하기'보다 선호한 '지향orientation의 지식'이라는 용어를 과장된 것으로 간주한다. '지향'이라는 용어는 '의미 부여하기'에 의해 거부된 바로 그 동일한 의미 개념을 전제로 하는 것이다. 연구는 (막스 베버식 의미 용어로) 가치에 대한 의문에서 차단될 때야 지식을 산출할 수 있다. 누군가가 이러한 지식을 가지고 어느 정도까지 스스로를 지향하기 원하고, 지향할 것인가는 교육학과 정치학, 교수법의 문제다. 즉 그 지식을 어떻게 적용할 것인가의 문제라는 얘기다. 누구라도 확실히 이집트학과 같은 주제에서 '지향'을 기대할 수는 없을 것이다.

87 현대 역사 이론에서 이러한 구분은 대체로 폐기되었다; Burke, "Geschichte als soziales Gedächtnis" (앞의 주 35 참조). 이제 역사서술은 단순히 집단기억의 독특한 한 장르로 간주된다.

88 Klaus Koch, "Qädäm. Heilsgeschichte als mythische Urzeit im Alten (und Neuen) Testament", in J. Rohls and G. Wenz (eds.), *Vernunft des Glaubens* (Göttingen: Vandenhoeck & Ruprecht, 1988), pp. 253~288.

89 마이클 피시베인Michael Fishbane이 도입한 용어를 사용하여 그 차이를 '신의 역사historia divina'로서 신화로부터 '구속 역사historia sacara'로서 신화로의 전이로 설명할 수 있을 것이다. 내 논문 "Myth as 'historia divina' and 'historia sacra'", in D. A. Green and L. S. Lieber (eds.), *Scriptural Exegesis. The Shapes of Culture and the Religious Imagination, Essays in Honor of Michael Fishbane* (New York: Oxford University Press, 2009), pp. 13~24 참조.

90 'Mythomotor'라는 용어는 Ramon d'Abadal I de Vinyals, "A propos du Legs Visigothique en Espagne", in *Settimane di Studio del Centro Italiano di Studi sull' Alt. Medioevo* 2 (1958), pp. 541~585에서 제시되었고, John Armstrong, *Nations before Nationalism* (Chapel Hill: North Carolina University Press, 1983)과 Anthony D. Smith, *The Ethnic Origins of Nations* (Oxford: B. Blackwell, 1986)에서 채택되었다.

91 Vittorio Lanternari, *Movimenti religiosi di liberta e di salvezza dei popoli oppressi* (Milano: Feltrinelli editore, 1960); Engl. *The religions of the oppressed. A study of modern messianic*

cults, trans. by Lisa Sergio (New York: Knopf, 1963); Peter Worsley, *The rumpet Shall Sound. A Study of Cargo'-Cults in Melanesia* (New York: Schocken Books, 1968); Wilhelm E. Mühlmann, *Chiliasmus und Nativismus: Studien zur Psychologie, Soziologie und historischen Kasuistik der Umsturzbewegungen* (Berlin: Reimer, 1961) 참조.

92 유대인의 묵시록에 대해서는 David Hellholm, *Apocalypticism in the Mediterranean World and in the Near East* (Tübingen: Mohr, 1983) (2nd ed. 1989)의 참고문헌과 함께 참조. 메소포타미아적 배경에 대해서는 Helge S. Kvanrig, *Roots of Apocalyptic. The Mesopotamian Background of the Enoch Figure and the Son of Man* (Neukirchen: Neukirchener Verlag, 1988) 참조. 이 책은 메소포타미아에서 온 신화적 주제들을 다루지만 그러한 양상들이 초기 유대교의 맥락으로 들어올 때까지의 역동성과 혁명적 요소를 포함하지는 않는다.

93 J. C. H. Lebram, "König Antiochus im Buch Daniel", *Vetus Testamentum* 18 (1968), pp. 737~773; Klaus Koch et al., *Das Buch Daniel*, EdF (Darmstadt: Wissenschaftliche Buchgesellschaft, 1980). 그 연대(서기전 165)는 포리프리오스Porphyry의 소논문 *Against the Christians*에서 이미 제시되었다. 그렇지만 지금까지 마카베오 전쟁은 강요된 동화에 반대하는 저항 운동으로 위장된 최초의 종교적으로 동기 부여된 내전으로 간주되어왔다. Martin Hengel, *Judentum und Hellenismus. Studien ihrer Begegnung unter besonderer Berücksichtigung der Situation Palästinas bis zur Mitte des 2. Jh. v. Chr.*, 3rd ed. (Tübingen: Mohr, 1988); Erich Gruen, *Heritage and Hellenism. The Reinvention of Jewish Tradition* (Berkeley: University of California Press, 1998); Steven Weitzman, "Plotting Antiochus's Persecution", JBL 123.2 (2004), pp. 219~234도 참조.

94 Alan B. Lloyd, "Nationalist Propaganda in Ptolemaic Egypt", in *Historia* 31. *Zeitschriftfür Alte Geschichte* (Wiesbaden, 1982), pp. 33~55에서는 《도공의 신탁》뿐만 아니라 세소스트리스 전승the Sesostris Romance, 《데모틱 연대기the Demotic Chronicle》, 알렉산더 전승에 나타난 넥타네보의 에피소드까지도 마케도니아인들의 통치에 대한 민족주의적 저항의 표현으로 해석한다. 더 상세한 논의는 내 책 *The Mind of Egypt. History and Meaning in the Time of the Pharaohs*, trans. Andrew Jenkins (New York: Metropolitan Books, 2002), pp. 384~388 참조.

95 Eberhard Otto, "Das 'Goldene Zeitalter' in einem ägyptischen Text", in *Religions en Égypte helleéistique et romaine* (BCESS) (Paris: Presses universitaires de France, 1969), p. 92~108. J. Assmann, Ma'at, pp. 225~226, (앞의 주 11) and J. Assmann, *The Mind of Egypt*, p. 386도 참조(앞의 주 94).

96 르브람Lebram은 "König Antiochus im Buch Daniel"(앞의 주 93)에서 〈다니엘서〉에 이집트의 영향이 있었다고 믿는다. 그는 무신론적 통치자의 전형인 페르시아 왕 캄비세스Kambyses와 관련된 이집트 전통이 안티오코스Antiochus 왕의 모델이 되었을지도 모른다고 생각한다. 그러나 콥트어 캄비세스 전승Coptic Kambyses Romance은 훨씬 후대에 유래한 것이다. 페르시아의 이집트 통치에 대한 당대의 기술은 페르시아인들에 대해 상당히 호의적인 경향이 있다. 이와 관련하여 Alan B. Lloyd, "The Inscription of Udjahorresnet, A Collaborator's Testament", *Journal of Egyptian Archaeology* 68 (1982), pp. 166~180 참조.

97 Hugh Trevor-Roper, "The Invention of Tradition: The Highland Tradition of Scotland", in E. Hobsbawm and T. Ranger (eds.), *The Invention of Tradition* (Cambridge: Cambridge University Press, 1983), pp. 15~42 참조.

98 여기서 '동시성' 개념은 니클라스 루만의 '시간 차원' 측면에서 '균질화된 시간'으로 이해될 수 있다. Nikolas Luhmann, "Sinn als Grundbegriff der Soziologie", in J. Habermas and N. Luhmann (eds.), *Theorie der Gesellschaft oder Sozialtechnologie* (Frankfurt: Suhrkamp, 1971), pp. 25~100; Luhmann, "Gleichzeitigkeit und Synchronisation", *Soziologische Aufklärung* 5 (1990), pp. 95~130은 보다 보편화된 동시성 개념을 사용하여 여기서 우리가 고려하는 모든 구분을 넘어선다.

99 Theodor W. Adorno, "Was bedeutet Aufarbeitung der Vergangenheit?", in *Bericht über die Erzieherkonferenz am 6. u. 7. November in Wiesbaden* (Frankfurt: Deutscher Koordinierungsrat, 1959), p. 14; Herbert Marcuse, *The One-Dimensional Man* (Boston: Beacon Press, 1964), p. 102에서 인용.

100 앞의 글.

101 Tacitus, Agricola 2, 3. Tacitus's *Agricola, Germany, and Dialogue on Orators*, Herbert W. Benario가 서론과 함께 번역 (Norman: University of Oklahoma Press, 1991), p. 26 참조.

102 Cancik-Lindemaier and Cancik, "Zensur und Gedächtnis", p. 182 (앞의 주 48) 참조.
103 A. and J. Assmann, "Schrift, Tradition und Kultur", pp. 35~36 (앞의 주 47) 참조.

제2장 문자 문화

1 Peter Schäfer, "Text, Auslegung und Kommentar im rabbinischen Judentum", in J. Assmann and B. Gladigow (eds.), *Text und Kommentar* (Munich: Fink, 1995), pp. 163~186 참조. 인용은 p. 171.

2 독일어 원문의 문자적 의미는 '일관성'에 가깝지만, 여기서 '연속성'이라는 말이 더 적합해 보인다. '일관성'은 동시대적 연관들을 지칭하는 반면 '연속성'은 시간의 흐름에 걸친 연결을 의미하여, 통시적 문화 정체성의 개념을 더 잘 표현하기 때문이다.

3 Hölderlin "Patmos" in Friedrich Hölderlin, *Poems of Friedrich Hölderlin*, trans. James Mitchell (San Francisco: Ituriel's Spear, 2004), pp. 39~45, 위의 인용은 45쪽. See also Cyrus Hamlin, "Hermeneutische Denkfiguren in Hölderlins Patmos", in P. Härtling and G. Kurz (eds.), *Hölderlin und Nürtingen* (Stuttgart, Weimar: Metzler, 1994), pp. 79~102, 특히 p. 90도 참조.

4 이는 E. A. Havelock과 W. Ong, J. Goody 같은 인류학자들이 강조한 것이다. 구전 문화의 반복성에 대해서는 특히 Walter Ong, "African Talking Drums and Oral Noetics", *New Literary History* 8.3 (1977), pp. 409~429.

5 불어의 "présentification"으로 J. P. Vernant, "De la présentification de l'invisible a l'imitation de l'apparence", in *Image et signification. Rencontres de l'Ecole du Louvre* (Paris: Documentation française, 1983), pp. 25~37에서 만들어졌다. 'Vergegenwärtigung'(문자 그대로 "무엇이 현시되게 만드는 것")이 의미하는 바를 가장 적절하게 옮긴 것으로 보인다.

6 내 논문 "Semiosis and Interpretation in Ancient Egyptian Ritual", in S. Biderstein and B.-A. Scharfstein (eds.), *Interpretation in Religion*, Philosophy and Religion 2 (Leiden: E. J. Brill, 1992), pp. 87~110과 "Altägyptische Kultkommentare", in J. Assmann and B. Gladigow (eds.), *Text und Kommentar*, pp. 93~109 참조(앞의 주1). '성례적 해석'의 다양한 장치에 대해서는 내 책 *Death and Salvation in Ancient Egypt*, trans. D. Lorton (Ithaca: Cornell University Press, 2005), pp. 349~368 참조.

7 이 때문에 루만N. Luhmann은 문자를 소통의 매체로 분류하지 않았다. 그의 논문 "The Form of Writing", *Stanford Literature Review* 9/1 (1992), pp. 25~42 참조. 흥미롭게도 '유포시키다'에 해당하는 이집트어 sphr는 '쓰다to write'의 의미도 지닌다. 하지만 이것으로 문자의 기능이 고갈되는 것은 아니다. 그것에 선행하는 표기 체계와 함께 문자는 배제된 메시지 저장소로서의 소통 기능을 넘어선 '초소통적 metacommunicative' 공간을 열어준다. 서론에서 이미 이에 대해 논한 바 있다.

8 구전 사회에서 '연장된 상황extended situation'을 제도화하는 의례적 형식은 특정한 시간 구조를 만들어낸다. 얀 반시나는 그것을 '유동적 간격'으로 묘사하고 모리스 블로치는 그 특징을 신성한 순환적 시간과 일반적 선형 시간의 연계로 파악하였다. 즉 구전 사회의 시간은 다음의 두 가지로 나뉜다. 첫째, 순환적으로 반복되는 신화적 과거다. 이것은 다양한 의례 행위를 통해 '재-현재화'되며 직선적으로 진행하는 현재와 언제나 동일한 거리를 유지한다. 둘째, 시간의 직선 위를 현재와 함께 움직이는 최근의 과거가 있다. 문화적인 텍스트가 뚜렷하게 문자 형태로 기호화된 사회에서는 유동적 간격이 사라지는 경향이 있고, 그 '연장된 상황'의 시간 구조에서 의례적 반복은 (문서의) 영구적 현존으로 바뀐다.

9 Flavius Josephus, *Contra Apionem* II 23, trans. William Warburton, *The Divine Legation of Moses*, Vol.1 (London: J. and P. Knapton, 1738), pp. 192~193.

10 Leo Oppenheim, *Ancient Mesopotamia. Portrait of a Dead Civilization* (Chicago: University of Chicago Press, 1964). 윌리엄 할로William W. Hallo는 메소포타미아 전통 내에서 문헌을 '경전적', '기념비적', '공문서적'인 세 가지 범주로 구분한다. 이들 중 '경전적' 범주가 오펜하임의 "전통의 물줄기"에 상응한다. 하지만 이 책에서 '경전'은 개인의 저작으로서가 아니라 폐쇄적이고 신성화된 전통의 일부로서 생존한 문헌과 엄격히 관련된 것을 의미하기 때문에, 전통의 물줄기나 위대한 전통과 같은 용어를 고수하는 것이 더 적절해 보인다(R. Redfield).

11 이 유동적 구조는 특정 순간에 갑자기 정지한 1천 년에 걸친 전통의 물줄기를 대변하는 성경에서 가장 잘 나타난다. 처음에 제2 이사야와 제3 이사야 같은 문헌 쓰기가 계속 점증했다. 이때 다른 전통과의 연결, 변이의 병렬, 이전 문헌과 새로운 문헌의 결합, 선집과 수집 등이 이루어졌고, 무엇보다 다음과 같은 광범위한 다양한 장르들이 생겨났다: 법률, 족보, 가족사, 역사 기술, 연가, 음주가, 찬양가, 고해, 애가, 기도,

찬송가, 속담, 서정시, 설명서, 예언서, 교과서, 연애소설(로망스), 단편 소설, 신화, 동화, 설교, 전기, 편지, 계시록. 이는 꽃이 핀 많은 가지를 지닌 나무로, 경전화 과정에서 여러 층에 많은 방을 갖춘 집, 즉 견고한 건축물로 변모했다. 그럼에도 그것은 획일적이고 계속 폐쇄적이었다. 《구약성서》의 전승 역사는 한때 '원본Ur-text'의 마법에 걸려 동결되었다. 따라서 문서의 전승, 그리고 전승에 담긴 문화적 기억의 역사도 그다지 중요한 연구 대상이 아니었다. 하지만 근래 들어 이러한 인식에 변화가 일어나고 있다. 이러한 측면에서 Michael A. Fishbane, *Biblical Interpretation in Ancient Israel* (Oxford: Clarendon Press, 1985)은 특히 시사적이다.

12 Robert Redfield, *Peasant Society and Culture* (Chicago: University of Chicago Press, 1956).

13 J. Assmann, "Die Entdeckung der Vergangenheit," (이 책 제1장 주 7); Redford, *Pharaonic King-Lists*, (이 책 제1장 주 10); Peter Der Manuelian, *Living in the Past. Studies in the Archaism of the Egyptian Twenty-sixth Dynasty* (London: Kegan Paul International, 1994)과 내 책 *The Mind of Egypt: History and Meaning in the Time of the Pharaohs* (New York: Metropolitan Books 2002), pp. 335~364(이 책 제1장 주 94) 참조. 메소포타미아에 대해서는 Gerdien Jonker, *The Topography of Remembrance. The Dead, Tradition and Collective Memory in Mesopotamia* (Leiden: E. J. Brill, 1995)와 Stefan Maul, "Altertum in Mesopotamien. Beiträge zu den Sektionsthemen und Diskussionen", in D. Kuhn and H. Stahl (eds.), *Die Gegenwart des Altertums. Formen und Funktionen des Altertumsbezugs in den Hochkulturen der Alten Welt* (Heidelberg: edition forum Heidelberg, 2001), pp. 117~124 참조.

14 그 경전 형식의 역사에 대해서는 이 장 두 번째 절 참조.

15 Vernant, "De la présentification de l'invisible", pp. 293~295 (앞의 주 5) 참조.

16 〈이사야〉를 읽고 있던 에디오피아의 고관(내시)에 대한 빌립의 질문과 깜짝 놀란 그 고관의 반응 참조. "지금 읽으시는 것을 이해하십니까?" "나를 지도하여주는*hodegesei* 사람이 없으니, 내가 어떻게 깨달을 수 있겠습니까?"(《사도행전》 8:31, 32; '지도'는 문헌에 대한 설명을 통해 방법을 보여주는 의미다).

17 Karl Jaspers, *Vom Ursprung und Ziel der Geschichte* (Zürich: Arternis, 1949); 영문. *The Origin and Goal of History*, trans. Michael Bullock (New Haven: Yale University Press, 1953); Shmuel N. Eisenstadt (ed.), *Kulturen der Achsenzeit. Ihre institutionelle und*

kulturelle Dynamik, 3 vols. (Frankfurt: Suhrkamp, 1992); J. P. Arnason, S. N. Eisenstadt, and B. Wittrock (eds.), *Axial Civilizations and World History, Jerusalem Studies in Religion and Culture* 4 (Leiden: E. J. Brill, 2005). '축의 시대'라는 역사적 증후군은 문헌적 연속성으로의 이전뿐만 아니라 '사상 진화'의 촉진까지 포괄한다. 제7장에서 이 문제로 돌아올 것이다.

18 이러한 맥락에서 에릭 해블록E. A. Havelock이라는 이름이 두드러진다. 그는 필생의 과업으로 고대 그리스 문화의 틀 내에서 이러한 전환의 연구에 헌신했다.

19 Tablet BM 5645 rto. 2-7 ed. A. H. Gardiner, *The Admonitions of an Egyptian Sage* (Leipzig: J. C. Hinrichs, 1909), pp. 97~101; Miriam Lichtheim, *Ancient Egyptian Literature I: The Old and Middle Kingdoms* (Berkeley: University of California Press, 1973), pp. 146~147; B. G. Ockinga, "The Burden of Khackheperrecsonbu", JEA 69 (1983), pp. 88~95.

20 이러한 견해는 해블록E. A. Havelock과 그를 따른 루만N. Luhmann에게서 특히 두드러진다. 그리스와 관련하여 이 문제로 다시 돌아올 것이다.

21 문자 그대로 맥주 양조처럼 여과의 의미다.

22 Lichtheim, "The Instruction Addressed to King Merikare", in *Ancient Egyptian Literature I*, pp. 97~109, 인용문은 p. 99 (앞의 주 19). Hellmut Brunner, *Altägyptische Weisheit* (Zürich: Artemis, 1988), p. 142.

23 Berlin papyrus 3024, 번역. Lichtheim, *Ancient Egyptian Literature I*, pp. 163~169, (앞의 주 19 참조).

24 Miriam Lichtheim, *Ancient Egyptian Literature II, The New Kingdom* (Berkeley: University of California Press, 1976), pp. 96~100.

25 이러한 모든 문헌은 Lichtheim이 *Ancient Egyptian Literature I* (앞의 주 19)로 번역했다.

26 카케페르레-세넵이 수용된 역사는 그다지 명확하지 않다. 하지만 그가 학교 전통의 일부고, 따라서 '고전' 중의 하나로 간주되었음을 보여준 적어도 두 명의 증인이 그를 대변한다. 이푸웨르와 카케페르레-세넵 모두 사카라Saqqara에서 발견된 람세스 시대 (20왕조)의 비문에 '고전'으로 언급되어 있다.

27 J. Assmann, "Das Doppelgesicht der Zeit im altägyptischen Denken", in A. Peisl and A. Mohler (eds.), *Die Zeit* (München: Oldenbourg, 1983), pp. 218~219 참조. 이 글은 또한

뱀이 그 꼬리를 물고 있는 이집트 우로보로스 상징의 순환성을 묘사하며 이 구절에 대한 William Blake의 도해를 보여준다.

28 Aristotle, *De Anima* II, 4.2. 제7장에서 이 문제에 대해 더욱 면밀하게 검토할 것이다. 동식물 세계에서도 변이가 있다는 사실은 진화론을 통해 알 수 있지만, 이러한 변이의 형태는 훨씬 거대한 시간 범위에서 발생한다.

29 Willem C. van Unnik, "De la reglemété prostheinaimäte aphelein dans l'histoire du canon," *Vigiliae christianae* 3 (1949), pp. 1~36. 기독교 경전의 역사에서 이러한 고전적 위치 설정은 알렉산드리아의 총대주교 아타나시우스Athanasius(373년 사망)의 39번째 부활절(367년) 편지에서 신성한 경전 목록을 제시함으로써 이루어졌다. 그 편지는 다음의 문장으로 끝난다. "이것들은 구원의 원천입니다……어느 누구도 거기에 (어떤 것도) 추가하지 못하게 하고, 어느 누가 (어떤 것도) 빼지 못하게 합시다." 그 용어의 기능에 대해서는 Aleida Assmann, "Fiktion als Differenz", *Poetica* (1989), pp. 242~245 참조.

30 이 기능적 맥락에서 그 표현은 바빌로니아의 간기colophons에서 최초로 나타나고, 〈신명기〉에서와 마찬가지로 명령문 형태다. "어떤 것도 더하지 말고 빼지 말라!" 이는 토판의 내용 보증으로 취해진 수단 중 하나다. G. Offner, "A propos de la sauvegarde des tablettes en Assyro-Babylonie", *RA* 44 (1950), pp. 135~143 참조. Hubert Cancik, *Mythische und historische Wahrheit*, Stuttgart Bibelstudien 48, 1970과 Michael Fishbane, "Varia Deuteronomica", *ZAW* 84 (1972), pp. 349~352에서도 〈신명기〉와의 유사성에 주목한 바 있다. 이 기능은 서기전 13세기의 히타이트 문헌인 《무르실리의 역병 기도*Plague Prayers of Mursilis*》에 최초로 기록되어 있다. 그 조약 문서에서 무르실리 2세는 다음과 같이 선언한다:

[그러나] 이 토판에
나는 어떤 단어도 추가하지 않았고
어떤 것도 빼지 않았습니다.

(E. Laroche, Collection des textes Hittites No. 379 = KUB XXXI 121).

31 Cancik, *Mythische und historische Wahrheit*, p. 85 이하(앞의 주 29 참조)에서는 이를 다르게 보아 〈신명기〉와 여기의 표현을 전사자의 규칙을 나타낸 것으로 믿는다. 협정과 관련된 원래의 기능이 알라이다 아스만이 열거한 메신저와 전사자, 경전, 증인의 네 가지 규칙에 추가되어야 한다. A. Assmann "Fiktion als Differenz", pp. 242~245 (앞의

주 29).

32 에라 서사Erra Epic와 관련하여 경전 규칙이 콜로폰에 최초로 나타난다. Fishbane, "Varia Deuteronomica" (앞의 주 30) 참조.

33 *The Letter of Aristeas*, ed. R. H. Charles (Oxford: Clarendon Press, 1913), pp. 310~312.

34 Deuteronomy 4.2; Johannes Leipoldt and Siegfried Morenz, *Heilige Schriften. Betrachtungen zur Religionsgeschichte der antiken Mittelmeerwelt* (Leipzig: Harrassowitz, 1953), pp. 57~58 참조.

35 제6장에서 이러한 문헌들을 더 신중히 검토할 것이다.

36 Moshe Halbertal, *People of the Book. Canon, Meaning, and Authority* (Cambridge MA: Harvard University Press, 1997) 참조.

37 히브리 용어 'Tanakh'는 유대교 성경 세 부분의 약어다: T(orah: 모세 5경)-N(evi'im: 예언서)-Kh(etuvim: 전기).

38 Arnold Goldberg, "Die Zerstörung von Kontext als die Voraussetzung für die Kanonisierung religiöser Texte im rabbinischen Judentum", in A. and J. Assmann (ed.), *Kanon und Zensur*, pp. 200~211, (제1장의 주 48) 참조.

39 Hejalmar Frisk는 (내가 보기에 부정확하게) 그 셈어의 어원에 대해 반박했다. *Griech. Etymol. Wörterbuch* (Heidelberg: Winter, 1973), I, p. 780. 그 용어에 대한 기본적 역사는 Herbert Oppel, *Kanon. Zur Bedeutungsgeschichte des Wortes und seinen lateinischen Entsprechungen* (regula - norma) (Leipzig: Dieterich, 1937) 참조.

40 Diels, *Vorsokratiker* 28B1과 2. 아래의 인용문은 정확성에 대한 탐색 측면에서 이 canon의 의미에 대한 좋은 예시다: "성공은 많은 숫자의 비율에 달려있는데, 거기서 미세한 세부 사항 하나가 결정적일 수 있다." 폴리클레이토스의 canon에 대해서는 Jörg Weber, *Kanon und Methode. Zum Prozeß zivilisatorischer Begründung* (Würzburg: Könighausen and Neumann 1986), pp. 42~49와 Adolf Borbein, "Polyklet", *Göttinger Gelehrte Anzeigen* 234 (1982), pp. 184~241 참조. 토니오 횔셔Tonio Hölscher는 폴리클레이토스의 저작과 함께 그리스의 예술 이론의 부상을 당시의 전반직인 지성적 상황과 연계시킨다. 그 시기는 전통의 상실에 따라 급진적으로 해방된 행위 영역으로 특징지어지는 혁명적 시대였다. 새롭게 확장된 행위 영역으로 인해 방향 설정에 대한 욕구가 커져서, 합리적으로 세워진 'canon'이 파괴된 전통을 대

체했다. "Tradition und Geschichte. Zwei Typen der Vergangenheit am Beispiel der griechischen Kunst", in J. Assmann and T. Hölscher (eds.), *Kultur und Gedächtnis*, pp. 140~141 (제1장의 주 47).

[41] Oppel, *Kanon*, pp. 48~50 (앞의 주 39). 폴리클레이토스는 자신의 조각상을 'Canon'이라 명명하여 자신의 이론에 대한 모델 사례를 제공했다. Pliny, N.H. 34, 35에 따르면("Polyclitus······ doryphorum fecit et quem canona artifices vocant liniamenta artis ex eo petentes veluti a lege quadem"), 그 조각상을 규범적 모델로 간주한 로마 제정기의 예술가들이 그것을 Doryphorus 'Canon'이라 명명했다.

[42] Whitney Davis, *The Canonical Tradition in Egyptian Art* (Cambridge: Cambridge University Press, 1989), 상세한 참고문헌과 함께 참조.

[43] *Dictionnaire de l'académie des Beaux Arts III* (Paris: Firmin Didot, 1858), p. 41.

[44] '연결 가능성'과 '반복 가능성'은 구분해야 한다. 이집트의 예술은 반복에 토대를 두고 있어서, '의례적 연속성'의 범주에 속한다. 그 형태에 변화를 주려는 충동이 결여되어 있다. 반면에 서양의 예술은 변이를 수반한 모방과 같은 연결 가능성에 맞춰져 있다. 따라서 고전적 작품은 형태가 엄격할 뿐만 아니라 형식적으로 자율적이고 성찰적이기도 하다. 하이든의 Op.33 현악 사중주는 작곡의 예술에 대해 완벽한 형태를 갖춘 논문에 해당하고, 폴리클레이토스의 조각품 도리포로스Doryphoros는 실제로 그러한 논문을 동반한다.

[45] Oppel, *Kanon*, pp. 23~25 (앞의 주 39); Electra 50 이하('Canon of Reason').

[46] 앞의 책, pp. 2~23. 에우리피데스의 운문 리듬에 대해서는 《개구리*The Frogs*》에서 아리스토파네스의 패러디 참조(797 이하):

> 그들은 운문을 위해서 다림줄과 자를 가져오네,
> 그리고 거기에 맞춰질 벽돌의 형태로,
> 그리고 사각과 원을 정하여, 에우리피데스가
> 그 비극을 한 줄씩 꼼꼼히 잴 것이네.

[47] Plutarch, *De Fortuna*, 996, in Plutarch's *Moralia*, in Fifteen Volumes, II, trans. by F. C. Babbitt (London: William Heinemann, 1962), p. 85.

[48] 보충 문헌은 Oppel, *Kanon*, pp. 51~57 (앞의 주 39) 참조.

[49] 앞의 책, pp. 57~60. 필론에게 'canon'은 모세오경 전체가 아닌 십계명을 지칭하는

것이다. 다른 부분에서는 모든 개별적 율법이 *kanones*으로 지칭되었다.

50 Kurt Aland, *Das Problem des neutestamentlichen Kanons*, in E. Käsemann (ed.), *Das Neue Testament als Kanon* (Göttingen: Vandenhoeck & Ruprecht, 1970), pp. 45~46; A. M. Ritter, "Die Entstehung des neutestamentlichen Kanons", in A. and J. Assmann (eds.), *Kanon und Zensur*, pp. 93~99, 97~98 (제1장의 주 48 참조).

51 E. Käsemann의 선집 *Das Neue Testament als Kanon* (앞의 주 50)과 다른 책 참조.,

52 가장 오래전 알려진 카논 목록인 무라토리 파편*Muratorian Fragment*에서 경전적 서적은 "공동체 사람들에게 사물에 대해 알려주는 것"(즉, 예배 중에 소리 내어 읽을 수 있는 것)으로 규정된다.

53 *A kanon tes analogias* 혹은 '비율 측정'.

54 E. A. Schmidt, "Historische Typologie der Orientierungsfunktionen von Kanon in der griechischen und römischen Literatur", in A. and J. Assmann (eds.), *Kanon und Zensur*, pp. 246~258, 247 (제1장의 주 48)에서 강조되었다.

55 Oppel, *Kanon*, pp. 69~70(앞의 주 39); Rudolf Pfeiffer, *History of Classical Scholarship from the Beginnings to the End of the Hellenistic Age* (Oxford: Clarendon Press, 1968), p. 207. 그 첫 번째 문헌 증거는 아마 Eusebius의 *History of the Church* (*hist. eccl.* 6.25.3)일 것이다.

56 Hans Günther, "Die Lebensphasen eines Kanons—am Beispiel des sozialistischen Realismus", in A. and J. Assmann (eds.), *Kanon und Zensur*, pp. 138~148 (제1장의 주 48).

57 Kathleen Wright, "Kant und der Kanon der Kritik", in A. and J. Assmann (eds.), *Kanon und Zensur*, pp. 326~335 (제1장의 주 48).

58 Sid Z. Leiman, *The Canonization of Hebrew Scripture: The Talmudic and Midrashic Evidence* (Hamden: Archon Books, 1976); Frank Crüsemann, "Das 'portative Vaterland.' Struktur und Genese des alttestamentlichen Kanons", in A. and J. Assmann (eds.), *Kanon und Zensur*, pp. 63~79 (제1장의 주 48).

59 히브리어에 canon에 해당하는 단어는 없고, 경전적 문헌을 나타내는 표현들이 있을 뿐이다. 특히 이해를 돕는 중요한 표현은 얌니아 노회Jamnia synod에서 사용한 "손이 더럽히는"(즉, 신성한 물건처럼 건드릴 수 없는) [것으로서] 경전적 텍스트다. Goldberg, "Die Zerstörung von Kontext", p. 209, 주 4 (앞의 주 39) 참조.

60 E. A. Schmidt, "Historische Typologie" (앞의 주 54)에서 이 점을 주목한다.
61 이러한 맥락에서 합법성과 권위 사이의 구분이 특히 중요하다. 이 문제를 정교하게 다룬 Dieter Conrad, "Zum Normcharakter von 'Kanon' in rechtswissenschaftlicher Perspektive", in A. and J. Assmann (eds.), *Kanon und Zensur*, pp. 46~61, 55~56 (제1장의 주 48) 참조.
62 특히 T. Hölscher, 1988 참조.
63 나는 이 문제를 아래의 두 책에서 다루었다. *Moses the Egyptian. The Memory of Egypt in Western Monotheism* (Cambridge, MA: Harvard University Press, 1997)와 *The Price of Monotheism* (Stanford: Stanford University Press, 2010).
64 Thomas Luckmann, "Kanonisierungsstile", in A. and J. Assmann (eds.), *Kanon und Zensur*, pp. 28~37, (제1장의 주 48 참조). 고대 시기에 대해서는 특히 Arthur D. Nock, *Conversion* (Oxford: Clarendon Press, 1963) 참조.
65 Jürgen Habermas, "Können komplexe Gesellschaften eine vernünftige Identität ausbilden?", in *Zur Rekonstruktion des Historischen Materialismus* (Frankfurt: Suhrkamp, 1976), pp. 92~126, 인용은 p. 107.
66 Weber, *Kanon und Methode* (앞의 주 39)에서 이 문제를 특히 강조한 점은 적절해 보인다.
67 Werner Jaeger, *Das Problem des Klassischen und die Antike*, Naumburger Conference (Darmstadt: Wissenschaftliche Buchgesellschaft, 1930).
68 Hans Georg Gadamer, *Wahrheit und Methode. Grundzüge einer philosophischen Hermeneutik* (Tübingen: Mohr 1960), p. 269 이하. (see p. 270f. on Jaeger); Engl. *Truth and Method*, trans. Garrett Barden and John Cumming (New York: Seabury Press, 1975).
69 예컨대, Fritz Kramer, *Verkehrte Welten* (Frankfurt: Synidcat, 1977)과 Edward Said, *Orientalism* (New York: Pantheon, 1978) 참조.
70 Burke, "Geschichte als soziales Gedächtnis" (제1장의 주 35); Pierre Nora, *Zwischen Geschichte und Gedächtnis* (Berlin: Wagenbach, 1990).

제3장 문화적 정체성과 정치적 상상력

1 1980년쯤 '정체성'은 학제 간 연구와 토론의 중심 주제였다. 그러한 사례로 아래의 여

러 연구를 들 수 있다. Claude Lévi-Strauss, *L'identité, séminaire interdisciplinaire* (Paris: B. Grasset, 1977/1983); Guy Michaud (ed.), *Identités collectives et relations interculturelles* (Bruxelles: Editions Complexe, 1978); Hans Mol (ed.), *Identity and Religion. International Cross-Cultural Approaches* (London: Sage Publications, 1978); Jacques Beauchard (ed.), *Identitäs collectives et travail social* (Toulouse: Privat, 1979); Odo Marquard and Karlheinz Stierle (eds.), *Identitét* (Poetik und Hermeneutik VIII) (Munich: Fink, 1979); *L'identité. Actes de la recherche en sciences scoiales* No. 35 (Paris, 1980); Burkart Holzner and Roland Robertson (eds.), *Identity and Authority. Exploration in the Theory of Society* (Oxford: B. Blackwell, 1980); *Identité et régions*, Union des Associations Internationales (Bruxelles, 1981); Anita Jacobson-Widding, *Identity: Personal and Socio-Cultural* (Uppsala: Academiae Upsaliensis, 1983).

2 이러한 주장은 Hans Albert의 '방법론적 개인주의'를 뒷받침한다. "Methodologischer Individualismus und historische Analyse", in K. Acham and W. Schulze (eds.), *Teil und Ganzes. Zum Verhältnis von Einzel-und Gesamtanalyse in Geschichts-und Sozialwissenschaften* (Munich: Deutscher Taschenbuchverlag, 1990), pp. 219~239.

3 Hinrich H. Biesterfeldt, "Ibn Haldun: Erinnerung, historische Reflexion und die Idee der Solidarität", in Assmann and Harth, *Mnemosyne*, p. 177 (제1장의 주 2)에서 인용.

4 Johann G. Droysen, *Historik*, ed. P. Leyk (Stuttgart Bad-Cannstadt: Frommann-Holzboog, 1977), pp. 10, 45.

5 Peter R. Hofstätter, *Einführung in die Sozialpsychologie* (Stuttgart: Kröner, 1973), pp. 57~73 참조. 그는 "한 사회 체계 내에서 자명함의 총량이 우리가 그 문화라고 부르는 것이다"라고 정확하게 정의를 내린다(p. 93).

6 Nikolas Luhmann, *Vertrauen. Ein Mechanismus der Reduktion sozialer Komplexität* (Stuttgart: Enke, 1973) 참조. Christian Meier가 "기대와 충족의 자명한 혼합interweaving"으로 해석한 그리스어 용어 *pistis*도 참조(Christian Meier, "Die politische Identität der Griechen", in Marquard and Stierle [eds.], *Identität*, pp. 371~496, [앞의 주 1 참조], 375쪽에서 Peter Spahn, *Mittelschicht und Polisbildung* [Frankfurt: P. Lang, 1977] 참조).

7 어떤 측면에서 이는 그 세계로부터뿐만 아니라 첫 단계—즉, 그 '세계'에서 떠나—를 통해 이미 달성한 특정한 상징적 의미로부터도 분리된 두 번째 단계다. Meier, "Die

politische Identität", p. 373 이하도 참조. 그는 서기전 7세기와 6세기 그리스의 위기를 '기존의 질서로부터 거리 두기'로 이끈 신뢰의 위기로 해석한다.

8 사회적·개인적 정체성의 다층적·이질적 성격은 Amartya Sen이 강조했다; *Identity and Violence. The Illusion of Destiny* (New York: W.W. Norton, 2006).

9 면역 체계에 대한 해석은 Francisco J. Varela, "Der Körper denkt. Das Immunsystem und der Prozess der Körper-Individuierung", in H. U. Gumbrecht and K. L. Pfeiffer (eds.), *Paradoxien, Dissonanzen, Zusammenbrüche. Situationen offener Epistemologie* (Frankfurt: Suhrkamp, 1991), pp. 727~743 (참고문헌과 함께) 참조. 나는 여기서 비유를 이용할 뿐, 집단 정체성에 대한 어떤 종류의 생물학적 기반도 당연히 제시하지 않는다. 모든 집단은 '상상의 공동체'다(Benedict Anderson, *Imagined Communities: Reflections on the Origin and Spread of Nationalism* [London: Verso, 1983]). 나는, 내면과 외면, 체계와 환경, 자기 것과 외래적인 것 사이의 차이에 대한 정보를 처리하고 자기 인식을 제공하면서, 자기 지시적 체계로서 (생물학적) 면역 체계와 (문화적) 정체성 체계 모두를 다루는 체계 이론을 참조한다.

10 하버마스의 정체성 이론에 대한 용어에서 두 가지 접근 모두 '관례적 정체성'의 표제하에 들어올 수 있다. 다른 한편으로, '탈관례적'인 것은 일반적 사유 규범에 따른 행동을 수반할 것이다. 하지만 이러한 행동이 어떻게 정체성 개념과 연결될 수 있는지는 불명확하다. 비이성적인 요소가 집단 정체성에 항상 내재하는 것으로 보인다. Jürgen Habermas, "Können komplexe Gesellschaften" (제2장의 주 65 참조).

11 Barbara Hobom, "Darmkrebs - Ende einer stufensweisen Erbänderung", *FAZ*, Feb. 14, 1990.

12 Wittgenstein과 Alfred Schütz에게서 비롯된 이러한 언어의 사회적 구성주의 이론에 대한 더 많은 정보는 John Shotter, "The Social Construction of Remembering and Forgetting", in D. Middleton and D. Edwards (eds.), *Collective Remembering* (London: Sage, 1990), pp. 120~138 참조. 참고문헌도 추가로 제시하고 있다.

13 Clifford Geertz, "Common Sense as a Cultural System", in C. Geertz, *Local Knowledge* (New York: Basic Books, 1983), pp. 73~93; Bernhard Lang, "Klugheit als Ethos und Weisheit als Beruf. Zur Lebenslehre im Alten Testament", pp. 177~192; Theo Sundermeier, "Der Mensch wird Mensch durch den Menschen. Weisheit in den

afrikanischen Religionen", pp. 117~130 참조. 뒤의 두 논문 모두 A. Assmann (ed.), *Weisheit. Archäologie der Literarischen Kommunikation III* (Munich: Fink, 1991)에 수록.

14 1977년 보스턴에서 개최된 AJS 학회에서 아시리아 연구자 T. Abush가 halakha라는 용어의 바빌로니아어와의 유사성(A Babylonian Analogue of the Term Halakha)을 제시할 수 있었다. Fishbane, *Biblical Interpretation*, pp. 91~280 (제2장의 주 11)도 참조.

15 특히 그 초기의 원래 형태에서 형성적 기능의 이야기적 성격에 비추어 이러한 이야기들과 관련된 유대교의 주해서 하가다(Haggadah)의 다른 원칙도 함께 고려되어야 한다. Fishbane, *Biblical Interpretation*, pp. 281~442 (제2장의 주 11) 참조.

16 Robert Redfield, *The Little Community* (Chicago: University of Chicago Press, 1956) 참조. Friedrich H. Tenbruck, *Geschichte und Gesellschaft* (Berlin: Duncker & Humblot, 1986), p. 253 이하에서 이러한 형태를 *Lokalitätsprinzip*(지역성 원칙)이라고 했다.

17 물론 오늘날 훨씬 많은 사람이 부족 문화보다 이른바 문명화된 국가에서 거주하고 있지만, 아직도 국가보다 부족 문화 수가 더 많다.

18 W. Wood, *An Essay on National and Sepulchral Monuments*; R. Koselleck, "Kriegerdenkmale als Identitätsstiftungen der Überlebenden", in Marquard and Stierle (eds.), *Identität*, pp. 255~276, 261(앞의 주 1 참조)에서 인용.

19 거대함의 정치적 의미에 대해서는 H. Cancik, "Größe und Kolossalität als religiöse und ästhetische Kategorien. Versuch einer Begriffsbestimmung am Beispiel von Statius, Silve I 1: Ecus Maximus Domitiani Imperatoris", in *Visible Religion VII*, *Genres in Visual Representations* (Leiden: E. J. Brill, 1990), pp. 51~68 참조.

20 페트라르카는 헌정 편지에서 *feritas*와 humanitas라는 용어를 사용한다. Rudolf Pfeiffer, *History of Classical Scholarship. From 1300 to 1850* (Oxford: Clarendon Press, 1976), 1981, pp. 15~16 참조.

21 인도에서 베다에 대한 브라만의 기억술은 문자의 기능을 수행한다.

22 J. Assmann, *Ma'at*의 참고문헌 참조(제1장의 주 11). H. K. Havice, *The Concern for the Widow and the Fatherless in the Ancient Near East. A Case Study in O.T. Ethics*, PhD thesis (Yale University, 1978)도 참조.

23 '수직적 연대'라는 용어에 대해서는 J. Assmann, *Ma'at*, (제1장의 주 11) 참조..

24 Wolfgang Bauer (ed.), *China und die Fremden. 3000 Jahre Auseinandersetzung in Krieg*

und Frieden (Munich: C. H. Beck, 1980) 참조.

25 아시리아인과 바빌로니아인의 '문화 전쟁'에 대해서는 Peter Machinist, "Literature as Politics. The Tukulti-Ninurta Epic and the Bible", *Catholic Biblical Quarterly* 38 (1976), pp. 455~482; P. Machinist, "The Assyrians and their Babylonian Problem", *Jahrbuch des Wissenschaftskollegs zu Berlin* (1984/85), pp. 353~364 참조.

26 이는 알라이다 아스만이 "선택해 들어가기"라는 용어를 만든 동일화의 행위다. Aleida ssmann, "Opting In und Opting Out", in H. U. Gumbrecht and K. L. Pfeiffer (eds.), *Stil. Geschichten und Funktionen eines kulturwissenschaftlichen Diskurselements* (Frankfurt: Suhrkamp, 1986), pp. 127~143 참조.

27 Erik H. Erikson, "Ontogeny of Ritualization in Man", *Philosophical Transactions of the Royal Society*, 251B (1966), pp. 337~49; Konrad Lorenz, *Die Rückseite des Spiegels* (Munich: Piper, 1977); Engl. *Behind the Mirror: A Search for a Natural History of Human Knowledge*, trans. Ronald Taylor (New York: Harcourt Brace Jovanovich, 1977).

28 이러한 행동 이론과 헌법학자 Carl Schmitt의 정치학 이론("Gruppenbildung über Feindbilder")의 다소 위험한 근접성에 대해서는 A. and J. Assmann, "Kultur und Konflikt. Aspekte einer Theorie des unkommunikativen Handelns", in J. Assmann and D. Harth (eds.), *Kultur und Konflikt* (Frankfurt: Suhrkamp, 1990), pp. 11~48 참조.

29 이 '만리장성'은 오늘날에도 부분적으로 보존되고 있는 구조로, 그 현재 형태는 15세기 초의 것이지만, 동일한 목적으로 기능했다. H. Franke and R. Trauzettel, "Das Chinesische Kaiserreich," *Fischer-Weltgeschichte*, vol. 19 (Frankfurt: Fischer, 1968), p. 75 참조. 흥미롭게도 최초의 제국 규모 정치적 정체성과 함께 한 첫 번째 중국 장성의 구축은 대규모 분서焚書와 동시에 발생했다. 그것은 오웰의 《1984》에 나오는 방식과 마찬가지로 유교를 제거하여 급진적으로 다른 길을 열어줌으로써 문화적 기억을 근절하도록 착수되었다.

30 Anthony D. Smith, *The Ehnic Origins of Nations* (Oxford: B. Blackwell, 1986), p. 73 이하의 '군사 동원과 민족의식'을 다룬 장 참조.

31 베버는 구별의 원칙에서 선민의식이 발생하여 유사한 조건하에서 지속적으로 반복된 점에 주목했다. "그리고 모든 민족적 다양성의 이면에 어떤 식으로든 자연적으로 '선민' 관념이 존재한다"(Max Weber, *Economy and Society*, [Berkeley: University of California

Press, 1978], p. 391).

32 Smith, *The Ethnic Origins*, pp. 50~58, 92 (앞의 주 30)는 이를 '저항과 부활의 운동'으로 규정한 '민족성 중시주의ethnicism'로 부른다.

33 A. Dundes, in Jacobson-Widding, *Identity*, p. 239 (앞의 주 1).

34 Jurij Lotman and Boris Uspenskij, "Die Rolle dualistischer Modelle in der Dynamik der russischen Kultur (bis zum Ende des 18.Jahrhunderts)," *Poetica* 9 (1977), p. 1 이하.; Renate Lachmann, "Kanon und Gegenkanon in der russischen Kultur", in A. and J. Assmann (eds.), *Kanon und Zensur*, pp. 124~137 (제1장의 주 48).

35 유대교에서 전통주의와 계몽*haskalah* 사이의 갈등에 대해서는 예컨대 Jacobson-Widding, *Identity*, p. 239 (앞의 주 1), 263 이하에 나오는 B. J. Fishman의 주장 참조.

36 Pierre Bourdieu, *La distinction. Critique social du jugement* (Paris: Èditions de Minuit, 1979); Engl, *Distinction: A Social Critique of the Judgement of Taste*, trans. Richard Nice (London: Routledge & Kegan Paul, 1986). Thorstein Veblen, *A Theory of the Leisure Class* (New York: Macmillan, 1899)도 참조.

37 Peter Anthes and Donate Pahnke (eds.), *Die Religion von Oberschichten* (Marburg: Diagonal, 1989).

38 1914년 제1차 세계대전 발발 시 의회에서 행한 독일 황제 빌헬름 2세의 연설.

39 그 기술은 수차에 걸쳐 수정되었다. 우리의 논지에 본질적인 것은 유배 이후의 버전으로, 그 재앙과 유배기 동안의 경험에 비추어 전통을 바라본 것이다. 그 세부적 내용에 대해서는 Hermann Spieckermann, *Juda unter Assur in der Sargonidenzeit*, FRLANT 129 (Göttingen: Vandenhoeck & Ruprecht, 1982) 참조.

40 이는 〈예레미야〉에서 특히 흔하게 나타난다(11:4, 24:7, 30:22, 32:38). 그것은 가끔 할례와 연결된다(〈예레미야〉 4:4와 〈신명기〉 10:16; 정신적 부활에 대해서는 특히 〈에스겔〉 11:19 참조). 할례는 모든 접촉이 금지된 이교도와 다신론자, 우상 숭배자와의 구별을 나타내는 민족적 수월성의 표지*katexochen*다.

41 신아시리아 제국의 왕 에사르하돈Asarhaddon(서기전 669년 사망)이 모든 그의 백성이 자신의 계승자 아슈르바니팔Ashurbanipal(서기전 631년 사망)에게 충성하도록 맹세케 하는 엄숙한 서약에서 "온 마음으로*ina gummurti libbikunu*"라는 표현이 빈번하게 언급된다(예컨대 Kazuko Watanabe, *Die adê-Vereidigung anlässlich der Thronfolgeregelung*

Asarhaddons, Baghdader Mitteilungen vol. 3 [Berlin: Gebr. Mann, 1987], pp. 160~163 참조). 아시리아의 봉신과의 계약이 이스라엘 사람들의 하나님과 언약의 모델이었다는 점은 흔히 지적되어왔다(H. Tadmor and also M. Weinfeld in L. Canfora, M. Liverani and C. Zaccagnini [eds.], *I Trattati nel Mondo Antico. Forma, Ideologia, Funzione* [Rome: "L'Erma" di Bretschneider, 1990] 참조).

42 〈신명기〉 23:1-8에 누가 "주님의 총회"에 들어오도록 허용될지 명확하게 언급되어 있다.

43 Hubert and Hildegard Cancik, "'Tempel der ganzen Welt'-Ägypten und Rom," in S. Appel (ed.), *Egypt-Temple of the Whole World* (Leiden: E. J. Brill, 2003), pp. 41~57 참조.

44 모든 '세계 종교'(유대교는 예외)에 공통적인 초민족적·초문화적 정체성 개념은 반드시 경전화된 성서 모음집을 함의한다. 이는 기억 구성(이 경우는 경전화)과 정체성 형성 사이의 강력한 연관성을 분명히 보여준다.

45 '궁전'과 '국립'의 결정적 차이는 대중들의 접근 가능성이다. 근동의 궁전 도서관을 모델로 한 알렉산드리아의 유명한 도서관이 이미 대중에게 열려있었다는 사실이 놀랍다.

2부 사례 연구: 예비적 고찰

1 Stadelmann, 1980과 A. Assmann, 1991에 실린 B. Lang and G. Theissen의 논문, 내 책 *Of God and Gods*, 5장 참조.

2 Rudolf Pfeiffer, *History of Classical Scholarship from the Beginnings to the End of the Hellenistic Age* (Oxford: Clarendon Press, 1968).

3 서기전 7~6세기 동안 《사자의 서》가 서로 무관한 주문들의 모음—이들로부터 개별적 장례 문서들은 자기들만의 주문들을 선택하였음—에서 167개의 고정된 순서의 주문들로 된 진짜 책으로 발전했다.

4 그리스에 대해서는 Burkert, 1984 참조.

제4장 이집트

1 Hubert Roeder, *Mit dem Auge sehen: Studien zur Semantik der Herrschaft in den Totenund Kulttexten* (Heidelberg: Heidelberger Orientverlag, 1996) 참조.

2 이러한 상징주의에 대해서는 Henri Frankfort, *Kingship and the Gods* (Chicago: University of Chicago Press, 1948); J. Gwyn Griffiths, *The Conflict of Horus and Seth* (Liverpool: Liverpool University Press, 1960 참조. Barry J. Kemp의 매우 유의미한 논평도 참조: *Ancient Egypt. Anatomy of a Civilization* (London: Routledge, 1989), pp. 27~29.

3 세트에 대해서는 Herman te Velde, *Seth, God of Confusion*, trans. G. E. van Baaren-Pape (Leiden: E. J. Brill, 1967); Erik Hornung, "Seth. Geschichte und Bedeutung eines ägyptischen Gottes", in *Symbolon* N.F. 2 (1975), pp. 49~63; Hellmut Brunner, "Seth und Apophis-egengötter im ägyptischen Pantheon?", *Saeculum* 34 (1983), pp. 226~234 참조.

4 제1장 참조.

5 J. Assmann, *The Mind of Egypt* (제1장의 주 94) 참조.

6 상형문자의 기원과 초기 역사에 대해서는 Adelheid Schlott, *Schrift und Schreiber im alten Ägypten* (Munich: C. H. Beck, 1989) 참조. 그 참고문헌에 다른 관련 연구들도 정리되어 있다.

7 더 상세한 내용은 J. Assmann, *Ma'at*, (제1장의 주 11)과 *Death and Salvation in Ancient Egypt*, trans. David Lorton (Ithaca: Cornell University Press, 2005) 참조.

8 나는 다른 연구에서 기념비와 성각문자의 이러한 기능에 대해 더욱 상세히 논한 바 있다; J. Assmann, "Stein und Zeit"(제1장의 주 47)와 "Gebrauch und Gedächtnis. Die zwei Kulturen Ägyptens", in Assmann and Harth (eds.), *Mnemosyne*, pp. 135~152(제1장의 주 2) 참조.

9 "The Laws of Plato", trans. with notes by Thomas L. Pangle (New York: Basic Books, 1979), pp. 36~37.

10 J. Assmann, *The Mind of Egypt*, 5장 (제1장의 주 94) 참조.

11 "시간의 경과에 따라 미술만 그 독특한 수준을 유지했을 뿐만 아니라 수준 상승이 저지되기도 했다. 즉, 더 이상의 고귀한 발전이 신관문자의 동결에 의해 차단되고,

이전에 막대한 노력으로 달성한 것이 신성하게 여겨졌다. 이는 특히 이집트와 비잔티움 고대 문화 세계의 시작과 종말로부터 알 수 있다"(Jacob Burckhardt, *Die Kunst der Betrachtung. Aufsätze und Vorträge zur bildenden Kunst*, ed.H. Ritter [Köln: DuMont, 1984], p. 195).

12 학자들은 처음에 '이집트인의 카논canon'이라는 용어를 고대 이집트인들이 묘사한 '사각형 격자'에 포함된 인간 신체의 비율 체계를 지칭하는 데 사용했다. Erik Iversen, *Canon and Proportions in Egyptian Art*, 2nd, ed. (Warminster: Aris and Phillips, 1975) 참조. 그러나 최근 들어 이 용어가 표현하는 내용이 더욱 광범위해져서, 고대 이집트의 예술 규칙뿐만 아니라 전체 사회경제적 틀까지 연관된다. 예컨대 Whitney M. Davis의 *The Canonical Tradition in Egyptian Art* (Cambridge: Cambridge University Press, 1989); "Canonical Representation in Egyptian Art", *Res 4: Anthropology and Aesthetics* (1982), pp. 20~46; "The Canonical Theory of Composition in Egyptian Art", *Göttinger Miszellen* 56 (1982), pp. 9~26 참조. 나는 고대 이집트인들이 준수한 이러한 원칙을 다섯 가지로 구분한다. (1) 비례 원칙(좁은 의미의 카논) (2) 투영 원칙(2차원 평면상에서의 공간 표현) (3) 표현 원칙(초상의 격식과 관례) (4) 생략 원칙(특히 이집트적 이미지의 시공 추상성으로, 의도적으로 표현되지 않은 것) (5) 구문syntax 원칙(회화 구성의 안배에서 각 부분 사이의 종속적 관계). J. Assmann, "Viel Stil am Nil? Ägypten und das Problem des Kulturstils", in Gumbrecht and Pfeiffer (eds.), *Stil*, pp. 522~524 (제3장의 주 26)와 "Sepulkrale Selbstthematisierung im Alten Ägypten," (제1장의 주 14) 참조.

13 이집트인들은 심지어 이러한 완화가 결국 전체 사회의 법률 상실에까지 영향을 미칠까 우려했다. 따라서 예컨대 공자는 만사가 둥근 것은 '원'으로, 모난 것은 '방方'으로 부르는 것에 달려있다고 주장했다. 플라톤이 동의하여 인용한 서기전 5세기의 음악가인 데이먼Damon of Athens은 음악의 키에 어떤 변화를 준다면 국가의 법이 붕괴할 것이라고 주장했다.

14 J. Assmann, *Death and Salvation*, chapter XV, pp. 348~368 (앞의 주 7)도 참조.

15 Jan Assmann, "Text und Kommentar. Einführung", in J. Assmann and B. Gladigow (eds.), *Text und Kommentar*, pp. 9~34(제2장의 주 1)와 Ursula Rössler-Köhler, "Text oder Kommentar", 앞의 책, pp. 111~140 참조. 《사자의 서》 17장에는 질문과 대답의 형태로 해설이 배치되어 있다. 뢰슬러 쾰러Rössler-Köhler는 신중하게 필사된 사

본에서 붉은색으로 쓴 이 해설을 주석으로 해석한다. 그러나 나는 이 텍스트를 도입부의 심문으로 보는데, 그 과정에서 입문자가 신성한 텍스트를 암송하고 그 의미에 대해서 검증받아야 했을 것이다.

[16] A. Mariette, Dendérah III 1872, plate 77 a, b; E. Chassinat and F. Daumas, *Le temple de Dendéah* VI, 152, 1-3.

[17] E. Chassinat, Le temple d'Edfou VI, 6.4; Dietrich Wildung, *Imhotep und menhotep. Gottwerdung im Alten Ägypten* (Munich: Deutscher Kunstverlag, 1977), p. 146과 p. 98.

[18] 경전 형성의 역사에 대해서는 제2장 참고.

[19] Patrick Boylan, *Thoth, the Hermes of Egypt* (London, New York: Oxford University Press, 1922), 특히 신전 책의 저자로서 토트신에 대해서는 pp. 88~91 참조. Clemens Alexandrinus의 Stromat. VI. 4. 3 5~7에 따르면 이집트 제사장들이 숙달한 "헤르메스의 필수적인*pány ananka^îai*(=경전적) 책 42권" 중 일부가 신전의 건축에 대해 다룬 것이다. Clemens의 이집트에 관한 정보에 대해서는 Albert Deiber, *Cleéent d'Alexandrie et l'Éypte* (Cairo: l'Institut français d'archeélogie orientale, 1904) 참조. Joachim E. Quack는 상형문자와 신관문자, 민중문자의 수백 개 파편과 그리스어 번역에서도 그가 "신전의 책The Book of Temple"이라고 명명한 신전 건축에 대한 설명까지 담긴 긴 작품의 남겨진 부분들을 발견했다. Joachim F. Quack "Der historische Abschnitt des Buches vom Tempel", in J. Assmann and E. Blumenthal (eds.), *Literatur und Politik im pharaonischen und ptolemäischen Ägypten*, BdÉ 127 (Cairo: l'Institut français d'archéologie orientale, 1999), pp. 267~278; "Das Buch vom Tempel und verwandte Texte. Ein Vorbericht", *ARG* 2 (2000), pp. 1~20; "Le manuel du temple. Une nouvelle source sur la vie des prêtres égyptiens", *Égypte Afrique & Orient* 29 (2003), pp. 11~18; "Organiser le culte idéal. Le Manuel du temple égyptien", in *BSFÉ* 160 (2004), pp. 9~25 참조.

[20] Clemens는 이를 신전 건축에 관한 10권의 '상형문자' 책 항목에서 다루었다.

[21] 이는 Clemens가 '희생제의 미술The Art of Sacrifice' 항목으로 언급한 책에서 다루어졌다.

[22] 이는 Clemens가 '교육' 항목으로 언급한 책뿐만 아니라 10권의 '법률과 신, 사제 교육의 총체' 항목에서도 다루어졌다. Jan Quaegebeur, "Sur la 'loi sacrée' dans l'Égypte gréco-romaine", *Ancient Society* 11/12 (1981/82), pp. 227~240에서는 그리스

어 자료에 빈번하게 언급된 '성례의 법sacral law' 개념을 이러한 성문화와 설득력 있게 일치시킨다.

23 이는 후기 고전 전기소설romance인 *Josepth and Aseneth*에서 역전된다. "요셉은 이집트 사람들과 함께 먹지 않았다. 그것이 그에게 부정을 타기 때문이었다"(7.1). Gerhard Delling, *Die Bewältigung der Diasporasituation durch das hellenistische Judentum* (Göttingen: Vandenhoeck & Ruprecht, 1987), p. 12.

24 Herodotus, *Hist.* II, 91 cf. 49 and 79. 헤로도토스는 또한 다른 사람들과 비교해서 이집트인들이 모든 일에서 퇴보되어 있다고 말하기도 했다(II, 35). 이는 확실히 자신의 관찰일 뿐만 아니라 비록 본질적으로 다른 관점이기는 하지만 이집트인들 자신의 견해에 상응할 수도 있는 이미지에 따른 언급이다. 그것은 자신들만 정당한 방식을 취한다고 믿는 방정함이라는 자아상이다.

25 Garth Fowden, *The Egyptian Hermes. A Historical Approach to the Late Pagan Mind* (Cambridge: Cambridge University Press, 1986), 15f에서도 관련된 구절을 찾을 수 있다.

26 Lloyd, "Nationalist Propaganda", (see chapt. 1, n. 94); Ramsay MacMullen, "Nationalism in Roman Egypt", *Aegyptus* 44 (1964), pp. 179~199; J. Gwyn Griffiths, "Egyptian Nationalism in the Edfu Temple Texts", in J. Ruffle et al. (eds.), *Glimpses of Ancient Egypt: Studies in Honour of H. W. Fairman* (Warminster: Aris and Phillips, 1979), pp. 174~179. Mary Douglas는 이를 위해 헬레니즘 시기 팔레스타인의 유대 분파와 같은 소수민족 운동을 지칭하는 '고립된enclave 문화'라는 용어를 제안했는데, 이것이 훨씬 더 적절해 보인다. Mary Douglas, *In the Wilderness: The Doctrine of Defilement in the Book of Numbers* (Oxford: Oxford University Press, 2001), 특히 제2장 "The Politics of Enclaves", pp. 42~62 참조. J. Assmann, *Of God and Gods: Egypt, Israel and the Rise of Monotheism* (Madison: Wisconsin University Press, 2008), 제5장과 The Mind of Egypt, 제26장, pp. 389~408도 참조(제1장의 주 94).

27 Hermann Kees, *Der Götterglaube im alten Ägypten* (Leipzig: Hinrichs, 1941), pp. 416~417에서는 이 주제와 관련하여 아주 흥미로운 사실을 보여준다. "역사의 전환점에서 집단은 모아오던 작업을 보관하고 싶어한다. 유산 상실에 대한 두려움이 창의성을 훌쩍 뛰어넘는다. 따라서 이집트에서 지성적 분야에서까지 가장 창조적 시대인 고왕국 시대는 문자의 측면에서는 가장 척박한 시기이기도 했다. 후손들이 그

지성적 유산을 영속적인 형태로 합쳐 모았을 뿐이다. 후기왕조 시대의 신전은 그들의 많은 지식이 발효된 시작점이기도 했다. 의례와 축제, 그리고 신들 자체에 대한 그들의 기록은 학술적인 방식으로 보존되었다." 이러한 맥락에서 Kees는 후기왕조 시대에 이집트를 제어한 '망각의 두려움'에 대해서 언급한다(p. 415). 확실히 외국 통치의 경험과 특히 헬레니즘의 문화적 충격이 전통이 자명한 것이라는 인식을 상실케 하여, 그에 대한 설명이 필요하게 해주었다.

28 J. Assmann, "Magische Weisheit. Wissensformen im ägyptischen Kosmotheismus", in A. Assmann (ed.), *Weisheit*, pp. 241~258, p. 241 이하(제3장의 주 13)와 J. Assmann, *Moses the Egyptian. The Memory of Egypt in Western Monotheism* (Cambridge, MA: Harvard University Press, 1997), pp. 142~143 참조.

29 Willibald Staudacher, *Die Trennung von Himmel und Erde. Ein vorgriechischer Schöpfungsmythos bei Hesiod und den Orphikern* (Diss., Tübingen, 1942); te Velde, *Seth*, (앞의 주 3); Lászlo Kákosy, "Ideas of the Fallen State of the World in Egyptian Religion: Decline of the Golden Age", *Studia Aegyptiaca* VII (1981), pp. 81~92 참조. Erik Hornung, *Der ägyptische Mythos von der Himmelskuh. Eine Ätiologife des Unvollkommenen*, OBO46 (Göttingen: Vandenhoeck & Ruprecht, 1982)도 참조.

30 Michel Muszynski, "Le droit égyptien a travers la documentation grecque", in *Le droit égyptien ancien*. Colloque organisé par l'Institut des Hautes Études de Belgie (Bruxelles: Institut des hautes études de Belgique, 1974), pp. 163~180; Quaegebeur, "Sur la 'loi sacrée'", (앞의 주 22) 참조. 그리스 문헌에 신성한 규범(*hieratikos nomos* 혹은 *hieros nomo*)이라는 용어가 자주 등장하는데, 이것들은 신관들의 행위 준칙 모음일 가능성이 매우 크다. 그리스와 이집트의 민중문자 형식으로 전래된 잔편은 실상 그러한 신전에서 편집, 전사傳寫, 보존된 '신성한 서적'(이집트어 발음 *tmc n ntr*[테마 엔 네테르], 그리스어의 *Sem[e]nouthi*로 표기)의 일부였을 것이다.

31 Reinhold Merkelbach, "Ein ägyptischer Priestereid", *Zeitschrift für Philologie und Epigraphik* 2 (1968), pp. 7~30; Reinhard Grieshammer, "Zum 'Sitz im Leben' des negativen Sündenbekenntnisses", *ZDMG* Supplement II (1974), p. 19 이하 참조. 이집트어 원문("The Book of the Temple")은 Quack, "Das Buch vom Tempel und verwandte Texte"(앞의 주 19) 참조.

32 Joachim Spiegel, *Die Idee des Totengerichts in der ägyptischen Religion*, LÄS 2 (Glückstadt: Augustin-Verlag, 1935); Jean Yoyotte, "Le jugement des morts dans l'Égypte ancienne", in *Sources Orientales* 4 (Paris, 1961); Samuel G. F. Brandon, *The Judgment of the Dead* (New York: Weidenfeld & Nicolson, 1967); Reinhard Grieshammer, *Das Jenseitsgericht in den Sargtexten* (Wiesbaden: Harrassowitz, 1971); J. Assmann, *Death and Salvation*, 제3장 (앞의 주 7).

33 Grieshammer, Das Jenseitsgericht, (제4장 주 32 참조); J. Assmann, "Death and Initiation in the Funerary Religion of Ancient Egypt", in W. K. Simpson (ed.), *Religion and Philosophy in Ancient Egypt*, YES 3 (1989), pp. 135~159.

34 *Book of the Dead 125*, trans. by R. O. Faulkner, ed. by Carol Andrews (London: British Museum Publications, 1985), p. 31.

35 앞의 책에서 발췌.

36 '신전 출입 텍스트'로 알려진 이것에 대해서는 Grieshammer, "Zum 'Sitz im Leben'", p. 33 이하(이러한 명문 목록은 p. 22의 주 14 참조) (앞의 주 31); Maurice Alliot, *Le culte d'Horus Edfou au temps des Ptolemées*, Bibl.d' Étud. 20 (Cairo: Institut francéis d'archéologie orientale, 1949), p. 142 이하, p. 181 이하; H. W. Fairman, "A Scene of the Offering of Truth in the Temple of Edfu", in *Mitteilungen des Deutschen Archäologischen Instituts*, Cairo 16 (1958), pp. 86~92; J. Assmann, *Ma'at*, pp. 140~149 (제1장의 주 11) 참조.

37 "*jtj jnj*", 신전 계획과 관련하여 앞서 언급한 구절과 동일한 순서. J. J. Cléré, "Deux statues 'gardiennes de porte' d'époque ramesside", *Journal of Egyptian Archaeology* 54 (1968), pp. 135~148, 특히 pp. 140~141 참조.

38 Edfou III 360 – 361 = Kom Ombo II, 245.

39 Edfou III 361 – 362.

40 Edfou III 78 – 79, Alliot, *Le culte d'Horus*, pp. 142~143 (앞의 주 36); Fairman, "A Scene of the Offering", p. 91 (앞의 주 36).

41 이는 관련 명문들을 특징지으며 Walter Otto, *Priester und Tempel im hellenistischen Ägypten II* (Leipzig, Berlin: Teubner, 1908), p. 239에서 사용한 표현이다.

42 이 용어는 정통으로 번역되는 orthodoxy의 비유로서 사용한다. orthodoxy가 교육과 해석에서 규칙과 경전에 순응과 관련 있는 반면, orthopraxy는 행위로서 규칙에 순

응함을 수반한다.

43 Plato, Timaios 22b.

44 Herodotus Hist. II, 143.

45 Fritz Schachermeyr, *Die griechische Rückerinnerung* (Wien: Oesterreich. Akad. d. Wiss., 1984). 계보적으로 조직된 역사 개념의 원칙에 대해서는 Schott, "Das Geschichtsbewußtsein schriftloser Völker" (제1장의 주. 67) 참조.

46 Franz Kugler, *Handbuch der Kunstgeschichte*, 2nd ed. (Stuttgart: Ebner Seubert, 1848), 39 (부르크하르트가 제공한 추가 자료와 함께).

47 Plotinus, Enneades V, 8, 5, 19 and V, 8, 6, 11. Cf. A. H. Armstrong, "Platonic Mirrors," Eranos 1986 Vol. 55 (Frankfurt: Insel, 1988), pp. 147~182. 플로티노스의 두서없지 않은 생각 개념에 대해서는 Richard Sorabji, *Time, Creation and the Continuum. Theories in Antiquity and in the Early Middle Ages* (Ithaca, NY: Cornell University Press, 1983), pp. 152~153 참조.

48 van Seters의 중요한 저작 *In Search of History*, (제1장의 주 82) 참조.

49 J. Assmann, *The Mind of Egypt*, 23장, pp. 335~364 (제1장의 주 94) 참조.

제5장 이스라엘과 종교의 발명

1 내 해석은 Yehezkel Kaufmann의 *Golah ve-Nekhar*, 2 vols. (Tel Aviv: Devir, 1929/30)을 따른 것이다. 그의 논점은 이 책에 대한 C.W. Ephraimson의 부분적 번역인 Y. Kaufmann, *Christianity and Judaism. Two Covenants* (Jerusalem: Magnes Press, 1988)에 의존했다. '철의 장벽'이라는 주제가 Kaufmann의 책에서 중심 역할을 담당한다.

2 이 맥락에서 Garth Fowden, *The Egyptian Hermes. A Historical Approach to the Late Pagan Mind* (Cambridge: Cambridge University Press, 1986), p. 14는 아래의 책들을 언급한다: Theophrastus, *De pietate*, ed. W. Pötscher (Leiden: E. J. Brill, 1964), 2f.; Porphyrius, *De abstinentia*, ed. J. Bouffartigue and M. Patillon (Paris: Les Belles Lettres, 1977), II, 5,1; Engl.: *On Abstinence*, trans. Thomas Taylor (London: Centaur Press, 1965); Eusebius v. Cäsarea, *Praeparatio evangelica*, 1, 9, 7.

3 Asclepius 24, Nag Hammadi Codex II, 5, 122~123, H. H. Bethge, *Vom Ursprung der*

Welt: die fünfte Schrift aus Nag Hammadi Codex II (Diss. Berlin Ost, 1975) 참조.

4 Julian, 특히 pp. 111, 433 b (en koinonía mèn pròs theoús Aigýptō te pásē).

5 실제로 동일한 관념이 야훼의 장막이나 성전, 성막mishkan과 관련된 전통에서 발견된다(예컨대 〈출애굽기〉 25:8). "내가 그들 가운데 머물 수 있도록, 그들에게 내가 머물 성소를 지으라고 하여라." 이집트인들 역시 유사한 사례를 만들 수 있었다. 그들은 충분한 이유와 함께 신과 인간의 공동체 개념이 현실이 아니라 일종의 황금시대인 태고를 나타내고, 현재 세계는 원초적 공동체가 해체된 결과임을 보여주었다 (J. Assmann Ma'at, 6장 [제1장의 주 11] 참조). 이집트인의 관점에 따르면 그 해체는 성경이 우상 숭배로 규탄한 제도화된 상징적 중재와 신성한 표현으로 정확히 치유되었다. 여기에 이스라엘과 이집트의 결정적 차이가 존재한다. 비록 가변적이고 접근 불가능했어도 야훼의 '주거shekhinah'는 결코 상징적이 아니라 항상 직접적으로 존재했다. 〈신명기〉의 정화된 신학에 따르면 신전에 거주하는 것은 하나님이 아니라 그의 **이름**이다. Moshe Weinfeld, *Deuteronomy and the Deuteronomic School* (Oxford: Clarendon Press, 1972), pp. 191~209 참조.

6 Henning Graf Reventlow, *Das Heiligkeitsgesetz, formgeschichtlich untersucht*. WMANT 6 (Neukirchen: Neukirchener Verlag, 1961).

7 *Letter of Aristeas*, 139와 142, in Moses Hadas (ed. and trans.), *Letter of Aristeas* (New York: Ktav Pub. House, 1973), p. 157.

8 최초로 투트모세 3세Thutmosis III(서기전 1481~1425)에게 적용되었다: Urk IV 1233. 아켄아텐Akhnaton(서기전 1335년경 사망)에 대해서는 Maj Sandman, *Texts from the Time of Akhenaten*, Bibliotheca Aegyptica 8 (Bruxelles: Éd. de la Fond. Égyptol., 1938), p. 84; 제3중간기 Mendes 의 Hornacht 왕자에 대해서는 Ramses II: A. Mariette, Abydos I, 52, 16 이하와 *Rec. de Travaux* 35, 126 참조. Albrecht Alt, "Hic murus aheneus esto," *ZDMG* 11 (1932), pp. 33~48도 참조.

9 Tyrus의 Abimilki에게서 온 편지, ed. Knudtzon, *Die El-Amarna-Tafeln* (1907~1915), No. 147, William F. Albright, "The Egyptian Correspondence of Abimilki, Prince of Tyre", *The Journal of Egyptian Archaeology* 23 (1937), pp. 190~203 참조(인용은 199).

10 Sandman, *Texts from Akhenaten*, p. 111 (앞의 주 8).

11 이집트어 텍스트에 'portal(정문)'로 나오지만 '정문sbht'과 '성벽sutj'의 발음이 비슷

해서 서기가 혼동했을 것이다.

[12] Tablet BM 5656, J. Assmann, *Ägyptische Hymnen und Gebete* (Zurich: Artemis, 1975), No. 190, vol. 18~19 참조.

[13] E. Meyer, "Gottesstaat, Militärherrschaft und Ständewesen in Ägypten", in *Sitzungsberichte der Preussischen Akademie der Wissenschaft* (Berlin, 1928).

[14] 이 텍스트에 대해서는 J. Assmann, *Ägyptische Hymnen und Gebete*, No. 131, 312 (앞의 주 12) 참조.

[15] 이러한 모티프의 확산에 대해서는 Klaus E. Müller, *Das magische Universum der Identität. Elementarformen sozialen Verhaltens. Ein ethnologischer Grundriß* (Frankfurt: Campus, 1987) 참조.

[16] 이 주제를 다룬 연구에 대해서는 Helmut Engel, *Die Vorfahren Israels in Ägypten* (Frankfurt: Knecht, 1979)과 James Hoffmeier, *Israel in Egypt. The Evidence for the Authenticity of the Exodus Tradition* (Oxford: Oxford University Press, 1999) 참조.

[17] 서기전 13세기 말 메르넵타Merenptah 시기의 유명한 '이스라엘 석비'에 나타난 이집트 역사상 최초의 이스라엘에 대한 언급은 이스라엘의 파멸을 공표하는 것이었다!

[18] 이 논지는 다음의 연구에서 계속 발전했다. Bernhard Lang (ed.), *Der Einzige Gott* (Munich: Kösel, 1981); "The Yahweh-Alone Movement and the Making of Jewish Monotheism", in *Monotheism and the Prophetic Minority* (Sheffield: Almond Press, 1983), pp. 13~59; "Vom Propheten zum Schriftgelehrten. Charismatische Autorität im Frühjudentum", in H. v. Stietencron (ed.), *Theologen und Theologien in verschiedenen Kulturkreisen* (Düsseldorf: Patmos, 1986), pp. 89~114; Crüsemann, "Das 'portative Vaterland'" (제2장 주 57); Manfred Weippert, "Synkretismus und Monotheismus. Religionsinterne Konfliktbewältigung im alten Israel", in J. Assmann and D. Harth (eds.), *Kultur und Konflikt* (Frankfurt: Suhrkamp, 1990), pp. 143~173 등.

[19] Eric Voegelin, *Order and History*, vol. 1 (Baton Rouge: LSU Press, 1956)에서 초기 문명 제국의 신 숭배와 관련하여 이 표현을 만들었다.

[20] 혹자는 아켄아텐의 일신교적 개혁도 자신의 문화에 직접적으로 반하여 유사한 구조로 이끌린 것 아닌지 의문을 제기할 수 있을 것이다. 만약 이러한 개혁이 궁정 밖

에서 동조자를 얻었다면, 그리고 그들이 예전 의식儀式의 재도입 이후에도 반체제적 '오직 아텐 운동Aton-alone movement'의 지속을 이끌었다면, 기존 문화에 반하는 틀 속에서 이스라엘과 비교할 만한 종교적으로 규정된 정체성이 있었다고 말할 수 있을지도 모른다. 하지만 이는 그러한 경우는 아니었다.

21 Morton Smith, *Palestinian Parties and Politics That Shaped the Old Testament* (New York: Columbia University Press, 1971), p. 30 참조. "유일신만 숭배한다고 고집하는 어떤 집단이나 그것 때문에 자신들을 특이한 사람들로 만들었다.……자신들 집단에의 합류는 단순히 지지 여부가 아닌 **개종**의 문제였다."

22 유대교 성경과 기도서에서 이러한 표현의 처음과 마지막 단어의 마지막 글자들—은 크게 인쇄되어 강조되었고, 이러한 글자들이 죽음으로 입증된 진리를 나타내는 단어인 'ed'(증인)=martys(순교자)를 형성한다. Hans Kippenberg, "Die jüdischen Überlieferungen als patrioi nomoi", in R. Faber and R. Schlesier (eds.), *Die Restauration der Götter. Antike Religion und Neo-Paganismus* (Würzburg: Königshausen and Neumann, 1986), pp. 45~60의 "Sterben für die patrioi nomoi" 부분도 참조.

23 〈신명기〉 14:2; 14:21; 특히 〈레위기〉 19장 이하와 〈출애굽기〉 19:6에 규정된 거룩한 율법도 참조; Frank-Lothar Hossfeld, "Volk Gottes als 'Versammlung'", in J. Schreiner (ed.), *Unterwegs zur Kirche. Alttestamentliche Konzeptionen* (Freiburg: Herder, 1987), pp. 123~142 참조.

24 Hans G. Kippenberg는 이 과정을 제국주의적 정치의 일반 원칙으로 간주한다. "식민지 개척자들이 자신들이 정복한 영토에서 제국을 창출하길 원한다면, 그들은 자신들을 예속된 종족의 보호자나 전통 발명자로까지 자리매김해야 한다." Kippenberg, "Die jüdischen Überlieferungen", p. 51 (앞의 주 22); Jan-Heeren Grevemeyer (ed.), *Traditionale Gesellschaften und europäischer Kolonialismus* (Frankfurt: Syndikat, 1981), pp. 16~46; Gérard Leclerc, *Anthropologie und Kolonialismus* (Munich: Hanser, 1973). Peter Frei and Klaus Koch, *Reichsidee und Reichsorganisation im Perserreich*, OBO 55 (Freiburg: Fribourg University Press, 1984)도 참조.

25 Wilhelm Spiegelberg, *Die sogenannte Demotische Chronik* (DemSt 7) (Leipzig: J. C. Hinrichs, 1914), pp. 30~32; E. Meyer, "Ägyptische Dokumente aus der Perserzeit," in *Sitzungsberichte der Preussischen Akademie der Wissenschaft* (Berlin, 1915), p. 304 이하.

26 페르시아어에서 Ezra는 "하나님의 율법을 쓴 사람"으로 불린다. Hans H. Schaeder, *Esra der Schreiber*. Beträge zur historischen Theologie 5 (Tübingen: Mohr, 1930)에서는 에즈라를 유대교 업무에 특별 책임을 맡은 페르시아의 국가 관리였으리라 생각했다.

27 Joseph Blenkinsopp, *Prophecy and Canon* (Notre Dame: University of Notre Dame Press, 1977); Lang, "Vom Propheten zum Schriftgelehrten" (앞의 주 18); Leiman, *The Canonization of Hebrew Scripture* (제2장의 주 57)도 참조.

28 이슬람 세계에서 닫힌 것은 예언의 문이 아니라 독립적인 탐구와 판단iğtihad의 문이다. T*ilman Nagel, Die Festung des Glaubens. Triumph und Scheitern des islamischen Rationalismus im 11. Jh*. (Munich: C. H. Beck, 1988), p. 9 이하 참조. 예언은 "예언의 봉인"이라 불린 무함마드 자신에 의해서 봉쇄되었다.

29 여기서 언급한 내용은 나에게 많은 정보를 제공한 故 Georg Christian Macholz와의 대화에서 나온 것이다. Mary Douglas, *Leviticus as Literature* (Oxford: Oxford University Press, 1999)도 참조.

30 외부 경계: 이는 영토적인 것이 아니라 비성원과의 접촉을 어렵게 만든 율법에 의해 규정된 생활방식(안식일, 통혼과 음식 나누기 금지 등)의 한계주의적 상징주의로 구성되었다. 내부 통합: 이는 구성원 자격을 강조함으로써 달성했다. 이를 입증해주는 많은 새로운 정체성 표지로 "유배된 백성*bene haggolah*", "다른 사람들", "약속의 사람들", "공회*qahal*", "공동체*jahad*", "유대교 회당*synagugue*" 등을 들 수 있다. E. P. Sanders, *Jewish and Christian Self-Definition*, 3 vols. (Philadelphia: Fortress Press, 1980ff.); vol. 2: *Aspects of Judaism in the Graeco-Roman Period* (Philadelphia: Fortress Press, 1981); Schreiner, *Unterwegs zur Kirche*, (앞의 주 23) 참조.

31 하지만 Steven Weitzmann은 이 칙령의 역사성에 대해 회의적이다. "Plotting Antiochus' Persecution", *JBL* 123.2 (2004), pp. 219~234 참조.

32 그러나 유대인들의 저항이 그리스인이 아니라 "공통" 문화("공동 생활방식")에 반한 것이었다는 주장도 고려할 필요가 있다. Erich Gruen, *Heritage and Hellenism. The Reinvention of Jewish Tradition* (Berkeley: University of California Press, 1998) 참조.

33 Martin Hengel, *Judentum und Hellenismus*: *Studien zu ihrer Begegnung unter besonderer Berücksichtigung Palästinas bis zur Mitte des 2. Jh. v. Chr.*, 2nd ed. (Tübingen: Mohr,

1973); *Juden, Griechen und Barbaren. Aspekte der Hellenisierung des Judentums in vorchristlicher Zeit* (Stuttgart: KBW Verlag, 1976) 참조. 이와 다른 견해로는 Fergus Millar, "The Background to Maccabaean Revolution", *JJS* 29 (1978), pp. 1~21 참조.

34 이러한 반발의 부상에 대해서는 Carsten Colpe, "Die Ausbildung des Heidenbegriffs von Israel zur Apologetik und das Zweideutigwerden des Christentums", in Faber and Schlesier (eds.), *Restauration der Götter* (앞의 주 22)와 Gerhard Delling, "Die Ausbildung des Heidenbegriffs von Israel zur Apologetik und das Zweideutigwerden des Christentums", in Faber and Schlesier (eds.), *Restauration der Götter* (앞의 주 22) 참조.

35 Michael Stone, *Jewish Writings of the Second Temple Period* (Assen: Van Gorcum, 1984); Hellholm, *Apocalypticism*, (제1장의 주 92). 정치적 측면에 대해서는 Pierre Vidal-Naquet, *Les juifs, la mémoire et le présent* (Paris: F. Maspero, 1981), pp. 17~42 참조.

36 혹은 "혼종*Amixia*": 그 상황에 이 이름을 부여한 것은 당연히 고전 저술가들뿐이었다, Delling, "Die Ausbildung des Heidenbegriffs", p. 15 이하(앞의 주 34) 참조. 모세오경의 언어에서 지역 주민과의 혼혈 금지는 주님의 '질투'로 정당화되었다. 고대에 유대인의 *amixia*는 보통 인간혐오 및 부정적인 것과 연관되었다(Philon, virt. 141; Diodorus, bibl. 34, I, 2 and 40, 3, 4; Josephus, c. Ap. 2, 291, 등; Jan N. Sevenster, *The Roots of Pagan Anti-Semitism in the Ancient World* [Leiden: E. J. Brill, 1975] 참조). Peter Schäfer, *Judaeophobia: Attitudes toward the Jews in the Ancient World* (Cambridge: Harvard University Press, 1997)도 참조.

37 사마리아인(히브리어로 *Kuttim*)은 자신들을 북이스라엘 부족의 후예로 간주했다. 그들은 예언서나 전기를 제외하고 토라(모세오경)만 성서로 공인했기 때문에 이단자로 여겨졌다.

38 이 방면의 갈등에 대해서는 Bernd-Jörg Diebner, "Gottes Welt, Moses Zelt und das Salomonische Heiligtum", in T. Römer (ed.), *Lectio Difficilior Probabilior? Mélanges offerts à Françoise Smyth-Florentin, Dielheimer Blätter zum Alten Testament und seiner Rezeption in der Alten Kirche Beiheft* 12 (Heidelberg: Wissenschaftliches Theologisches Seminar, 1991), pp. 127~154. 130~131 참조.

39 사두개파와 바리새파의 충돌은 성직자 계층의 전문학자(사두개)와 토라를 엄격하게 준수하는 생활방식을 공표한 평신도 운동(바리새) 사이의 충돌이었다. 바리새파

는 성서뿐만 아니라 그들의 스승들로부터 시나이산의 계시까지 계보적으로 연결된 자신들의 유서 깊은 해석 전통에 따른 신성하게 승인된 권위를 고수했다. 이는 뒤에 랍비의 유대교에서 시나이산으로부터 유래하여 천 년 이상 발전한 제2의 계시로서 구전 토라의 교리로 이어졌다. 반면에 사두개파는 이러한 구전 전통의 권위를 반박했다. Jacob Lauterbach, "The Sadducees and the Pharisees," in *Studies in Jewish Literature*, in Honour of K. Kohler (Berlin, 1913) 참조.

40 초기 유대교 내부에서 정치적 전장에 대해서는 특히 Vidal-Naquet, *Les juifs, la mémoire et le présent*, pp. 17~72 (앞의 주 35) 참조.

41 Hugo von Hofmannsthal, "Das Schrifttum als geistiger Raum der Nation, Rede, gehalten im Auditorium maximum der Universität München am 10.1.1927", in *Gesammelte Werke in zehn Einzelausgaben. Reden und Aufsätze III*, ed. by B. Schoeller, I. Beyer-Ahlert, and R. Hirsch (Frankfurt: Fischer, 1980), pp. 24~41, 24.

42 이 용례에서 '인위적'이라는 용어가 어떤 부정적 의미도 지니고 있지 않음은 분명하다. 하지만 '뿌리 뽑기'와 '집 없음' 같은 용어가 사실상 유대인을 비판하기 위해 사용되었다. 민족주의 정서가 집과 정체성이라는 영역적 표현을 넘어설 수 없었거나 넘으려 하지 않았기 때문이다.

43 이어지는 서술의 확장된 버전은 Assmann and Harth, *Mnemosyne*, pp. 337~355 (제1장 주 2) 참조.

44 Frances Yates, *The Art of Memory* (London: Routledge & Kegan Paul, 1968); Anselm Haverkamp and Renate Lachmann (eds.), *Gedächtniskunst: Raum, Bild, Schrift. Studien zur Mnemotechnik* (Frankfurt: Suhrkamp, 1991) 참조.

45 Cicero, *De Oratore* II, pp. 86, 352~387, 355. 그 텍스트의 독어 번역과 상세한 주석은 Renate Lachmann, *Gedächtnis und Literatur* (Frankfurt: Suhrkamp, 1990), pp. 18~27 참조. 영어는 *Memory and Literature*, trans. Roy Sellars (Minneapolis: University of Minnesota Press, 1997). 기억술의 형태로서 장소에 대해서는 제1장의 (3) 참조.

46 기억 문화와 '기억 예술'의 차이에 대해서는 제1장의 예비 고찰 참조.

47 확실히 몇 차례 개정을 겪은 요시아의 의식 개혁의 설명에 대한 더욱 포괄적인 분석은 Spieckermann, *Juda unter Assur* (제3장의 주 39) 참조.

48 이와 가장 가까운 사례가 이집트의 아마르나 혁명이었다. 그 나라의 모든 신전이

폐쇄되었고 종교생활의 초점이 오로지 아마르나에 맞춰졌다.
49 홉스Hobbes와 레싱Lessing뿐만 아니라 일부 교회의 신부들이 이미 이를 확인했지만, 그 역사적·비평적 토대는 de Wette, *Beiträge zur Einleitung in das Alte Testament* I (1806)에서 최초로 제시되어, 그때 이래 구약 학자들에게 보편적으로 수용되었다.
50 Willy Schottroff, '*Gedenken' im Alten Orient und im Alten Testament. Die Wurzel zakar im semitischen Sprachkreis* (Neukirchen: Neukirchener Verlag, 1964), 특히 p. 117 이하의 〈신명기〉에서 "Zkr(기억하기)"; Brevard S. Childs, *Memory and Tradition in Israel*, SBT 37 (Naperville, IL: A.R. Allenson, 1962)도 참조.
51 Numbers 25:4 (Jerusalem Bible) 참조. 야훼가 모세에게 말했다, "백성의 모든 지도자를 취하라. 야훼를 위하여 이스라엘로부터 타오르는 그의 분노를 피하기 위해 태양을 마주한 그들을 찔러라."
52 히브리 텍스트는 사실상 쓰기에 대해서 말하지 않지만, 〈예레미야〉 31:33 "나는 나의 율법을 그들의 가슴속에 넣어주며, 그들의 마음 판에 새겨 기록하여" 참조.
53 모세 사후 여호수아에 대한 주님의 경고도 참조. "이 율법책의 말씀을 늘 읽고 밤낮으로 그것을 공부하여……"(〈여호수아〉 1:8). 율법은 가슴속에뿐만 아니라 입속에도 있어야만 했다. 심리적 관점에서 '대화로 기억하기'에 대해서는 Middleton and Edwards (eds.), *Collective Remembering*, pp. 23~45 (제3장 주 12) 참조. 같은 책에 있는 Shotter의 논문(pp. 120~138)은 공통 기억이 구성되는 과정에서 말의 역할에 대해 다룬다.
54 이 계명의 완수는 〈여호수아〉 8:30~35에 보고되어 있다.
55 증거로서 명문의 기능에 대해서는 〈여호수아〉 24:26~29 참조. "여호수아가 이 모든 말씀을 하나님의 율법책에 기록하고, 큰 돌을 가져다가 주님의 성소 곁에 있는 상수리나무 아래에 두고, 모든 백성에게 말하였다. 보십시오, 이 돌이 우리에게 증거가 될 것입니다. 주님께서 우리에게 하신 모든 말씀을 이 돌이 들었기 때문입니다. 여러분이 여러분의 하나님을 모른다고 할 때에, 이 돌이 여러분이 하나님을 배반하지 못하게 하는 증거가 될 것입니다."
56 원래 세 축제 모두 추수와 연결되어 있었다(보리의 *Mazzot*, 밀과 다른 곡물의 *Shavuot*, 가을 수확을 위한 *Sukkot*). 이스라엘인들이 그들의 땅을 잃고 디아스포라가 시작되었을 때, 축제가 기념적인 것으로만 변해서, 축제와 농사 주기의 연결고리가 끊어진 것

으로 추정된다. 〈신명기〉에서 축제가 부상하도록 기억이 담당한 역할은 특히 중요하다.

57 기념적 축제Zikkaron로서 Mazzot에 대해서는 〈출애굽기〉 12:14; 〈레위기〉 23:4~8 참조. Cancik and Mohr (eds.), "Erinnerung/Gedächtnis", 주 73~77 (제1장의 주 31) 참조.

58 샤부오트 축제가 시나이산의 계시와 토라를 넘겨준 것을 기념하도록 바뀐 것은 성경이 써진 이후의 일이었다. Max Dienemann, "Schawuot", in F. Thieberger (ed.), *Jüdisches Fest und jüdischer Brauch*, reprint (Königstein: Jüdischer Verlag, 1979), pp. 280~287 참조.

59 이는 히타이트에서 조약 텍스트를 일정한 간격으로 낭송한 공통적 관행에 상응한다. Viktor Koro šec, *Hethitische Staatsverträge. Ein Beitrag zu ihrer juristischen Wertung*. Leipziger rechtswissenschaftliche Studien 60 (Leipzig: T. Weicher, 1931), pp. 101~102; George E. Mendenhall, *Law and Covenant in Israel and in the Ancient Near East* (Pittsburgh: Biblical Colloquium, 1955), p. 34; Klaus Baltzer, *Das Bundesformular*, 2. ed. (Neukirchen: Neukirchner Verlag, 1964), pp. 91~92. 참조. 아시리아인에 대해서는 Ernst Weidner, "Hof- und Haremserlasse assyrischer Könige," *AfO* 17 (1954~1956), pp. 257~293 참조. 교회Tabernacle의 축제 동안 에즈라가 사람들에게 토라를 처음부터 끝까지 큰 소리로 읽었다(〈느헤미야〉 8:1, 18; Baltzer, *Das Bundesformular*, pp. 91~93도 참조). 히타이트의 왕 하투실리 3세(서기전 16세기)에 대한 시험의 말미에 나오는 조항도 참조. "……그리고 이 토판은 매달 [그의 계승자에 의해] 읽힐 것이다. 따라서 너는 나의 말과 지혜를 반복적으로 기억할 것이다." Laroche, *Catalogue des textes Hittites*, No. 6, Cancik and Mohr (eds.), "Erinnerung/Gedächtnis", p. 314에서 재인용 (제1장의 주 31).

60 '경전 형식'과 그 다른 형태에 대해서는 제2장 (2)의 서두 참조. 〈신명기〉에서 모든 언약의 세부 사항이 문자 그대로 고수되어야 하고, 그 텍스트의 어떤 형태도 바꾸면 안 된다고 명하는 언약과 그 전사傳寫가 연관된 결합 방식을 발견한다. 이러한 의무는 전통 역시 구속력을 지녀서 저자와 서기관 사이에 작성된 일종의 계약으로 여겨진 사실을 반영한다. 계약의 고수는 또한 그것이 온전한 상태로 전수됨을 수반하고, 언약을 보호하는 그 특유의 저주 역시 그 자구의 보호에 적용된다. 바빌론

의 쐐기문자 토판의 간기에서 사용된 방식도 〈신명기〉와 동일한 명령어 형태를 취한다. 그렇지만 여기서 그 경고는 확실히 그 전사자에게로 향한 것이다. G. Offner, "A propos de la sauvegarde des tablettes en Assyro-Babylonie", *RA* 44 (1950), pp. 135~143; Cancik, *Mythische und historische Wahrheit* (Stuttgart: Bibelstudien 48, 1970), p. 85 이하; Michael Fishbane, "Varia Deuteronomica," *ZAW* 84 (1972), pp. 349~352 참조.

61 Baltzer, *Das Bundesformular*, p. 91 이하(앞의 주 59) 참조; Gerhard von Rad's interpretation of Deuteronomy as "Gesetzpredigt" (율법 설교), *Deuteronomium-Studien*, FRLANT N.F.40 (Göttingen: Vandenhoeck & Ruprecht, 1947), p. 36 이하도 참조.

62 A. and J. Assmann (eds.), *Kanon und Zensur* (제1장의 주 41) 참조. 히브리 경전의 부상과 성경 경전화 과정에서 결정체의 일종으로서 〈신명기〉의 중요성에 대해서는 F. Crüsemann의 논문 참조. 경전 원칙의 중요성에 대한 보다 일반적 견해는 C. Colpe 와 A. and J. Assmann의 두 논문 참조. 더 상세한 내용은 *Of God and Gods*,의 제5장 참조.

63 〈레위기〉 19:25; 19:31; 20, 27장도 참조.

64 이스라엘에서 다신교와 일신교 사이의 갈등에 대해서는 M. Weippert, "Synkretismus und Monotheismus" (앞의 주 18) 참조.

65 요시아의 통치기에 아시리아의 세력이 급속히 쇠퇴했다. 아시리아는 100년 전부터 북왕국을 장악했고, 남왕국도 속국으로 정치적·문화적으로 지배해왔다. 아시리아의 장악력이 약해지자 더욱 큰 자기 결정의 기회가 창출되었다. 〈신명기〉는 이러한 자치를 위한 탐색의 결과였다. 그 역사적 배경에 대해서는 Spieckermann, *Juda unter Assur*, p. 227 이하(제3장의 주 39) 참조.

66 Michael Walzer, *Exodus and Revolution* (New York: Basic Books, 1985), pp. 68~69.

67 '종교'를 의미하는 religio는 '신중하게 관찰하다'를 의미하는 religere, 혹은 '뒤로 묶다', '다시 연결하다'를 의미하는 re-ligari에서 파생되었다. 이 논쟁적인 어원에 대해서는 Hans Zirker, "Religion," in G. Bitter and G. Miller (eds.), *Handbuch religionspädagogischer Grundbegriffe 2* (München: Kösel, 1986), pp. 635~643 참조. 두 경우 모두 필수 요소는 접두사 're'로, '뒤'의 의미를 지닌다. Heinz-Josef Fabry,

"Gedenken und Gedächtnis im Alten Testament", in Gignoux (ed.), *La commémoration* (제1장 주 85) 참조.

제6장 법의 정신으로부터 역사의 탄생

1 J. Assmann, "Stein und Zeit", p. 105 (제1장의 주 47).
2 역사와 행동 개념 사이의 연결고리에 대해서는 Rüdiger Bubner, *Geschichtsprozesse und Handlungsnormen* (Frankfurt: Suhrkamp, 1984) 참조.
3 P. Artzi, "The Birth of the Middle East", *Proceedings of the 5th World Congress of Jewish Studies* (1969), pp. 120~124; "Ideas and Practices of International Coexistence in the 3rd Mill. BCE", *Bar Ilan Studies in History* 2 (1984), pp. 25~39; Munn Rankin, "Diplomacy in Western Asia in the Early 2nd Mill BC", *Iraq* 18 (1956), pp. 68~110이 이러한 맥락에서 흥미롭다.
4 이 표현은 페르시아제국에서 로마제국의 종말까지의 보다 후대와 관련된 것으로, Eric Voegelin, *Order and History IV. The Ecumenic Age* (Baton Rouge: LSU Press, 1974)에서 만들어졌다. 그러나 왕국에서의 정치적 통합이 'ecumenism'이라는 용어의 결정적 요인은 아니다. 하나의 질서 바깥에 다른 질서들이 있었다는 사실과 함께, 언어, 관습, 법이 다 달랐음에도 모든 질서와 사람들이 동일한 세계를 공유하여 문화 상호 간의 이해가 가능했다는 사실을 의식하는 것이 더욱 중요하다. 이는 인류 공동의 다원적 역사 공간인 '사람들이 거주하는 지구'라는 개념을 낳았다.
5 Friedrich H. Tenbruck, "Gesellschaftsgeschichte oder Weltgeschichte?", *Kölner Zeitschrift für Soziologie und Sozialpsychologie* 41 (1989), pp. 417~439, 436은 폴리비오스Polybios가 자신의 저작에서 사건들이 점점 상호 연관되어가는 과정을 확인하여 '국제 질서'와 '역사' 사이의 연결고리를 세웠음을 강조한다.
6 나는 이것이 어떻게 이집트에 적용되는지 검토했다. J. Assmann, *Ma'at* (제1장의 주 11).
7 인과율은 헤이든 화이트Hayden White(1928~2018)가 "시poetry"라고 부른 허구 혹은 구성이다. 게제H. Gese는 이론적 연결 원리로서 '연속sequence'과 '결과consequence' 사이를 구분했다. 결과라는 개념조차 너무 멀리 나간 것이다. '인과율'과 마찬가지로,

'결과'는 자연적이고, 논리적이며, 자동적인 어떤 것을 시사한다. 이는 Hans Kelsen, *Vergeltung und Kausalität* (Den Haag: W. P. van Stockum, 1947)에서 보여주었듯이, 고대의 사유 방식으로는 적절하지 않을 것이다.

8 Hans H. Schmid, *Gerechtigkeit als Weltordnung* (Tübingen: Mohr, 1968)과 미출간 타자원고; J. Assmann, "Der leidende Gerechte im alten Ägypten. Zum Konfliktpotential der Ägyptischen Religion", in C. Elsas and H. G. Kippenberg (eds.), *Loyalitätskonflikte in der Religionsgeschichte* (Würzburg: Königshausen and Neumann, 1990), pp. 203~224, 203~214. Bernd Janowski, *Die rettende Gerechtigkeit. Beiträge zur Theologie des Alten Testaments 2* (Neukirchen-Vluyn: Neukirchener Verlag, 1999)도 참조.

9 Aleida Assmann, "Was istWeisheit: Wegmarken in einem weiten Feld", in A. Assmann (ed.), *Weisheit*, pp. 15~44, 19 (제3장의 주 13).

10 Albrecht Dihle, *Die Goldene Regel* (Göttingen: Vandenhoeck & Ruprecht, 1962).

11 Hinrich H. Biesterfeldt, "Ibn Haldun: Erinnerung, historische Reflexion und die Idee der Solidarität", in Assmann and Harth (eds.), *Mnemosyne*, p. 284 이하(제1장의 주 2).

12 그 저주는 행위와 결과 사이의 가장 강력한 결속 형식이다. 모든 사회적·정치적 제도가 실패한다고 해도, 저주는 여전히 악행자가 징벌받을 것임을 보장할 것이다. 축복에 대한 그 반대의 경우도 마찬가지다. 저주와 축복은 종교적 정의를 전제로 한다. 그것들이 독자적으로 행동하는 것처럼 보일 때까지도 행동-결과 과정의 행위자로서 신들—혹은 하나님—을 수반하기 때문이다. 유감스럽게도 지금까지 고대의 저주를 포괄적으로 다룬 전문 연구가 나오지 않고 있다. 성경과 고대 근동에 대해서 여전히 주도적 권위를 지니는 연구로 Willy Schottroff, *Der altisraelitische Fluchspruch*, WMANT 30 (Neukirchen: Neukirchener Verlag, 1969) 참조.

13 Adam Falkenstein, "Fluch über Akkade", *Zeitschrift für Assyriologie* 57 (NF 23) (1965), 70; Bertil Albrektson, *History and the Gods. An Essay on the Idea of Historical Events as Divine Manifestations in the Ancient Near East and in Israel* (Lund: Gleerup, 1967), 25f. Engl. trans. Kramer, in ANET Suppl, pp. 210~215.

14 고대 근동과 그리스의 계약과 서약이라는 방대한 분야를 관통하는 지침으로 Canfora et al. (eds.), *I Trattati nel Mondo Antico* (제3장의 주 41) 참조.

15 E. Laroche, Collection des textes Hittites No. 379=KUB XXXI 121; Dietrich

Sürenhagen, *Paritätische Staatsverträge aus hethitischer Sicht* (Pavia: Iuculano, 1985), p. 11 참조.

[16] '문자 그대로'와 '충실한'이라는 두 단어는 고대 근동의 사고에서 밀접하게 연관된 개념이다; Offner, "A propos de la sauvegarde" (제5장의 주 60) 참조.

[17] 법의 영역과 아주 밀접한 이러한 형식의 다른 용례는 도량형의 맥락이다. 여기서도 역시 관리는 그가 어떤 것도 더하지도 빼지도 말아야 함을 뚜렷하게 상기한다(이집트《사자의 서》125장, J. Assmann, *Ma'at*, 5장 [제1장의 주 11]) 참조.

[18] H. Cancik: "A tale of the past that is free from any directly political aim" 참조. 여기서 강조하는 정치적 목적이 없었다는 주장은 그레이슨Grayson과 지터스Seters의 연구에서도 중요한 역할을 담당하지만, 타당하게 다가오지 않는다. 그것은 이론적 호기심과 연관된 그리스식 인문주의적 객관성을 시사하여 대부분의 역사서술 형식에서 이질적인 이상주의를 나타낸다. 그러나 여기서 문화적 기억 개념을 사용하는 것이 더 적절해 보인다. 이 개념이 사람들이 과거를 회상할 때 사용하는 수단, 동기, 목적 사이의 관계를 정확히 강조하기 때문이다.

[19] 이러한 맥락에서 히타이트인들이 왕명록을 지니지 않았다는 점을 언급할 필요가 있다. 지터스v. Sesters는 이에 대해 "연대기 없는 진정한 역사서술이 있을 수 있을까?"라며 회의적인 듯하다(1983, p. 113). 하지만 투키디데스가 자신의 역사를 저술하며 왕명록에 의존해야만 했을지 묻지 않을 수 없다.

[20] 사실 메소포타미아 텍스트들에 히타이트 역사서술의 많은 요소가 존재한다(v. Sesters가 인용한 사례는 더 후대의 텍스트, 특히 Tukulti-Ninurta 왕의 서사시에 나온 것이다; 13세기 후반과 사르곤 3세의 신에게 바치는 편지로부터의 연구는 Peter Machinist, "Literature as Politics. The Tukulti-Ninurta Epic and the Bible", *Catholic Biblical Quarterly* 38 [1976], pp. 455~482 참조). 더욱 중요한 사실은 메소포타미아가 후기 청동기 시대에 시작되어 히타이트 텍스트에서 최초로 대규모로 분명하게 된 그 발전에 전적으로 참여했다는 점이다. 그것이 당시 문명화된 세계 전체에 영향을 미쳤듯이, 히타이트만의 현상은 아니었다. 지터스가 칸치크에 대한 반론으로 인용한 바빌로니아와 아시리아 텍스트들은 모두 후대의 것이다. 그 텍스트들은 그 발전이 여기서 지속되었음을 보여주어, 하티Hatti(히타이트), 이집트, 메소포타미아, 이스라엘, 최종적으로 그리스(헤로도토스)까지도 모두 균일하게 확산하던 역사적 사고에 동참했음을 알 수 있다.

21 J. Assmann, *The Mind of Egypt*, pp. 251~254 (제1장의 주 94) 참조.

22 Sürenhagen, *Paritätische Staatsverträge* (앞의 주 15) 참조. 여기서 히타이트에서 특징적이었던 과거를 바라보는 방식을 간략하게 언급할 필요가 있다. 수필룰리우마는 정치적 혼인 제안에 대한 자신의 결정을 보내기 전에, 두 나라 사이의 과거 관계에 대한 기록을 참고했고, 그러한 기획이 건전한 기반을 지니고 있다는 결론에 이르렀다. 이러한 이유로 인해 히타이트 조약 텍스트의 서론 부분에는 분량이 각기 다른 역사적 배경 소개가 포함되는 경우가 많다. 계약 상대방과 공유된 이전의 우호적인 역사를 정리함으로써, 과거를 공유될 미래의 신뢰할 수 있는 기반으로 삼았다.

23 Rolf Krauss, *Das Ende der Amarnazeit* (Hildesheim: Gerstenberg, 1979) 참조.

24 Albrecht Goetze, *Mursilis II. König der Hethiter: Die Annalen*, hethitischer Text und deutsche Übersetzung (Leipzig 1933, and Darmstadt: Wissenschaftliche Buchgesellschaft, 1967), p. 395.

25 Abraham Malamat, "Doctrines of Causality in Hittite and Biblical Historiography: A Parallel," *VT* 5 (1955), pp. 1~12. 나는 이러한 맥락에서 '인과율' 개념이 오해의 소지가 있다고 본다; 뒤의 232쪽 참조.

26 히타이트의 다른 왕 하투실리Hattusil 또한 자신의 사죄에서 이 의례의 실행을 언급한다(Albrecht Goetze, *Hattusilis, Der Bericht über seine Thronbesteigung nebst den Paralleltexten* [Darmstadt: Wissenschaftliche Buchgesellschaft, 1967], pp. 22~23):

하나님의 도시인 사무하Samuhas 역시, 그가 불결함으로 채우네.
그러나 내가 이집트 땅으로부터 돌아왔을 때,
나는 제물을 바치기 위해 그 신께로 갔네
그리고 나는 그 신께 규정된 의례를 수행했네.

27 "성경과 바빌로니아의 찬송가 및 이집트와 사바Sabaean 왕국의 고해 비문[은] 근동 전역에서 이전에 공통적이었던 죄에 대한 공개적 고해 문헌의 증거다.……아우구스티누스는 그의 《고백록》에서 이러한 종교적 관습을 문학 형식으로 전환했다"(P. Frisch, "Über die lydisch-phrygischen Suüneinschriften und die 'Confessiones' des Augustinus", *Epigraphica Anatolica* 2 (1983), pp. 41~45). Georg Petzl, "Sünde, Strafe, Wiedergutmachung", *Epigraphica Anatolica* 12 (1988), pp. 155~166도 참조. 이러한 참고자료를 제공한 A. Chaniotis에게 감사드린다. Franz Steinleitner, *Die Beicht*

im Zusammenhang mit der sakralen Rechtspflege in der Antike (Leipzig: Theodor Weicher, 1913)에서는 리디아-프리지아의 고해 명문 모음집(공백이 많음)을 만들었다. 저자는 그 명문을 중세 속죄 관행의 선구로 보았다.

28 H. Tadmor는 보다 보편적인 관점에서 그 텍스트를 '국왕의 변증'으로 분류한다; "Autobiographical Apology in the Royal Assyrian Literature", in H. Tadmor and M. Weinfeld (eds.), *History, Historiography and Interpretation. Studies in Biblical and Cuneiform Literatures* (Jerusalem: Magnes, and Leiden: E. J. Brill, 1986), pp. 36~57 참조.

29 이러한 텍스트의 상당히 포괄적 모음집으로 J. Assmann, *Ägyptische Hymnen* Nos. pp. 147~200 (제5장의 주 12) 참조.

30 J. Assmann, *The Mind of Egypt*, pp. 245~271 (제1장의 주 94) 참조.

31 Assmann, *Ägyptische Hymnen*, Nos. p. 149 (제5장의 주 12).

32 Albrektson, *History and the Gods* (앞의 주 13)의 5장(역사에서의 신성한 계획)에서 '구원의 역사' 개념에 대해 다룬다. 그는 세 가지를 보여준다. (1) 구약에서 야훼가 계획(에짜 'šh=계획, 결정, 목적)을 지니고 있었다는 언급은 비교적 드물다. (2) 그러한 드문 메시지는 '구원'이라는 단일한 계획이 아니라 하나님 행동의 의도적 성격을 나타낼 뿐이다. (3) 의도적 행동이라는 정확히 동일한 측면에서 메소포타미아의 여러 곳에서도 신의 계획이 운위된다. 이 세 가지 측면 모두가 여기서 내가 사용하는 '의지의 신학'이라는 개념에 포함된다. 그것은 사실 메소포타미아 종교의 특징이었다. 따라서 알브렉슨은 신성한 계획 관념을 묵시록(《다시엘서》)의 구원으로 한정할 것을 제안한 바 있다.

33 *La divination en Mésopotamie*, Rencontre assyriologique, Jean Bottéro, "Symptômes, signes, écritures en Mésopotamie ancienne", in J. P. Vernant et al., *Divination et rationalité* (Paris: Éditions du Seuil, 1974), pp. 70~197. Stefan M. Maul, *Zukunftsbewältigung. Eine Untersuchung altorientalischen Denkens anhand der babylonischassyrischen Läserituale* (Namburi) Baghdader Forschungen, vol. 18 (Mainz: Philipp von Zabern, 1994)도 참조.

34 J. Assmann, *The Mind of Egypt*, 190f. (제1장의 주 94).

35 나는 이 과정을 J. Assmann, "State and Religion in the New Kingdom", in W. K. Simpson (ed.), *Religion and Philosophy in Ancient Egypt* (New Haven: Yale Egyptological

Seminar, 1989), pp. 55~88에서 설명했다. J. Assmann, *Zeit und Ewigkeit im Alten Ägypten* (Heidelberg: Winter, 1975), pp. 49~69도 참조.

36 Theban Tomb No. 23의 찬가, ed. J. Assmann, *Sonnenhymnen in thebanischen Gräbern* (Mainz: Philipp von Zabern, 1983), No. 17, pp. 18~23. 그와 유사한 많은 다른 구절들이 있다; J. Assmann, *Zeit und Ewigkeit*, pp. 61~69 (뒤의 주 39).

37 300년 이후에 작성된 《하투실리우스 3세의 변증*The Apology of Hattusilis III*》도 이러한 맥락에 속한다. 하투실리우스 3세도 찬탈자였기 때문이다. 그 역시 전임자의 죄를 통해 자신의 행위를 정당화한다. 그러나 그는 자신의 어린 시절과 질병, 이쉬타르 여신에게 선택되어 구제되는 이야기에서 시작함으로써, 먼 과거로까지 소급하지 않는다. 그때까지 더욱 심화된 역사의 신학화는 새로운 해석 방식을 제시하게 한다. 일부 학자들은 〈사무엘서〉의 다윗 통치 시기에 관한 기술에서 다윗 스스로 사울의 왕위를 찬탈한 것에 대해 변증한 내용이 포함된 것으로 보기도 한다. 장점이 많은 흥미로운 생각이다. Harry A. Hoffner, "Propaganda and Political Justification in Hittite Historiography", in H. Goedicke and J. J. M. Roberts (eds.), *Unity and Diversity. Essays in the History, Literature, and Religion of the Ancient Near East* (Baltimore: Johns Hopkins University Press, 1975), pp. 49~64과 특히 Tadmor, "Autobiographical Apology" (앞의 주 28) 참조.

38 Albert K. Grayson, *Assyrian and Babylonian Chronicles. Texts from Cuneiform Sources* 5 (Locust Valley: J. J. Augustin, 1970), No. 19; v. Seters는 이 문헌과 〈신명기〉의 명백한 유사성을 의식하지 않은 듯하여, 이 텍스트에 대해서 간략하게 언급할 뿐이다(1983, p. 85)

39 Janet H. Johnson, "Is the Demotic Chronicle an anti-Greek Text?", in H.-J. Thissen (ed.), *Grammata demotika, Festschrift für Erich Lüddeckens* (Würzburg: Zauzich, 1984), pp. 107~124 참조. Meyer, "Ägyptische Dokumente" (제5장의 주 25)에서 이미 〈신명기〉와의 유사성에 주목했다. 즉, 그는 서기전 제1천년기 중반에 고대 근동 전역에 퍼진 '윤리 종교*Ethisierung der Religion*'에 대해 언급한다. Eberhard Otto, *Ägypten. Der Weg des Pharaonenreichs* (Stuttgart: Kohlhammer, 1955), p. 149 참조: "왕이 윤리적 규범에 얽매인다는 관념은 권력의 행사자로서 왕의 관념에서 이어받은 것이고, 그 통치의 성공과 실패는 왕이 신의 의지에 잘 따랐는지 여부나 그의 '죄 많음'의 표지로 간주된

다. 고전 이집트의 관점에서 파라오의 성공이 그 신성성의 자연스러운 결과로 여겨진 반면, 후기왕조 시대의 이집트인들은 왕조의 실패를 '신을 믿지 않음'의 증거로 보았다." J. Assmann, *The Mind of Egypt*, pp. 377~388 (제1장의 주 94)도 참조.

40 예컨대, Josephus, *Contra Apionem*, 이 책의 p. 206 및 245 참조(번역본 쪽수에 맞춰 추후 정리 요). 이러한 역사 해석에 대해서는 특히 Yosef H. Yerushalmi, *Zakhor. Jewish Memory and Jewish History* (Seattle: University of Washington Press, 1982) 참조.

41 J. Assmann, *Moses the Egyptian*, pp. 44~54 (제2장의 주 63) 참조.

42 G. E. Mendenhall과 D. J. McCarthy, K. Baltzer는 이스라엘 언약의 신학이 고대 근동 국가들의 외교 조약 체결 관행에 토대를 두고 있음을 보여주었다.

43 히타이트 국법에서 동등한 국가 간의 조약은 영원히 유지되는 것으로 체결되었다. Korošec, *Hethitische Staatsverträge*, 106f. (제5장의 주 59) 참조.

44 Jože Krašovec, *La justice (ṣdq) de dieu dans la bible hébraique et l'interprétation juive et chrétienne*, OBO 76 (Göttingen: Vandenhoeck & Ruprecht, 1988). 하나님의 '신성한 행위'에 해당하는 히브리어 표현은 문자 그대로 '정의들'이나 '정의의 증거들'을 의미한다. 즉 '신성한 행위'로 번역될 수 있는 체다코트ṣedaqot는 '정의'를 의미하는 체다카ṣedaqah의 복수형이다. 구원의 역사는 하나님의 정의의 역사다.

45 〈욥기〉는 결속된 정의의 문제와 그 원칙의 신학화 문제를 전문적으로 다룬다. 이 위대한 고투에서 "친구들"은 모든 고통이 죄의 결과라는 전통적 관점을 취하여 욥에게 기억을 통해 과실을 찾아낸다면, 하나님의 용서를 얻을 것이라고 조언한다. 하지만 욥은 자신의 경우 죄와 징벌의 연결이 끊겨서, 그의 고통이 무의미하거나 최소한 **결속된 정의**라는 전통적 범주에 속할 수 없음을 아주 잘 알고 있다. 그러나 그 책의 마지막 부분에서 하나님이 그에게 말할 때, 그는 하나님이 옳음을 인정한다. 세상에는 신의 징벌 의지를 넘어선 불행이 존재한다. 이는 역으로 신의 의지가 세상과 그 사건 너머까지 미칠 수 있는 것과 마찬가지다. 이는 개별적 사건들에 기반한 역사로부터 한 걸음 떨어진 것이기도 하다.

제7장 그리스와 규율적 사고

[1] Jack Goody and Ian Watt, "The Consequences of Literacy", in J. Goody (ed.), *Literacy in*

Traditional Societies (Cambridge: Cambridge University Press, 1968), pp. 27~68, 40.

2 Ignace J. Gelb, *A Study of Writing* (Chicago: University of Chicago Press, 1952), p. 166. 그러나 나는 이 설을 따르지 않을 것이다.

3 Eric A. Havelock, *Preface to Plato* (Cambridge: Belknap Press, Harvard University Press, 1963); *Origins of Western Literacy* (Toronto: Ontario Institute for Studies in Education, 1976); *The Literate Revolution in Greece and its Cultural Consequences* (Princeton: Princeton University Press, 1982). 철학의 글쓰기에 대해서는 Thomas Szlezák, *Platon und die Schriftlichkeit der Philosophie* (Berlin: de Gruyter, 1985) 참조.

4 Eric A. Havelock and Jackson P. Hershbell (eds.), *Communication Arts in the Ancient World* (New York: Hastings House, 1978), pp. 3~21.

5 앞의 책, p. 8.

6 호메로스의 텍스트가 훨씬 더 문자의 영향을 많이 받았고, 길가메시의 서사시와 완전히 다른 방식으로 '문학'을 구성한다는 논지는 훨셔U. Hölscher의 《오디세이아》 연구에서 강력히 뒷받침된다. Uvo Hölscher, *Die Odyssee. Eposzwischen Märchen und Literatur* (Munich: C. H. Beck, 1988) 참조. 아래의 연구들도 호메로스의 텍스트가 원래 기록된 형태였다고 믿는다. Joachim Latacz, *Homer* (Munich, Zürich: Arternis, 1985), and Alfred Heubeck, "Zum Erwachen der Schriftlichkeit im archaischen Griechentum", in *Kleine Schriften zur griechischen Sprache und Literatur, Erlanger Forschungen* (Erlangen: Universitätsbund Erlangen-Nürnberg, 1984), pp. 57~74 (Alfred Heubeck, *Schrift. Archaeologia Homerica III.X* [Göttingen: Vandenhoeck & Ruprecht, 1979]도 참고). 따라서 최소한 독일에서 이러한 믿음에 대한 여론이 형성되고 있다고 말할 수 있을 것이다. 이에 대한 반대 견해로 특히 Gregory Nagy, *Homer's Text and Language. Traditions* (Champaign, IL: University of Illinois Press, 2004) 참조.

7 Gerald K. Gresseth, "The Gilgamesh Epic and Homer", *Cuneiform Journal* 70, No. 4 (1975), pp. 1~18. 해블록이 참고한 이 연구는 두 텍스트가 같은 장르라고까지 주장한다.

8 서사시 전반과 특히 호메로스의 문예적 형식은 확실히 필수적인 전제조건들을 암시한다. 우리는 그것들을 '영웅'의 표제 아래 포괄할 수 있고, 이는 항상 당연히 과거여야만 하는 '영웅시대'의 기억을 수반한다. 서사시는 그것을 현시시키는 형식이자

매체다. 사실, 크레이머S. N. Kramer는 수메르인들의 남메소포타미아 충적 평원 정복에 대한 기억을 보존한 '메소포타미아의 영웅시대'라는 용어를 썼다. 이는 호메로스의 서사시가 미케네 문화를 기념하고, 베다의 서사시가 인도유럽인의 이주와 베다 카스트 사회의 형성기를 기록한 것과 상당히 같은 방식이다(Samuel N. Kramer, *From the Tablets of Sumer* [Colorado: Falcon's Wing Press, 1956], p. 227 이후). (가능할 것 같지 않은) 이러한 논지가 메소포타미아에서 유지될 수 있을지 여부는 이 책의 관심사가 아니다. 관건은 서사시 같은 장르가 어떤 메타 역사적 보편성을 대변하는 것이 아니라 특정 사회적 정치적 요인과 결속되어 있다는 점이다.

9 Eric A. Havelock, *The Muse Learns to Write: Reflections on Orality and Literacy from Antiquity to the Present* (New Haven: Yale University Press, 1986), p. 65. 해블록의 민족 중심주의는 정말 심했다. 그는 문자가 마치 서기전 500년에 발명된 것처럼 "우리가 문자 언어의 2,500년 역사의 계승자"라고 자처했다(*The Greek Concept of Justice: From its Shadow in Homer to its Substance in Plato* [Cambridge: Harvard University Press, 1978], p. 4). 서기전 500년의 이집트인들과 바빌로니아인들은 이미 2,500년에 달하는 문자 언어의 경험을 가지고 있었다. 다른 고전 문헌학자들도 근동 문자들의 효율성에 대한 유사한 과소평가와 그 도상적 성격의 이국적 정취에 대한 과대평가에 빠지는 경향이 있다. 예컨대, Øivind Andersen, "Mündlichkeit und Schriftlichkeit im frühen Griechentum", *Antike und Abendland* 33, (1987), pp. 29~44, 33에서는 그리스어만이 "듣고 생각하는 모든 것을 쓰는 위치에 있었다"고 생각하며, "언설에 근접한" 소통과 "그림 같은" 소통 사이를 구분한다.

10 해블록은 그리스 문자 체계와 그로부터 파생한 것만 알파벳으로 간주한다. 그는 히브리와 아랍어를 포함한 셈어 문자에 대해서는, 음소가 아니라 모음 음가를 표기하지 않은 음절로 구성되기 때문에(여기서 그는 Diringer에 반한 Gelb의 편에 선다), '비알파벳'으로 간주한다.

11 예를 들어, 이집트의 서사 문학에서 주로 신왕국(서기전 15~11세기) 시기부터 '직접 화법'과 '나레이션' 사이의 명확한 구분이 있었다. 삽입된 직접 화법은 인접한 나레이션과 어휘 및 구문론에서 차별화되었고, 확실히 구어를 실제 그대로 재생하도록 만들어졌다. Fritz Hintze, *Untersuchungen zu Stil und Sprache neuägyptischer Erzählungen* (Berlin: Akademie-Verlag, 1953). 후기왕조 시대 이집트의 상업 텍스트는

문학 텍스트와 다른 관용구를 사용하여 보통의 일상 언어와 아주 근접하게 되었다. 제3중간기의 문학은 순수하게 구어로 작성되어 그리스 문자로 된 콥트어와 거의 구분되지 않는다.

12 해블록은 '비알파벳' 문자가 너무 읽기 어려워서 그 독자들 사이에서 익숙한 일에 대해서만 소통할 수 있다고 생각했다. 따라서 오늘날까지도 근동의 문학은 경험의 복합성을 쉽게 인식될 수 있는 어떤 것으로 축소한 상투적인 문구와 공식으로 소통할 수 있을 뿐이라고 한다. 그는 모음을 쓰는 역량을 알파벳의 특유한 성과로 보았다. 어떤 다른 문자도—이 부분은 확실히 맞다—맥락에서 독립적인 방식으로 언어를 재생할 수 없다. 자음만 사용하는 히브리어와 아랍어에서 그 언어를 숙지한 사람들은 맥락에 따라 모음을 결정한다. 그리스어로 써진 말은 맥락과 무관하게, 그리고 그 언어에 대한 어떤 지식 없이도 읽을 수 있다. 하지만 자음만 있는 셈어 문자가 그 언어의 재생에서 결코 그리스어보다 열등하지 않기 때문에, 이는 그리스 문자의 효율성이 매우 다른 영역에 있음을 보여준다. 셈어 문자가 외국어를 재생하는 데 덜 적합한 것은 그 언어의 구조적 제약에서 기인할 뿐이다. 자신의 언어 영역을 넘어서 도달하는 역량은 의심의 여지 없이 서사 발전 배후의 추동력이었고, 이러한 문자의 선구가 그리스와 페니키아 같은 해양 무역국이었다는 사실도 결코 우연이 아니다.

13 Georg Elwert, "Die gesellschaftliche Einbettung von Schriftgebrauch", in D. Becker et al. (eds.), *Theorie als Passion* (Frankfurt: Suhrkamp, 1987), pp. 238~268 참조. '정치 체계' 대 '정치 문화'(사회 대 나라), '법률 체계' 대 '법률 문화' 등과 같은 구분이 비교할 만한 차원이다. 문화의 개념하에서 제도화, 정치, 법 등과 관련된 의문이 제기된다.

14 그러나 인간의 행위를 기록한 '제우스의 서판'과 제우스의 보좌로서 서판 기록자 디케Dike의 개념도 참조. Pfeiffer, *History of Classical Scholarship from the Beginnings*, p. 25 이하(제2장의 주 55 참조).

15 Charles P. Segal, "Tragédie, oralitécriture", *Poétique* 13, 1982, pp. 131~154.

16 Thomas A. Slezak, *Platon und die Schriftlichkeit der Philosophie. Interpretationen zu den frühen und mittleren Dialogen*. (Berlin: De Gruyter, 1985).

17 그리스어 'syn-graphé(모아 쓰기, 편찬)'와 'ana-graphé(기록 혹은 문서화)'와 같이 역사 서술과 대조적으로, 투키디데스에서 "ktêma eís aei(영원한 재산)"로서 문자 형태에 대

한 명백한 정당화와도 대조적으로.

18 한 사회가 구술 전승을 기록한 것은 결코 통상적이지 않았다. 보통 구전과 문자 전통은 문자가 점차 주도적 지위를 차지하고 구전이 민속이나 미신으로 격하될 때까지 나란히 공존했다. 이러한 측면에서 가장 오래된 그리스 문학은 그것이 구술 전승을 충실히 성문화한 한에서 이례적인 듯하다. 그러나 그것이 문학으로 전이되는 동안 그 마법성이나, 주술성, 난잡성 혹은 다른 비합리적 뿌리가 결코 일종의 격리된 하부 문화로 격하 시도되지 않았듯이(예컨대, 중세의 성극에서 예기치 않게 나타난 이단에 대한 타협 요소처럼), 구술 전승은 그리스 문화 전반과 조화를 이루었다. 반면에 그때 완전하게 형성된 의미와 심미, 인류학적 진리도 예술적, 학문적 담론의 이성적인 형태로 이전될 수 있었다. A. and J. Assmann, "Das Doppelgesicht der Zeit im altägyptischen Denken", in A. Peisl and A. Mohler (eds.), *Die Zeit* (Munich, Wien: R. Oldenbourg, 1983), p. 267 참조.

19 Cicero, *De Leg.* 3, 20, 46: "publicis litteris consignatam memoriam publicam nullam habemus."

20 Joachim Gehrke (ed.), *Rechtskodifizierung und soziale Normen im interkulturellen Vergleich*, Scriptoralia 66 (Tübingen: G. Narr, 1994) 참조.

21 특히 Jack Goody, *The Logic of Writing and the Organization of Society* (Cambridge: Cambridge University Press, 1986) 참조. 바빌로니아와 이집트의 학문적 성과—그리고 한계—는 확실히 문자 없이는 상상할 수 없지만, 그것은 '문자의 정신'보다는 '관료제의 정신'과 그 현실의 체계적 목록 및 구성에서 기인한다. Jack Goody, *The Domestication of the Savage Mind* (Cambridge: Cambridge University Press, 1977) 참조. 그리스에서는 지식을 획득하고 가공하며 소통하는 사회적 구성 여건들은 존재하지 않았다. 대신 그리스는 법정의 논쟁적 소통이라는 제도를 가지고 있었다. Fritz Jürss, *Geschichte des wissenschaftlichen Denkens im Altertum* (Berlin: Akademie-Verlag, 1982)도 참조. 이집트에 대해서는 Schlott, *Schrift und Schreiber* (제4장의 주 6) 참조.

22 나는 Elwert, "Die gesellschaftliche Einbettung", p. 239(제7장의 주 13)에 동의한다. "문자를 사용하여 사회 변화를 창출하는 것은 문자의 사용 그 자체가 아니라 구체적인 사회제도(권력, 생산, 교환과 관련된 상황)다."

23 Karl van der Toorn, *Scribal Culture and the Making of the Hebrew Bible* (Cambridge,

MA: Harvard University Press, 2007) 참조.

24 Hubert Cancik, "Geschichtsschreibung und Priestertum. Zum Vergleich von orientalischer und hellenischer Historiographie bei Flavius Josephus, contra Apionem, Buch I", in E. L. Ehrlich, B. Klappert and U. Ast (eds.), *"Wie gut sind deine Zelte, Jaakow…," Festschrift zum 60.Geburtstag von Reinhold Mayer* (Gerlingen: Bleicher, 1986), pp. 41~62에서 인용. 요세푸스에 대한 내 논평도 대체로 이 논문에 근거한다.

25 앞의 글, 53, CA § § 153, 167, 169, 189를 다른 말로 바꿈.

26 Cancik가 "Geschichtsschreibung und Priestertum"(앞의 주 14)에서 요세푸스가 개관한 묘사를 바로잡으려고 신중히 교정한 부분 참조.

27 *Contra Apionem* I § § 42~45; Cancik, "Geschichtsschreibung und Priestertum," 59 (앞의 주 24).

28 Herodotus VIII, 144; Moses Finley, "The Ancient Greeks and their Nation", in *The Use and Abuse of History* (London: Chatto and Windus, 1975), pp. 120~133 참조.

29 Pfeiffer, *History of Classical Scholarship from the Beginnings*, 5 (제2장의 주 55). 루돌프 보르하르트가 "헬라스를 민족으로 만든 비밀은 결코 한두 권의 책과 같은 매우 원시적인 공식으로 축소될 수 없다"고 제시한 것은 그다지 정확하지 않다. 오히려 그리스의 민족 형성에서 '헬라스를 민족으로 만든 비밀'보다 《일리아스》의 역할을 적절하게 설명하는 방식은 거의 없을 것이다.

30 Hölscher, *Die Odyssee* (앞의 주 6) 참조. 후기 청동기 시대에서 철기 시대로의 이전(서기전 1100~900)도 파열을 초래하여 고대 세계의 다른 지역에서 유사한 현상이 일어났다. 메소포타미아에서 신아시리아 제국이 그 문화적 정치적 모델로서 아카드의 사르곤 시대(서기전 2300)를 회고했고, 이집트의 제25~제26왕조 시기 동안(서기전 8~6세기) 중왕국(서기전 20~18세기)을 비롯한 일부 고전 시대의 예술적 문학적 부활로서 일종의 '르네상스'가 일어났다. 메소포타미아에 대해서는 Gerdientje Jonker, The Topography of Remembrance. *The Dead, Tradition and Collective Memory in Mesopotamia* (Leiden: E. J. Brill, 1995) 참조; 이집트에 대해서는 de Manuelian, *Living in the Past* (제2장의 주 13) 참조.

31 Hölscher, *Die Odyssee* (앞의 주 6) 참조.

32 Pertti Pelto, "The Difference between 'Tight' and 'Loose' Societies", *Transaction* (April

1968), pp. 37~40; John W. Berry, "Nomadic Style and Cognitive Style", in H. M. McGurk (ed.), *Ecological Factors in Human Development* (Amsterdam: North Holland, 1977), pp. 228~245 참조.

33 이 부분과 이어지는 부분은 주로 Pfeiffer, *History of Classical Scholarship from the Beginnings* (제2장의 주 55)와 Uvo Hoöscher, "Über die Kanonizitaä Homers", in A. and J. Assmann (eds.), *Kanon und Zensur* (제1장의 주 48)에 의존했다.

34 Havelock, "The Alphabetisation of Homer", in Havelock and Hershbell (eds.), *ommunication Arts*, pp. 3~21 (앞의 주 4).

35 '그리스의 교사'로서 호메로스에 대해서는 Plato, *Prot.* 339 A and *Pol.* 606 E도 참조.

36 Robert Redfield, *Peasant Society and Culture. An Anthropological Approach to Civilisation* (Chicago: University of Chicago Press, 1956), 특히 p. 67 이하; G. Obeyesekere, "The Great Tradition and the Little Tradition in the Perspective of Singhalese Buddhism", *Journal of Asian Studies* 22 (1963), pp. 139~153.

37 Christian Meier, "Zur Funktion der Feste in Athen im 5. Jh. v. Chr.", in Warning and Haug (eds.), *Das Fest*, pp. 569~591 (제1장의 주 56) 참조.

38 이러한 맥락에서 요세푸스가 마카베오 전쟁에서 정통파 대 동화된 유대인의 대치를 다루면서 '그리스Hellenic'라고 쓰지 않고 '공통 문화*koinós bíos*'라고 쓴 점이 의미심장하다. Erich Gruen, *Heritage and Hellenism. The Reinvention of Jewish Tradition* (Berkeley: University of California Press, 1998). Cf. also Glen W. Bowersock, *Hellenism in Late Antiquity* (Cambridge: Cambridge University Press, 1990) 참조.

39 이러한 논평은 키케로(de or. III 137)와 다른 이들이 전해준 정보에 무게를 더해준다. 그것은 최초로 문자화된 호메로스의 서사시가 아테네의 참주 페이시스트라토스Peisistratos(서기전 527년 사망)의 재위기에 생산되어 고정되었다는 것이다. 이는 사모스의 참주 폴리크라테스Polycrates처럼 페이시스트라토스가 자신을 위해 건설한 '도서관'과도 연관된다. 루돌프 파이퍼는 이 전통을 프톨레마이오스 왕조의 상황이 고대 그리스에 회고적으로 투영된 것으로 간주한다. 하지만 이들 참주들의 예에서 서적을 수집한 근동의 통치자들을 모방한 '근동화' 경향을 볼 수도 있다. Morton Smith, *Palestinian Parties and Politics That Shaped the Old Testament* (New York: Columbia University Press, 1971), p. 139 이하 참조.

40 Ernst A. Schmidt, "Historische Typologie der Orientierungsfunktionen von Kanon in der griechischen und römischen Literatur", in A. and J. Assmann (eds.), *Kanon und Zensur* (제1장의 주 48). 람세스 시대 이집트에서의 유사한 현상에 대해서는 J. Assmann, "Die Entdeckung der Vergangenheit", p. 484 이하(제1장의 주 79) 참조.

41 Mukarovsky: "a work that is alien to the people ceases to be a work of art"; René Wellek, *Grenzziehungen. Beiträge zur Literaturkritik* (Stuttgart: Kohlhammer, 1972), p. 137.

42 여기서 선정된 저작 목록—이에 해당하는 그리스어 단어가 없는 듯하다(라틴어의 *numerus*와 *ordo*)—이나 고전 저자들과 텍스트들 총체와 관련해서도 그리스인들은 'canon'이라는 용어를 쓰지 않았다. 하지만 '고전'의 개념은 비록 로마에서 알렉산드리아의 고전을 수용하면서 비롯되었다고 하더라도 확실히 그 언어적 근원이 있다. 라틴어에서 'classici'는 세금을 내는 상류 사회*classis*의 일원을 나타내는 말이었다. 따라서 그것은 'classified'의 의미를 지니는 그리스 용어의 재치 있는 은유라고 할 수 있다. 세부적 내용에 대해서는 Pfeiffer, *History of Classical Scholarship from the Beginnings* (제2장 주 55) and Schmidt, "Historische Typologie der Orientierungsfunktionen" (앞의 주 40) 참조.

43 우리의 논의 대상은 아니지만, 이는 사실상 동시에 발전한 불교와 유교 경전 사례와 비견되기는 어렵다. 베다 텍스트와 마찬가지로 조로아스터교의 신성한 텍스트도 문자화가 허용되지 않아서 서기 3세기까지 문자화된 버전이 존재하지 않았다. 불교 경전의 탄생과 그것이 근동 세계의 다른 경전에 미친 영향에 대해서는 Carsten Colpe, "Sakralisierung von Texten und Filiationen von Kanons", in A. and J. Assmann (eds.), *Kanon und Zensur*, pp. 80~92, (제1장의 주 48) 참조.

44 플라비우스 요세푸스와 다른 이들에 따른 것이다. Leiman, *The Canonization of Hebrew Scripture* (제2장의 주 58) 참조.

45 이 개념은 이 장의 서술에 큰 영감을 준 니클라스 루만을 따른 것이다. 루만은 글쓰기 문화와 관념 진화 사이의 상관관계에 빈번하게 주목했고, 이러한 맥락에서 미국의 고전 문헌학자인 에릭 해블록의 자작을 독일에 소개한 원조 격이다. Nikolas Luhmann, *Gesellschaftsstruktur und Semantik I* (Frankfurt: Suhrkamp, 1980), p. 17 이하, pp. 45~71; *Soziale Systeme* (Frankfurt: Suhrkamp, 1984), pp. 212~241; 영어판. *Social*

Systems, trans. J. Bednarz (Stanford: Stanford University Press, 1995), pp. 147~175 참조.

46 Johann G. Droysen, *Historik. Vorlesungen zur Enzyklopädie und Methodologie der Geschichte*, ed. by R. Hübner (Darmstadt: Oldenbourg, 1972), pp. 11~12.

47 "ex hypolepseos ephex^es": Plato, Hipparch, 228 B; in Diogenes Laert. I 57. 그 과정이 "ex hypobolés"라 불렸다. Pfeiffer, *History of Classical Scholarship from the Beginnings*, 8 (제2장의 주 55) 참조.

48 Günther Bien, "Hypolepsis", in J. Ritter (ed.), *Historisches Wörterbuch der Philosophie* 4 (Basel: Schwabe, 1969), 특히 p. 64와 p. 66.

49 나는 여기서 '상호작용'과 '상호작용 없는 소통' 사이를 구분한 루만을 따른다. Luhmann, *Gesellschaftsstruktur*, (앞의 주 45); *Social Systems* (앞의 주 45) 참조.

50 이 텍스트 개념은 Konrad Ehlich, "Text und sprachliches Handeln. Die Entstehung von Texten aus dem Bedüüfnis nach Überlieferung", in A. and J. Assmann (eds.), *Schrift und Gedächtnis*, pp. 24~43 (제1장의 주 14)에서 발전했다.

51 이는 루만의 견해에서도 나타나는 듯하다. 그는 여기서 '휘폴렙시스'라고 명명한 바로 앞 텍스트와의 일종의 사실적 논의를 알파벳 문자 체계의 결과로 간주하는데, 이를 위해 에릭 해블록의 저작에 상당히 의존한다. "알파벳 문자가 특정 시간대에 있는 사람이 시공적으로 제한된 반경을 넘어서 소통할 수 있게 하자마자, 사람들이 더 이상 구두 발표의 힘에 의존할 수 없었고, 사물 그 자체에 대하여 더욱 엄격하게 논증할 필요가 있었다. 이 덕분에 '철학'이 시작되었을 것이다. 그 기술이 (알파벳이 허용하는 한) 심각하고, 보존할 가치가 있으며, 보편적인 소통이 가능하도록 이처럼 긴장된 상황을 요구하듯이, 그것은 '지혜*sophia*'다"(Luhmann, *Social Systems*, p. 160 [앞의 주 45]). 문자에 관한 한, 그는 이러한 효과가 분명하지 않은 근동의 글쓰기 문화에 대해 단순히 지적하는 선에서 만족한다. 해블록이 이러한 효과를 알파벳 문자로만 제한했기 때문이다. 중국의 경우를 지적하며 다시 한번 이에 답할 수 있다. 중국은 복잡한 표의문자의 틀 속에서도 결코 그리스에 떨어지지 않는 휘폴렙시스식으로 구성된 철학적 담론을 발전시켰다.

52 '연장된 상황' 개념에 대해서는 Ehlich, "Text und sprachliches Handeln", 특히 p. 32, (앞의 주 50)과 J. Assmann, "Die Macht der Bilder. Rahmenbedingungen ikonischen Handelns im alten Ägypten", in *Vivible Religion* VII (1990), pp. 1~20, 3~5 참조.

53 《파이드로스》와《일곱 번째 편지》에 나타난 문자에 대한 플라톤의 유명한 의구심 참조.
54 Luhmann, *Social Systems*, p. 162. (앞의 주 45).
55 루만은 그리스의 글쓰기 문화의 이러한 양상을 자신의 일반 소통 이론의 주요 논점 중 하나로 삼는다. 이는 소통에서 완전한 주도 가능성을 기계적으로 배제한다.
56 Jürgen Markowitz, *Die soziale Situation* (Frankfurt: Suhrkamp, 1979), p. 15 이하.; Luhmann, *Social Systems*, p. 148 이하(앞의 주 45) 참조.
57 Luhmann, *Gesellschaftsstruktur und Semantik* I, p. 47 (앞의 주 45)에서 "인지적 불일치와 문제들, 즉 대부분 풀 수 없는 문제들" 속에서 변이를 가속화하는 '추가적 메커니즘'을 발견한다. "개연성과 속도tempo에 관한 한, 관념 진화의 결정적 보장은 지식이 일반적으로 문제들의 도움으로 체계화되고 일관성을 띠게 된다는 사실에 있다."
58 사상의 역사적 차원과 그 역사서술에 대해서는 특히 R. Rorty, B. Schneewind, and Q. Skinner (eds.), *Philosophy in Context. Essays on the Historiography of Philosophy* (Cambridge: Cambridge University Press, 1984) 참조.
59 H. Brunner, "Zitate aus Lebenslehren", in E. Hornung and O. Keel (eds.), *Studien zu altägyptischen Lebenslehren*, OBO 28 (Freiburg, Göttingen: Fribourg University Press, 1979), pp. 105~171 참조. J. Assmann, *Ma'at*, 제2장(앞의 주 11)에서 나는 하나의 담론을 구성하는 (삼각) 관계를 재구성하려 했다.
60 J. Assmann, *Re und Amun. Zur Krise des polytheistischen Weltbilds im Ägypten der 18.- 20. Dynastie*, OBO 51 (Fribourg: Fribourg University Press, 1983); *Ägypten—Theologie und Frömmigkeit einer frühen Hochkultur* (Stuttgart: Kohlhammer, 1984), pp. 192~285; 영어판, *The Search for God in Ancient Egypt*, trans. David Lorton (Ithaca: Cornell University Press, 2001), 9장 참조.
61 J. Assmann, "Arbeit am Polytheismus. Die Idee der Einheit Gottes und die Entfaltung des theologischen Diskurses in Ägypten", in Stietencron (ed.), *Theologen und Theologien* (제5장의 주 18), J. Assmann, *Moses the Egyptian* (제2장의 주 63) 참조.
62 Jack Goody, *The Interface between the Written and the Oral* (Cambridge: Cambridge University Press, 1987), p. 37 이하에서 고대 근동 종교에서 문자의 의미에 대해 따진다.

63 Karl Jaspers, *The Origin and Goal of History*, trans. Michael Bullock (New Haven: Yale University Press, 1953), p. 2. 비판적 분석은 A. Assmann, "Jaspers' Achsenzeit, oder Schwierigkeiten mit der Zentralperspektive in der Geschichte", in D. Harth (ed.), *Karl Jaspers. Denken zwischen Wissenschaft, Politik und Philosophie* (Stuttgart: Metzler, 1988), pp. 187~205 참조.

64 Karl Jaspers, *Philosophie*, 3 vols. (Berlin, Heidelberg, New York: Springer, 1973), p. 832. A. Assmann, "Jaspers' Achsenzeit", p. 192 (앞의 주 63)에서 인용.

65 Adam B. Seligmann (ed.), *Order and Transcendence. The Role of Utopias and the Dynamics of Civilizations* (Leiden: E. J. Brill, 1989)에서 저자들은 '탈축화de-axialisation' 와 '재再축화re-axialisation'에 대해 언급한다. 우리의 탈근대 시기를 '재구술화re-oralisation'와 '탈축화'라는 측면에서 해석하는 목소리가 늘어나고 있다.

결론: 문화적 기억 요약

1 전사자傳寫者의 전통에서 〈신명기〉의 정착에 대해서는 Weinfeld, *Deuteronomy*, p. 158 이하(제5장의 주 5) 참조.

2 이 구절 및 "주님의 토라"의 〈신명기〉와의 동일화에 대해서는 Fishbane, *Biblical Interpretation*, p. 34 (추가의 참고문헌과 함께) (제2장의 주 11) 참조. Karel van der Toorn, *Scribal Culture and the Making of the Hebrew Bible* (Cambridge, MA: Harvard University Press, 2007), p. 222에서는 이 신탁을 어떤 문자화된 텍스트도 "주님의 토라"로 인정하길 거부하는 것으로 해석한다.

해제: 《문화적 기억과 초기 문명》 그리고 고대 중국

1 심재훈, 〈전설과 역사 사이: 山西省의 堯舜禹〉, 《역사학보》 241 (2019), 1~48쪽.

2 揚·阿斯曼 著, 金壽福 黃曉晨 譯, 《文化記憶: 早期高級文化中的文字, 回憶和政治身分》, (北京: 北京大學出版社, 2015).

3 ヤン・アスマン 著, 安川晴基 譯, 《文化的記憶: 古代地中海諸文化における書字, 想起,政治的アイデンティティ》, (東京: 福村出版, 2024).

4 전진성, 《역사가 기억을 말하다: 이론과 실천을 위한 기억의 문화사》, (휴머니스트, 2005); 최호근, 〈집단기억과 역사〉, 《역사교육》 83 (2003), 159~189쪽; 김학이, 〈얀 아스만의 "문화적 기억"〉, 《서양사연구》 33 (2005), 227~258쪽 등.

5 정일영은 2000년대 이후 한국사 분야의 기억 연구를 "구술사 기반의 기억 연구", "한국전쟁 기억 연구", "일제 식민지 시기 기억 연구", "기념물, 기념공간, 기억행사에 관한 연구", "기억의 재현, 대항기억" 등으로 나누어 살펴보았다. 전근대의 연구는 거의 포함되지 않는다(정일영, 〈2000년 이후 한국사 분야의 기억연구 경향: 연구 성과와 집단 기억연구 프로젝트 사례를 중심으로〉, 《사학지》 64 [2024], 40~71쪽).

6 심재훈, 〈《산서통지》에 나타난 요순우를 기억하는 공간〉, 《역사학보》 249 (2021), 217~253쪽.

7 심재훈, 〈《문화적 기억과 초기 문명》, 그리고 고대 중국〉, 《사학지》 64 (2024), 74~140쪽.

8 아스만의 생애 부분은 Greg Johnson, "Remembering Jan Assmann (July 7, 1938–February 19, 2024)," Counter-Currents Feb. 23, 2024(https://counter-currents.com/2024/02/remembering-jan-assmann/); Archaeology Newsroon, "Jan Assmann Has Passed Away," Archaeology Wiki Feb. 21, 2024 (https://www.archaeology.wiki/blog/2024/02/21/jan-assmann-passed-away/); "In Memorial Jan Assmann," Herengracht 401 Feb. 21, 2024 (https://h401.org/2024/02/13172/13172/); "In Memoriam: Jan Assmann (1938~2024)," Memory Studies Association Feb. 21, 2024 (https://www.memorystudiesassociation.org/in-memoriam-jan-assmann-1938-2024/)를 주로 참조했다.

9 아스만의 학문에 대해서는 유성환, 〈얀 아스만, 일신교의 기원을 탐색한 이집트학자〉, 《사학지》 64 [2024], 16~38쪽도 참조.

10 아스만은 후술하듯 고대 이스라엘의 문화적 기억 형성에 지대한 역할을 한 것으로 간주하는 구약성서의 〈신명기〉에 나타나는 문화적 기억의 기억술로 다음의 여덟 가지를 들고 있다: (1) 마음에 새겨 깨닫기, (2) 교육하여 계명 전수, (3) 신체에 표식하는 시각화, (4) 문설주의 명문 같은 경계적 상징주의, (5) 돌에 새긴 명문 같은 저장과 공간소케, (6) 집단기억의 축제(절기), (7) 역사적 기억을 집대성한 운문인 구전 전통, (8) 언약 텍스트(토라)의 경전화.

11 이 부분은 오해의 소지가 있다. 고정되지 않은 구술보다 고정된 방식의 문자가 더 정확할 수 있기 때문이다. 그러나 아스만이 여기서 변이로 강조하는 것은 전

달 매체, 즉 문서 자체가 아니라, 그 문서가 언어로 표현하는 것, 즉 정보다. 구술 전승의 세계에서는 혁신과 새로운 정보에 대한 잠재력이 그다지 크지 않다. 그러나 아스만이 인용한 중왕국 시기 이집트의 서기관이자 작가인 카케페르레-세넵 Khakheperre-sonb(서기전 1900년경 생존)의 애가에 나타난 창작에 대한 고뇌처럼, 본격적인 글쓰기 문화가 새로움에 대한 작가의 내면적 욕구를 자극하며 다양성과 변이가 대세로 자리잡게 된다.

12 여기서 아스만이 중시한 것은 고대 중국 철학에서 부각되지 않는 연역 추론 같은 내면보다는 그 못지않게 문화적 기억의 형성에 중요한 역할을 한 사승관계나 학파 같은 외면적 형식, 즉 제도적 틀일 것이다.

13 이 문제는 고도의 지식과 또 다른 차원의 공부를 요한다. 다만 내 짧은 식견으로 보아, 고대 중국의 문헌 발전은 아스만이 주로 활용한 고대 근동의 문헌 발전과 다음과 같이 차별화된다. 첫째, 양 지역의 현격한 시차다. 중국의 최초 문자 사용 시기가 근동보다 2천 년 정도 늦다. 둘째, 다극 체제의 고대 근동 문헌 전통이 장기에 걸쳐 다양한 장르의 문헌을 생산한 반면, 중국의 경우 상과 주 왕조 중심의 일극 체제가 무너진 서기전 5세기 이후 제자백가나 초간 문헌 단계에 와서야 유사한 현상이 나타난다. 셋째, 고대 근동에서 신과 종교 관련 논의가 주종을 이룬다면, 중국은 대체로 인간 자체에 중점을 두었다. 넷째, 고대 근동에서 지역성을 띠는 주변부 글쓰기 문화들이 존재했다면, 중국을 중심으로 한 고대 동아시아에서의 지역적 변이는 두드러지지 않는다. 다섯째, 고대 근동 문헌 연구가 19세기부터 장기간 축적된 것과 달리, 20세기 들어 고문자 연구로 시작된 중국의 출토문헌학은 초간의 발견으로 1990년대 이후 본격화된 분야라고 할 수 있다.

14 갑골문의 기사각사記事刻辭와 서주 후기 진후소편종晉侯蘇編鐘을 비롯한 다양한 청동기 명문에 정확한 시공과 인과관계가 반영된 기록들이 나타난다. 이를 중국 역사 서술의 시초로 볼 수 있다면(김석진, 2022, 〈歷史文書에서 歷史書籍으로: 清華簡《繫年》의 譯註와 性格 考察〉, 단국대학교 박사학위논문, pp. 121~140), 갑골문과 금문이라는 매체의 종교적, 의례적 특성상 중국 역사서술의 시작도 메소포타미아처럼 신과 연관될지도 모른다. 이러한 인식을 토대로 최근 김석진은 갑골문에 나타나는 초보적 역사서술의 핵심 동인으로 "기념"과 "경계警戒"를 들고 있다(김석진, 〈고대 중국에서 '기억 매체'의 발달과 '역사 쓰기'의 시작: 고대 중국의 기호 전통과 '商 문자'의 과거 기록〉,《동양사학연구》168

[2024], 255~275쪽).

15 심재훈, 《《문화적 기억과 초기 문명》, 그리고 고대 중국》, 133~134쪽.
16 기억과 역사의 관계에 대한 인식의 추이는 아래의 네 가지 차원에서 설명이 가능하다. 첫째, 실증주의적 근대 역사학에 기반한 것으로, 기억은 역사를 위한 경험적 소재에 불과하여 역사라는 객관적 체로 걸러져야 한다는 인식이다. 둘째, 이러한 인식이 흔들린 지 오래인 오늘날에는 역사에 대한 기억의 우위를 주장하며 그 관계를 대립적으로 파악한다. 셋째, 기억과 역사의 상호보완성을 강조하는 측으로, 기억이나 역사나 이야기 방식으로 구성되지만, 역사의 비판적 측면이 기억의 부족한 부분을, 기억의 일상성이 역사의 무미건조함을 완화시킬 수 있다고 본다. 이를 통해 '역사는 기억의 거울'이 되고, 기억은 역사가 '생의 학문'이 되는 근거를 제공한다. 넷째, 역사가 교육을 통해 새로운 집단기억을 창출하거나 기존의 집단기억을 수정, 확대, 심화시키는 경우다(최호근, 〈집단기억과 역사〉, 《역사교육》 83 [2003], 166~174쪽).
17 2025년 1월 21일 경기대 김기봉 명예교수와의 대화 중에 시사 받았다.

참고문헌

Abadal i de Vinyals, Ramond d' (1958), "A propos du Legs Visigothique en Espagne," *Settimane di Studio del Centro Italiano di Studi sull' Alt, Medioevo* 2, 541~585.

Aland, K. (1970), "Das Problem des neutestamentlichen Kanons," in: E. Käsemann (ed.), *Das Neue Testament als Kanon* (Göttingen: Vandenhoeck & Ruprecht).

Albert, H. (1990), "Methodologischer Individualismus und historische Analyse," in: K. Acham, W. Schulze (eds.), *Teil und Ganzes (Theorie der Geschichte, Beiträge zur Historik 6)* (Munich: Deutscher Taschenbuchverlag), 219~239.

Albrektson, B. (1967), *History and the Gods. An Essay on the Idea of Historical Events as Divine Manifestations in the Ancient Near East and in Israel* (Lund: Gleerup).

Alliot, M. (1949), *Le culte d'Horus Edfou au temps des Ptolemées* (Beyrouth: Libraire du Liban, 1979).

Andersen, O. (1987), "Mündlichkeit und Schriftlichkeit im frühen Griechentum," *Antike und Abendland* 33, 29~44.

Anderson, B. (1983), *Imagined Communities: Reflections on the Origin and Spread of Nationalism* (London: Verso).

Anthes, P., Pahnke, D. (eds.) (1989), *Die Religion von Oberschichten* (Marburg: Diagonal).

Appadurai, A. (ed.) (1986), *The Social Life of Things. Commodities in Cultural Perspective* (Cambridge: Cambridge University Press).

Aristeas to Philocrates (Letter of Aristeas), ed. and trans. by Moses Hadas (NewYork: KTAV Publishing House, 1973).

Artzi, P. (1969), "The birth of the Middle East," in *Proceedings of the 5th World Congress of Jewish Studies*, Jerusalem, 120~124.

Armstrong J. (1983), *Nations before Nationalism* (Chapel Hill: North Carolina University Press).

Artzi, P. (1984), "Ideas and Practices of International Co-existence in the 3rd mill. BCE," *Bar Ilan Studies, History* 2, 25~39.

Assmann, A. (1986), "Opting In und Opting Out," in H. U. Gumbrecht, K. L. Pfeiffer (eds.), *Stil. Geschichten und Funktionen eines kulturwis-senschaftlichen Diskurselements* (Frankfurt: Suhrkamp), 127~143.

Assmann, A. (1988) "Jaspers' Achsenzeit, oder Schwierigkeiten mit der Zentralperspektive in der Geschichte," in D. Harth (ed.), *Karl Jaspers. Denken zwischen Wissenschaft, Politik und Philosophie* (Stuttgart: Kohlhammer), 187~205.

Assmann, A. (1989), "Fiktion als Differenz," *Poetica* 21, 239~260.

Assmann, A. (1991), "Was ist Weisheit: Wegmarken in einem weiten Feld," in A. Assmann, D. Harth (eds.), *Weisheit. Archäologie der Literarischen Kommu-nikation III* (Munich: Fink), 15~44.

Assmann, A. (ed.) (1991), *Weisheit. Archäologie der Literarischen Kommunikation III* (Munich: Fink).

Assmann, A. (1991a), "Zur Metaphorik der Erinnerung," in A. Assmann, D. Harth (eds.), *Weisheit. Archäologie der Literarischen Kommunikation III* (Munich: Fink), 13~35.

Assmann, A. (1991b), "Kultur als Lebenswelt und Monument," in A. Assmann, D. Harth (eds.) *Weisheit. Archäologie der Literarischen Kommunikation III* (Munich: Fink), 11~25.

Assmann, A. (1999), *Erinnerungsräume. Formen und Wandlungen des kulturellen Gedächtnisses* (Munich: Beck).

Assmann, A. (2006), "Memory, Individual and Collective," in R. E. Goodin, C. Tilly (eds.), *The Oxford Handbook of Contextual Political Analysis* (Oxford: Oxford University Press), 2006, 210~224.

Assmann, A., Assmann, J. (eds.) (1987), *Kanon und Zensur* (Munich: Fink).

Assmann, A., Assmann, J. (1988), "Schrift, Tradition und Kultur," in W. Raible (ed.), *Zwischen Festtag und Alltag* (Tübingen: Narr), 25~50.

Assmann, A., Assmann, J. (1990), "Kultur und Konflikt. Aspekte einer Theorie des un-kommunikativen Handelns," in J. Assmann, D. Harth (eds.), *Kultur und Konflikt* (Frankfurt: Suhrkamp), 11~48.

Assmann, A., Assmann, J. (1991), "Das Gestern im Heute. Medien des sozialen Gedächtnisses," *Studienbegleitbrief zur Studieneinheit 11 des Funkkollegs Medien und Kommunikation* (Weinheim).

Assmann, A., Harth, D. (eds.) (1991), *Mnemosyne* (Frankfurt: Suhrkamp).

Assmann, J. (1975), *Zeit und Ewigkeit im Alten Ägypten* (Heidelberg: Winter).

Assmann, J. (1977), "Die Verborgenheit des Mythos in Ägypten," in *Götinger Miszellen 25*, 1~25.

Assmann, J. (1983), "Das Doppelgesicht der Zeit im altägyptischen Denken," in A. Peisl, A. Mohler (eds.), *Die Zeit* (Munich: Fink), 189~223.

Assmann, J. (1983a), *Re und Amun. Zur Krise des polytheistischen Weltbilds im Ägypten der 18.-20. Dynastie*, OBO 51; English version: *Egyptian Solar Religion in the New Kingdom*, trans. A. Alcock (London: Kegan Paul International, 1995).

Assmann, J. (1983b), "Tod und Initiation im altägyptischen Totenglauben," in H. P. Duerr (ed.), *Sehnsucht nach dem Ursprung. Zu Mircea Eliade* (Frankfurt: Syndikat), 336~359; English version: "Death and initiation in the funerary religion of ancient Egypt," in W. K. Simpson (ed.), *Religion and Philosophy in Ancient Egypt*, YES 3, 1989, 135~159.

Assmann, J. (1984), *Ägypten-Theologie und Frömmigkeit e iner frühen Hochkultur* (Stuttgart: Kohlhammer); English version: *The Search of God in Ancient Egypt*, trans. D. Lorton (Ithaca: Cornell University Press, 1991).

Assmann, J. (1985), "Die Entdeckung der Vergangenheit. Innovation und Restauration in der ägyptischen Literaturgeschichte," in H. U. Gumbrecht, U. Link-Heer (eds.), *Epochenschwellen und Epochenstrukturen im Diskurs der Literatur- und Sprachhistorie*, (Frankfurt: Suhrkamp), 484~499.

Assmann, J. (1986), "Viel Stil am Nil? Ägypten und das Problem des Kul- turstils," in H. U. Gumbrecht, K. L. Pfeiffer (eds.), *Stil. Geschichten und Funk-tionen eines kulturwissenschaftlichen Diskurselements* (Frankfurt: Suhrkamp), 522~524.

Assmann, J. (1986a), "Arbeit am Polytheismus. Die Idee der Einheit Gottes und die Entfaltung des theologischen Diskurses in Ägypten," in H. v. Sti- etencron, *Theologen und Theologien in verschiedenen Kulturkreise* (Düsseldorf: Patmos), 46~69.

Assmann, J. (1987), "Sepulkrale Selbstthematisierung im Alten Ägypten," in A. Hahn, V. Kapp (eds.), *Selbstthematisierung und Selbstzeugnis: Bekenntnis und Geständnis* (Frankfurt: Suhrkamp), 208~232.

Assmann, J. (1988), "Stein und Zeit. Das monumentale Gedächtnis des alten Ägypten," in Assmann, J., Hölscher, T. (eds.), *Kultur und Gedächtnis* (Frankfurt: Suhrkamp), 87~114.

Assmann, J. (1988a), "Kollektives Gedächtnis und kulturelle Identität," in J. Assmann, T. Hölscher (eds.), *Kultur und Gedächtnis* (Frankfurt: Suhrkamp), 9~19.

Assmann, J. (1989), "State and Religion in the New Kingdom," in W. K. Simpson (ed.), *Religion and Philosophy in Ancient Egypt* (New Haven: Yale Egyptological Seminar), 55~88.

Assmann, J. (1990), *Maat: Gerechtigkeit und Unsterblichkeit im alten Ägypten* (Munich: Fink).

Assmann, J. (1990a), "Der leidende Gerechte im alten Ägypten. Zum Konflik-tpotential derägyptischen Religion," in C. Elsas, H. G. Kippenberg (eds.), *Loyalitätskonflikte in der Religionsgeschichte* (Würzburg: Königshausen and Neumann), 203~224.

Assmann, J. (1990b), "Die Macht der Bilder. Rahmenbedingungen ikonischen Handelns im alten Ägypten," *Vivible Religion VII*, 1~20.

Assmann, J. (1991), "Gebrauch und Gedächtnis. Die zwei Kulturen des pharaonischen Agypten," in D. Harth, A. Assmann (eds.), *Kultur als Lebenswelt und Monument* (Frankfurt: S. Fischer), 135~152.

Assmann, J. (1991a), "Der zweidimensionale Mensch. Das Fest als Medium des kulturellen Gedächtnisses," in J. Assmann, T. Sundermeier (eds.), *Das Fest und das Heilige. Religiööse Kontrapunkte des Alltags, Studien zum Verstehen fremder Religionen* 1 (Gütersloh: Mohn), 13~30.

Assmann, J. (1991b), "Das altägyptische Prozessionsfest," in J. Assmann, T. Sundermeier (eds.), *Das Fest und das Heilige. Religiöse Kontrapunkte des Alltags, Studien zum Verstehenfremder Religionen* 1 (Gü tersloh: Mohn).

Assmann, J. (1997), *Moses the Egyptian. The Memory of Egypt in Western Monotheism* (Cambridge, MA: Harvard University Press).

Assmann, J. (2002), *The Mind of Egypt. History and Meaning in the Time of the Pharaohs*, trans. Andrew Jenkins (New York: Metropolitan Books; Cambridge: Harvard University Press).

Assmann, J. (2005), *Death and Salvation in Ancient Egypt*, trans. D. Lorton (Ithaca: Cornell University Press).

Assmann, J. (2010), *The Price of Monotheism* (Stanford: Stanford University Press).

Assmann, J., Hölscher, T. (eds.) (1988), *Kultur und Gedächtnis* (Frankfurt: Suhrkamp).

Baczko, B. (1984), *Les imaginaires sociaux, mémoires et espoirs collectifs* (Paris: Payot).

Balandier, G. (1988), *Le désordre. Éloge du mouvement* (Paris: Fayard).

Baltzer, K. (1964), *Das Bundesformular*, 2. ed. (Neukirchen: Neukirchner).

Barrow, R. (1976), *Greek and Roman Education* (London: Macmillan).

Bartlett, F. C. (1923), *Psychology and Primitive Culture* (Cambridge: Cambridge University Press).

Bartlett, F. C. (1932), *Remembering: a Study in Experimental Social Psychology* (Cambridge: Cambridge University Press).

Basset, J. C. et al. (ed.) (1988), *La mémoire des religions* (Geneva: Labor et Fides).

Bauer, W. (ed.) (1980), *China und die Fremden. 3000 Jahre Auseinandersetzung in Krieg und Frieden* (Munich: C. H. Beck).

Baumann, G. (ed.) (1986), *The Written Word* (Oxford: Oxford University Press).

Beauchard, J. (ed.) (1979), *Identités collectives et travail social* (Strasbourg, Toulouse).

Beck, F. A. G. (1964), *Greek Education 450~350 B.C.* (London: Methuen and Co.).

Berger, P. L., Luckmann, Th. (1966), *The Social Construction of Reality: A Treatise in the Sociology of Knowledge* (Garden City, NY: Anchor Books).

Bergson, H. (1896), *Matiere et mémoire* (Paris: Alcan).

Berry, J. W. (1977), "Nomadic Style and Cognitive Style," in H. M. McGurk (ed.), *Ecological Factors in Human Development* (Amsterdam, New York, Oxford: North Holland), 228~245.

Bertrand, P. (1975), *L' oubli, révolution ou mort de l'histoire* (Paris: PUF).

Bethge, H. G. (1975), "Vom Ursprung der Welt: die fünfte Schrift aus Nag Hammadi CodexII" (Diss. Berlin 〈Ost〉).

Bien, G. (1969), "Hypolepsis," in J. Ritter (ed.), *Historisches Wörterbuch der Philosophie 4* (Basel: Schwabe), 1252~1254.

Biesterfeldt, H. H. (1991), "Ibn Haldun: Erinnerung, historische Reflexion und die Idee der Solidarität," in A. Assmann, D. Harth (eds.), *Weisheit. Archäologie der Literarischen*

Kommunikation III (Munich: Fink), 277~288.

Bleicken, J. (1985), *Die athenische Demokratie* (Paderborn: Schöningh).

Blenkinsopp, J. (1977), *Prophecy and Canon* (Notre Dame, IN: University of Notre Dame Press).

Bloch, M. (1925), "Mémoire collective, tradition et coutume," in *Revue de Synthése Historique*, 73~83.

Blum, H. (1969), "Die antike Mnemotechnik" (Diss. 1964, Spudasmata 15).

Bolkestein, H. (1939), *Wohltätigkeit und Armenpflege im vorchristlichen Altertum* (Utrecht: A. Oosthoek).

Borchardt, R. (1973), "Die Tonscherbe," in *Prosa IV* (Stuttgart: Klett-Cotta).

Borgeaud, Ph. (1988), "Pour une approche anthropologique de la mémoire religieuse," in Basset, J. C. et al. (ed.), *La mémoire des religions* (Geneva: Labor et Fides), 7~20.

Boring, T. A. (1979), *Literacy in Ancient Sparta* (Leiden).

Bornkamm, G. (1964), "Lobpreis, Bekenntnis und Opfer," in *Apophoreta*, Berlin, 30, 46~63.

Bottéro, J. (1974), "Symptômes, signes, écritures en Mésopotamie ancienne," in Vernant, J. P. (ed.), *Divination et rationalité* (Paris: Éditions du Seuil), 70~197.

Bottéro, J. (1987), *Mésopotamie. L' écriture, la raison et les dieux* (Paris: Gallimard).

Bourdieu, Pierre (1979), *La distinction. Critique social du jugement* (Paris: Editions de Minuit);. Engl. version: *Distinction: a social critique of the judgement of taste*, trans. Richard Nice, (London: Routledge & Kegan Paul, 1986).

Boylan, P. (1922), *Thoth, the Hermes of Egypt* (London: Oxford University).

Brandon, Samuel G. F. (1967), *The Judgment of the Dead* (New York: Weidenfeld & Nicolson).

Bremmer, J. (1982), "Literacy and the Origins and Limitations of Greek Atheism," in J. den Boeft, A. H. M. Kessels (eds.), *Actus. Studies in Honour of H. L. W. Nelson* (Utrecht: Instituut voor Klassieke Talen), 43~55.

Brunner, H. (1970), "Zum Verständnis der archaisierenden Tendenzen der ägyptischen Spätzeit," in *Saeculum* 21, 150~161.

Brunner, H. (1983), "Seth und Apophis—GegengÖtter im ägyptischen Pan-theon?," *Saeculum* 34, 226~234.

Brunner, H. (1979), "Zitate aus Lebenslehren," in E. Hornung, O. Keel (eds.), *Studien zu altägyptischen Lebenslehren, OBO 28* (Freiburg, Göttingen: Fribourg University Press), 105~171.

Bubner, R. (1984), *Geschichtsprozesse und Handlungsnormen* (Frankfurt: Suhrkamp).

Burckhardt, J. (1984), *Die Kunst der Betrachtung. Aufsätze und Vorträge zur bildenden Kunst*, ed. Henning Ritter (Cologne: Dumont).

Burke, P. (1991), "Geschichte als soziales Gedächtnis," in A. Assmann, D. Harth (eds.), *Weisheit. Archäologie der Literarischen Kommunikation III* (Munich: Fink), 289~304.

Burkert, W. (1984), *Die orientalisierende Epoche in der griechischen Religion und Literatur* (Heidelberg: Winter).

Burns, A. (1981), "Athenian Literacy in the Fifth Century B.C.," *Journal of the History of Ideas* 42, 371~387.

Calvet, J.-L. (1984), *La tradition orale* (Paris: Presses universitaires de France).

Cancik, H. (1970), "Mythische und historische Wahrheit," *Stuttgarter Bibelstu-dien* 48.

Cancik, H. (1976), *Grundzüge der hethitischen und alttestamentlichen Geschichtss-chreibung* (Wiesbaden: Harrassowitz).

Cancik, H. (1985/6), "Rome as a Sacred Landscape. Varro and the End of Republican Religion in Rome," in *Visible Religion*, 4/5, 250~265.

Cancik, H. (1986), "Geschichtsschreibung und Priestertum. Zum Vergleich von orientalischer und hellenischer Historiographie bei Flavius Josephus, contra Apionem, Buch I," in E. L. Ehrlich, B. Klappert, U. Ast (eds.), *Wie gut sind deine Zelte, Jaakow, Festschrift zum 60.Geburtstag von Reinhold Mayer* (Gerlingen: Bleicher), 41~62.

Cancik, H. (1990), "Grösse und Kolossalität als religiöse und ästhetische Kat-egorien. Versuch einer Begriffsbestimmung am Beispiel von Statius, Silve I 1: Ecus Maximus Domitiani Imperatoris," in *Visible Religion VII, Genres in Visual Representations* (Leiden: E. J. Brill), 51~68.

Cancik-Lindemeier, H., Cancik, H. (1987) "Zensur und Gedächtnis. Zu Tac. Ann. IV 32~38," in A. Assmann, J. Assmann (eds.), *Kanon und Zensur* (Munich: Fink). 169~189.

Cancik, H., Mohr, H. (1990), "Erinnerung/Gedächtnis," in *Hand-buch religion swissen-schaftlicher Grundbegriffe 2* (Stuttgart: Kohlhammer), 299~323.

Canfora, L., Liverani, M., Zaccagnini, C. (eds.) (1990), *I Trattati nel Mondo Antico. Forma, Ideologia* (Rome: Funzione).

Cassirer, E. (1923), *Philosophie der symbolischen Formen II. Das mythische Denken* (Darmstadt: Wissenschaftliche Buchgesellschft, 1958).

Castroriadis, C. (1975), "Temps identitaire et temps imaginaire: L'institution sociale du Temps," in C. Castroriadis, *L'institution imaginaire de la société* (Paris: Seuil).

Chatwin, Bruce. *The Songlines* (London), 1988.

Childs, B. S. (1962), *Memory and Tradition in Israel* (Naperville, IL: A.R. Allen-son).

Cicero (2002), *On the Ideal Orator I*, trans. with introduction by James M. May and Jakob Wisse, (Oxford: Oxford University Press), 219.

Classen, P. (ed.) (1977), *Recht und Schrift im Mittelalter* (Sigmaringen: Thorbecke).

Claus, David B. (1981), *Toward the Soul: An Inquiry into the Meaning of Soul before Plato* (New Haven:Yale University Press).

Colpe, C. (1986), "Die Ausbildung des Heidenbegriffs von Israel zur Apologetik und das Zweideutigwerden des Christentums," in Faber, Schlesier (eds.), Restauration der Götter (Würzburg: Königshausen und Neumann), 61~87.

Colpe, C. (1987), "Sakralisierung von Texten und Filiationen von Kanons," in A. Assmann, J. Assmann (eds.), *Kanon und Zensur* (Munich: Fink). 80~92.

Colpe, C. (1988), "Heilige Schriften," in *Reallexikon für Antike und Christentum Lieferung* 112, 184~223.

Conrad, D. (1987), "Zum Normcharakter von 'Kanon' in rechtswissenschaftlicher Perspektive," in A. Assmann, J. Assmann (eds.), *Kanon und Zensur* (Munich: Fink), 46~61.

Crüsemann, F. (1987), "Das 'portative Vaterland'. Struktur und Genese des alttestamentlichen Kanons," in A. Assmann, J. Assmann (eds.), *Kanon und Zensur* (Munich: Fink), 63~79.

Davis, N. Z., Starn, R. (1989), "Memory and Counter-Memory," Special Issue, *Representations* 26.

Davis, W. M. (1982a), "Canonical representation in Egyptian Art," Res 4: *Anthropology and Aesthetics*, 20~46.

Davis, W. M. (1982b), "The Canonical Theory of Composition in Egyptian Art," *Göttinger Miszellen* 56, 9~26.

Davis, W. M. (1989), *The Canonical Tradition in Egyptian Art* (Cambridge: Cambridge University Press).

Deiber, A. (1904), "Clément d' Alexandrie et l' Égypte," *Mém. IFAO* 10 (Kairo).

Delling, G. (1987), *Die Bewältigung der Diasporasituation durch das hellenistische Judentum* (Göttingen: Vandenhoeck & Ruprecht).

Dentan, R. C. (ed.) (1955), *The Idea of History in the Ancient Near East* (New Haven: Yale University Press).

Derrida, J. (1967), *L'écriture et la différence* (Paris: Éditions du Seuil).

Derrida, J. (1974), *De la grammatologie* (Paris: É ditions de Minuit).

Détienne, M. (ed.) (1988), *Les savoirs de l'écriture. En Grèce ancienne* (Lille: Presses universitaires de Lille).

Diamond, St. (1971), "The rule of law versus the order of custom," in R. P. Wolf (ed.), *The Rule of Law* (New York: Simon and Schuster).

Diebner, B. J. (1991), "Gottes Welt, Moses Zelt und das Salomonische Heiligtum," in T. Römer (ed.), *Lectio Difficilior Probabilior? Mélanges offerts a` FranÇoise Smyth-Florentin, Dielheimer Blätter zum Alten Testament und seiner Rezeption in der Alten Kirche,* Beiheft 12, Heidelberg, 127~154.

Diels, H., Kranz, W. *Die Fragmente der Vorsokratiker.* 2 vols. Hildesheim: Weid-mann, 1951~1952, fragment B10.

Dihle, A. (1962), *Die Goldene Regel* (Göttingen: Vandenhoeck und Ruprecht).

Diringer, D. (1962), *Writing* (London, New York: Praege).

Diringer, D. (1968), T*he Alphabet. A key to the history of mankind* (New York: Funk & Wagnalls).

Donald, Merlin (1991), *Origins of the Modern Mind. Three Stages in the Evolution of Culture and Cognition* (Cambridge, MA: Harvard University Press), 308~315.

Douglas, M. (1966), *Purity and Danger* (London: Routledge and Kegan Paul).

Douglas, M. (1970), *Natural Symbols: Explorations in Cosmology* (London: Barrie & Rockliff the Cresset Press).

Douglas, M. (1975), *Implicit Meanings. Essays in Anthropology* (London: Rout-ledge and Kegan Paul).

Douglas, M. (1999), *Leviticus as Literature* (Oxford: Oxford University Press).

Douglas, M. (2001), *In the Wilderness: The Doctrine of Defilement in the Book of Numbers* (Oxford: Oxford University Press).

Droysen, J. G. (1972), *Vorlesungen zur Enzyklopädie und Methodologie der Geschichte*, R. Hübner (ed.) (Darmstadt: Wissenschaftliche Buchgesellschaft) (First print 1857).

Ehlich, K. (1983), "Text und sprachliches Handeln. Die Entstehung von Texten aus dem Bedü rfnis nach Überlieferung," in A. Assmann, J. Assmann, C. Hardmeier, eds. Schrift und Gedächtnis. München: Funk, 24 -43.

Eibl-Eibesfeldt, I. (1975), *Krieg und Frieden aus der Sicht der Verhaltensforschung* (Munich, Zürich: Piper).

Eibl-Eibesfeldt, I. (1976), *Liebe und Haß. Zur Naturgeschichte elementarer Verhal-tensweisen* (Munich, Zürich: Piper).

Eickelmann, D. F. (1978), "The art of memory: Islamic education and its social reproduction," *Comparative Studies in Society and History* 20, 485~516.

Eisenstadt, S. N. (1987), *Kulturen der Achsenzeit*, 2 vols. (Frankfurt: Suhrkamp).

Eiwanger, J. (1983), "Die Entwicklung der vorgeschichtlichen Kultur in Ägypten," in J. Assmann, G. Burkard (eds.), *5000 Jahre Ägypten. Genese und Permanenz pharaonischer Kunst* (Nußloch b. Heidelberg: IS-Edition), 61~74.

Eliade, M. (1953), *Le mythe de l'éternel retour*, Paris 1950; English version: *The myth of the eternal return*, trans. Willard R. Trask (New York: Pantheon Books, 1965).

Elwert, G. (1987), "Die gesellschaftliche Einbettung von Schriftgebrauch," in D. Becker (eds.), *Theorie als Passion* (Frankfurt: Suhrkamp), 238~268.

Elwert, G. (1989), "Nationalismus und Ethnizität. Über die Bildung von Wir-Gruppen," in *Kölner Zeitschrift für Soziologie und Sozialpsychologie*, 440~464.

Engel, H. (1979), *Die Vorfahren Israels in Ägypten* (Frankfurt: Knecht).

Erdheim, M. (1984), *Die gesellschaftliche Produktion von Unbewusstheit* (Frank-furt: Suhrkamp).

Erdheim, M. (1988), *Die Psychoanalyse und Unbewusstheit in der Kultur* (Frankfurt: Suhrkamp).

Erikson, E. H. (1966), "Ontogeny of Ritualization in Man," *Philosoph. Trans. Royal Soc.*, 251 B, 337~349.

Fabry, H. J. (1988), "Gedenken und Gedächtnis im Alten Testament," in P. Gignoux (ed.), *La Commémoration* (Paris–Louvain), 141~154.

Fairman, H. W. (1958), "A Scene of the Offering of Truth in the Temple of Edfu," *Mitt. d. Dt. Arch. Inst. Kairo* 16, 86~92.

Falkenstein, A. (1965), "Fluch über Akkade," *Zeitschrift für Assyriologie* 57 (NF 23), 43ff.

Finley, M. (1975), "The ancient Greeks and their nation," in *The Use and Abuse of History*, London, 120~133.

Finley, M. I. (1986), *Das politische Leben in der antiken Welt* (Munich: C. H. Beck).

Finnegan, R. (1977), *Oral Poetry. Its Nature, Significance and Social Context* (Cambridge: Cambridge University Press).

Finnestad, R. B. (1985), *Image of the World and Symbol of the Creator. On the Cosmological and Iconological Values of the Temple of Edfu* (Wiesbaden: Harras–sowitz).

Finscher, L. (1988), "Werk und Gattung in der Musik als Träger des kulturellen Gedächtnisses," in J. Assmann, T. Hölscher (eds.), *Kultur und Gedächtnis*, Frankfurt: Suhrkamp, 293~310.

Fischer, H. G. (1986), *L' écriture et l á rt de l' Égypte ancienne* (Paris: Presses uni–versitaires de France).

Fishbane, M. (1972), "Varia Deuteronomica," *Zeitschrift fÜr die alttestamentliche Wissenschaft* 84, 349~352.

Fishbane, M. (1986), *Biblical Interpretation in Ancient Israel* (Oxford: Oxford University Press).

Fortes, M. (1945), *The Dynamics of Clanship among the Tallensi* (London: Pub–lisher for the International African Institute by the Oxford University Press).

Fortes, M. (1978a), "Pietas in Ancestor Worship," in F. Kramer, C. Sigrist (eds.), *Gesellschaften ohne Staat, Gleichheit und Gegenseitigkeit*, 2 vols.(Frankfurt: Syndikat), 197~232.

Fortes, M. (1978b), "Verwandtschaft und das Axiom der Amity," in F. Kramer, C. Sigrist (ed.), *Gesellschaften ohne Staat II. Genealogie und Solidarität* (Frankfurt: Syndikat), 120~164.

Fowden, G. (1986), *The Egyptian Hermes. A historical approach to the late pagan mind* (Cambridge: Cambridge University Press).

Fränkel, H. (1960), "EPHEMEROS als Kennwort für die menschliche Natur," in *Wege und Formen frühgriechischen Denkens* (Munich: C. H. Beck), 23~39.

Frankfort, H. (1948), *Kingship and the Gods* (Chicago: Chicago University Press).

Frei, P., Koch, K. (1984), *Reichsidee und Reichsorganisation im Perserreich*, OBO 55 (Fribourg: Fribourg University Press).

Frisch, P. (1983) "Über die lydisch-phrygischen Sühneinschriften und die 'Confessiones' des Augustinus," *Epigraphica Anatolica* 2, 41~45.

Frisk, H. (1973), *Griech. Etymol. Wörterbuch* (Heidelberg: Winter).

Gadamer, H. G. (1960), *Wahrheit und Methode. Grundzüge einer philosophischen Hermeneutik* (Tübingen: Mohr-Siebeck).

Gardiner, A. H. (1909), *The Admonitions of an Egyptian Sage* (Leipzig: Hinrichs).

Gardiner, A. H. (1959), *The Royal Canon of Turin* (Oxford: Oxford University Press).

Geertz, C. (1983), "Common Sense as a Cultural System," in C. *Geertz, Local Knowledge* (New York: Basic Books), 73~93.

Gehlen, A. (1961), *Anthropologische Forschung* (Hamburg: Rowohlt).

Gelb, I. J. (1952), *A Study of Writing* (Chicago: University of Chicago Press).

Gellner, E. (1983), *Nations and Nationalism* (Oxford: Oxford University Press).

Gellrich, Jesse M. (1985), *The Idea of the Book in the Middle Ages: Language Theory, Mythology, and Fiction* (Ithaca: Cornell University Press).

Gerhardsson, B. (1961), *Memory and Manuscript: Oral Tradition and Written Transmission in Rabbinic Judaism and Early Christianity* (Lund: C. W. K. Gleerup).

Gese, H. (1958), "Geschichtliches Denken im Alten Orient und im Alten Testament," *Zeitschrift Theologie and Kirche* 55, 127~155.

Gignoux, P. (ed.) (1988), *La commémoration*, Colloque du centenaire de la section des sciences religieuses de l' EPHE (Louvain-Paris).

Goedicke, H. (ed.) (1985), *Perspectives on the Battle of Kades*h (Baltimore: Halgo).

Goelman, H., Oberg, A., Smith, F. (eds.) (1984), *Awakening to Literacy* (Exeter: Heinemann Educational Books).

Goetze, A. (1929), "Die Pestgebete des Mursilis," *Kleinasiatische Forschungen* I, 61~251.

Goetze, A. (1933), *Mursilis II. König der Hethiter: Die Annalen, hethitischer Text und deutsche Übersetzung* (Darmstadt 1967, Leipzig: Hinrichs 1933).

Goetze, A. (1967), *Hattusilis. Der Bericht Über seine Thronbesteigung. nebst den Paralleltexten* (Darmstadt: Wissenschaftliche Buchgesellschaft).

Goffman, E. (1974), *Frame Analysis: An Essay on the Organization of Experience* (Cambridge, MA: Harvard University Press).

Gombrich, A. (1970), *Aby Warburg: an Intellectual Biography* (London: The Warburg Institute).

Goody, J. (1977), *The Domestication of the Savage Mind* (Cambridge: Cambridge University Press).

Goody, J. (1986), T*he Logic of Writing and the Organization of Society* (Cambridge: Cambridge University Press).

Goody, J. (1987), *The Interface between the Written and the Oral* (Cambridge: Cambridge University Press).

Goody, J., Watt, I., Gough, K. (eds.) (1968), *Literacy in Traditional Societies* (Cambridge, Cambridge University Press).

Graefe, E. (1990), "Die gute Reputation des Königs 'Snofru'," in *Studies in Egyptology, Festschrift Lichtheim* (Jerusalem: Magnes), 257~263.

Grayson, A. K. (1970), *Assyrian and Babylonian Chronicles. Texts from Cuneiform Sources 5* (Locust Valley, NY: J. J. Augustin).

Grayson, A. K. (1980), "Histories and Historians in the Ancient Near East," *Orientalia* 49, 1980, 140~194.

Grieshammer, R. (1971), *Das Jenseitsgericht in den Sargtexten, Ägyptologische Abhandlung* 20 (Wiesbaden: Harrassowitz).

Grieshammer, R. (1974), "Zum 'Sitz im Leben' des negativen Sündenbekenntnisses," *ZDMG* Supplement II, 19ff.

Griffiths, J. G. (1960), *The Conflict of Horus and Seth* (Liverpool: Liverpool University Press).

Griffiths, J. G. (1979), "Egyptian Nationalism in the Edfu Temple Texts," in J. Ruffle, G. A. Gaballa, and K. A. Kitchen (eds.), *Glimpses of Ancient Egypt: Studies in Honour of H. W. Fairman* (Warminster, English version: Aris & Phillip), 174~179.

Gunnell, John G. (1968), *Political Philosophy of Time* (Middletown, CT: Wesleyan University Press).

Güterbock, H. G. (1934), "Die historische Tradition und ihre literarische Gestaltung bei Babyloniern und Hethitern I," *Zeitschrift fpr Assyriologie* 42.

Güterbock, H. G. (1956), "The deeds of Suppiluliuma as told by his son Mursili II," *Journal of Cuneiform Studies* 10, 41~50, 59~68, 75~85, 90~98, 107~130.

Güterbock, H. G. (1986), "Hittite historiography: a survey," in H. Tadmor, M. Weinfeld (eds.), *History, Historiography and Interpretation. Studies in Biblical and Cuneiform Literatures* (Jersualem: Magnes), 21~35.

Habermas, J. (1976), "Können komplexe Gesellschaften eine vernünftige Identität ausbilden?," in *Zur Rekonstruktion des Historischen Materialismus* (Frankfurt: Suhrkamp), 92~126.

Habsbawm, E., Ranger, T. (eds.) (1983), *The Invention of Tradition* (Cambridge: Cambridge University Press).

Hahn, A., Kapp, V. (eds.) (1987), *Selbstthematisierung und Selbstzeugnis. Beken- ntnis und Geständnis* (Frankfurt: Suhrkamp).

Halbwachs, M. (1941), *La topographie legendaire des évangiles en Terre Sainte* (Paris: Presses universitaires de France).

Halbwachs, M. (1985a), *Les cadres sociaux de la mémoire* (Paris: Mouton, 1925).

Halbwachs, M. (1985b) *La mémoire collective* (Paris: Mouton, 1950); English version: *On Collective Memory* (Chicago: University of Chicago Press, 1992).

Hallo, W. W. (1986), "Sumerian Historiography," in Tadmor, H., Weinfeld, M. (eds.), *History, Historiography and Interpretation. Studies in Biblical and Cuneiform Literatures* (Jersualem: Magnes), 9~20.

Hartog, F. (1989), "Écriture, Généalogies, Archives, Histoire en Grece ancienne," *Histoire et conscience historique* (CCEPOA) 5, 132.

Harvey, F. D. (1966), "Literacy in the Athenian Democracy," in *Révue des Études Grecques* 79, 585~635.

Havelock, E. A. (1963), *Preface to Plato* (Cambridge, MA: Harvard University Press).

Havelock, E. A. (1976), *Origins of Western Literacy* (Toronto: Ontario Institute for Studies in Education).

Havelock, E. A. (1978), *The Greek Concept of Justice from Its Shadow in Homer to Its Substance in Plato* (Cambridge, MA: Harvard University Press).

Havelock, E. A. (1978a), "The alphabetisation of Homer," in E. A. Havelock, Hershbell (eds.), *Communication Arts in the Ancient World* (New York: Hastings House), 3~21.

Havelock, E. A. (1980), "The oral composition of Greek drama," *Quaderni Urbinati di Cultura Classica* 35, 61~113.

Havelock, E. A. (1982), *The Literate Revolution in Greece and Its Cultural Conse-quences* (Princeton, NJ: Princeton University Press).

Havelock, E. A. (1984), "The orality of Socrates and the literacy of Plato," in E. Kelly (ed.), *New Essays on Socrates* (Lanham, MD: University Press of America), 67~93.

Havelock, E. A. (1986), *The Muse Learns to Write: Reflections on Orality and Literacy from Antiquity to the Present* (New Haven: Yale University Press).

Haverkamp, A., Lachmann R. (eds.) (1991), *Gedächtnis als Raum. Studien zur Mnemotechnik* (Frankfurt: Suhrkamp).

Heintz, R. (1969), "Maurice Halbwachs' Gedächtnisbegriff," *ZPhF* 23, 73~85.

Helck, W. (1964), "Die Ägypter und die Fremden," *Saeculum* 15, 103~114.

Helck, W. (1969), "Überlegungen zur Geschichte der 18. Dyn.," *Oriens Antiquus* 8, 281~327.

Helck, W. (1986), *Politische Gegensätze im alten Ägypten. Ein Versuch* (HÄ B 23, Hildesheim: Gerstenberg).

Hengel, M. (1969), *Judentum und Hellenismus: Studien zu ihrer Begegnung unter besonderer Berücksichtigung Palästinas bis zur Mitte des 2. Jahrhundert vor Christus* (Tubingen: Mohr-Siebeck), 219~273.

Hengel, M. (1976), *Juden, Griechen und Barbaren. Aspekte der Hellenisierung des Judentums in vorchristlicher Zeit* (Stuttgart: KBW Verlag).

Hermann, A. (1938), *Die ägyptische KÖnigsnovelle* (Glückstadt, New York: J. J. Augustin).

Heubeck, A. (1979), *Schrift* (Archaeologia Homerica III.X) (Göttingen: Vanden-hoeck & Ruprecht).

Heubeck, A. (1984), "Zum Erwachen der Schriftlichkeit im archaischen Griechentum," in

Kleine Schriften zur griechischen Sprache und Literatur (Erlangen), 57~74.

Hintze, F. (1953), *Untersuchungen zu Stil und Sprache neuägyptischer Erzählungen* (Berlin: Akademie-Verlag).

Hobsbawm, E., Ranger, T. (eds.) (1983), *The Invention of Tradition* (Cambridge: Cambridge University Press).

Hoffner, H. A. (1975), "Propaganda and Political Justification in Hittite Historiography," in H. Goedicke, J. J. M. Roberts (eds.), *Unity and Diversity. Essays in the History, Literature, and Religion of the Ancient Near East* (Baltimore: Johns Hopkins University Press), 49~64.

Hoffner, H. A. (1980), "Histories and Historians of the Near East: The Hittites," *Orientalia* 49, 1980, 283~332.

Hofstätter, P. R. (1973), *Einführung in die Sozialpsychologie* (Stuttgart: Kröner, 5. ed.).

Hölscher, T. (1988), "Tradition und Geschichte. Zwei Typen der Vergangenheit am Beispiel der griechischen Kunst," in J. Assmann, T. Hölscher (eds.), *Kultur und Gedächtnis* (Frankfurt: Suhrkamp), 115~149.

Hölscher, U. (1987), "Über die Kanonizität Homers," in A. Assmann, J. Assmann (eds.), *Kanon und Zensu*r (Munich: Fink), 237~245.

Hölscher, U. (1988), *Die Odyssee. Epos zwischen Märchen und Literatur* (Munich: C. H. Beck).

Hölscher, U. (in print), "Kontinuität als epische Denkform. Zum Problem des 'dunklen Jahrhunderts'," in Museum Helveticum.

Hornung, E. (1966), *Geschichte als Fest. Zwei Vorträge zum Geschichtsbild der frühen Menschheit* (Darmstadt, Wissenschaftliche Buchgesellschaft).

Hornung, E. (1975), "Seth. Geschichte und Bedeutung eines ägyptischen Gottes," *Symbolon N.F.* 2, 49~63.

Hornung, E. (1982), *Der ägyptische Mythos von der Himmelskuh. Eine Ätiologie des Unvollkommenen* (Göttingen: Vandenhoeck & Ruprecht).

Hornung, E. (1982a), "Zum altägyptischen Geschichtsbewusstsein," in *Archäologie und Geschichtsbewusstsein. Kolloquien zur allgemeinen und vergleichenden Archäologie*, 3 (Munich), 13~30.

Illich, I., Sanders, B. (1988), *The alphabetization of the popular mind* (San Francisco: North

Point).

Iversen, E. (1975), *Canon and Proportions in Egyptian Art* (London: Sidgwick and Jackson).

Jacobson-Widding, A. (ed.) (1983), *Identity: personal and sociocultural* (Uppsala, Stockholm: Academiae Upsaliensis).

Jaspers, K. (1949), *Vom Ursprung und Ziel der Geschichte* (Munich: Piper).

Jaspers, K. (1973) *Philosophie*, 3 vols. (Berlin: Springer).

Jeffery, L. H. (1961), *The Local Scripts of Archaic Greece. A Study of the Origin of the Greek Alphabet and Its Development from the Eight to the Fifth Centuries B.C.* (Oxford: Oxford University Press).

Johnson, J. (1974), "The Demotic chronicle as a historical source", *Enchoria* 4, 1~18.

Johnston, A. (1983), "The extent and use of literacy. the archaeological evidence", in R. Hägg (ed.), *The Greek Renaissance of the Eight Century B.C. Tradition and Innovation*, (Stockholm), 63~68.

Jousse, M. (1925), *Le style oral rhythmique et mnémotechnique chez les Verbomoteurs* (Paris).

Junge, F. (1984), "Zur Sprachwissenschaft der Ägypter," in *Studien zu Sprache und Religion Ägyptens* (in honour of W. Westendorf) (Wiesbaden: Harrassowitz), 257~272.

Jürss (Hg.), F. (1982), *Geschichte des wissenschaftlichen Denkens im Altertum, Veröffentlichungen des Zentralinstituts für Alte Geschichte und Archäologie der Akademie der Wissenschaften der DDR* (Berlin: Akademie-Verlag).

Kaiser, O. (ed.) (1983), "Texte aus der Umwelt des Alten Testaments," vol. I fasc.2, in R. Borger, M. Dietrich, E. Edel, O. Loretz, O. Rössler, E. v. Schular (eds.), *Staatsverträge* (Gütersloh: Gütersloher Verlagshaus).

Kakosy, L. (1981), "Ideas of the fallen state of the world in Egyptian religion: decline of the Golden Age," *Studia Aegyptiaca* VII, 81~92.

Karady, V. (1972), "Biographie de Maurice Halbwachs," in M. Halbwachs (ed.), *Classes sociales et morphologie* (Paris: E ditions de Minuit), 9~22.

Käsemann, E. (ed.) (1970), *Das Neue Testament als Kanon* (Göttingen: Vandenhoeck and Ruprecht).

Kaufmann, Y. (1988), *Christianity and Judaism. Two Covenants* (Jerusalem).

Kees, H. (1941), *Der Götterglaube im alten Ägypten* (Leipzig: Hinrichs).

Kelsen, H. (1941), *Vergeltung und Kausalität* (Hague, Chicago: W. P. van Stockum and University of Chicago Press).

Kemp, B. (1989), *Ancient Egypt. Anatomy of a Civilization* (London, New York: Routledge).

Kippenberg, H. G. (1986), "Die jü dischen Überlieferungen als patrioi nomoi," in R. Faber, R. Schlesier (eds.), Die Restauration der Götter. Antike Religion und Neo-Paganismus (Würzburg: Königshausen and Neumann), 45~60.

Kippenberg, H. G. (1987), "Codes and Codification," in M. Eliade (ed.), *The Encyclopaedia of Religion*, 3 vols. (New York: Macmillan), 352~358.

Kirk, G. S. (1977), *The Songs of Homer* (Cambridge: Cambridge University Press).

Knox, B. M. W. (1968), "Silent Reading in Antiquity," *GRBS* 9, 421~435.

Koch, K., et al. (1980), *Das Buch Daniel, EdF* (Darmstadt: Wissenschaftliche Buchgesellschaft).

Koch, K. (1986), "Auf der Suche nach der Geschichte," in *Biblica* 67, 109~117.

Koch, K. (1988), "Qädäm. Heilsgeschichte als mythische Urzeit im Alten (und Neuen) Testament," in J. Rohls, G. Wenz (eds.), *Vernunft des Glaubens (in honour of W. Pannenberg)* (Göttingen: Vandenhoeck und Ruprecht), 253~288.

Koller, H. (1963), *Dichtung und Musik im frühen Griechenland* (Bern: Francke).

Konte, L., Unesco-Courier 1985, 8, 7.

Korosec, V. (1931), *Hethitische Staatsverträge. Ein Beitrag zu ihrer juristischen Wertung. Leipziger rechtswissenschaftliche Studien* 60 (Leipzig: T. Weicher).

Koselleck, R. (1979), "Kriegerdenkmale als Identitätsstiftungen der Überlebenden," in O. Marquard, K. Stierle (eds.), *Identität, Poetik und Hermeneutik VIII* (Munich: Fink). 255~276.

Kötting, B. (1965), *Der frühchristliche Reliquienkult und die Bestattung im Kirchengebäude*, (Cologne: Opladen).

Kramer, F. (1977), *Verkehrte Welten* (Frankfurt: Syndikat).

Krasovec, J. (1988), "La justice (sdq) de dieu dans la bible hébraique et l'interprétation juive et chrétienne," *OBO* 76.

Krauss, R. (1979), *Das Ende der Amarnazeit* (Hildesheim: Gerstenberg).

Krecher, J., Müller, H. P. (1975), "Vergangenheitsinteresse in Mesopotamien und Israel," *Saeculum* 26.

Kugler, F. (1848), *Handbuch der Kunstgeschichte*, 2nd ed. with additional material by Dr. Jacob Burckhardt (Stuttgart: Ebner Seubert).

Kurth, D. (1983), "Eine Welt aus Stein, Bild und Wort – Gedanken zur spätägyptischen Tempeldekoration," in J. Assmann, G. Burkard (eds.), *5000 Jahre Ägypten–Genese und Permanenz der pharaonischen Kunst* (Nußloch bei Heidelberg: IS-Edition), 89~101.

Kvanvig, H. S. (1988), "Roots of Apocalyptic. The Mesopotamian Background of the Enoch Figure and the Son of Man," *WMANT* 61 (Neukirchen: Neukirchner Verlag).

"L' identité, "*Actes de la recherche en sciences sociales, 35*, Paris 1980 (Contributions by G. Scholem, P. Bourdieu, R. Chartier et al.)

La mémoire des Français, éditions du CNRS.

Lacan, J. *Autres Écrits*, Paris: Seuil, 2001.

Lachmann, R. (1987), "Kanon und Gegenkanon in der russischen Kultur," in A. Assmann, J. Assmann (eds.), *Kanon und Zensur* (Munich: Fink), 124~137.

Lachmann, R. (1990), *Gedächtnis und Literatur* (Frankfurt: Suhrkamp); English, version: *Memory and Literature: Intertextuality in Russian Modernism* (Minneapolis: University of Minnesota Press, 1997).

Lambert, M. (1960), "La naissance de la bureaucratie," *Revue historique* 84, 1~26.

Lambert, W. G. (1957), "Ancestors, Authors and Canonicity," *Journal of Cuneiform Studies* 11, 1~14.

Lang, B. (ed.) (1981), *Der Einzige Gott* (Munich: C. H. Beck).

Lang, B. (1983), "The Yahweh–Alone Movement and the Making of Jewish Monotheism," in *Monotheism and the Prophetic Minority* (Sheffield, England: Almond Press), 13~59.

Lang, B. (1986), "Vom Propheten zum Schriftgelehrten. Charismatische Autorität im Frühjudentum," in H. v. Stietencron (ed.), *Theologen und The-ologien in verschiedenen Kulturkreisen* (Düsseldorf: Patmos), 89~114.

Lanternari, V. (1960), *Movimenti religiosi di libertaè di salvezza dei popoli oppressi* (Milan: Feltrinelli); English version: *The Religions of the Oppressed: A Study of Modern Messianic Cults* (New

York: Knopf, 1963).

Latacz, J. (1985), *Homer* (Munich, Zürich: Piper).

Lauterbach, J. (1913), "The Sadducees and the Pharisees," *Studies in Jewish Literature* (in Honour of K. Kohler) (Berlin).

Layton, R. (ed.) (1989), *Who Needs the Past? Indigenous Values and Archaeology* (London, Boston: Unwin Hyman).

Lebram, J. C. H. (1968), "König Antiochus im Buch Daniel," *Vetus Testamentum* 18, 737~773.

Ledderose, L. (1988), "Die Gedenkhalle für Mao Zedong. Ein Beispiel für Gedächtnisarchitektur," in J. Assmann, T. Hölscher (eds.), *Kultur und Gedächtnis* (Frankfurt: Suhrkamp), 311~339.

Leiman, S. Z. (1976), *The Canonization of Hebrew Scripture: The Talmudic and Midrashic Evidence* (Hamden, CT: Published for the Academy by Archon Books).

Leipoldt, J., Morenz, S. (1953), *Heilige Schriften. Betrachtungen zur Religions-geschichte der antiken Mittelmeerwelt* (Leipzig: Harrassowitz).

Lévi-Strauss, C. (1966), *La pensée sauvage* (Paris: Plon, 1962); English version: *The Savage Mind* (Chicago: University of Chicago, 1966).

Lévi-Strauss, C. (1976), *Structural Anthropology*, vol. 2, trans. Monique Layton (Chicago: University of Chicago Press).

Lévi-Strauss, C. (1977), *Les structures élémentaires de la parenté* (Paris: B. Grasset, 1977/1983).

Lichtheim, M. (1973), *Ancient Egyptian Literature I* (Berkeley, Los Angeles, London: University of California Press, 1973).

Lloyd, A. B. (1982), "Nationalist Propaganda in Ptolemaic Egypt," *Historia. Zeitschrift für Alte Geschichte, Wiesbaden*, 31, 33~55.

Lloyd, A. B. (1982a), "The Inscription of Udjahorresnet, A Collaborator's Testament," *Journal of Egyptian Archaeology* 68, 166~180.

Lord, A. B. (1960), *Singer of Tales* (Cambridge, MA: Harvard University Press).

Lorenz, K. (1977), *Die Rückseite des Spiegels* (Munich: Piper); English version: *Behind the Mirror: A Search for a Natural History of Human Knowledge* (New York: Harcourt Brace Jovanovich).

Lotman, J., Uspenskij, B. (1977), "Die Rolle dualistischer Modelle in der Dynamik der russischen Kultur (bis zum Ende des 18. Jahrhunderts)," *Poetica* 9, 1ff.

Luckmann, T. (1979),"Persönliche Identität, sozialke Rolle und Rollendistanz," in: O. Marquard, K. Stierle, (eds.), *Identität* (*Poetik und Hermeneutik VIII*) (Munich: W. Fink), 293~313.

Luft, U. (1978), *Beiträge zur Historisierung der Gütterwelt und zur Mythenschreibung* (Budapest: U. Luft).

Luhmann, N. (1971), "Sinn als Grundbegriff der Soziologie," in J. Habermas, N. Luhmann (eds.), *Theorie der Gesellschaft oder Sozialtechnologie* (Frankfurt: Suhrkamp), 25~100.

Luhmann, N. (1973), *Vertrauen. Ein Mechanismus der Reduktion sozialer Komplexität* (Stuttgart: Enke).

Luhmann, N. (1975), "Einfü hrende Bemerkungen zu einer Theorie symbolisch generalisierter Kommunikationsmedien," in N. Luhmann (ed.), *Soziologische Aufklärung 2* (Cologne: Westdeutscher Verlag), 170~192.

Luhmann, N. (1975), "Selbst-Thematisierung des Gesellschaftssystems," in: *Aufsätze zur Theorie der Gesellschaft* (Opladen: Westdeutscher Verlag), 72~102.

Luhmann, N. (1979), "Identitätsgebrauch in selbstsubstitutiven Ordnungen, besonders Gesellschaften," in O. Marquardt, K. Stierle (eds.), *Identität* (Munich: Fink), 315~345.

Luhmann, N. (1980), *Gesellschaftsstruktur und Semantik I* (Frankfurt: Suhrkamp).

Luhmann, N. (1984), *Soziale Systeme* (Frankfurt: Suhrkamp); English version: *Social Systems*, trans. J. Bednarz (Stanford: Stanford University Press, 1995).

Luhmann, N. (1990), "Gleichzeitigkeit und Synchronisation," in *Soziologische Aufklärung* 5 (Cologne: Westdeutscher Verlag), 95~130.

Lukacs, J. (1994), *Historical Consciousness or the Remembered Past* (New Brunswick, NJ: Transaction Publishers).

Luria, A. R. (1976), *Cognitive Development: Its Cultural and Social Foundations* (Cambridge, MA: Harvard University Press).

Maas, U. (1986), " 'Die Schrift ist ein Zeichen für das, was in dem Geprochenen ist'. Zur Frühgeschichte der sprachwissenschaftlichen Schriftauffassung: das aristotelische und nacharistotelische (phonographische) Schriftverständnis'," in *Kodikas/Code 9*, 247~292.

Machinist, P. (1976), "Literature as Politics. The Tukulti-Ninurta Epic and the Bible," *Catholic Biblical Quarterly* 38, 455~482.

Machinist, P. (1985), "The Assyrians and their Babylonian Problem," *Jahrbuch des Wissenschaftskollegs zu Berlin* 84/85, 353~364.

Macmullen, R. (1964), "Nationalism in Roman Egypt," *Aegyptus* 44, 179~199.

Mahé, J. P. (1978), *Herm`es en Haute-Égypte. Les textes hermétiques de Nag Hammadi et leurs paralléles grecs et latins* (Quebec: Presses de l'université Laval).

Malamat, A. (1955), "Doctrines of Causality in Hittite and Biblical Historiography: A Parallel," *VT* 5, 1~12.

Mann, Thomas (1974), "Freud und die Zukunft (1936)," *Gesammelte Werke*, vol. IX (Frankfurt: Fischer), 478~501.

Marcuse, H. (1964), *The One-Dimensional Man* (Boston: Beacon Press).

Markowitsch, J. (1979), *Die soziale Situation* (Frankfurt: Suhrkamp).

Marquard, O., Stierle, K. (eds.) (1979), *Identität, Poetik und Hermeneutik VIII* (Munich: Fink).

Marrou, H. I. (1977), *Geschichte der Erziehung im klassischen Altertum* (Munich: C. H. Beck).

Maschinist, P. (1976), "Literature as Politics. The Tukulti-Ninurta Epic and the Bible," *Catholic Biblical Quarterly* 38, 455~482.

Mauss, M. (1966), *Essai sur le don: forme et raison de l'échange dans les sociétés archaiques, Sociologie et anthropologie* (Paris, Alcan); English version: *The Gift: The Form and Reason for Exchange in Archaic Societies* (New York: W.W. Norton, 2000).

Mbunwe-Samba, P. (1989), "Oral Tradition and the African Past," in R. Layton (ed.), *Who Needs the Past? Indigenous Values and Archaeology* (London, Boston: Unwin Hyman), 105~118.

McCarthy, D. J. (1978), *Treaty and Covenant: A Study in Form in the Ancient Oriental Documents and in the Old Testament* (Rome: Biblical Institute).

Mead, G. H. (1934), *Mind, Self, Society. From the Standpoint of a Social Behaviorist* (Chicago: University of Chicago Press).

Meier, C. (1987), "Die Entstehung einer autonomen Intelligenz bei den Griechen," in S. N.

Eisenstadt (ed.) *Kulturen der Achsenzeit*, 2 vols. (Frankfurt: Suhrkamp), I, 89~127.

Meier, C. (1989), "Zur Funktion der Feste in Athen im 5. Jh. v. Chr.," in R. Warning, W. Haug (eds.), *Das Fest, Poetik und Hermeneutik XIV* (Munich: Fink), 569~591.

Mendenhall, G. E. (1955) *Law and Covenant in Israel and in the Ancient Near East* (Pittsburgh: Biblical Colloquium).

Mentré, F. (1920), *Les générations sociales* (Paris, Bossard).

Merkelbach, R. (1968), "Ein ägyptischer Priestereid," *Zeitschrift für Philologie und Epigraphik* 2, 7~30.

Meyer, E. (1915), "Ägyptische Dokumente aus der Perserzeit," *Sitzungsberichte der Preussischen Akademie der Wissenschaft Berlin 1915. XVI*.

Meyer, E. (1928), "Gottesstaat, Militärherrschaft und Ständewesen in Ägypten," *Sitzungsberichte der Preussischen Akademie der Wissenschaften Berlin*.

Michaud, G. (ed.) (1978), *Identités collectives et relations interculturelles* (Brux-elles: Éditions Complexe).

Middleton, D., Edwards, D. (eds.) (1990), *Collective Remembering* (London: Sage).

Millar, F. (1978), "The *background* to Maccabaean Revolution," JJS 29, 1~21.

Millard, A. R. (1986), "The infancy of the alphabet," *World Archaeology* 17, 390~398.

Mol, H. (1976), *Identity and the Sacred. A Sketch for a New Social-Scientific Theory of Religion* (Oxford: Blackwell).

Mol, H. (ed.) (1978), *Identity and Religion. International, Cross-cultural Approaches* (London. Beverly Hills: Sage Publications).

Montet, P. (1950), "Le fruit défendu," *Kêmi* 11, 85~116.

Morenz, S. (1965), "Der Alte Orient. Von Bedeutung und Struktur seiner Geschichte," *Summa Historica. Propyläen Weltgeschichte Berlin* 11, 25~63.

Mühlmann, W. E. (1961), *Chiliasmus und Nativismus: Studien zur Psychologie, Soziologie und historischen Kasuistik der Umsturzbewegungen* (Berlin: D. Reimer).

Mühlmann, W. E. (1985), "Ethnogonie und Ethnogenese. Theoretischethnologische und ideologiekritische Studie," *Studien zur Ethnogenese* (Abhandlung der Rheinisch-Westfälischen Akademie der Wissenschaften) 72.

Müller, K. E. (1987), *Das magische Universum der Identität. Elementarformen sozialen Verhaltens. Ein ethnologischer Grundriß* (Frankfurt, New York: Campus).

Munn-Rankin, J. (1956), "Diplomacy in Western Asia in the Early 2nd Mill BC," *Iraq* 18, 68~110.

Muszynski, M. (1974), "Le droit égyptien a travers la documentation grecque," *Le droit égyptien ancien. Colloque organisé par l'Institut des Hautes Études de Belgie* (Bruxelles), 163~180.

Nagel, T. (1988), *Die Festung des Glaubens. Triumph und Scheitern des islamischen Rationalismus im 11. Jahrhundert* (Munich: C. H. Beck).

Nagy, I. (1973), "Remarques sur le souci d'archaisme en Egypte a l'époque Saite," *Acta Antiqua Scient.* Hungar 21, 53~64.

Namer, G. (1987), *Mémoire et société* (Paris: Librairie des méridiens, Klinck-sieck).

Neisser, U. (1982), *Memory Observed* (San Francisco: W. H. Freeman).

Neisser, U., Winograd, E. (1988), *Remembering Reconsidered: Ecological and Traditional Approaches to the Study of Memory* (Cambridge, New York: Cambridge University Press).

New Literary History: *Aspects of Orality*, vol. 8/3 (1977); Oral and Written Traditions in the Middle Ages, vol. 16/1 (1984).

Nieddu, G. F. (1984), "La metafora della memoria comme scrittura e l'imagine dell'animo come deltos," *Quaderni di storia* 19, 213~219.

Niethammer, L. (ed.) (1985), *Lebenserfahrung und Kollektives Gedächtnis. Die Praxis der "Oral History"* (Frankfurt: Suhrkamp).

Nora, P. (ed.) (2009), *Les lieux de mémoire III: Les France* (Paris: Gallimard).

Nora, P. (ed.) (1984), *Les lieux de mémoire I: la république*, 3 vols (Paris: Gallimard).

Nora, P. (ed.) (1986), *Les lieux de mémoire II: La Natio*n (Paris: Gallimard).

Nora, P. (1990), *Zwischen Geschichte und Gedächtnis* (Berlin: Wagenbach).

Notopoulos, J. A. (1938), "Mnemosyne in oral literature," *Translations of the American Philosophical Association* 69, 465~493.

Notopoulos, J. A. (1953), "The Introduction of the Alphabet into Oral Societies. Some Case Histories of Conflict between Oral and Written Literature," in I. T. Kakrides (ed.), *Profora eis Stilpona P. Kyriakiden (Hellenika. Periodikon syngramma hetaireia Makedonikon spoudon.*

Pararthema 4) (Thessa-lonike), 516~524.

Obeyesekere, G. (1963), "The great tradition and the little tradition in the perspective of Singhalese Buddhism," *Journal of Asian Studies* 22, 139~153.

Ockinga, B. G. (1983), "The burden of Khackheperrecsonbu," *JEA* 69, 88~95.

Oexle, O. G. (1976), "Memoria und Memorial Überlieferung im frühen Mittelalter," *Frühmittelalterliche Studien* 10, 79ff.

Oexle, O. G. (1983), "Die Gegenwart der Toten," in H. Braet, W. Verbeke(eds.), *Death in the Middle Ages* (Leuven: Leuven University Press), 48ff.

Oexle, O. G. (1985), "Die Gegenwart der Lebenden und der Toten. Gedanken Über Memoria," in K. Schmidt (ed.), *Kulturen der Achsenzeit*, 2 vols. (Frank-furt: Suhrkamp), 74~107.

Offner, G. (1950), "A propos de la sauvegarde des tablettes en Assyro-Babylonie," *RA* 44, 135~143.

Ong, W. J. (1967), *The Presence of the Word* (New Haven: Yale University Press).

Ong, W. J. (1977), "African talking drums and oral noetics," in *New Literary History* 8.3, 409~429.

Ong, W. J. (1982), *Orality and Literacy. The Technologizing of the Word* (London, New York: Methuen).

Ong, W. J. (1986), "Writing Is a technology that restructures thought," in G. Baumann (ed.), *The Written Word* (Oxford: Clarendon Press, New York: Oxford University Press), 25~50.

Oppel, H. (1937), KANON. Zur Bedeutungsgeschichte des Wortes und seinen lateinischen Entsprechungen (regula-norma), Philologus, Suppl. XXX H.4, Leipzig.

Oppenheim, L. (1964), *Ancient Mesopotamia. Portrait of a Dead Civilization* (Chicago University Press).

Otto, E. (1938), "Die Lehre von den beiden Ländern Ägyptens in der ägyptischen Religionsgeschichte," *Studia Aegyptiaca I = Analecta Orientalia* 17, 10~35.

Otto, E. (1966), "Geschichtsbild und Geschichtsschreibung im alte Ägypten," *Die Welt des Orients* 3.

Otto, E. (1969), "Das 'Goldene Zeitalter' in einem ägyptischen Text," *Religions en Égypte* hellénistique et romaine (BCESS) (Paris), 92−108.

Otto, W. (1908), *Priester und Tempel im hellenistischen Ägypten II* (Leipzig, Berlin: B. G. Teubner).

Overbeck, F. (1919), *Christentum und Kultur* (Basel: Schwabe).

Parry, M. (1971), "The making of Homeric verse," in A. Parry (ed.), *The Collected Papers of M. Parry* (Oxford: Clarendon Press).

Pelto, P. (1968), "The difference between 'tight' and 'loose' societies," *Transaction*, April, 37~40.

Petzl, G. (1988), "Sünde, Strafe, Wiedergutmachung," *Epigraphica anatolica* 12, 155~166.

Pfeiffer, R. (1968), *History of Classical Scholarship from the Beginnings to the End of the Hellenistic Age* (Oxford: Clarendon Press).

Pfeiffer, R. (1976), *History of Classical Scholarship. From 1300 to 1850* (Oxford: Clarendon Press).

Pfohl, G. (ed.) (1968), *Das Alphabet. Entstehung und Entwicklung der griechischen Schrift* (Darmstadt: Wissenschaftliche Buchgesellschaft).

Piekara, F. H., Ciesinger, K. G., Muthig, K. P. (1987), "Notizenanfertigen und Behalten," *Zeitschrift für Pädagogische Psychologie* 1/4, 267~280.

Posener, G. (1956), *Littérature et politique dans l'Égypte de la XIIe dynastie* (Paris: H. Champion).

Pury, A. de, Römer, T. (1989), "Memoire et catechisme dans l' Ancien Testament," *Histoire et conscience historique* (CCEPOA) 5, 81~92.

Quaegebeur, J. (1980/81), "Sur la 'loi sacrée' dans l' Égypte gréco-romaine," *Ancient Society* 11/12, 227~240.

Quecke, H. (1977), "Ich habe nichts hinzugefügt und nichts weggenommen. Zur Wahrheitsbeteuerung koptischer Martyrien," in J. Assmann, E. Feucht (eds.), *Fragen an die altägyptische Literatur. Gedenkschrift E. Otto* (Wiesbaden: Reichert), 399~416.

Rad, G. von (1947), *Deuteronomium-Studien* (Göttingen, Vandenhoeck & Ruprecht).

Rad, G. von (1958), "Die deuteronomistische Geschichtstheologie in den Königsbüchern," in G.v. Rad (ed.), *Gesammelte Studien zum Alten Testament* (Munich: C. Kaiser), 189~204.

Rad, G. von (1961), "Der Anfang der Geschichtsschreibung im alten Israel," *Gesammelte*

Studien zum AT (Munich: C. Kaiser).

Redfield, R. (1955), *The Little Community* (Chicago: University of Chicago Press). [[date 1956 on query ref. list]]

Redfield, R. (1956), *Peasant Society and Culture. An Anthropological Approach to Civilisation* (Chicago: University of Chicago Press).

Redford, D. B. (1986), *Pharaonic King-Lists, Annals and Day Books* (Mississauga Benben).

Reshef, U. (1988), "Une commémoration impossible: l' holocauste en Israel," *Gignoux*, 351~367.

Reventlow, H. G. (1961), *Das Heiligkeitsgesetz, formgeschichtlich untersucht* (Neukirchen: Neukirchener Verlag).

Reymond, E. A. E. (1969), *The Mythical Origin of the Egyptian Temple* (Manchester, New York: Manchester University Press).

Ritschl, D. (1967), *Memory and Hope. An Inquiry Concerning the Presence of Christ* (New York: Macmillan).

Ritschl, D. (1985), "Die Erfahrung der Wahrheit. Die Steuerung von Denken und Handeln durch implizite Axiome," *Heidelberger Jahrbücher* 29, 35~49.

Ritter, A. M. (1987), "Die Entstehung des neutestamentlichen Kanons," in A. Assmann and J. Assmann (eds.) *Kanon und Zensur* (Munich: Fink), 93~99.

Ritter, J. (1969), *Metaphysik und Politik. Studien zu Aristoteles und Hegel* (Frankfurt: Suhrkamp).

Robertson, R., Holzner, B. (eds.) (1980), *Identity and Authority. Exploration in the Theory of Society* (Oxford: Oxford University Press).

Röllig, W. (1985), "Über die Anfänge unseres Alphabets," *Das Altertum* 3, 83~91.

Rorty, R., Schneewind, J. B., Skinner, Q. (eds.) (1984), *Philosophy in Context. Essays on the Historiography of Philosophy* (Cambridge, New York: Cambridge University Press).

Rossi, L. E. (1978), "I poemi omerici come testimonianza di poesia orale," G. P. Carratelli (ed.), *Origini e sviluppo della citta* (Milan: Bompiani), 73~147.

Rüstow, A. (1952), *Ortsbestimmung der Gegenwart. Eine universalgeschichtliche Kul-turkritik*, vol. 2 (Zurich: Rentsch), 12.

Sahlins, M. (1972), *Stone Age Economics* (Chicago, Aldine-Atherton).

Said, E. W. (1978), *Orientalism* (London: Routledge & Kegan Paul).

Sanders, E. P. (1981), "Aspects of Judaism in the Graeco-Roman Period," vol. 2, in *Jewish and Christian Self-Definition*, 3 vols (Philadelphia: Philadelphia: Fortress Press), 1980ff.

Schachermeyr, F. (1984), *Die griechische RÜckerinnerung* (Wien: Verlag der Österreichischen Akademie der Wissenschaften).

Schlott, A. (1989), *Schrift und Schreiber im Alten Ägypten* (Munich: C. H. Beck).

Schmale, F. J. (1985), *Funktionen und Formen mittelalterlicher Geschichtsschreibung* (Darmstadt: Wissenschaftliche Buchgesellschaft).

Schmid, H. H., "Gerechtigkeit als Thema biblischer Theologie" (unpublished script).

Schmid, H. H. (1968), *Gerechtigkeit als Weltordnung* (Tübingen: Mohr-Siebeck).

Schmidt, E. A. (1987), "Historische Typologie der Orientierungsfunktionen von Kanon in der griechischen und römischen Literatur," in A. Assmann, J. Assmann, (eds.) *Kanon und Zensur* (Munich: Fink) 246~258.

Schmidt, K. (ed.) (1985), *Gedächtnis, das Gemeinschaft stiftet* (Munich: Schnell & Steiner).

Schmidt, K., Wollasch, J. (eds.) (1984), *Memoria. Der geschichtliche Zeugniswert des liturgischen Gedenkens im Mittelalter. Münstersche Mittelalter-Schriften* 48 (Munich: Fink).

Schott, R. (1968), "Das Geschichtsbewußtsein schriftloser Völker," *Archiv für Begriffsgeschichte* 12, 166~205.

Schottroff, W. (1964), *'Gedenken' im Alten Orient und im Alten Testament. Die Wurzel zakar im semitischen Sprachkreis* (Neukirchen: Neukirchener Verlag).

Schottroff, W. (1969), *Der altisraelitische Fluchspruch* (Neukirchen: Neukirch-ener Verlag).

Schuster, M. (1988), "Zur Konstruktion von Geschichte in Kulturen ohne Schrift," in J. v. Ungern-Sternberg, H. Reinau (eds.), *Vergangenheit in mündlicher Überlieferung* (Stuttgart: B.G. Teubner), 57~71.

Segal, C. (1982), "Tragédie, oralité, écriture," *Poétique* 13, 131~154.

Segal, C. (1984), "Greek tragedy: Writing, truth, and the representation of self," H. Evjen (ed.), *Mnemai. Studies K. Hulley* (Chico, CA: Scholars Press).

Seligman, A. B. (ed.) (1989), *Order and Transcendence. The Role of Utopias and the Dynamics of Civilizations* (Leiden, New York: E. J. Brill).

Seters, J. van (1983), *In Search of History* (New Haven: Yale University Press).

Seters, J. van (1989), "Tradition and history: History as national tradition," *Histoire et conscience historique* (CCEPOA) 5, 63~74.

Sevenster, J. N. (1975), *The Roots of Pagan Anti-Semitism in the Ancient World* (Leiden: E. J. Brill).

Shils, E. (1981), *Tradition* (Chicago: University of Chicago Press).

Shotter, J. (1990), "The social construction of remembering and forgetting," in D. Middleton, D. Edwards (eds.), *Collective Remembering* (London: Sage), 120~138.

Smend, R. (1968), *Elemente alttestamentlichen Geschichtsdenkens* (Zürich: EVZ-Verlag).

Smith, A. D. (1986), *The Ethnic Origins of Nations* (Oxford, New York: B. Black-well).

Smith, M. (1971), *Palestinian Parties and Politics That Shaped the Old Testament* (New York: Columbia University Press).

Smyth-Florentin, F. (1989), "Modeles de recits d'origine et structures du pouvoir," *Histoire et conscience historique* (CCEPOA) 5, 41~48.

Social memory, Sonderheft *Communication* 11(2).

Spicer, E. H. (1971), "Persistent cultural systems. A comparative study of identity systems that can adapt to contrasting environments," *Science* 174 (4011), 795~800.

Spieckermann, H. (1982), *Juda unter Assur in der Sargonidenzeit* (Göttingen: Vandenhoeck & Ruprecht).

Spiegel, J. (1935), *Die Idee des Totengerichts in der ägyptischen Religion*, LäS 2.

Spiegelberg, W. (1914), *Die sogenannte Demotische Chronik* (Leipzig: J. C. Hinrichs).

Stadelmann, H. (1980), *Ben Sira als Schriftgelehrter* (Tübingen: Mohr-Siebeck).

Staudacher, W. (1968), *Die Trennung von Himmel und Erde. Ein vorgriechischer Schöpfungsmythos bei Hesiod und den Orphikern* (Darmstadt: Wissenschaftliche Buchgesellschaft).

Steinleitner, F. (1913), *Die Beicht im Zusammenhang mit der sakralen Rechtspflege in der Antike* (Leipzig: Kommissionsverlag der Dieterich'schen Verlagsbuch-handlung, Theodor Weicher).

Steinmetzer, F. X. (1922), *Die babylonischen Kudurru. Grenzsteine als Urkunden-form* (Paderborn: Schöningh).

Stone, M. (ed.) (1984), *Jewish Writings of the Second Temple Period* (Assen, Netherlands, Philadelphia: Van Gorcum, Fortress Press).

Stone, M. E. (1987), "Eschatologie, Remythologisierung und kosmische Aporie," in S. N. Eisenstadt (ed.), *Kulturen der Achsenzeit*, 2 vols (Frankfurt: Suhrkamp), 19~37.

Street, B. (1987), "Orality and literacy as ideological constructions: Some problems in cross-cultural studies," *Culture and History* 2, 7~30.

Svenbro, J. (1987), "The 'voice' of letters in Ancient Greece: On silent reading and the representation of speech," *Culture and History* 2, 31~47.

Szlezák, T. A. (1985), *Platon und die Schriftlichkeit der Philosophie* (Berlin, New York: W. de Gruyter).

Tadmor, H. (1982), "Treaty and oath in the Ancient Near East: An historian's approach," in G. M. Tucker, D. A. Knight (eds.), *Humanizing America's Iconic Book* (Chico, CA: Scholars Press), 127~152.

Tadmor, H., Weinfeld, M. (eds.) (1986), *History, Historiography and Interpretation. Studies in Biblical and Cuneiform Literatures* (Jerusalem, Leiden: Magnes, E. J. Brill).

te Velde, H. (1977), "The theme of the separation of heaven and earth in Egyptian mythology," *Stud. Aeg.* 3, 161~170.

Tenbruck, F. H. (1986), *Geschichte und Gesellschaft* (Berlin: Duncker & Humblot).

Tenbruck, F. H. (1989), "Gesellschaftsgeschichte oder Weltgeschichte?," *Kölner Zeitschrift für Soziologie und Sozialpsychologie* 41, 417~439.

Theißen, G. (1977), *Soziologie der Jesusbewegung. Eion Beitrag zur Entstehungs-geschichte des Urchristentums*, 3. ed. 1981 (TÜ bingen: Mohr-Siebeck).

Theißen, G. (1988), "Tradition und Entscheidung. Der Beitrag des biblischen Glaubens zum kulturellen Gedächtnis," in J. Assmann, T. Hölscher (eds.), *Kultur und Gedächtnis* (Frankfurt: Suhrkamp), 170~196.

Thienemann, F. (1979), *Jüdisches Fest und jüdischer Brauch*, reprint, orig. 1937 (Königstein/Ts).

Thomas, K. (1983), *The perception of the past in early modern England* (London: University of London).

Tunnik, W. C. van (1949), "De la regle mäte prostheinai mäte aphelein dans l'histoire du canon," *Vigiliae christianae* 3, 1~36.

Ungern-Sternberg, J. v., Reinau, H. (eds.) (1988), *Vergangenheit in mündlicher Überlieferung* (Stuttgart: Teubner).

Union des Associations Internationales, *Identité et regions* (Bruxelles, 1981).

Vansina, J. (1985), *Oral Tradition as History* (Madison: University of Wisconsin Press).

Veblen, T. (1899), *A Theory of the Leisure Class* (New York, London: Macmillan Co.).

Veenhof, K. R. (ed.) (1986), *Cuneiform Archives and Libraries* (Leiden, Nether-lands: Historisch-Archaeologisch Instituut te Istanbul).

Velde, H. te (1967), *Seth, God of Confusion*, trans. G. E. van Baaren-Pape (Leiden: E. J. Brill).

Vidal-Naquet, P. (1981), *Les juifs, la mémoire et le present* (Paris: F. Maspero).

Vidal-Naquet, P. (1989), "Flavius Josephe et les prophetes," *Histoire et conscience historique (CCEPOA)* 5, 11~32.

Voegelin, E. (1966), *Anamnesis. Zur Theorie der Geschichte und Politik* (Munich: Piper).

Voegelin, E. (1974), "The Ecumenic Age," vol. IV, in *Order and History*, 4 vols. (Louisiana: Baton Rouge).

Vollrath, H. (1979), "Gesetzgebung und Schriftlichkeit: Das Beispiel der angelsächsischen Gesetze," *Historisches Jahrbuch* 99, 28~54.

Wachtel, N. (1986), "Memory and history: Introduction," *History and Anthropology* 2.2, 207~224.

Walzer, M. (1988), *Exodus and Revolution* (New York: Basic Books).

Watanabe, K. (1987), *Die adê-Vereidigung anlässlich der Thronfolgeregelung Asarhaddons, Baghdader Mitteilungen*, vol. 3 (Berlin: Gebr. Mann).

Way, T. (1984), *Die Textüberlieferung Ramses' II. zur Qadēs-Schlacht* (Hildesheim: Gerstenberg).

Weber, H. J. (1986), *Kanon und Methode. Zum Prozess zivilisatorischer Begründung* (Würzburg: Könighausen und Neumann).

Weber, M. (1978), *Wirtschaft und Gesellschaft* (Tübingen: Mohr-Siebeck).

Wehler, H. U. (1989), "Geschichtswissenschaft heutzutage: Aufklärung oder 'Sinnstiftung'," in *Zwischenbetrachtungen. Im Prozeß der Aufklärung* (Frankfurt: Suhrkamp), 775~793.

Weidner, E. (1954~1956), "Hof- und Haremserlasse assyrischer Könige," in *AfO* 17,

257~293.

Weinfeld, M. (1972), *Deuteronomy and the Deuteronomic School* (Oxford: Clarendon Press).

Weinfeld, M. (1976), "The loyalty oath in the ancient Near East," *Ugaritische Forschungen* 8, 379~414.

Weinfeld, M. (1990), "The common heritage of the covenantal traditions in the ancient world," in L. Canfora, M. Liverani, C. Zaccagnini (eds.), *I Trattati nel Mondo Antico. Forma, Ideologia* (Rome: Funzione), 175~191.

Weippert, M. (1990), "Synkretismus und Monotheismus. Religionsinterne Konfliktbewältigung im alten Israel," in J. Assmann, D. Harth (eds.), *Kultur und Konflikt* (Frankfurt: Suhrkamp), 143~173.

Wilcke, C. (1988), "Die Sumerische Königsliste und erzählte Vergangenheit," in J. v. Ungern-Sternberg, H. Reinau (eds.), *Vergangenheit in mündlicher Überlieferung* (Stuttgart: Teubner), 113~140.

Wildung, D. (1977), *Imhotep und Amenhotep. Gottwerdung im Alten Ägypten* (Munich: Deutscher Kunstverlag).

Will, E., Orrieux, C. (1986), *Ioudaïsmos – Hellenismos, essai sur le judaïsme judéen a l'époque hellénistique* (Nancy: Nantes: Press University).

Winter, E. (1989), "Hieroglyphen," *RAC Lieferung* 113, Stuttgart, 83~103.

Woodbury, L. (1983), "The literate revolution: A review article," *Classical Views / Echos du monde Classique* 27, 329~352.

Worsley, P. (1968), *The Trumpet Shall Sound. A Study of 'Cargo'-Cults in Melanesia* (New York: Schocken Books).

Yates, F. (1968), *The Art of Memory* (Chicago: Chicago University Press).

Yerushalmi, Y. C. (1982), Zakhor. *Jewish Memory and Jewish History* (Seattle: University of Washington Press).

Young, J. E. (1986), "Memory and monument," in G. H. Hartman (ed.), *Bitburg in Moral and Political Perspective* (Bloomington: Indiana University Press), 103~113.

Yoyotte, J. (1961), "Le jugement des morts dans l'Égypte ancienne," *Sources Orientales* 4, Paris.

Zirker, H. (1986), "Religion," in G. Bitter, G. Miller (eds.), *Handbuch religionspädagogischer Grundbegriffe* 2 (Munich: Kösel), 635~643.

Zumthor, P. (1983), *Introduction à la poésie orale* (Paris: Seuil).

찾아보기

ㄱ

카데시 전투 296, 380
간기 126
개인적 정체성 107, 157, 159, 160, 164, 186
개체적 정체성 159, 163, 167
건축물로 승화된 기억 222
결속된 정의 307, 308, 358~360, 380, 443
경전 개념 128, 141~144, 150, 376
경전화 114~116, 128, 192, 193, 197, 199, 229, 264, 352, 407, 420, 436, 454
고해 비문 440
공자 34, 123, 345, 346, 382, 383
구술 전승 118, 19, 319, 320, 446, 454
규범적 자기 인식 190, 238
규율적 사고 310
그리오 66, 67, 70
기념 경관 73
기념적 실체 77

기반 문헌 105, 116, 123, 124, 152, 196, 235, 255, 326, 327, 348
기억 공동체 51, 69
기억 문화 39~42, 44, 45, 69, 72, 74, 119, 172, 258, 358, 360, 370, 376, 397, 433
기억 정치 83
기억(의) 형상 24, 48, 49, 51, 107, 203, 242~244, 247, 253~255, 259, 271, 272, 327, 371, 378, 386, 387, 396, 397
기억과 정체성 6, 360, 392
기억술 12, 39~42, 62, 64, 69, 72, 82, 107, 192, 255~258, 265, 271, 172, 348, 354, 356, 358, 359, 374, 379, 383, 417, 454
기억의 공간 49, 72, 279
기억의 구성 192, 318, 329
기억의 매체 231, 284
기억의 현장 255, 256
기호화된 역사 94

ㄴ~ㄷ

내러티브 379
누메루스 136
다리우스 250
디아스포라 99, 197, 241, 242, 244, 246, 253, 378, 434
뜨거운 기억 79, 94, 285

ㄹ~ㅁ

람세스 2세 296, 297, 380
레비스트로스 32, 54, 82, 83, 86, 90, 344, 374
르네 지라드 27, 28
마르둑 245, 302
마아트 97, 98, 205, 224, 280, 353, 400
마호메트 34
막스 베버 27, 40, 41, 101, 153, 352, 403
모리스 알박스 28, 29, 45~48, 50, 51, 54~59, 73, 77~79, 153, 244, 257, 373, 386, 393
모방 기억 28
모세 34, 137, 242, 253, 255, 260, 264, 266, 275, 276, 305, 322, 334, 434
모턴 스미스 244, 271
무라토리 파편 413
무르실리 283, 285, 289, 293~295, 302, 304, 379, 410
무사이온 333

문식성 64, 83, 100, 111, 311, 314, 318, 324, 347, 382
문자 문화 6, 13, 27, 32, 35, 43, 72, 110, 112, 118, 119, 124, 147, 152, 169, 172, 201, 257, 311, 318, 323, 324, 359~363, 375
문자 전통 72, 127, 446
문헌적 연속성 105, 106, 108~110, 113, 117, 124, 125, 147, 210, 212, 337, 355, 375~377, 381, 384, 385
문헌적 일관성 25, 26, 172, 347, 359
문화구성체 169
문화적 기억 6, 8, 9, 12, 13, 15, 16, 26~31, 33, 35, 45, 56, 60, 62, 64~72, 74, 77, 79, 81, 87, 100~102, 107, 110, 112, 114~118, 124, 130, 144, 152, 157, 173, 183, 191~193, 196, 199, 204~206, 214, 215, 220, 229, 231, 233~235, 255, 258, 262, 265, 275, 318, 325, 327~331, 334, 345, 348, 349, 352, 353, 362, 363, 366, 367, 369~391, 408, 418, 439, 454
문화적 연결구조 26, 27
문화적 정체성 151, 179, 209, 377, 416
므네모시네 13
므네모토프 73
민족 형성 27, 173, 325, 330, 334, 376, 448

ㅂ~ㅅ

반현재 기억 94, 272, 358
비동시성 33, 100, 272
사바 왕국 440
사이스 교정본 250
사이스 르네상스 233
《사자의 서》 115, 197, 212, 224, 228, 250, 420, 423, 439
사회(적) 구성주의 416
사회적 기억 29, 56, 57, 74, 85, 92, 160, 205, 388, 397
상호적 성찰 163
생명의 집 113, 193, 250, 358
성지 전승 58, 73
성문화 28, 67, 178, 191, 192, 197, 198, 218, 231, 233, 235, 250, 251, 259, 304, 327, 332, 353, 361
세데르 22, 24, 108
소크라테스 34
소통적 기억 29, 58, 60, 62, 64~69, 71, 77, 79, 111, 172, 265, 368, 374, 400
쇠로 만든 성벽 238, 247, 248
수필룰리우마 282, 283, 285, 287, 288, 290~293, 439
쉐마 248, 261
시나이 243, 256, 271
시모니데스 39, 258, 259
신관적 고정화 207, 208
〈신명기〉 259~266, 268, 270, 272, 303~305, 353, 354, 357~359, 378~380, 410, 419, 420, 430, 435, 436, 442, 453, 454
신성한 텍스트 113, 124, 256, 319, 423, 450
신전의 노모스 222, 226
신화 동력 92, 94~99, 172, 201, 203, 252, 275, 343, 356, 357

ㅇ

아르놀트 겔렌 27, 175
아마르나 434
아멘엠하트 43, 97, 394
아문 신 240
아비 바르부르크 27, 29, 266
아사비야 280
아우구스티누스 400, 400
아켄아텐 240, 288, 346, 347, 382, 428, 429
아타나시우스 410
아텐 240
알라이다 아스만 5, 12~15, 26, 35, 87, 90, 116, 366, 410
알렉산드리아 114, 134, 136, 146, 197, 211, 239, 331~333, 377, 410
앨프리드 크로버 27
야코프 부르크하르트 207, 230
얀(반시나) 60~62, 407
에른스트 카시러 27

에릭 해블록 34, 311, 348, 382, 409, 450, 451
엔릴 281, 282
역사의 신학화 298~302, 307, 442
역사의식 33, 61, 79~82, 84, 86, 87, 160, 222, 369, 373, 388, 401
역외성 242, 243, 378
연역 추론 124, 381, 382, 454
연장된 상황 30, 343, 361, 372, 407, 451
예수 34, 52, 53, 305, 386
오르도 136
오시리스 89, 94, 109, 223
오직 야훼 운동 244, 245, 249, 251, 253, 271, 378
왕명록 81, 85, 88, 89, 134, 136, 198, 201, 221, 222, 230, 284, 285
우자호르레스네 250
유동적 간격 60, 61, 64, 84, 407
의례적 연속성 105, 106, 108~110, 113, 117, 124, 125, 127, 128, 147, 173, 212, 337, 346, 355, 375, 376, 378, 381, 382, 384, 385, 412
의례적 일관성 172, 213, 348
의식적 기억 26, 42, 47
의지의 신학 280, 281, 298, 301, 441
이슬람 72, 115, 142, 154, 196, 198, 219, 251, 334, 377, 382
인덱스 132, 136
인도 7, 45, 67, 115, 179, 192, 234, 280, 319, 321, 330, 346, 356, 362, 384
임호테프 214

ㅈ

전통의 물줄기 7, 26, 112~114, 116, 122, 192, 196, 212, 250, 265, 275, 375, 377, 379, 386, 407
정체성 형성 35, 41, 164, 242, 331, 392, 420
정치적 상상력 23, 365, 370, 371
죄에 대한 부정적 고백 224
죄의 계보 306
주석 333, 355, 376, 377, 385, 423
중국 68, 105, 171, 177, 180, 181, 183, 211, 234, 303, 311, 321, 334, 345, 346, 362, 364~367, 369, 372, 377, 382~386, 388, 390, 391
지그문트 프로이트 27, 271
지식의 성문화 218
집단기억 368, 373
집단(적) 정체성 35, 107, 151, 161, 167, 171, 177, 185, 331, 376

ㅊ

차가운 기억 79, 88, 201, 284, 285, 397
차별적으로 고양된 문화 184, 187
창건적 기억 77

축의 시대 235, 347, 348, 382, 408

ㅋ

카논 26, 128~139, 141~143, 145~148, 151, 213, 233, 413, 422
카르가 250
카르나크 230
카를 야스퍼스 235, 346
카케페르레-세넵 118, 120, 121, 409, 454
키케로 42, 258, 319, 449

ㅌ~ㅎ

텔레피누 302
토판의 집 113, 193, 358
통합적으로 고양된 문화 176, 181, 184
투키디데스 132, 136, 346, 439, 446
파르메니데스 346
판아테나이아 330
팔레스타인 72, 73, 241, 249, 250, 252, 346
페르시아 191, 197, 212, 213, 216, 218, 235, 238, 241, 249~251, 254, 256, 325, 326, 331, 360, 378
푸코 320
프리드리히 니체 27
프타호텝 212

플라톤 32, 70, 123, 206~209, 229, 230, 232, 316, 318, 324, 325, 340, 341, 346, 352, 422, 451
피타고라스 34
하가다 22, 23, 25
하투실리 293~295, 302, 435, 440
함무라비 127, 283
헤겔 211, 340
헤로도토스 216, 229, 325, 360, 388, 397, 424, 439
헤카타이오스 205, 229
호루스 89, 202, 203, 213, 215, 227, 394
호메로스 233, 312, 313, 318, 321, 323, 325, 328~332, 334, 338, 340, 341, 361, 377, 380, 444, 448, 449
휘폴렙시스 124,335, 337~345, 348, 349, 361, 381~385, 451

문화적 기억과 초기 문명

문자, 기억하기, 정치적 상상력

2025년 6월 2일 초판 1쇄 인쇄
2025년 6월 9일 초판 1쇄 발행

지은이	얀 아스만
옮긴이	김구원·심재훈
펴낸이	박혜숙
디자인	이보용 김진
펴낸곳	도서출판 푸른역사

우) 03044 서울시 종로구 자하문로8길 13
전화: 02)720-8921(편집부) 02)720-8920(영업부)
팩스: 02)720-9887
전자우편: 2013history@naver.com
등록: 1997년 2월 14일 제13-483호

ⓒ 얀 아스만, 2025

ISBN 979-11-5612-295-1 93900

• 잘못 만들어진 책은 교환해드립니다.